Testen mit:

Noch fit?
Am Kapitelanfang kannst du testen, ob du fit für das neue Thema bist.
Der Trainingsplan zeigt dir, wo du die **Grundlagen** wiederholen kannst.

Klar soweit?
Im Zwischentest kannst du testen, ob du alles verstanden hast.

Teste dich!
Am Kapitelende kannst du testen, wie gut du auf die Klassenarbeit vorbereitet bist.

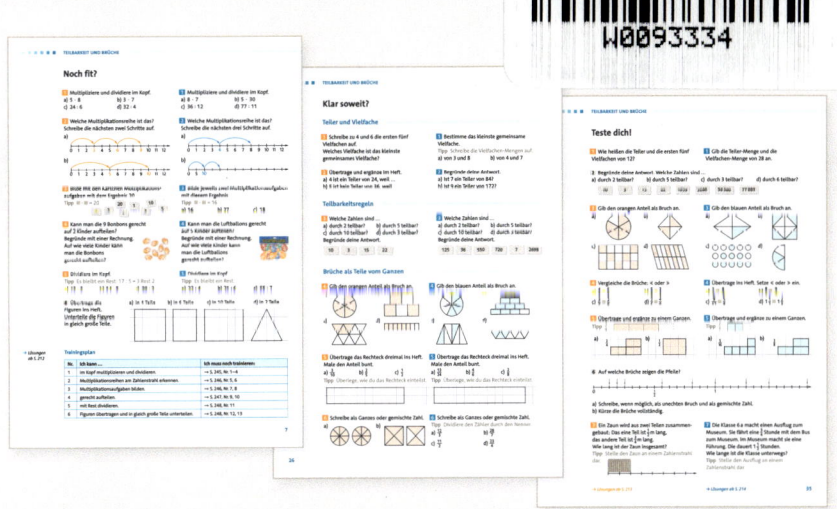

Üben mit:

Vermischten Übungen
Im **Anwenden** sind viele einfachere Aufgaben zum Üben. Dann werden die Aufgaben im **Vertiefen** ein bisschen schwieriger.
Im **Weiterdenken** findest du Aufgaben zu einem interessanten Thema.

Tipps und Tricks
mit den Seiten **Strategien**, **Methode** und **Thema**

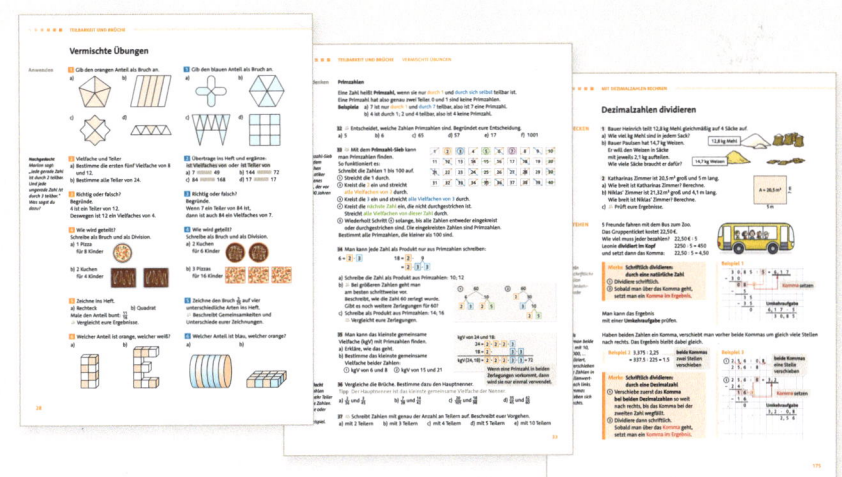

Nachschlagen und Wiederholen mit:

Zusammenfassung
am Kapitelende

Grundlagen
Hier kannst du den Stoff aus dem letzten Schuljahr wiederholen. Kurze Erklärungen und Aufgaben mit Lösungen helfen dir dabei.

Lösungen
zu **Noch fit?**, **Klar soweit?** und **Teste dich!** findest du hinten im Buch.

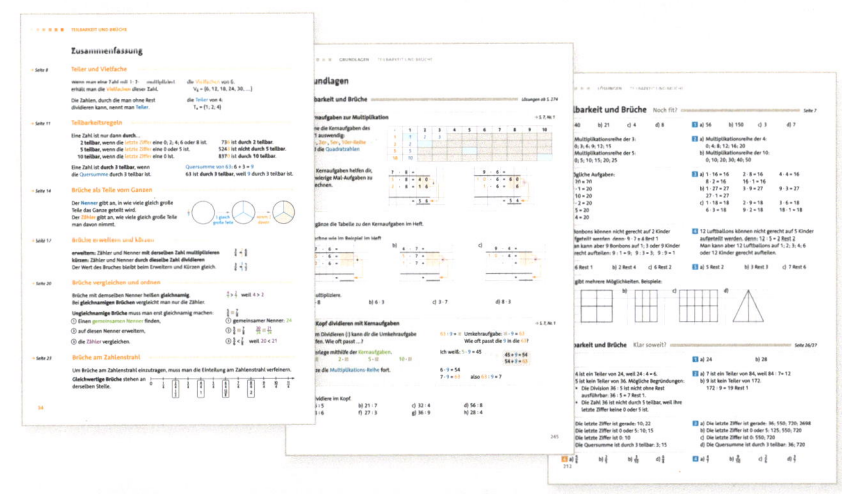

Mathematik BASIS

6

Unter Beratung von
Eva Mödinger
Marcus Nettelmann
Christina Pape
Ralf Staufner
Matthias Storz
Rüdiger Unger
Elisabeth Wiemuth

Cornelsen

6

Herausgegeben von Anja Pies-Hötzinger
Teile dieses Unterrichtswerkes basieren auf Inhalten von:
Susanne Batzer, Bernd Bolduan, Martin Cichon, Daniel Jacob, Juliane von Jagow, Jeannine Kreuz, Vera Kuckuck, Markus Ledebur, Katharina Perbandt, Heike Sankowsky, Martin Wachter, Winfried Weis, Christina Wolf, Rainer Zillgens

Beraten von: Judith Decreßin, Christina Kapitza, Knut Kumpe, Susanne Kuß, Christa Meyer, Jessica Pfeffer, Ronald Sturm

Redaktion: Alina Maas
Illustration: Raimo Bergt
Grafik: Christian Böhning
Umschlaggestaltung und Layoutkonzept: Studio SYBERG, Berlin
Layout und technische Umsetzung: Straive

Begleitmaterial zum Lehrwerk

Arbeitsheft	978-3-06-003045-3	Grundlagen	978-3-06-004376-7
Arbeitsheft für Lernende mit erhöhtem Förderbedarf für den inklusiven Unterricht	978-3-06-005209-7	Schulbuch als E-Book mit Medien Unterrichtsmanager Plus mit E-Book und Begleitmaterialien	1100027396 1100027358
Lösungen zum Schulbuch	978-3-06-003047-7	Diagnose und Fördern online	
Handreichungen	978-3-06-003048-4		

www.cornelsen.de

Alle Drucke dieser Auflage sind inhaltlich unverändert und können im Unterricht nebeneinander verwendet werden.

© 2020 Cornelsen Verlag GmbH, Berlin
Das Werk und seine Teile sind urheberrechtlich geschützt. Jede Nutzung in anderen als den gesetzlich zugelassenen Fällen bedarf der vorherigen schriftlichen Einwilligung des Verlages.
Hinweis zu §§ 60a, 60b UrhG: Weder das Werk noch seine Teile dürfen ohne eine solche Einwilligung an Schulen oder in Unterrichts- und Lehrmedien (§ 60b Abs. 3 UrhG) vervielfältigt, insbesondere kopiert oder eingescannt, verbreitet oder in ein Netzwerk eingestellt oder sonst öffentlich zugänglich gemacht oder wiedergegeben werden. Dies gilt auch für Intranets von Schulen.
Soweit in diesem Lehrwerk Personen fotografisch abgebildet sind und ihnen von der Redaktion fiktive Namen, Berufe, Dialoge und Ähnliches zugeordnet oder diese Personen in bestimmte Kontexte gesetzt werden, dienen diese Zuordnungen und Darstellungen ausschließlich der Veranschaulichung und dem besseren Verständnis des Inhalts.
Dieses Werk wurde anhand wissenschaftlicher Kriterien geprüft und für den sprachsensiblen Unterricht zertifiziert.
Gutachterinnen: Caroline Marx (Lehrbeauftragte Fachrichtung LERNEN; Seminar für Ausbildung und Fortbildung der Lehrkräfte Stuttgart (Gymnasium und Sonderpädagogik))
Eine Übersicht der Kriterien haben wir für Sie unter http://www.cornelsen.de/mittlere-schulformen zusammengestellt.

Druck: Grafisches Centrum Cuno GmbH & Co.KG, Calbe

1. Auflage, 1. Druck 2022
978-3-06-003044-6 (Schulbuch)

PEFC zertifiziert
Dieses Produkt stammt aus nachhaltig bewirtschafteten Wäldern und kontrollierten Quellen.
www.pefc.de

INHALT

Teilbarkeit und Brüche

Noch fit?	7
Teiler und Vielfache	8
Methode Das kleinste gemeinsame Vielfache	9
Teilbarkeitsregeln	11
Brüche als Teile vom Ganzen	14
Info Gemischte Zahlen	16
Brüche erweitern und kürzen	17
Brüche vergleichen und ordnen	20
Info Der Hauptnenner	22
Brüche am Zahlenstrahl	23
Info Echte und unechte Brüche	25
Klar soweit?	26
Vermischte Übungen	28
Zusammenfassung	34
Teste dich!	35

Kreise und Winkel

Noch fit?	37
Kreise	38
Winkel	40
Winkelarten	42
Methode Winkelgrößen schätzen	44
Winkel messen	45
Methode Überstumpfe Winkel bestimmen	47
✚ Methode Winkel berechnen	48
Winkel zeichnen	49
✚ Methode Winkel an Geradenkreuzungen	51
Klar soweit?	52
Vermischte Übungen	54
Zusammenfassung	58
Teste dich!	59

Mit Brüchen rechnen

Noch fit?	61
Gleichnamige Brüche addieren und subtrahieren	62
Methode Mit gemischten Zahlen rechnen	63
Ungleichnamige Brüche addieren und subtrahieren	64
Methode Mit gemischten Zahlen rechnen	67
Anteile von Größen	68
Brüche mit natürlichen Zahlen multiplizieren	70
Klar soweit?	72
Vermischte Übungen	74
Strategie Sachaufgaben lösen	75
Zusammenfassung	80
Teste dich!	81

Medienkompetenz   ✚ zusätzlicher Inhalt   ★ zusätzlicher Inhalt für das M-Niveau

INHALT

Körper

Noch fit?	83
Quader und Würfel	84
Methode Schrägbilder zeichnen	86
Netze	88
Oberflächeninhalte berechnen	91
Rauminhalte (Volumen) vergleichen	94
Volumeneinheiten	96
Volumen von Quader und Würfel	98
Strategie Aussagen begründen	101
+ Methode Zusammengesetzte Körper	103
Thema Weitere Körper	105
Klar soweit?	106
Vermischte Übungen	108
Methode Dynamische Geometrie-Software	110
Zusammenfassung	114
Teste dich!	115

Dezimalzahlen

Noch fit?	117
Dezimalzahlen	118
Dezimalzahlen vergleichen und ordnen	121
Dezimalzahlen runden	124
Brüche in Dezimalzahlen umrechnen	126
★ Methode Periodische Dezimalzahlen	129
Brüche, Dezimalzahlen und Prozentangaben	130
Klar soweit?	132
Vermischte Übungen	134
Strategie Informationen aus Texten entnehmen	138
Zusammenfassung	140
Teste dich!	141

Daten

Noch fit?	143
Daten und Diagramme	144
★ Methode Kreisdiagramme zeichnen	147
Methode Diagramme mit dem Computer zeichnen	148
Das arithmetische Mittel (Durchschnitt)	149
Der Median (Zentralwert)	151
Absolute und relative Häufigkeit	153
Methode Kennwerte mit dem Computer bestimmen	155
Klar soweit?	156
Vermischte Übungen	158
Methode Daten mit Ausreißern	160
Zusammenfassung	162
Teste dich!	163

INHALT

Mit Dezimalzahlen rechnen

Noch fit? ... 165
Dezimalzahlen addieren und subtrahieren ... 166
   Strategie Sachaufgaben lösen ... 168
Mit Stufenzahlen multiplizieren und dividieren ... 169
Dezimalzahlen multiplizieren ... 171
Dezimalzahlen dividieren ... 175
Vorrangregeln ... 179
Strategie Lösungshilfen zu Sachaufgaben ... 181
Klar soweit? ... 182
Vermischte Übungen ... 184
   Methode Rechnen mit einer Tabellenkalkulation ... 185
   Proportionale Zuordnungen ... 189
Zusammenfassung ... 190
Teste dich! ... 191

Ganze Zahlen

Noch fit? ... 193
Negative und positive Zahlen ... 194
   Strategie Schlüsselwörter für Vorzeichen ... 195
Ganze Zahlen vergleichen und ordnen ... 196
   Info Der Betrag ... 197
Zunahme und Abnahme ... 198
   Strategie Vorzeichen und Rechenzeichen ... 199
Koordinatensystem ... 201
Methode Ganze Zahlen in einer Tabellenkalkulation ... 203
Klar soweit? ... 204
Vermischte Übungen ... 206
Zusammenfassung ... 210
Teste dich! ... 211

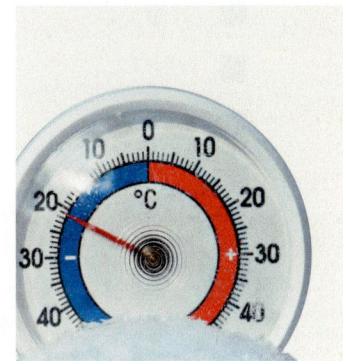

Anhang

Lösungen ... 212
Grundlagen mit Lösungen ... 245
Sachregister ... 279
Bildquellenverzeichnis ... 281

Teilbarkeit und Brüche

In diesem Kapitel lernst du, …

→ Vielfache und Teiler zu bestimmen.
→ wie du mit Teilbarkeitsregeln überprüfen kannst, ob man Zahlen ohne Rest dividieren kann.
→ Anteile von einem Ganzen zu erkennen und zu zeichnen.
→ Brüche zu erweitern und zu kürzen.
→ Brüche zu vergleichen.
→ Brüche an einem Zahlenstrahl darzustellen.

Wie viele Kinder können sich die Gummibärchen gerecht teilen?
Und die Schokolade?
Wie viele Stückchen bekommt jedes Kind, wenn sich 4 Kinder die Schokolade gerecht teilen?
Wie viele Stückchen sind es bei 40 Kindern?

TEILBARKEIT UND BRÜCHE

Noch fit?

1 Multipliziere und dividiere im Kopf.
a) 5 · 8 b) 3 · 7
c) 24 : 6 d) 32 : 4

1 Multipliziere und dividiere im Kopf.
a) 8 · 7 b) 5 · 30
c) 36 : 12 d) 77 : 11

2 Welche Multiplikationsreihe ist das? Schreibe die nächsten zwei Schritte auf.
a)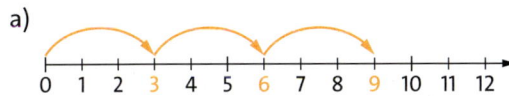
b)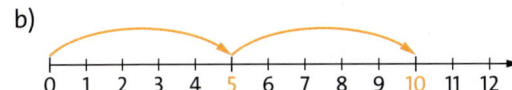

2 Welche Multiplikationsreihe ist das? Schreibe die nächsten drei Schritte auf.
a)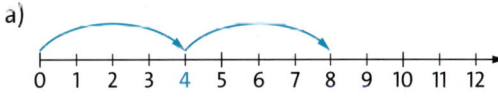
b)

3 Bilde mit den Kärtchen Multiplikationsaufgaben mit dem Ergebnis 20.
Tipp ■ · ■ = 20
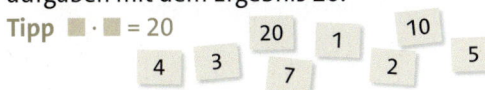

3 Bilde jeweils zwei Multiplikationsaufgaben mit diesem Ergebnis.
Tipp ■ · ■ = 16
a) 16 b) 27 c) 18

4 Kann man die 9 Bonbons gerecht auf 2 Kinder aufteilen? Begründe mit einer Rechnung. Auf wie viele Kinder kann man die Bonbons gerecht aufteilen?

4 Kann man die Luftballons gerecht auf 5 Kinder aufteilen? Begründe mit einer Rechnung. Auf wie viele Kinder kann man die Luftballons gerecht aufteilen?
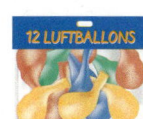

5 Dividiere im Kopf.
Tipp Es bleibt ein Rest: 17 : 5 = 3 Rest 2
a) 13 : 2 b) 14 : 5 c) 20 : 3

5 Dividiere im Kopf.
Tipp Es bleibt ein Rest.
a) 22 : 4 b) 21 : 6 c) 55 : 7

6 Übertrage die Figuren ins Heft. Unterteile die Figuren in gleich große Teile.
a) in 4 Teile b) in 6 Teile c) in 10 Teile d) in 2 Teile
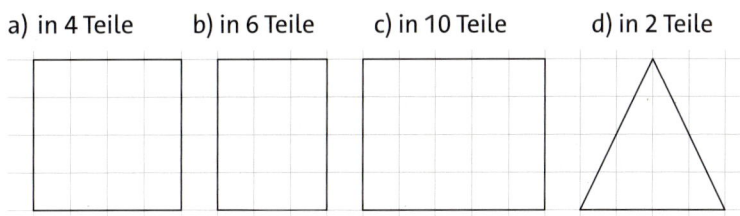

→ Lösungen ab S. 212

Trainingsplan

Nr.	Ich kann …	Ich muss noch trainieren:
1	im Kopf multiplizieren und dividieren.	→ S. 245, Nr. 1–4
2	Multiplikationsreihen am Zahlenstrahl erkennen.	→ S. 246, Nr. 5, 6
3	Multiplikationsaufgaben bilden.	→ S. 246, Nr. 7, 8
4	gerecht aufteilen.	→ S. 247, Nr. 9, 10
5	mit Rest dividieren.	→ S. 248, Nr. 11
6	Figuren übertragen und in gleich große Teile unterteilen.	→ S. 248, Nr. 12, 13

Teiler und Vielfache

ENTDECKEN

1 Beschreibe die Sprünge von Frosch und Känguru.
a) Wo landet der Frosch bei den nächsten drei Sprüngen?
Wo landet das Känguru bei den nächsten Sprüngen?
b) Kann der Frosch auch bei 24 landen? Und das Känguru auch bei 81? Begründe.

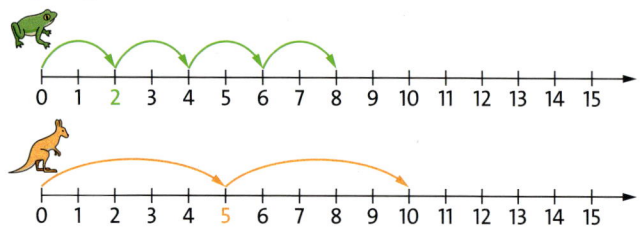
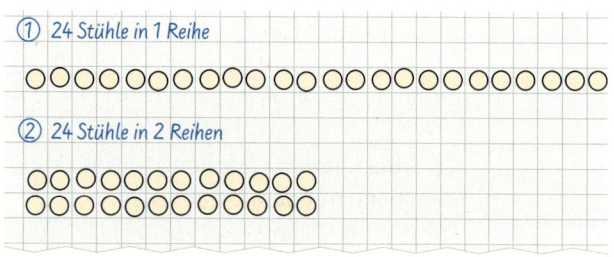

2 Mit 24 Stühlen sollen Reihen gebildet werden. In jeder Reihe sollen gleich viele Stühle stehen.
a) Welche Möglichkeiten gibt es?
b) Wie viele Stühle stehen jeweils in einer Reihe?
c) Kann man auch 23 Stühle in 2 Reihen anordnen? Begründe.

① 24 Stühle in 1 Reihe

② 24 Stühle in 2 Reihen

VERSTEHEN

Eier gibt es im Sechser-Pack zu kaufen.
1 Packung: $1 \cdot 6 = 6$ Eier
2 Packungen: $2 \cdot 6 = 12$ Eier
…
5 Packungen: $5 \cdot 6 = 30$ Eier

Vokabeln
→ *das Vielfache*
→ *der Teiler*
→ *teilbar*

Merke Wenn man eine Zahl mit 1; 2; 3; … multipliziert, erhält man die **Vielfachen** dieser Zahl.
Die Vielfachen gibt man als **Vielfachen-Menge** an.
Es gibt unendlich viele Vielfache.

Beispiel 1 Die Vielfachen der Zahl 6 sind:
$1 \cdot 6 = 6$
$2 \cdot 6 = 12$
…
$5 \cdot 6 = 30$
…

Die Vielfachen von 6 sind 6; 12; 18; …

$V_6 = \{6; 12; 18; …; 30; …\}$

In einer Schachtel sind 4 Müsliriegel.
Man kann sie gerecht aufteilen:
auf 1 Kind: $4 : 1 = 4$ Riegel
auf 2 Kinder: $4 : 2 = 2$ Riegel
auf 4 Kinder: $4 : 4 = 1$ Riegel

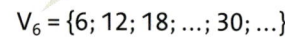

Merke Wenn man eine Zahl ohne Rest dividieren kann, sagt man:
Die Zahl ist **teilbar**.
Die Zahlen, durch die man ohne Rest dividieren kann, nennt man **Teiler**.
Alle Teiler gibt man als **Teiler-Menge** an.

Beispiel 2 Die Teiler von 4 sind:
$4 : 1 = 4$ 4 ist durch 1 teilbar.
$4 : 2 = 2$ 4 ist durch 2 teilbar.
$4 : 3 =$ ist nicht ohne Rest teilbar.
$4 : 4 = 1$ 4 ist durch 4 teilbar.

$T_4 = \{1; 2; 4\}$

Die Teiler von 4 sind 1; 2 und 4.

TEILBARKEIT UND BRÜCHE — TEILER UND VIELFACHE

ANWENDEN

1 Welche Multiplikationsreihe ist das? Schreibe die nächsten drei Vielfachen auf.

a)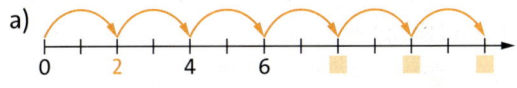

b)

c)

2 Schreibe die ersten fünf Vielfachen auf.
a) 2 b) 5 c) 10
d) 9 e) 8 f) 7

3 Übertrage und ergänze im Heft.
a) Vielfache von 2: 2; 4; ■; 8; ■; ■; ...
b) Vielfache von 5: ■; ■; 15; ■; 25; ...
c) Vielfache von ■: ■; 18; 27; 36; ■; ■; ...

4 Vielfaches oder kein Vielfaches? Begründe.
Tipp 8 ist **ein** Vielfaches von 4, weil 2 · 4 = 8
9 ist **kein** Vielfaches von 4,
weil 9 nicht zur 4er-Reihe gehört.
a) 36 ist ein/kein Vielfaches von 6, weil ...
b) 46 ist ein/kein Vielfaches von 8, weil ...

Methode Das kgV
Das kleinste gemeinsame Vielfache
Gemeinsame Vielfache kann man mit den Vielfachen bestimmen:
V_2 = {2; 4; ⑥; 8; 10; 12; 14; 16; 18; 20; ...}
V_3 = {3; ⑥; 9; 12; 15; 18; 21; ...}
Das **kleinste** gemeinsame Vielfache
von 2 und 3 ist 6.   kgV (2; 3) = ⑥

6 Schreibe zu den beiden Zahlen die Vielfachen auf. Welches Vielfache ist das kleinste gemeinsame Vielfache?
a) von 2 und 3   b) von 3 und 5
c) von 5 und 6   d) von 2 und 6

7 Wie viel braucht man für 4; 6 oder 10 Personen?

1 Welche Multiplikationsreihe ist das? Schreibe die nächsten drei Vielfachen auf.

a)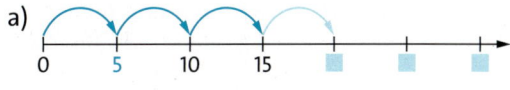

b)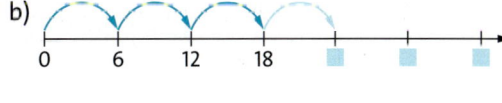

c)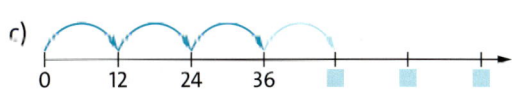

2 Schreibe die ersten fünf Vielfachen auf.
a) 3 b) 4 c) 6
d) 20 e) 25 f) 13

3 Übertrage und ergänze im Heft.
a) V_8 = {■; 16; ■; 32; ■; 48; ...}
b) $V_■$ = {■; 22; ■; 44; ■; 66; ...}
c) V_4 = {■; ■; ■; 16; ■; ...}

4 Vielfaches oder kein Vielfaches? Begründe.
Tipp 45 ist **ein** Vielfaches von 5,
weil 9 · 5 = 45
a) 56 ist ein/kein Vielfaches von 7, weil ...
b) 67 ist ein/kein Vielfaches von 11, weil ...
c) 52 ist ein/kein Vielfaches von 4, weil ...

5 Bestimme die ersten drei gemeinsamen Vielfachen.
Welches ist das kleinste gemeinsame Vielfache (kgV)?
a) V_4 = {4; 8; 12; 16; 20; 24; 28; 32; 36; 40; ...}
   V_6 = {6; 12; 18; 24; 30; 36; 42; 48; 54; ...}
b) V_3 = {3; 6; 9; 12; 15; 18; ...}
   V_5 = {5; 10; 15; 20; 25; 30; ...}

6 Bestimme das kleinste gemeinsame Vielfache mithilfe der Vielfachen-Mengen.
a) von 2 und 7   b) von 4 und 10
c) von 6 und 8   d) von 9 und 10
e) von 4 und 5   f) von 8 und 12

Eierkuchen: Zutaten für 2 Personen

 2 Eier   2 Löffel Zucker   200 g Mehl   300 g Milch    500 ml Wasser

TEILBARKEIT UND BRÜCHE TEILER UND VIELFACHE

8 Übertrage und ergänze im Heft.
Welche Zahlen sind **Teiler**?
Welche Zahlen sind **keine Teiler**?

a) $6 : 1 = 6$
$6 : 2 = 3$
$6 : 3 = 2$
$6 : 4 = $ geht nicht

b) $14 : 1 = 14$
$14 : 2 = 7$
$14 : 3 = $ geht nicht
$14 : 4 = $ geht nicht

9 Teiler oder kein Teiler? Begründe.
Tipp Ja. 8 ist **ein** Teiler von 56, weil 56 : 8 = 7
Nein. 11 ist **kein** Teiler von 56, weil 56 : 11 geht nicht ohne Rest
a) Ist 6 ein Teiler von 24?
b) Ist 5 ein Teiler von 31?
c) Ist 9 ein Teiler von 81?

9 Teiler oder kein Teiler? Begründe.
Tipp 8 ist ein Teiler von 56, weil 56 : 8 = 7
a) Ist 5 ein Teiler von 45?
b) Ist 6 ein Teiler von 72?
c) Ist 7 ein Teiler von 64?
d) Ist 8 ein Teiler von 78?
e) Ist 9 ein Teiler von 98?

10 Welche Zahlen sind Teiler von 36? Begründe.
Tipp 8 ist ein Teiler von 56, weil 56 : 8 = 7.

1 2 3 4 5 6

10 Welche Zahlen sind Teiler von 72? Begründe.
Tipp ■ ist ein Teiler von 72, weil …

2 3 5 7 12

11 Kim soll alle Teiler von 18 finden.
a) Beschreibe, was Kim meint. Warum hat sie Rechnungen durchgestrichen?
b) Woran erkennt Kim, dass sie alle Teiler gefunden hat?
c) Beschreibe Kims Vorgehen mit eigenen Worten.

alle Teiler von 18:
$18 : 1 = 18$ $18 : 6 = 3$
$18 : 2 = 9$ $18 : 9 = 2$
$18 : 3 = 6$ $18 : 18 = 1$

$T_{18} = \{1; 2; 3; 6; 9; 18\}$

Die Teiler wiederholen sich ab jetzt. Ich bin also fertig!

12 Übertrage und ergänze alle Teiler im Heft.
a) alle Teiler von 10: 1; ■; ■; 10
b) alle Teiler von 14: ■; ■; ■; 14
c) alle Teiler von 30: 1; ■; ■; ■; ■; ■; 30

12 Übertrage und ergänze im Heft.
a) $T_{20} = \{$■; 2; ■; ■; 10; ■$\}$
b) $T_{15} = \{$■; ■; ■; ■$\}$
c) $T_{24} = \{$■; ■; 3; ■; ■; 8; ■; ■$\}$

13 Überprüfe, ob Ole alle Teiler gefunden hat. Ergänze im Heft.
a) *alle Teiler von 22:* 1; 2; 22
b) *alle Teiler von 40:* 1; 2; 4; 8; 40

13 Bestimme alle Teiler.
a) T_{30} b) T_{21}
c) T_{16} d) T_{56}
e) T_{80} f) T_{51}

14 Jannek hat 12 Fliesen. Er möchte die Fliesen zu einem Rechteck anordnen.
a) Zeichne andere Möglichkeiten ins Heft, wie Jannek die Fliesen anordnen kann.
b) Wie viele Möglichkeiten gibt es?
c) Jannek bekommt noch 12 Fliesen dazu. Wie viele Möglichkeiten gibt es jetzt?

14 Samira hat 25 Karten. Sie möchte die Karten zu einem Rechteck anordnen und hat angefangen.
a) Beschreibe, wie Samira die Karten anordnen kann. Wie viele Möglichkeiten gibt es?
b) Eine Karte ist weg. Welche Möglichkeiten hat Samira jetzt, ein Rechteck zu legen?

Teilbarkeitsregeln

ENTDECKEN

1 Teilbarkeit durch 2, 5, 10:
Sascha sagt: „42 ist durch 2 teilbar."
Yusuf sagt: „23 ist nicht durch 2 teilbar."
a) Wie haben Sascha und Yusuf das so schnell erkannt?
b) Welche Zahlen sind noch durch 2 teilbar?
c) Welche Zahlen sind durch 5 teilbar? Wie hast du das erkannt? Erkläre.
d) Welche Zahlen sind durch 10 teilbar? Wie hast du das erkannt? Erkläre.

2 Teilbarkeit durch 3:
a) Beschreibt die Abbildung. Wie sind die Zahlen angeordnet?
b) Welche Zahlen sind durch 3 teilbar?
c) Schaut euch die Zahlen an, die miteinander verbunden sind. Was fällt euch auf?
d) Sind 57, 43, 81 durch 3 teilbar? Begründet eure Antwort.

1	2	3	4	5	6	7	8	9	10
11	12	13	14	15	16	17	18	19	20
21	22	23	24	25	26	27	28	29	30
31	32	33	34	35	36	37	38	39	40

VERSTEHEN

Kann man 142 Bücher gleichmäßig auf 2 Regale aufteilen?
Geht das bei 3 Regalen?
Oder bei 5 Regalen?
Oder bei 10 Regalen?

Vokabeln
→ die Endziffern-Regel
→ die Quersummen-Regel

Merke Endziffern-Regeln
a) Eine Zahl ist **durch 2 teilbar**, wenn die letzte Ziffer eine 0, 2, 4, 6 oder 8 ist.
b) Eine Zahl ist **durch 5 teilbar**, wenn die letzte Ziffer eine 0 oder 5 ist.
c) Eine Zahl ist **durch 10 teilbar**, wenn die letzte Ziffer eine 0 ist.

Beispiel 1
a) 736 ist **durch 2 teilbar**, weil die letzte Ziffer eine 6 ist.
737 ist **nicht durch 2 teilbar**, weil die letzte Ziffer keine 0, 2, 4, 6, 8 ist.
b) 5245 ist **durch 5 teilbar**, weil die letzte Ziffer eine 5 ist.
c) 8370 ist **durch 10 teilbar**, weil die letzte Ziffer eine 0 ist.
8370 ist auch durch 5 und 2 teilbar.

Merke Quersummen-Regel
Addiert man alle Ziffern einer Zahl, dann heißt das Ergebnis **Quersumme**.

Eine Zahl ist **durch 3 teilbar**, wenn ihre Quersumme durch 3 teilbar ist.

Beispiel 2
Die Zahl 63 hat die Quersumme 6 + 3 = 9.
63 ist **durch 3 teilbar**, weil die Quersumme 9 durch 3 teilbar ist.

Die Zahl 43 hat die Quersumme 4 + 3 = 7.
43 ist **nicht durch 3 teilbar**, weil die Quersumme 7 nicht durch 3 teilbar ist.

TEILBARKEIT UND BRÜCHE — TEILBARKEITSREGELN

ANWENDEN

1 Welche Zahl ist durch 2 teilbar? Begründe.
Tipp 14 ist durch 2 teilbar, weil …
a) 24   b) 36
c) 45   d) 1002

2 Welche Zahl ist durch 5 teilbar? Begründe.
a) 55   b) 38
c) 2010   d) 38109

3 Welche Zahl ist durch 10 teilbar? Begründe.
a) 90   b) 78
c) 900   d) 3050

Hinweis
Man nennt eine Zahl **gerade**, wenn sie durch 2 teilbar ist.

4 Welche Zahlen sind gerade? Welche Zahlen sind durch 5 teilbar, welche durch 10?

468   2100   4785   9874
3600   6780   3476   9615   64 000   120 550

5 Welchen Geldbetrag kann man mit 2-€-Münzen bezahlen?
a) 17 €   b) 22 €
c) 28 €   d) 46 €

6 Übertrage und ergänze im Heft.
Die Zahl soll durch 5 teilbar sein.
a) 279▪
b) 380▪
c) 987▪

0   2   4   6   8
1   3   5   7   9

7 Welche Zahl ist die nächstgrößere, die durch 10 teilbar ist?
a) 38   b) 45
c) 121   d) 199

8 Yasmin möchte 54 € bei der Bank abholen.
a) Yasmin möchte nur 2-€-Münzen haben.
b) Yasmin möchte nur 5-€-Scheine haben.
c) Yasmin möchte nur 10-€-Scheine haben.
Kann Yasmin das Geld so bei der Bank abholen? Begründe.
Wie viele Münzen oder Scheine erhält sie?

9 Pia sagt: „Wenn eine Zahl durch 2 und durch 5 teilbar ist, dann ist sie auch durch 10 teilbar." Stimmt das?
Probiere das mit den Zahlen 40 und 200 aus.

1 Welche Zahl ist durch 2 teilbar? Begründe.
a) 56   b) 65
c) 24 680   d) 56 897

2 Welche Zahl ist durch 5 teilbar? Begründe.
a) 74   b) 85
c) 2540   d) 65 789

3 Welche Zahl ist durch 10 teilbar? Begründe.
a) 47   b) 80
c) 110   d) 45 003

5 Welchen Geldbetrag kann man mit 2-€-Münzen oder 2-ct-Münzen bezahlen?
a) 13 €   b) 150 €
c) 88 ct   d) 15 ct

6 Übertrage und ergänze eine Ziffer im Heft. Gib alle Lösungen an.
a) 297▪ ist durch 5 teilbar.
b) 135▪ ist durch 2 teilbar.
c) 6478▪ ist durch 10 teilbar.

7 Welche Zahl ist die nächstgrößere, die durch 10 teilbar ist?
a) 48   b) 305
c) 295   d) 1999

8 Ein 130 cm langer Holzstab soll in gleich lange Stücke gesägt werden.
Die Stücke sollen entweder jeweils 2 cm oder 5 cm oder 10 cm lang sein.
Kann man den Holzstab so zersägen? Begründe.
Wie viele Stücke erhält man?

9 Die Zahl 14 ist durch 2 teilbar.
Sind dann auch die Vielfachen von 14 durch 2 teilbar?
Begründe.

TEILBARKEIT UND BRÜCHE — TEILBARKEITSREGELN

10 Berechne die Quersumme.
Tipp zu a) 4 + 5 = ■
a) 45 b) 987
c) 1258 d) 2054

10 Berechne die Quersumme.
Tipp Addiere alle Ziffern.
a) 1235 b) 4563
c) 6709 d) 9874

11 Welche Zahl ist durch 3 teilbar?
Begründe mithilfe der Quersumme.
a) 56 b) 87
c) 189 d) 553
e) 1560 f) 12 024

11 Welche Zahl ist durch 3 teilbar?
Begründe mithilfe der Quersumme.
a) 65 b) 143
c) 553 d) 1224
e) 5477 f) 11 478

12 Immer 3 Stifte sollen zusammen verpackt werden.
Tipp Es sollen immer 3 Stifte von einer Farbe sein.
Bei welchen Stiften ist das möglich? Gib weitere Mengen an, die man so verpacken kann.

49   1215   657   12 060

13 Übertrage und ergänze die Ziffern im Heft.
Die Zahl soll durch 3 teilbar sein.
a) ■2 b) 3■
c) 7■ d) ■53
👥 Vergleicht eure Ergebnisse.

13 Übertrage und ergänze die Ziffern im Heft.
Die Zahl soll durch 3 teilbar sein.
a) ■27 b) 3■3
c) 7■5 d) 45■■
👥 Vergleicht eure Ergebnisse.

14 Die Klasse 6a hat 27 Schüler.
Für eine Gruppenarbeit sollen sie sich in gleich große Gruppen mit jeweils 3 Schülern einteilen.
Ist das möglich? Begründe.

14 Es wird ein 177 m langer Zaun gebaut.
Alle 3 m soll ein Pfosten stehen.
Ist das möglich?
Begründe.
Wie viele Pfosten werden dafür gebraucht?

15 Bilde aus den Kärtchen Zahlen, die durch 3 teilbar sind.

15 Bilde aus den Kärtchen eine möglichst große Zahl, die durch 3 teilbar ist.

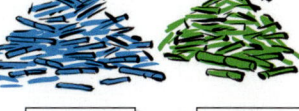

16 Übertrage und ergänze die Tabelle im Heft.

	teilbar durch	2	3	5	10
a)	120	✓	✓		
b)	225	X			
c)	310				
d)	546				

16 Übertrage und ergänze die Tabelle im Heft.

	teilbar durch	2	5	10	3
a)	1236	✓	X		
b)	2220				
c)	1235				
d)	8880				

17 👥 Die Zahlen sind durch 3 teilbar:
Sind die Zahlen noch durch 3 teilbar, wenn
a) man Ziffern vertauscht?
c) man zu der Zahl 6 addiert?
Begründet eure Antwort.

b) man von der Zahl 3 subtrahiert?
d) man die Zahl verdreifacht?

TEILBARKEIT UND BRÜCHE

Brüche als Teile vom Ganzen

ENTDECKEN

Zum Weiterarbeiten
Nimm ein Blatt Papier. Falte so, dass 6 gleich große Teile entstehen. Wie oft musst du falten?

1 Gerecht teilen
a) Wie kann man die Pizza gerecht auf 4 Kinder aufteilen? Übertrage das Quadrat und zeichne deine Einteilung ein.
b) Tom sagt: „Jedes Kind bekommt ein Viertel." Was bedeutet das?

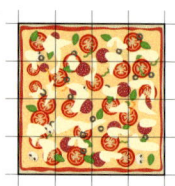

2 Vergleiche die Darstellungen. Beschreibe die Gemeinsamkeiten und Unterschiede.

① ② ③ ④ ⑤ ⑥

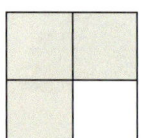 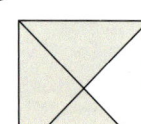 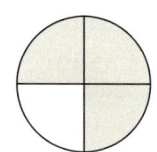  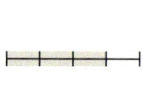 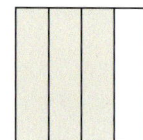

VERSTEHEN

Ein Kuchen wurde in drei gleich große Teile geteilt.
Zwei von drei Stücken sind noch da.
Als Bruch schreibt man $\frac{2}{3}$.

zwei Drittel

Vokabeln
→ der Bruch
→ der Bruchstrich
→ der Nenner
→ der Zähler
→ das Ganze

Merke Das Ganze wird in **gleich große Teile** geteilt. Diesen Anteil nennt man einen **Bruch**.
Der **Nenner** gibt an, in wie viele gleich große Teile geteilt wird.
Der **Zähler** gibt an, wie viele gleich große Teile man nimmt.

Beispiel 1

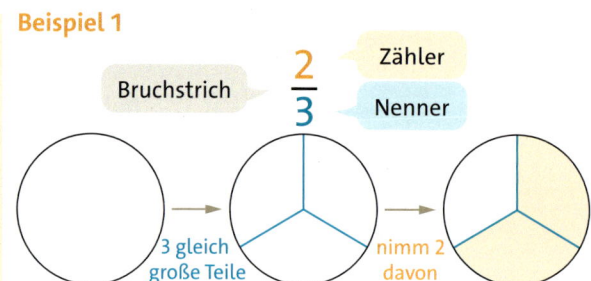

Bruchstrich — $\frac{2}{3}$ — Zähler / Nenner

3 gleich große Teile → nimm 2 davon

Beispiel 2 Brüche kann man unterschiedlich darstellen:

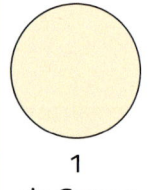 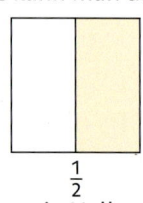 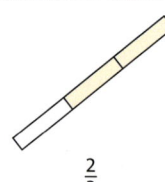 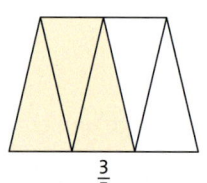 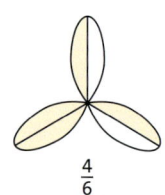

1 — ein Ganzes $\quad$ $\frac{1}{2}$ — ein Halb $\quad$ $\frac{2}{3}$ — zwei Drittel $\quad$ $\frac{3}{5}$ — drei Fünftel $\quad$ $\frac{4}{6}$ — vier Sechstel

Beispiel 3 **Ganze** kann man auch als Brüche darstellen.

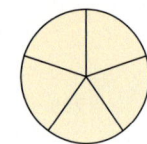 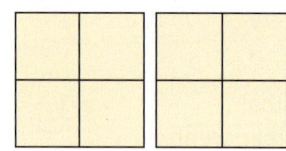 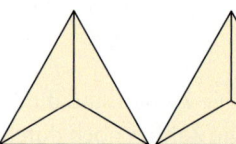

Ein Bruchstrich kann auch als Division gelesen werden.

$\frac{5}{5} = 1$, weil 5 : 5 = 1 $\qquad$ $\frac{8}{4} = 2$, weil 8 : 4 = 2 $\qquad$ $\frac{9}{3} = 3$, weil 9 : 3 = 3

TEILBARKEIT UND BRÜCHE — BRÜCHE ALS TEILE VOM GANZEN

ANWENDEN

Hinweis
Der **Z**werg sitzt auf dem **N**ilpferd.

$\frac{Z}{N}$

1 Was bedeutet $\frac{4}{5}$?

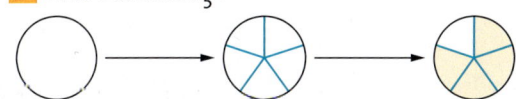

1 Was bedeutet $\frac{3}{8}$?
Erkläre das an der Zeichnung.
Verwende dabei die Begriffe
Zähler und Nenner.

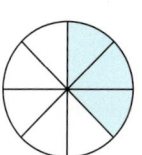

2 Gib den orangen Anteil als Bruch an.
Schreibe den Bruch mit Zahlen und in Wörtern.

a) 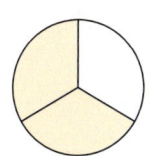 b)

c) 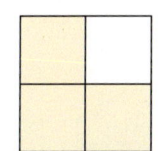 d)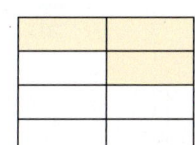

e)  f)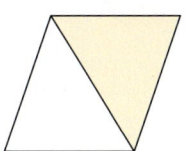

2 Gib den blauen Anteil als Bruch an.
Schreibe den Bruch mit Zahlen und in Wörtern.

a) 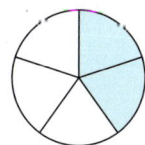 b)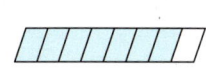

c) 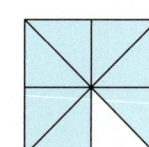 d)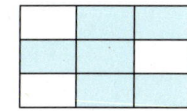

e)  f)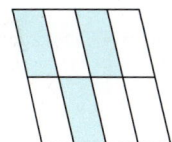

3 Übertrage die Rechtecke ins Heft.
Male den Anteil bunt.

a) $\frac{1}{4}$ b) $\frac{5}{6}$

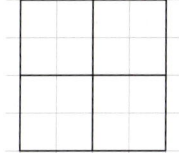

3 Übertrage die Rechtecke ins Heft.
Male den Anteil bunt.

a) $\frac{2}{3}$ b) $\frac{7}{8}$

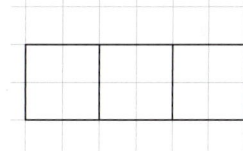

4 Tim hat den beigen Anteil als Bruch notiert. Finde die Fehler und verbessere sie.

a) $\frac{5}{4}$ 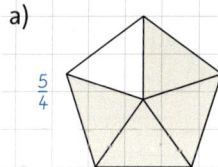 b) $\frac{3}{4}$ 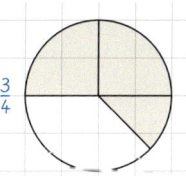 c) $\frac{1}{3}$ 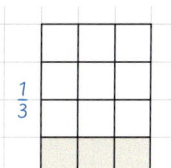 d) $\frac{1}{5}$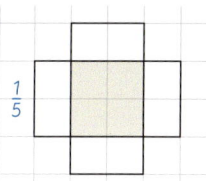

5 Übertrage das Rechteck dreimal ins Heft.
Male den Anteil bunt.

a) $\frac{1}{3}$ b) $\frac{3}{4}$ c) $\frac{7}{12}$

Tipp Überlege, wie du das Rechteck einteilst.

5 Übertrage das Rechteck dreimal ins Heft.
Male den Anteil bunt.

a) $\frac{5}{24}$ b) $\frac{2}{3}$ c) $\frac{6}{12}$

TEILBARKEIT UND BRÜCHE · BRÜCHE ALS TEILE VOM GANZEN

6 Welcher Anteil ist orange? Welcher blau?
a)  b)

6 Welcher Anteil ist orange? Welcher blau?
a)  b)

7 Beschreibe, was hier passiert. Erkläre die Rechnung mithilfe der Pizzen:
$\frac{16}{8} = 16 : 8 = 2$

8 Schreibe als Bruch, als Division und als Ganze.
Tipp $\frac{6}{2} = 6 : 2 = 3$

 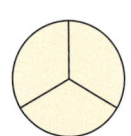 

8 Schreibe als Bruch, als Division und als Ganze.
Tipp $\frac{6}{2} = 6 : 2 = 3$

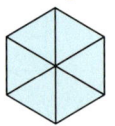 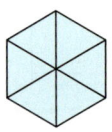 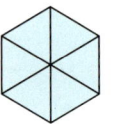 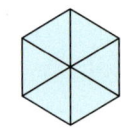

9 Schreibe als Ganze.
a) $\frac{4}{2}$ b) $\frac{5}{5}$ c) $\frac{6}{3}$ d) $\frac{12}{6}$

9 Schreibe als Ganze.
a) $\frac{15}{3}$ b) $\frac{15}{5}$ c) $\frac{14}{7}$ d) $\frac{27}{9}$

Hinweis
*Ist der Zähler größer oder gleich dem Nenner, heißt der Bruch **unechter Bruch**.*

Info Gemischte Zahlen
Ist der Zähler größer als der Nenner, kann man den Bruch als **gemischte Zahl** schreiben.

ein drei Viertel

$\frac{7}{4} = 1\frac{3}{4}$

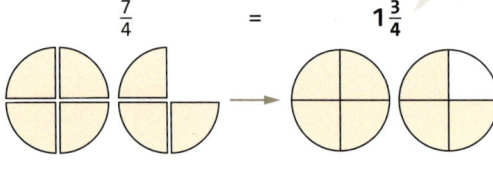

Man kann auch mit einer Division umrechnen: $\frac{7}{4} = 1\frac{3}{4}$, weil 7 : 4 = 1 Rest 3

10 Beschreibe, was hier passiert. Schreibe als Bruch und als gemischte Zahl.
a)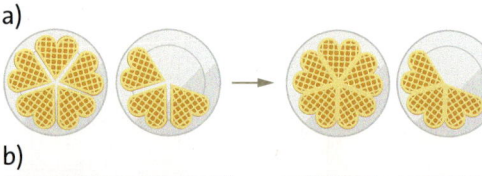
b)

11 Übertrage und zeichne die Brüche ein. Schreibe dann als gemischte Zahl.
a) $\frac{7}{3}$
b) $\frac{5}{4}$

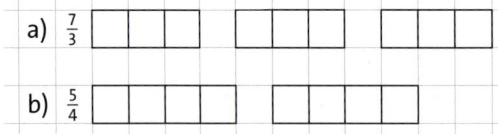

Überprüfe mit einer Division.

11 Übertrage und zeichne die Brüche ein. Schreibe dann als gemischte Zahl.
a) $\frac{6}{5}$
b) $\frac{8}{3}$

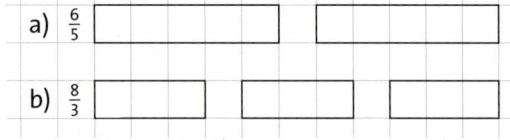

Überprüfe mit einer Division.

12 Welche gemischte Zahl gehört zum Bruch? Beschreibt euer Vorgehen.
Tipp Es bleiben drei Karten übrig.

$1\frac{4}{5}$ | $\frac{12}{5}$ | $\frac{7}{2}$ | $\frac{3}{2}$ | $\frac{18}{7}$ | $\frac{19}{6}$ | $3\frac{1}{6}$

$3\frac{1}{2}$ | $1\frac{1}{2}$ | $3\frac{5}{6}$ | $2\frac{4}{7}$ | $3\frac{1}{7}$ | $2\frac{2}{5}$

TEILBARKEIT UND BRÜCHE

Brüche erweitern und kürzen

ENTDECKEN

1 Kannst du Sören und Nadine helfen?
Sören sagt: „Es sind noch 2 von 3 Stücken Pizza übrig: Also $\frac{2}{3}$."
Nadine sagt: „Wir sind aber 6. Wir brauchen also 6 Stücke."
Was können Sören und Nadine jetzt machen? Beschreibe.

2 Wie heißen die Brüche?
a) 👥 Beschreibt Gemeinsamkeiten und Unterschiede.
b) 👥 Zeichnet zwei gleich lange Rechtecke.
Stellt gleich große Brüche auf unterschiedliche Weise dar.

VERSTEHEN

Wenn man den Kuchen in mehrere, gleich große Stücke schneidet, bleibt es gleich viel Kuchen.

 → in gleich große Stücke schneiden

Vokabeln
→ *erweitern*
→ *kürzen*

Merke Brüche erweitern
Zähler und Nenner werden **mit derselben Zahl multipliziert**.

Man erhält für das Ganze eine feinere Einteilung. Der Wert des Bruches bleibt dabei gleich.

Beispiel 1

$\frac{3}{4}$ ·2→ Erweiterungszahl ·2→ $\frac{6}{8}$

$\frac{3}{4} \stackrel{\cdot 2}{=} \frac{6}{8}$
       $\cdot 2$

Auch wenn man die Stücke wieder zusammenlegt, bleibt es gleich viel Kuchen.

 → zu gleich großen Stücken zusammenlegen

Merke Brüche kürzen
Zähler und Nenner werden **durch dieselbe Zahl dividiert**.

Man erhält für das Ganze eine gröbere Einteilung. Der Wert des Bruches bleibt dabei gleich.

Beispiel 2

$\frac{3}{6}$:3→ Kürzungszahl :3→ $\frac{1}{2}$

$\frac{3}{6} \stackrel{:3}{=} \frac{1}{2}$
       $:3$

Beispiel 3 Man kann auch schrittweise erweitern und kürzen:

a) $\frac{1}{2} \stackrel{\cdot 3}{=} \frac{3}{6} \stackrel{\cdot 5}{=} \frac{15}{30}$

b) $\frac{18}{24} \stackrel{:2}{=} \frac{9}{12} \stackrel{:3}{=} \frac{3}{4}$

TEILBARKEIT UND BRÜCHE   BRÜCHE ERWEITERN UND KÜRZEN

ANWENDEN

1 Bei jeweils zwei Kuchen ist noch gleich viel da. Welche sind das?
Schreibe sie mit Brüchen auf: $\frac{1}{2} = \frac{4}{8}$

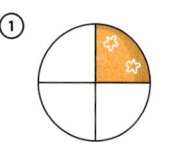 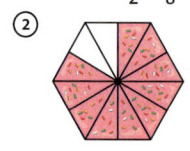 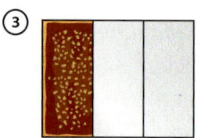 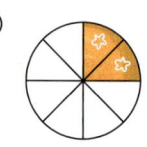 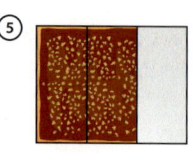
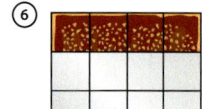 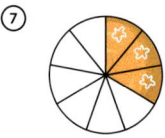 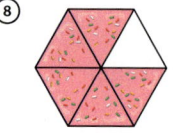 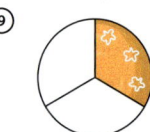 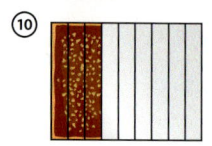

2 Wie wurde der Bruch erweitert?
Tipp Welcher Bruch steht links? Welcher rechts? Mit welcher Zahl wurde multipliziert?

2 Erkläre, wie der Bruch erweitert wurde.
Tipp Schreibe zuerst beide Brüche auf. Mit welcher Zahl wurde erweitert?

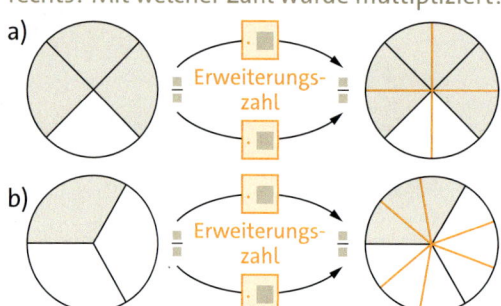 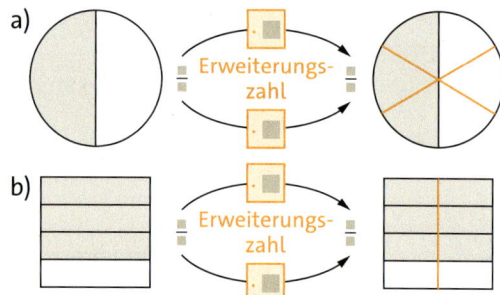

3 Erweitere den Bruch mit 2.
Tipp Schreibe so: $\frac{1 \cdot 2}{3 \cdot 2} = \frac{\square}{\square}$

a) $\frac{1}{3}$ b) $\frac{5}{6}$
c) $\frac{7}{8}$ d) $\frac{4}{5}$

3 Erweitere den Bruch mit 4.
Tipp Schreibe so: $\frac{\square \cdot 4}{\square \cdot 4} = \frac{\square}{\square}$

a) $\frac{1}{2}$ b) $\frac{2}{3}$
c) $\frac{4}{6}$ d) $\frac{8}{9}$

4 Wie wurde der Bruch gekürzt?
Tipp Welcher Bruch steht links? Welcher rechts? Durch welche Zahl wurde dividiert?

4 Erkläre, wie der Bruch gekürzt wurde.
Tipp Schreibe zuerst beide Brüche auf. Mit welcher Zahl wurde gekürzt?

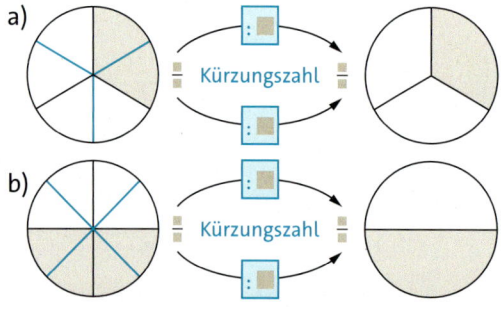 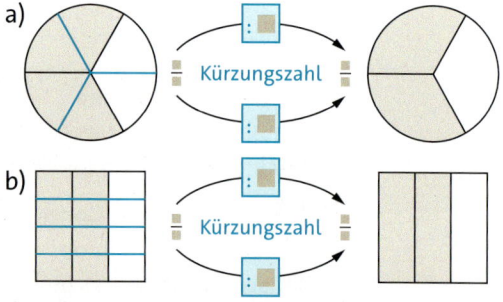

5 Kürze den Bruch mit 2.
Tipp Schreibe so: $\frac{4 : 2}{6 : 2} = \frac{\square}{\square}$

a) $\frac{4}{6}$ b) $\frac{12}{16}$
c) $\frac{6}{10}$ d) $\frac{24}{26}$

5 Kürze den Bruch mit 4.
Tipp Schreibe so: $\frac{\square : 4}{\square : 4} = \frac{\square}{\square}$

a) $\frac{4}{8}$ b) $\frac{12}{16}$
c) $\frac{20}{48}$ d) $\frac{44}{56}$

TEILBARKEIT UND BRÜCHE — BRÜCHE ERWEITERN UND KÜRZEN

Nachgedacht
*„Soll ich die halbe Pizza in 4 oder in 6 Stücke schneiden?"
„Lieber in 4 Stücke. Mehr schaffe ich nicht."*

6 Erweitere mit der angegebenen Zahl.
a) $\frac{4}{5}$ mit 3   b) $\frac{1}{6}$ mit 4
c) $\frac{2}{7}$ mit 5   d) $\frac{3}{8}$ mit 6

6 Erweitere den Bruch.
a) $\frac{4}{5}$ mit 6   b) $\frac{2}{3}$ mit 8
c) $\frac{3}{7}$ mit 9   d) $\frac{1}{5}$ mit 7

7 Kürze mit der angegebenen Zahl.
a) $\frac{6}{8}$ mit 2   b) $\frac{6}{9}$ mit 3
c) $\frac{8}{16}$ mit 4   d) $\frac{20}{45}$ mit 5

7 Kürze den Bruch.
a) $\frac{9}{12}$ mit 3   b) $\frac{15}{20}$ mit 5
c) $\frac{20}{30}$ mit 10 d) $\frac{18}{36}$ mit 18

8 Erweiterungs- und Kürzungszahl gesucht:
a) Mit welcher Zahl wurde erweitert?
① $\frac{1}{2} = \frac{3}{6}$ ② $\frac{3}{6} = \frac{9}{18}$
b) Mit welcher Zahl wurde gekürzt?
① $\frac{12}{18} = \frac{6}{9}$ ② $\frac{24}{30} = \frac{12}{15}$

8 Wie wurde erweitert? Wie wurde gekürzt?
a) erweitern
① $\frac{3}{4} = \frac{12}{16}$ ② $\frac{2}{3} = \frac{10}{15}$
b) kürzen
① $\frac{80}{100} = \frac{8}{10}$ ② $\frac{30}{60} = \frac{15}{30}$

9 Olivia hat beim Erweitern und Kürzen Fehler gemacht. Beschreibt die Fehler und verbessert sie im Heft.
a) $\frac{3}{8} = \frac{15}{8}$ b) $\frac{18}{24} = \frac{18}{6}$ c) $\frac{2}{9} = \frac{6}{3}$ d) $\frac{4}{7} = \frac{14}{17}$ e) $\frac{3}{4} = \frac{6}{16}$ f) $\frac{2}{5} = \frac{2}{1} = 2$

10 Schrittweise erweitern und kürzen: Übertrage und ergänze im Heft.
a) Erweitern:
$\frac{2}{3} \stackrel{\cdot 2}{=} \frac{\square}{6} \stackrel{\cdot 3}{=} \frac{\square}{\square}$

b) Kürzen:
$\frac{12}{36} \stackrel{:3}{=} \frac{\square}{\square} \stackrel{:2}{=} \frac{\square}{\square}$

10 Schrittweise erweitern und kürzen: Übertrage und ergänze im Heft.
a) $\frac{3}{4} = \frac{6}{\square} = \frac{18}{\square}$
b) $\frac{2}{9} = \frac{\square}{27} = \frac{12}{\square}$
c) $\frac{\square}{50} = \frac{9}{150} = \frac{\square}{900}$
d) $\frac{40}{80} = \frac{20}{\square} = \frac{2}{\square}$

11 Cem hat den Bruch vollständig gekürzt.
a) Erkläre.
$\frac{12}{36} = \frac{6}{18} = \frac{1}{3}$

Weiter kann ich den Bruch nicht kürzen.

b) Kürze vollständig.
① $\frac{18}{24}$ ② $\frac{24}{36}$ ③ $\frac{60}{80}$

11 Cem hat den Bruch vollständig gekürzt.
a) Erkläre.
$\frac{30}{45} = \frac{6}{9} = \frac{2}{3}$

Cem hat den Bruch zuerst mit ... gekürzt. Dann ...

b) Kürze vollständig.
① $\frac{24}{60}$ ② $\frac{40}{80}$ ③ $\frac{140}{240}$

12 Erweitere oder kürze auf den angegebenen Nenner.
a) $\frac{2}{5}$ auf Zehntel: $\frac{2}{5} = \frac{\square}{10}$
b) $\frac{40}{120}$ auf Sechstel: $\frac{40}{120} = \frac{\square}{6}$
c) $\frac{2}{10}$ und $\frac{3}{4}$ auf Zwanzigstel: $\frac{2}{10} = \frac{\square}{20}$; $\frac{3}{4} = \frac{\square}{20}$

12 Erweitere oder kürze auf den angegebenen Nenner.
a) $\frac{2}{6}$ auf Hundertzwanzigstel
b) $\frac{20}{140}$ auf Siebtel
c) $\frac{1}{2}$ und $\frac{4}{5}$ auf Zehntel

Hinweis
Man sagt auch: Die Brüche sind **gleichwertig**.

13 Welche Brüche haben denselben Wert? Beschreibt euer Vorgehen.

$\frac{2}{5}$ $\frac{7}{25}$ $\frac{4}{10}$ $\frac{20}{50}$ $\frac{30}{200}$ $\frac{30}{75}$

Brüche vergleichen und ordnen

ENTDECKEN

1 Welcher Bruch ist größer? >
Welcher Bruch ist kleiner? <
a) Schreibe die Brüche mit > oder < ins Heft.
b) 👥 Vergleicht diese Brüche.
Begründet eure Antwort.
① $\frac{7}{15}$ ■ $\frac{4}{15}$ ② $\frac{6}{13}$ ■ $\frac{8}{13}$

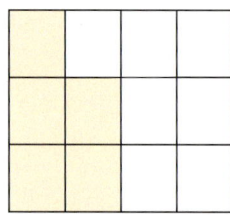 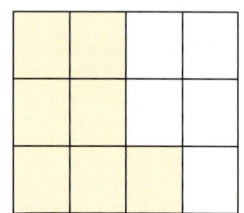

c) 👥 Stellt eine Vermutung auf, wie man Brüche mit demselben Nenner vergleicht.

2 Vergleiche die Brüche: > oder <?
a) Schreibe mit Brüchen.
b) Gilt eure Vermutung aus Aufgabe 1 auch für Brüche mit unterschiedlichen Nennern?

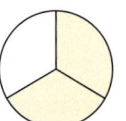 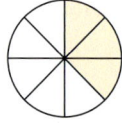

VERSTEHEN

Welcher Bruch ist größer?
Welcher kleiner?
Bei Brüchen mit demselben Nenner
kann man schnell entscheiden, welcher Bruch größer oder kleiner ist.

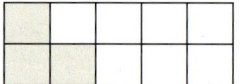 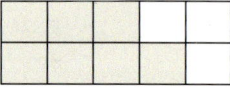

Vokabeln
→ *gleichnamig*
→ *ungleichnamig*

> **Merke** Brüche mit demselben Nenner heißen **gleichnamig**.
> Bei **gleichnamigen Brüchen** vergleicht man nur die Zähler: Der Bruch ist größer, wenn er den größeren Zähler hat.

Beispiel 1
a) $\frac{3}{10}$ ■ $\frac{7}{10}$ 3 < 7, also $\frac{3}{10} < \frac{7}{10}$
b) $\frac{4}{7}$ ■ $\frac{2}{7}$ 4 > 2, also $\frac{4}{7} > \frac{2}{7}$

Um Brüche vergleichen zu können, müssen sie **immer** einen gemeinsamen Nenner haben.

Aber was ist, wenn die Brüche nicht denselben Nenner haben?

Hinweis
Manchmal findet man den gemeinsamen Nenner auch, wenn man kürzt.

> **Merke** Bei **ungleichnamigen Brüchen** muss man erst die Brüche gleichnamig machen:
> ① Einen gemeinsamen Nenner finden,
> ② auf diesen Nenner erweitern,
> ③ die Zähler vergleichen.

Beispiel 2 $\frac{5}{8}$ ■ $\frac{3}{4}$

auf den gemeinsamen Nenner 8 erweitern

$\frac{5}{8} < \frac{6}{8}$ also $\frac{5}{8} < \frac{3}{4}$

Beispiel 3

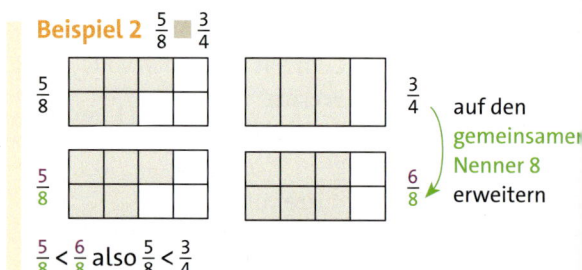

a) $\frac{2}{5}$ ■ $\frac{4}{15}$ $V_5 = \{5; 10; \text{⑮}; 20; ...\}$
$V_{15} = \{\text{⑮}; 30; ...\}$

① gemeinsamer Nenner von 5 und 15 ist 15

② auf 15 mit 3 erweitern: $\frac{2}{5}$ ■ $\frac{4}{15}$ → $\frac{6}{15}$ ■ $\frac{4}{15}$

③ $\frac{2}{5} > \frac{4}{15}$ weil 6 > 4

b) $\frac{5}{6}$ ■ $\frac{7}{8}$ $V_6 = \{6; 12; 18; \text{㉔}; 30; 36; ...\}$
$V_8 = \{8; 16; \text{㉔}; 32; 40; ...\}$

① gemeinsamer Nenner von 6 und 8 ist 24

② auf 24 mit 4 erweitern: $\frac{5}{6}$ ■ $\frac{7}{8}$ → $\frac{20}{24}$ ■ $\frac{21}{24}$ auf 24 mit 3 erweitern

③ $\frac{5}{6} < \frac{7}{8}$ weil 20 < 21

TEILBARKEIT UND BRÜCHE   BRÜCHE VERGLEICHEN UND ORDNEN

ANWENDEN

1 Welcher Bruch ist größer? Begründe.
a)
b)

1 Vergleiche die Brüche. Begründe.
a)
b)

Hinweis
Das Krokodil frisst immer die größere Zahl.

2 Kleiner als < oder größer als > ?
Setze im Heft das richtige Zeichen ein.
a) $\frac{3}{4}$ ☐ $\frac{1}{4}$ b) $\frac{4}{6}$ ☐ $\frac{5}{6}$
c) $\frac{8}{12}$ ☐ $\frac{5}{12}$ d) $\frac{34}{50}$ ☐ $\frac{42}{50}$

2 Übertrage ins Heft.
Setze < oder > ein.
a) $\frac{6}{8}$ ☐ $\frac{4}{8}$ b) $\frac{14}{23}$ ☐ $\frac{19}{23}$
c) $\frac{29}{35}$ ☐ $\frac{21}{35}$ d) $\frac{87}{102}$ ☐ $\frac{78}{102}$

3 Übertrage das Rechteck zweimal ins Heft. Male die angegebenen Anteile bunt.
Welcher der beiden Brüche ist größer? Erkläre dein Vorgehen.
a) $\frac{3}{4}$ oder $\frac{7}{8}$ b) $\frac{4}{6}$ oder $\frac{7}{12}$ c) $\frac{5}{8}$ oder $\frac{1}{3}$

4 Vergleiche die Brüche. Schreibe < oder >.
Tipp Finde erst einen gemeinsamen Nenner.
Du musst nur einen Bruch erweitern.
a) $\frac{4}{5}$ ☐ $\frac{7}{10}$ b) $\frac{11}{16}$ ☐ $\frac{3}{4}$
c) $\frac{16}{40}$ ☐ $\frac{3}{8}$ d) $\frac{5}{6}$ ☐ $\frac{33}{36}$
e) $\frac{9}{11}$ ☐ $\frac{21}{33}$ f) $\frac{38}{54}$ ☐ $\frac{7}{9}$

4 Vergleiche die Brüche. Schreibe < oder >.
Tipp Finde erst einen gemeinsamen Nenner.
Du musst nur einen Bruch erweitern.
a) $\frac{3}{5}$ ☐ $\frac{19}{25}$ b) $\frac{4}{7}$ ☐ $\frac{20}{28}$
c) $\frac{7}{8}$ ☐ $\frac{43}{48}$ d) $\frac{6}{25}$ ☐ $\frac{1}{5}$
e) $\frac{22}{36}$ ☐ $\frac{5}{9}$ f) $\frac{3}{12}$ ☐ $\frac{23}{72}$

5 Wer hat mehr von seiner Pizza übrig gelassen?
Begründe deine Antwort mit einer Rechnung.
Ole   Daniela

5 Wer hat mehr von seiner Pizza übrig gelassen?
Begründe deine Antwort mit einer Rechnung.
Darian   Samuel

6 Lisa vergleicht zwei Brüche.
Übertrage ins Heft.
Erkläre die einzelnen Schritte.
① $\frac{2}{6}$ ☐ $\frac{4}{9}$ gemeinsamer Nenner: 18
② $\frac{6}{18}$ ☐ $\frac{8}{18}$
③ $\frac{2}{6}$ < $\frac{4}{9}$ weil 6 < 8

6 Vergleiche die Brüche.
Tipp Erweitere beide Brüche.
Ein **gemeinsamer Nenner** ist angegeben.
a) $\frac{1}{4}$ ☐ $\frac{2}{10}$ gemeinsamer Nenner: 20
b) $\frac{5}{8}$ ☐ $\frac{4}{6}$ gemeinsamer Nenner: 24
c) $\frac{2}{9}$ ☐ $\frac{1}{6}$ gemeinsamer Nenner: 18

21

7 Vergleiche die Brüche.
Tipp Erweitere beide Brüche.
Ein gemeinsamer Nenner ist angegeben.
a) $\frac{3}{4}$ ■ $\frac{4}{6}$ gemeinsamer Nenner: 12
b) $\frac{1}{4}$ ■ $\frac{2}{5}$ gemeinsamer Nenner: 20
c) $\frac{2}{3}$ ■ $\frac{4}{8}$ gemeinsamer Nenner: 24

7 Vergleiche die Brüche. Schreibe < oder >.
Tipp Erweitere beide Brüche auf einen gemeinsamen Nenner.
a) $\frac{5}{6}$ ■ $\frac{3}{4}$
b) $\frac{3}{5}$ ■ $\frac{6}{8}$
c) $\frac{3}{7}$ ■ $\frac{1}{2}$

40   12   14

8 Vergleiche die Brüche.
Tipp Finde erst einen gemeinsamen Nenner. Ergänze dazu die Vielfachen der Nenner.
a) $\frac{1}{3}$ ■ $\frac{4}{5}$ $V_3 = \{3; 6; 9; ...\}$; $V_5 = \{5; 10; 15; ...\}$
b) $\frac{2}{4}$ ■ $\frac{3}{6}$ $V_4 = \{4; ...\}$; $V_6 = \{6; ...$

8 Vergleiche die Brüche.
Tipp Schreibe die Vielfachen der Nenner auf, um einen gemeinsamen Nenner zu finden.
a) $\frac{3}{4}$ ■ $\frac{5}{6}$ b) $\frac{2}{3}$ ■ $\frac{5}{8}$
c) $\frac{5}{6}$ ■ $\frac{3}{8}$ d) $\frac{3}{12}$ ■ $\frac{4}{10}$

9 Vergleiche die Brüche.
a) $\frac{2}{3}$ ■ $\frac{3}{4}$ b) $\frac{5}{8}$ ■ $\frac{1}{2}$
c) $\frac{4}{6}$ ■ $\frac{3}{5}$ d) $\frac{1}{4}$ ■ $\frac{3}{10}$
e) $\frac{3}{12}$ ■ $\frac{2}{8}$ f) $\frac{5}{20}$ ■ $\frac{5}{6}$

9 Vergleiche die Brüche.
a) $\frac{2}{9}$ ■ $\frac{1}{4}$ b) $\frac{5}{12}$ ■ $\frac{3}{8}$
c) $\frac{5}{6}$ ■ $\frac{7}{8}$ d) $\frac{7}{14}$ ■ $\frac{3}{7}$
e) $\frac{3}{7}$ ■ $\frac{3}{4}$ f) $\frac{9}{14}$ ■ $\frac{7}{10}$

10 Erklärt, was Janine und Thomas meinen. Welchen Tipp könnt ihr Janine geben?

Ich finde keinen gemeinsamen Nenner. Also multipliziere ich einfach die Nenner und dann über Kreuz.

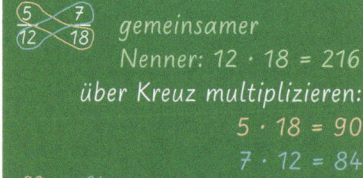

$\frac{5}{12}$ ⤫ $\frac{7}{18}$
gemeinsamer Nenner: 12 · 18 = 216
über Kreuz multiplizieren:
5 · 18 = 90
7 · 12 = 84
$\frac{90}{216} > \frac{84}{216}$

Ok. Das klappt immer. Aber die Zahlen werden so groß.

Info Der Hauptnenner
Es gibt viele gemeinsame Nenner.
Der kleinste gemeinsame Nenner heißt **Hauptnenner**.

11 Beschreibt, wie man mithilfe der Vielfachen den Hauptnenner findet:
a) Hauptnenner von $\frac{3}{8}$ und $\frac{5}{12}$
b) Hauptnenner von $\frac{5}{6}$ und $\frac{13}{15}$

12 Vergleiche die Brüche.
Tipp Finde zuerst den Hauptnenner.
a) $\frac{2}{6}$ ■ $\frac{1}{4}$ b) $\frac{5}{8}$ ■ $\frac{3}{12}$
c) $\frac{5}{8}$ ■ $\frac{5}{6}$ d) $\frac{3}{9}$ ■ $\frac{4}{6}$
e) $\frac{3}{6}$ ■ $\frac{7}{12}$ f) $\frac{7}{15}$ ■ $\frac{3}{6}$

12 Vergleiche die Brüche. Beschreibe dein Vorgehen.
a) $\frac{3}{4}$ ■ $\frac{4}{5}$ b) $\frac{6}{7}$ ■ $\frac{5}{6}$
c) $\frac{7}{8}$ ■ $\frac{11}{12}$ d) $\frac{7}{9}$ ■ $\frac{2}{3}$
e) $\frac{3}{10}$ ■ $\frac{4}{15}$ f) $\frac{5}{20}$ ■ $\frac{7}{14}$

13 Ordne die Brüche der Größe nach.
Tipp Erweitere erst alle Brüche auf einen gemeinsamen Nenner.

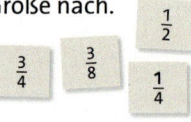

$\frac{1}{2}$ $\frac{3}{4}$ $\frac{3}{8}$ $\frac{1}{4}$

13 Ordne die Brüche der Größe nach.
Tipp Erweitere erst alle Brüche auf einen gemeinsamen Nenner.

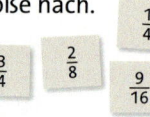

$\frac{1}{4}$ $\frac{3}{4}$ $\frac{2}{8}$ $\frac{9}{16}$

TEILBARKEIT UND BRÜCHE

Brüche am Zahlenstrahl

ENTDECKEN

1. Messbecher
   a) Beschreibt die Einteilung am Messbecher.
   b) Wie viel Flüssigkeit ist im Messbecher ①? Wie lest ihr das ab?
   c) Wie viel Flüssigkeit ist im Messbecher ②? Beschreibt euer Vorgehen.
   d) Kann man auch $\frac{4}{5}$ ℓ Flüssigkeit mit dem Messbecher abmessen? Zeichnet eine neue Beschriftung des Messbechers ins Heft.

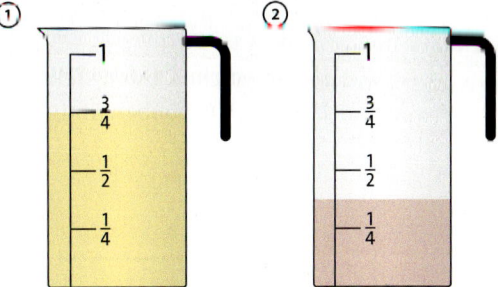

VERSTEHEN

Alle Brüche kann man am Zahlenstrahl darstellen.
Um Brüche am Zahlenstrahl einzutragen, muss man die Einteilung am Zahlenstrahl verfeinern.

Vokabeln
→ *der Zahlenstrahl*
→ *die Einteilung*
→ *gleichwertig*

Merke Brüche am Zahlenstrahl
Der **Nenner** gibt an, in wie viele gleich große Teile man den Zahlenstrahl zwischen 0 und 1 einteilt.
Der **Zähler** gibt an, wo der Bruch eingetragen wird.

Beispiel 1
a) Ein Ganzes wird in 2 gleich große Teile eingeteilt, also in Halbe:

b) Ein Ganzes wird in 4 gleich große Teile eingeteilt, also in Viertel:

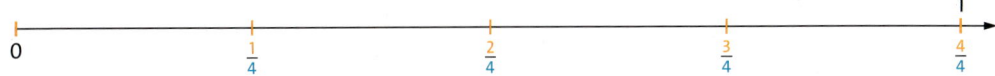

c) Ein Ganzes wird in 8 gleich große Teile eingeteilt, also in Achtel:

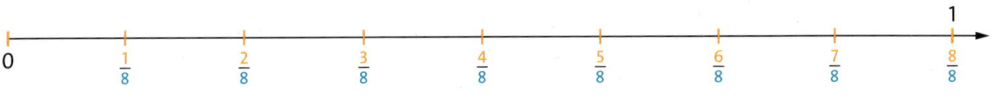

Merke Manche Brüche stehen an derselben Stelle. Diese Brüche nennt man **gleichwertig**.

Beispiel 2

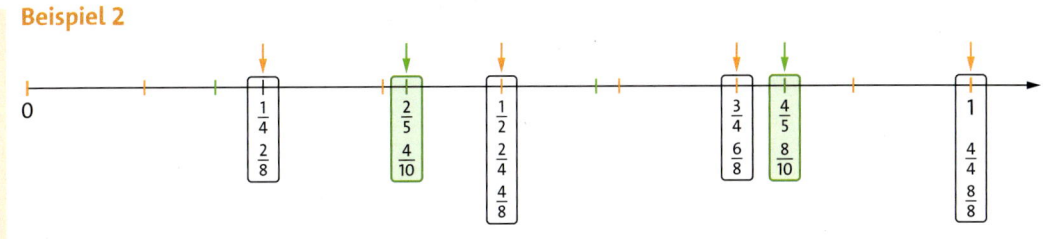

TEILBARKEIT UND BRÜCHE — BRÜCHE AM ZAHLENSTRAHL

1 Ergänze die Beschriftung.
Der Zahlenstrahl ist in Fünftel eingeteilt:

1 Ergänze die Beschriftung.
Der Zahlenstrahl ist in Sechstel eingeteilt:

2 Für welche Zahlen stehen die Buchstaben?
Zwei Brüche bleiben übrig.

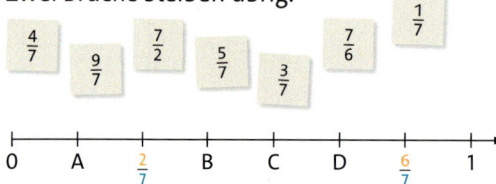

2 Für welche Zahlen stehen die Buchstaben?
Drei Brüche bleiben übrig.

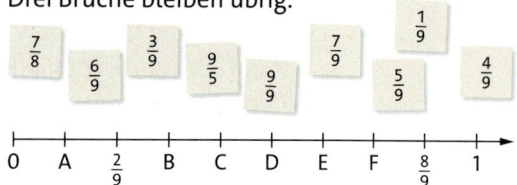

3 Auf welche Brüche zeigen die Pfeile?

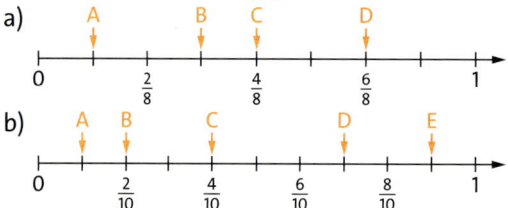

3 Auf welche Brüche zeigen die Pfeile?

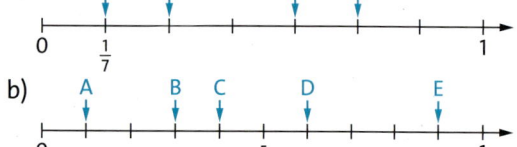

4 Übertrage den Zahlenstrahl ins Heft.
Trage die Brüche ein.
a) $\frac{3}{4}$; $\frac{1}{4}$; $\frac{2}{4}$

b) $\frac{1}{6}$; $\frac{3}{6}$; $\frac{4}{6}$; $\frac{5}{6}$;

4 Übertrage den Zahlenstrahl ins Heft.
Trage die Brüche ein.
a) $\frac{4}{5}$; $\frac{3}{5}$; $\frac{1}{5}$

b) $\frac{2}{3}$ $\frac{1}{3}$ $\frac{3}{3}$

5 Christian hat noch einige Fehler gemacht. Beschreibe die Fehler.
Zeichne den Zahlenstrahl richtig ins Heft.

a)
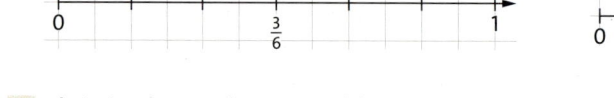

b)
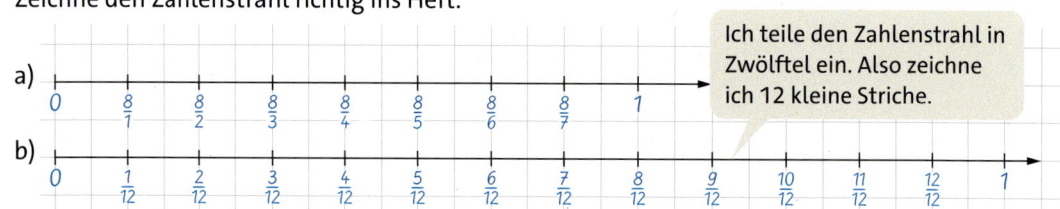

Ich teile den Zahlenstrahl in Zwölftel ein. Also zeichne ich 12 kleine Striche.

6 Zeichne einen Zahlenstrahl ins Heft.
Er soll 5 cm lang sein.
① Teile den Zahlenstrahl in Fünftel ein: also in 5 gleich große Teile. Beschrifte ihn am Anfang mit 0 und am Ende mit 1.
② Trage die Brüche ein: $\frac{1}{5}$; $\frac{3}{5}$; $\frac{4}{5}$

6 Zeichne einen Zahlenstrahl ins Heft.
Er soll 9 cm lang sein.
① Teile den Zahlenstrahl in Neuntel ein. Beschrifte den Zahlenstrahl am Anfang mit 0 und am Ende mit 1.
② Trage die Brüche ein: $\frac{2}{9}$; $\frac{8}{9}$; $\frac{5}{9}$; $\frac{3}{9}$

TEILBARKEIT UND BRÜCHE BRÜCHE AM ZAHLENSTRAHL

Nachgedacht
Till sagt:
„$\frac{1}{4}$ und $\frac{1}{2}$ sind gleichwertig."

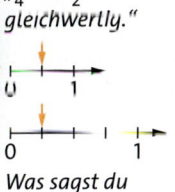

Was sagst du dazu?

7 Welche Brüche sind gleichwertig?
Tipp Schreibe so: $\frac{1}{2} = \frac{2}{4} = \frac{4}{8}$

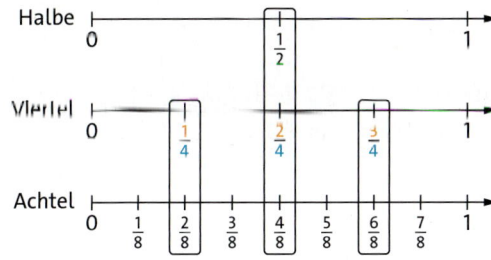

7 Welche Brüche sind gleichwertig?
Tipp Schreibe mit einem =.

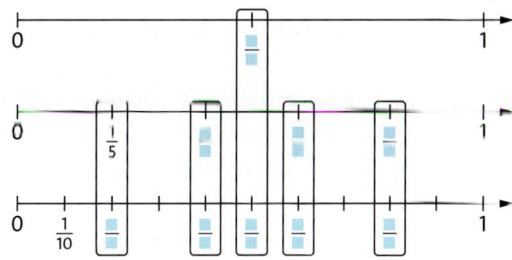

8 Übertrage den Zahlenstrahl ins Heft.

a) Trage die Brüche ein: $\frac{4}{20}$; $\frac{8}{20}$; $\frac{12}{20}$; $\frac{13}{20}$; $\frac{15}{20}$; $\frac{2}{10}$; $\frac{6}{10}$; $\frac{8}{10}$; $\frac{1}{5}$; $\frac{2}{5}$; $\frac{5}{5}$

b) Welche Brüche sind gleichwertig?

c) Findet noch weitere Brüche, die gleichwertig sind.

9 Zeichne einen Zahlenstrahl ins Heft.
Er soll 12 cm lang sein.
Zeichne für $\frac{1}{12}$ jeweils zwei Kästchen.
① Beschrifte den Zahlenstrahl:
am Anfang mit 0 und am Ende mit 1.
② Trage die Brüche ein: $\frac{1}{12}$; $\frac{6}{12}$; $\frac{8}{12}$; $\frac{3}{6}$; $\frac{1}{3}$

9 Zeichne einen Zahlenstrahl ins Heft.
Er soll 8 cm lang sein.
Zeichne für $\frac{1}{16}$ jeweils ein Kästchen.
① Beschrifte den Zahlenstrahl:
am Anfang mit 0 und am Ende mit 1.
② Trage die Brüche ein: $\frac{7}{16}$; $\frac{4}{8}$; $\frac{12}{16}$; $\frac{1}{2}$; $\frac{3}{4}$

Info Echte und unechte Brüche
Ist der Zähler größer oder gleich dem Nenner, heißt der Bruch **unechter Bruch**.
Unechte Brüche liegen auf oder rechts von 1.
Die Brüche links von 1 heißen **echte Brüche**.
echte Brüche   unechte Brüche

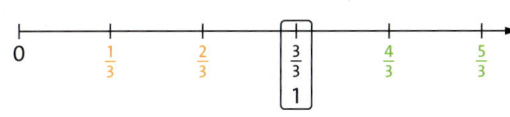

10 Übertrage ins Heft und ergänze die Beschriftung.
a) in Viertel eingeteilt:

b) in Halbe eingeteilt:

11 Wie ist der Zahlenstrahl eingeteilt?
Auf welche Brüche zeigen die Pfeile?

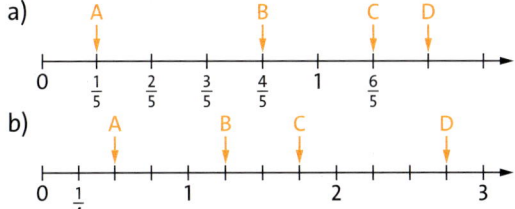

11 Beschreibe die Einteilung des Zahlenstrahls. Auf welche Brüche zeigen die Pfeile?

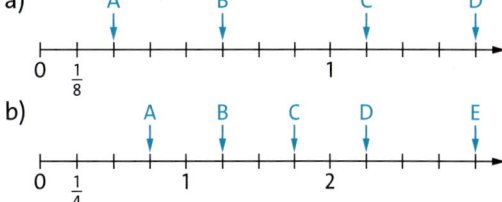

25

Klar soweit?

→ Seite 8

Teiler und Vielfache

1 Schreibe zu 4 und 6 die ersten fünf Vielfachen auf.
Welches Vielfache ist das kleinste gemeinsames Vielfache?

2 Übertrage und ergänze im Heft.
a) 4 ist ein Teiler von 24, weil …
b) 5 ist kein Teiler von 36, weil …

1 Bestimme das kleinste gemeinsame Vielfache.
Tipp Schreibe die Vielfachen-Mengen auf.
a) von 3 und 8   b) von 4 und 7

2 Begründe deine Antwort.
a) Ist 7 ein Teiler von 84?
b) Ist 9 ein Teiler von 172?

→ Seite 11

Teilbarkeitsregeln

3 Welche Zahlen sind …
a) durch 2 teilbar?   b) durch 5 teilbar?
c) durch 10 teilbar?   d) durch 3 teilbar?
Begründe deine Antwort.

10   3   15   22

3 Welche Zahlen sind …
a) durch 2 teilbar?   b) durch 5 teilbar?
c) durch 10 teilbar?   d) durch 3 teilbar?
Begründe deine Antwort.

125   36   550   720   7   2698

→ Seite 14

Brüche als Teile vom Ganzen

4 Gib den orangen Anteil als Bruch an.
a)   b)
c)   d)

4 Gib den blauen Anteil als Bruch an.
a)   b)
c)   d)

5 Übertrage das Rechteck dreimal ins Heft. Male den Anteil bunt.
a) $\frac{3}{10}$ b) $\frac{2}{5}$ c) $\frac{1}{2}$
Tipp Überlege, wie du das Rechteck einteilst.

5 Übertrage das Rechteck dreimal ins Heft. Male den Anteil bunt.
a) $\frac{13}{24}$ b) $\frac{4}{6}$ c) $\frac{2}{8}$
Tipp Überlege, wie du das Rechteck einteilst.

6 Schreibe als Ganzes oder gemischte Zahl.
a)   b)

6 Schreibe als Ganzes oder gemischte Zahl.
Tipp Dividiere den Zähler durch den Nenner.
a) $\frac{12}{3}$ b) $\frac{28}{7}$
c) $\frac{11}{2}$ d) $\frac{23}{4}$

TEILBARKEIT UND BRÜCHE   KLAR SOWEIT?

→ Seite 17

Brüche erweitern und kürzen

7 Kürze mit der angegebenen Zahl.
a) $\frac{9}{12}$ mit 3
b) $\frac{6}{22}$ mit 2
c) $\frac{14}{49}$ mit 7
d) $\frac{8}{48}$ mit 4

7 Kürze mit der angegebenen Zahl.
a) $\frac{8}{120}$ mit 4
b) $\frac{25}{150}$ mit 5
c) $\frac{72}{96}$ mit 12
d) $\frac{27}{57}$ mit 3

8 Erweitere auf den angegebenen Nenner.
Tipp Erweitere bei c) und d) schrittweise.
a) $\frac{3}{4} = \frac{\square}{12}$
b) $\frac{3}{5} = \frac{\square}{25}$
c) $\frac{2}{3} = \frac{\square}{24}$
d) $\frac{4}{7} = \frac{\square}{63}$

8 Erweitere auf den angegebenen Nenner.
Tipp Du kannst auch schrittweise erweitern.
a) $\frac{1}{9} = \frac{\square}{72}$
b) $\frac{2}{5} = \frac{\square}{45}$
c) $\frac{8}{16} = \frac{\square}{96}$
d) $\frac{7}{13} = \frac{\square}{91}$

9 Welche Brüche haben denselben Wert? Begründe.

$\frac{2}{6}$ $\frac{1}{2}$ $\frac{5}{10}$ $\frac{1}{10}$ $\frac{20}{25}$ $\frac{1}{3}$ $\frac{10}{100}$

→ Seite 20

Brüche vergleichen und ordnen

10 Kleiner als < oder größer als >?
a) $\frac{3}{8} \square \frac{5}{8}$
b) $\frac{6}{7} \square \frac{2}{7}$
c) $\frac{4}{6} \square \frac{5}{6}$
d) $\frac{11}{15} \square \frac{6}{15}$

10 Vergleiche die Brüche. Schreibe < oder >.
a) $\frac{2}{7} \square \frac{3}{7}$
b) $\frac{8}{9} \square \frac{4}{9}$
c) $\frac{10}{15} \square \frac{6}{15}$
d) $\frac{61}{81} \square \frac{62}{81}$

11 Erkläre, wie man Brüche vergleicht, die keinen gemeinsamen Nenner haben.

12 Vergleiche die Brüche. Schreibe < oder >.
Tipp Du musst nur einen Bruch erweitern.
a) $\frac{7}{15} \square \frac{3}{15}$
b) $\frac{2}{6} \square \frac{3}{12}$
Tipp Du musst beide Brüche erweitern.
c) $\frac{2}{4} \square \frac{3}{6}$
d) $\frac{5}{7} \square \frac{2}{3}$

12 Vergleiche die Brüche. Schreibe < oder >.
Tipp Du musst nur einen Bruch erweitern.
a) $\frac{3}{4} \square \frac{8}{12}$
b) $\frac{3}{7} \square \frac{11}{28}$
Tipp Du musst beide Brüche erweitern.
c) $\frac{4}{6} \square \frac{6}{8}$
d) $\frac{2}{7} \square \frac{5}{20}$

→ Seite 23

Brüche am Zahlenstrahl

13 Auf welche Brüche zeigen die Pfeile?
a)
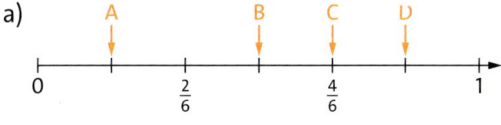
b)
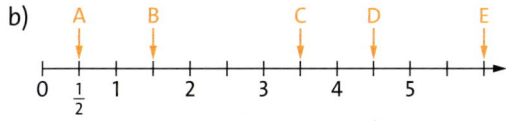

13 Auf welche Brüche zeigen die Pfeile?
a)
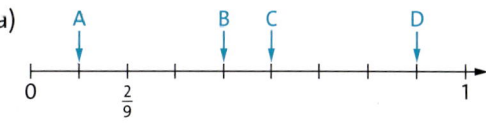
b)
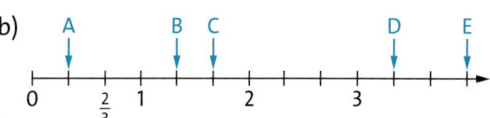

→ Lösungen ab S. 212

27

TEILBARKEIT UND BRÜCHE

Vermischte Übungen

Anwenden

1 Gib den orangen Anteil als Bruch an.
a)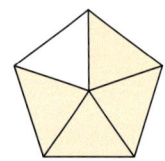
b)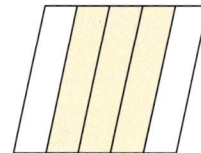

1 Gib den blauen Anteil als Bruch an.
a)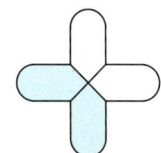
b)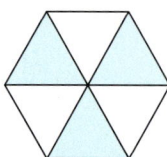

c)
d)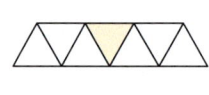

c)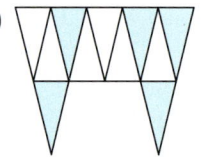
d)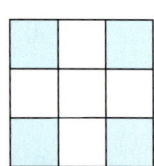

Nachgedacht
Marlon sagt:
„Jede gerade Zahl ist durch 2 teilbar. Und jede ungerade Zahl ist durch 3 teilbar."
Was sagst du dazu?

2 Vielfache und Teiler
a) Bestimme die ersten fünf Vielfache von 8 und 12.
b) Bestimme alle Teiler von 24.

3 Richtig oder falsch?
Begründe.
4 ist ein Teiler von 12.
Deswegen ist 12 ein Vielfaches von 4.

4 Wie wird geteilt?
Schreibe als Bruch und als Division.
a) 1 Pizza für 8 Kinder

b) 2 Kuchen für 4 Kinder

5 Zeichne ins Heft.
a) Rechteck b) Quadrat
Male den Anteil bunt: $\frac{11}{16}$
Vergleicht eure Ergebnisse.

6 Welcher Anteil ist orange, welcher weiß?
a)
b)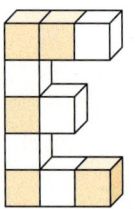

2 Übertrage ins Heft und ergänze:
ist Vielfaches von oder ist Teiler von
a) 7 ▬ 49   b) 144 ▬ 72
c) 84 ▬ 168   d) 17 ▬ 17

3 Richtig oder falsch?
Begründe.
Wenn 7 ein Teiler von 84 ist,
dann ist auch 84 ein Vielfaches von 7.

4 Wie wird geteilt?
Schreibe als Bruch und als Division.
a) 2 Kuchen für 6 Kinder

b) 3 Pizzas für 16 Kinder

5 Zeichne den Bruch $\frac{5}{25}$ auf vier unterschiedliche Arten ins Heft.
Beschreibt Gemeinsamkeiten und Unterschiede eurer Zeichnungen.

6 Welcher Anteil ist blau, welcher orange?
a)
b)

TEILBARKEIT UND BRÜCHE — VERMISCHTE ÜBUNGEN

7 Stimmt das Gleichheitszeichen? Überprüfe durch Erweitern oder Kürzen.
a) $\frac{8}{9} = \frac{24}{36}$
b) $\frac{50}{75} = \frac{2}{4}$
c) $\frac{33}{66} = \frac{1}{2}$
d) $\frac{14}{21} = \frac{28}{42}$
e) $\frac{15}{15} = 15$
f) $\frac{24}{4} = 6$

7 Überprüfe durch Erweitern oder Kürzen, ob das Gleichheitszeichen stimmt.
a) $\frac{24}{36} = \frac{48}{82}$
b) $\frac{90}{120} = \frac{3}{4}$
c) $\frac{2}{3} = \frac{66}{89}$
d) $\frac{244}{364} = \frac{61}{91}$
e) $\frac{27}{3} = 9$
f) $\frac{22}{7} = 3$

8 Eine Erdbeertorte ist in 12 Stücke geschnitten.
a) Kann man die Torte gerecht auf 4 Kinder aufteilen?
b) Wie viele Stücke bekommt jedes Kind? Welcher Anteil ist das?

8 Eine Schokoladentorte ist in 16 Stücke geschnitten.
a) Kann man die Torte gerecht auf 4, 5 oder 8 Kinder aufteilen?
b) Welchen Anteil bekommt jedes Kind?
c) Kürze die Anteile vollständig.

Hinweis Wenn ein Zahlenstrahl nicht bei null beginnt, ist das ein Ausschnitt eines Zahlenstrahls.

9 Auf welche Brüche zeigen die Pfeile?
Tipp Achte auf die Beschriftung.

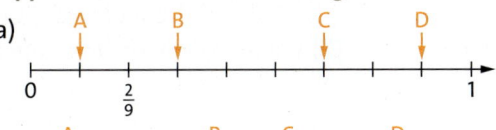
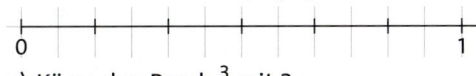

9 Auf welche Brüche zeigen die Pfeile?
Tipp Die Beschriftung bei b) beginnt bei 2.

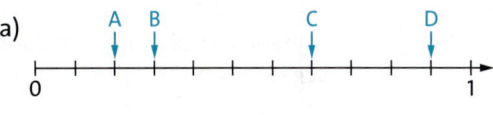
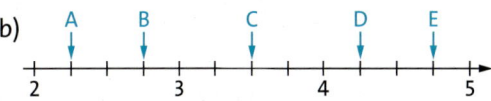

10 Übertrage den Zahlenstrahl ins Heft. Trage die Brüche ein: $\frac{1}{6}; \frac{3}{6}; \frac{5}{6}$
a) Kürze den Bruch $\frac{3}{6}$ mit 3. Trage den Bruch in orange ein.
b) Erweitere die Brüche $\frac{1}{6}; \frac{3}{6}$ und $\frac{5}{6}$ mit 2. Trage die Brüche in grün ein.
c) 👥 Was fällt euch auf?

10 Zeichne einen Zahlenstrahl ins Heft. Er soll 12 cm lang sein.
① Teile den Zahlenstrahl in Zwölftel ein.
② Trage die Brüche ein: $\frac{16}{12}; \frac{3}{6}; \frac{6}{24}$
a) Kürze die Brüche mit 3.
b) Erweitere die Brüche mit 2.
c) Trage die gekürzten Brüche in rot und die erweiterten Brüche in grün ein.
d) 👥 Was fällt euch auf?

11 Janina, Andreas und Chantale prüfen, ob die Brüche $\frac{2}{5}$ und $\frac{3}{10}$ gleichwertig sind. Erkläre, wie sie vorgehen und ergänze im Heft.

12 Schreibe jeweils zwei Brüche ins Heft, die gleichwertig sind zu …
a) $\frac{2}{4}$
b) $\frac{4}{3}$
c) $\frac{2}{5}$

👥 Vergleicht eure Lösungen und erklärt, wie ihr vorgegangen seid.

12 Schreibe jeweils drei Brüche ins Heft, die gleichwertig sind zu …
a) $\frac{3}{7}$
b) $\frac{7}{15}$
c) $\frac{16}{12}$

👥 Vergleicht eure Lösungen und erklärt, wie ihr vorgegangen seid.

Vertiefen

13 Übertrage und ergänze im Heft.
a) $\frac{3}{4} = \frac{9}{\square} = \frac{\square}{24}$
b) $\frac{28}{56} = \frac{\square}{14} = \frac{\square}{2}$

Wie wurde hier erweitert oder gekürzt?
Tipp 2 7 3 4

14 Kürze den Bruch vollständig.
a) $\frac{12}{72}$ b) $\frac{40}{120}$ c) $\frac{45}{75}$

15 Übertrage den Zahlenstrahl ins Heft.

Trage die Brüche ein:
a) $\frac{1}{2}$ b) $1\frac{1}{4}$ c) $\frac{11}{4}$

Tipp Du musst für b) und c) den Zahlenstrahl verlängern.

16 Wenn der Zähler gleich bleibt und der Nenner größer wird, wird der Bruch kleiner. Prüfe das mit den Brüchen $\frac{1}{2}$, $\frac{1}{3}$ und $\frac{1}{4}$.

---

13 Übertrage und ergänze im Heft.
a) $\frac{4}{12} = \frac{\square}{24} = \frac{48}{\square}$
b) $\frac{60}{75} = \frac{\square}{15} = \frac{4}{\square}$

Aurora sagt: „Ich habe bei a) sofort in einem Schritt mit 12 erweitert." Erkläre.

14 Kürze den Bruch vollständig.
a) $\frac{84}{96}$ b) $\frac{54}{81}$ c) $\frac{80}{440}$

15 Übertrage den Zahlenstrahl ins Heft.

a) Verlängere den Zahlenstrahl und trage die Brüche ein: $\frac{4}{5}$; $\frac{13}{5}$; $3\frac{7}{10}$
b) Schreibe auch als gemischte Zahl oder Ganzes.

16 Wenn der Zähler gleich bleibt und der Nenner größer wird, wird der Bruch kleiner. Prüfe die Aussage.

Zum Weiterarbeiten

Wie kann man Brüche vergleichen? Denkt euch Beispiele aus und gestaltet ein Plakat dazu.

Methode Brüche mit einem gemeinsamen Zähler vergleichen

Haben Brüche einen gemeinsamen Zähler, ist der Bruch größer, der den kleineren Nenner hat.

18 Vergleiche die Brüche: <, > oder =
Tipp Bei e) und f) ist es einfacher, die Brüche zu kürzen.
a) $\frac{4}{5}\ \square\ \frac{3}{5}$ b) $\frac{6}{9}\ \square\ \frac{2}{3}$
c) $\frac{8}{9}\ \square\ \frac{8}{11}$ d) $\frac{7}{6}\ \square\ \frac{5}{4}$
e) $\frac{16}{80}\ \square\ \frac{2}{10}$ f) $2\frac{20}{25}\ \square\ 2\frac{9}{15}$

19 Ergänze im Heft zum angegebenen Bruch.
Tipp $1\frac{1}{2}$

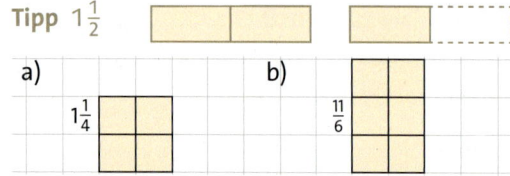

a) $1\frac{1}{4}$ b) $\frac{11}{6}$

20 Welche Brüche haben den gleichen Wert? Ordne zu und begründe.

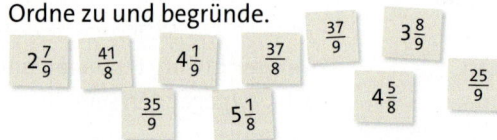

$2\frac{7}{9}$ $\frac{41}{8}$ $4\frac{1}{9}$ $\frac{37}{8}$ $\frac{37}{9}$ $3\frac{8}{9}$ $\frac{25}{9}$ $\frac{35}{9}$ $5\frac{1}{8}$ $4\frac{5}{8}$

---

17 Vergleiche: < oder >.
Begründe deine Antwort.
a) $\frac{1}{2}\ \square\ \frac{1}{4}$ b) $\frac{3}{7}\ \square\ \frac{3}{9}$
c) $\frac{5}{12}\ \square\ \frac{5}{8}$ d) $\frac{11}{16}\ \square\ \frac{11}{13}$

18 Vergleiche die Brüche: <, > oder =
Tipp Manchmal ist es einfacher, die Brüche zu kürzen.
a) $1\frac{5}{6}\ \square\ 1\frac{2}{6}$ b) $\frac{44}{100}\ \square\ \frac{4}{25}$
c) $\frac{77}{43}\ \square\ \frac{77}{41}$ d) $\frac{5}{6}\ \square\ \frac{7}{9}$
e) $\frac{210}{100}\ \square\ \frac{55}{50}$ f) $\frac{7}{8}\ \square\ \frac{30}{40}$

19 Ergänze im Heft zum angegebenen Bruch.
Tipp $1\frac{1}{4}$

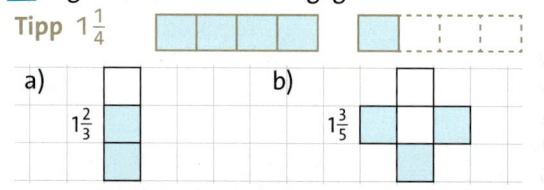

a) $1\frac{2}{3}$ b) $1\frac{3}{5}$

20 Schreibe den unechten Bruch als gemischte Zahl und umgekehrt. Begründe.
a) $\frac{29}{5}$ b) $\frac{17}{3}$ c) $\frac{38}{12}$
d) $3\frac{2}{5}$ e) $2\frac{3}{7}$ f) $4\frac{1}{3}$

TEILBARKEIT UND BRÜCHE — VERMISCHTE ÜBUNGEN

21 Eine Rechnung ist falsch. Welche? Erkläre die anderen Rechnungen.

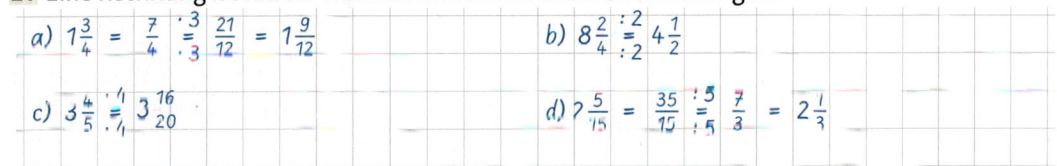

22 Erweitere oder kürze auf den Nenner.
a) auf Zehntel: $\frac{2}{5} = \frac{\blacksquare}{10}$; $\frac{27}{30} = \frac{\blacksquare}{10}$
b) auf Hundertstel: $\frac{12}{25} = \frac{\blacksquare}{100}$; $\frac{315}{500} = \frac{\blacksquare}{100}$
c) auf Tausendstel: $\frac{6}{125} = \frac{\blacksquare}{1000}$; $\frac{840}{7000} = \frac{\blacksquare}{1000}$

22 Erweitere oder kürze.
a) auf Zehntel: $\frac{4}{5}$; $\frac{32}{40}$; $3\frac{1}{2}$
b) auf Hundertstel: $\frac{15}{50}$; $\frac{14}{25}$; $\frac{90}{10}$
c) auf Tausendstel: $\frac{6}{25}$; $\frac{13}{125}$; $\frac{6}{50}$

23 In welchem Bereich liegen die Brüche? Schätzt zuerst, prüft dann.

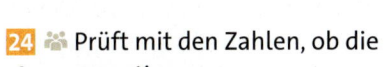

24 Prüft mit den Zahlen, ob die Aussagen stimmen.
a) Wenn eine Zahl durch 2 und 3 teilbar ist, ist die Zahl auch durch 6 teilbar. 84 138
b) Wenn eine Zahl durch 3 und 5 teilbar ist, ist die Zahl auch durch ■ teilbar. 105 270
Schreibt eine Vermutung auf und prüft sie.

24 Stellt eine Vermutung auf und prüft sie.
a) Zahlen, die durch 2 und 3 teilbar sind, sind auch durch ■ teilbar.
b) Zahlen, die durch 3 und ■ teilbar sind, sind auch durch 15 teilbar.
c) Wie kann man prüfen, ob eine Zahl durch 30 teilbar ist?

25 Übertrage das Rechteck ins Heft.
a) Welcher Anteil ist orange?
b) Male $\frac{3}{16}$ des Rechtecks rot und $\frac{1}{4}$ grün.
c) Welcher Anteil ist nicht bunt?

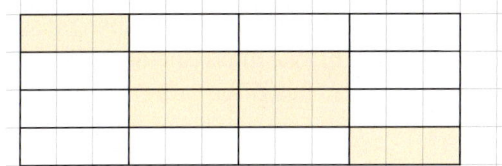

25 Übertrage das Rechteck ins Heft.
a) Welcher Anteil ist blau?
b) Male $\frac{1}{3}$ des Rechtecks rot und $\frac{3}{48}$ grün.
c) Welcher Anteil ist nicht bunt?

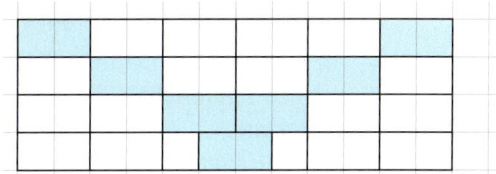

Nachgedacht
Man kann eine falsche Aussage durch ein Gegenbeispiel widerlegen.

26 Die Zahlen sind gerade:

a) Ist das Ergebnis auch gerade, wenn man zwei Zahlen addiert?
Tipp addieren +
b) Ist das Ergebnis auch gerade, wenn man zwei Zahlen subtrahiert?
Tipp subtrahieren −
Probiere es mit den Zahlen aus.

26 Die Zahlen sind gerade:

a) Sind dann auch die Summe und die Differenz der Zahlen gerade? Schreibe eine Vermutung auf und prüfe sie.
Tipp □+□ = Summe; □−□ = Differenz
b) Untersuche auch das Produkt und den Quotienten.
Tipp □·□ = Produkt; □:□ = Quotient

TEILBARKEIT UND BRÜCHE — VERMISCHTE ÜBUNGEN

27 Welcher Bruch liegt dazwischen? Erklärt, wie man diesen Bruch findet.
a) zwischen $\frac{1}{2}$ und $\frac{5}{6}$:

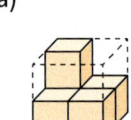

b) Findet einen Bruch zwischen $\frac{1}{4}$ und $\frac{5}{8}$.
c) Findet einen Bruch zwischen $\frac{3}{6}$ und $\frac{1}{2}$.

27 Welcher Bruch liegt dazwischen? Erklärt, wie man diesen Bruch findet.
a) zwischen $\frac{2}{5}$ und $\frac{3}{5}$:

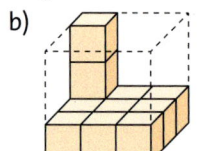

b) Findet einen Bruch dazwischen.
① $\frac{4}{8}$ und $\frac{5}{8}$ ② $\frac{3}{5}$ und $\frac{1}{2}$

28 Welcher Anteil ist das?
Welcher Anteil fehlt zum großen Würfel?
a) b)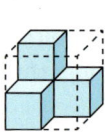

28 Welcher Anteil ist das?
Welcher Anteil fehlt zum großen Würfel?
a) b)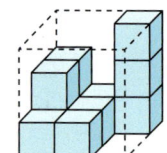

29 Teilbarkeit durch 4, 8, 9 und 100
Welche Aussagen sind richtig? Prüft die Teilbarkeitsregeln an selbstgewählten Zahlen.
Eine Zahl ist …
a) durch 4 teilbar, …
b) durch 8 teilbar, …
c) durch 9 teilbar, …
d) durch 100 teilbar, …

- 9 … wenn die letzten drei Ziffern der Zahl durch ■ teilbar sind.
- … wenn die letzten beiden Ziffern der Zahl durch ■ teilbar sind. 4
- Nullen … wenn die Quersumme der Zahl durch ■ teilbar ist. 8
- … wenn die letzten beiden Ziffern der Zahl ■ sind.

30 Für einen Kirsch-Bananen-Saft braucht man 1 Becher Kirschsaft und 3 Becher Bananensaft.

a) Man sagt: Der Saft wird im Verhältnis 1 zu 3 gemischt: Erkläre.
b) Carlo sagt: „Das sind $\frac{1}{3}$ Kirschsaft und $\frac{3}{3}$ Bananensaft." Was sagst du dazu?

30 Lara und ihre Mutter streichen.
Sie mischen dafür gelbe und weiße Farbe im Verhältnis 1 zu 9. Man schreibt: 1 : 9
a) Lara braucht 10 Liter hellgelbe Farbe. Erkläre, wie Lara die gelbe und die weiße Farbe mischen muss.
b) Wie muss Lara die Farben für 20 Liter hellgelbe Farbe mischen?
c) Schreibe die Anteile der gelben und weißen Farbe als Brüche.

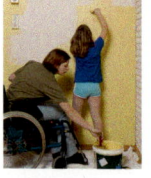

31 Man kann 32 Muffins gleichmäßig in 4 Tüten verpacken.
① „Das stimmt, weil 4 ein Teiler von 32 ist."   ② „Richtig, da 32 ein Vielfaches von 4 ist."
③ „4 teilt 32, deswegen ist die Aussage wahr."   ④ „32 ist durch 4 teilbar. Also stimmt das."
a) Vergleiche die Begründungen.
b) 30 Schoko-Muffins und 42 Blaubeer-Muffins sollen jeweils in Tüten verpackt werden. Dabei sollen gleich viele Muffins in einer Tüte sein und Schoko-Muffins und Blaubeer-Muffins sollen nicht vermischt werden. Wie viele Muffins passen höchstens in eine Tüte?
c) Wie kann man 9; 16 oder 25 Muffins in Reihen anordnen? Die Zahlen heißen **Quadratzahlen**. Könnt ihr erklären, warum diese Zahlen so heißen?
d) Wie kann man 7; 11 oder 13 Muffins anordnen? Was fällt euch auf?

TEILBARKEIT UND BRÜCHE — VERMISCHTE ÜBUNGEN

Weiterdenken

Primzahlen

Eine Zahl heißt **Primzahl**, wenn sie nur durch 1 und durch sich selbst teilbar ist.
Eine Primzahl hat also genau zwei Teiler. 0 und 1 sind keine Primzahlen.
Beispiele a) 7 ist nur durch 1 und durch 7 teilbar, also ist 7 eine Primzahl.
b) 4 ist durch 1; 2 und 4 teilbar, also ist 4 keine Primzahl.

32 Entscheidet, welche Zahlen Primzahlen sind. Begründet eure Entscheidung.
a) 5   b) 6   c) 65   d) 57   e) 17   f) 1001

Hinweis
Das Primzahl-Sieb ist nach dem griechischen Mathematiker Eratosthenes benannt, der vor über 2000 Jahren lebte.

33 Mit dem **Primzahl-Sieb** kann man Primzahlen finden.
So funktioniert es:
Schreibt die Zahlen 1 bis 100 auf.
① Streicht die 1 durch.
② Kreist die 2 ein und streicht alle Vielfachen von 2 durch.
③ Kreist die 3 ein und streicht alle Vielfachen von 3 durch.
④ Kreist die nächste Zahl ein, die nicht durchgestrichen ist. Streicht alle Vielfachen von dieser Zahl durch.
⑤ Wiederholt Schritt ④ solange, bis alle Zahlen entweder eingekreist oder durchgestrichen sind. Die eingekreisten Zahlen sind Primzahlen.
Bestimmt alle Primzahlen, die kleiner als 100 sind.

34 Man kann jede Zahl als Produkt nur aus Primzahlen schreiben:

6 = 2 · 3   18 = 2 · 9
              = 2 · 3 · 3

a) Schreibe die Zahl als Produkt aus Primzahlen: 10; 12
b) Bei größeren Zahlen geht man am besten schrittweise vor.
Beschreibt, wie die Zahl 60 zerlegt wurde. Gibt es noch weitere Zerlegungen für 60?
c) Schreibe als Produkt aus Primzahlen: 14; 16
Vergleicht eure Zerlegungen.

35 Man kann das kleinste gemeinsame Vielfache (kgV) mit Primzahlen finden.
a) Erkläre, wie das geht.
b) Bestimme das kleinste gemeinsame Vielfache beider Zahlen:
① kgV von 6 und 8   ② kgV von 15 und 21

kgV von 24 und 18:
24 = 2 · 2 · 2 · 3
18 = 2 ·   3 · 3
kgV (24, 18) = 2 · 2 · 2 · 3 · 3 = 72

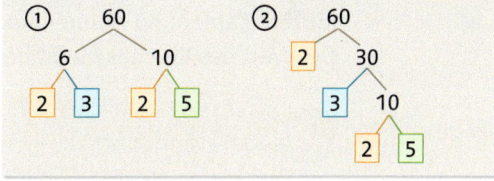

Wenn eine Primzahl in beiden Zerlegungen vorkommt, dann wird sie nur einmal verwendet.

Nachgedacht
Große Zahlen haben mehr Teiler als kleine Zahlen. Begründe oder finde ein Gegenbeispiel.

36 Vergleiche die Brüche. Bestimme dazu den Hauptnenner.
Tipp Der Hauptnenner ist das kleinste gemeinsame Vielfache der Nenner.
a) $\frac{2}{36}$ und $\frac{3}{45}$ b) $\frac{7}{28}$ und $\frac{14}{42}$ c) $\frac{20}{105}$ und $\frac{18}{98}$ d) $\frac{35}{45}$ und $\frac{42}{60}$

37 Schreibt Zahlen mit genau der Anzahl an Teilern auf. Beschreibt euer Vorgehen.
a) mit 2 Teilern   b) mit 3 Teilern   c) mit 4 Teilern   d) mit 5 Teilern   e) mit 10 Teilern

TEILBARKEIT UND BRÜCHE

Zusammenfassung

→ Seite 8

Teiler und Vielfache

Wenn man eine Zahl mit 1; 2; ... multipliziert, erhält man die Vielfachen dieser Zahl.

die Vielfachen von 6:
$V_6 = \{6; 12; 18; 24; 30; ...\}$

Die Zahlen, durch die man ohne Rest dividieren kann, nennt man Teiler.

die Teiler von 4:
$T_4 = \{1; 2; 4\}$

→ Seite 11

Teilbarkeitsregeln

Eine Zahl ist nur dann **durch**...
- **2 teilbar**, wenn die letzte Ziffer eine 0; 2; 4; 6 oder 8 ist.
- **5 teilbar**, wenn die letzte Ziffer eine 0 oder 5 ist.
- **10 teilbar**, wenn die letzte Ziffer eine 0 ist.

73**6** ist **durch 2 teilbar**.
524**3** ist **nicht durch 5 teilbar**.
837**0** ist **durch 10 teilbar**.

Eine Zahl ist **durch 3 teilbar**, wenn die Quersumme durch 3 teilbar ist.

Quersumme von 63: 6 + 3 = 9
63 ist **durch 3 teilbar**, weil 9 durch 3 teilbar ist.

→ Seite 14

Brüche als Teile vom Ganzen

Der **Nenner** gibt an, in wie viele gleich große Teile das Ganze geteilt wird.
Der **Zähler** gibt an, wie viele gleich große Teile man davon nimmt.

→ Seite 17

Brüche erweitern und kürzen

erweitern: Zähler und Nenner **mit derselben Zahl multiplizieren**
kürzen: Zähler und Nenner **durch dieselbe Zahl dividieren**
Der Wert des Bruches bleibt beim Erweitern und Kürzen gleich.

$\frac{3}{4} \stackrel{\cdot 2}{=} \frac{6}{8}$

$\frac{3}{6} \stackrel{:3}{=} \frac{1}{2}$

→ Seite 20

Brüche vergleichen und ordnen

Brüche mit demselben Nenner heißen **gleichnamig**.
Bei **gleichnamigen Brüchen** vergleicht man nur die Zähler.

$\frac{4}{7} > \frac{2}{7}$ weil 4 > 2

Ungleichnamige Brüche muss man erst gleichnamig machen:
① Einen gemeinsamen Nenner finden,
② auf diesen Nenner erweitern,
③ die Zähler vergleichen.

$\frac{5}{6}$ ■ $\frac{7}{8}$
① gemeinsamer Nenner: 24
② $\frac{5}{6}$ ■ $\frac{7}{8}$ $\frac{20}{24}$ ■ $\frac{21}{24}$
③ $\frac{5}{6} < \frac{7}{8}$ weil 20 < 21

→ Seite 23

Brüche am Zahlenstrahl

Um Brüche am Zahlenstrahl einzutragen, muss man die Einteilung am Zahlenstrahl verfeinern.
Gleichwertige Brüche stehen an derselben Stelle.

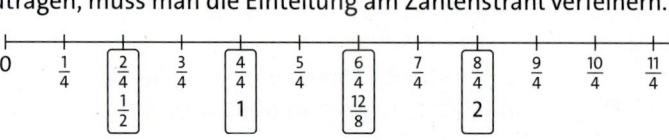

34

TEILBARKEIT UND BRÜCHE

Teste dich!

1 Wie heißen die Teiler und die ersten fünf Vielfachen von 12?

1 Gib die Teiler-Menge und die Vielfachen-Menge von 28 an.

2 Begründe deine Antwort. Welche Zahlen sind …
a) durch 2 teilbar? b) durch 5 teilbar? c) durch 3 teilbar? d) durch 6 teilbar?

10   3   15   22   1059   3260   36 360   77 885

3 Gib den orangen Anteil als Bruch an.
a) 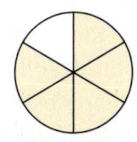 b)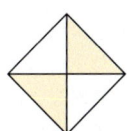
c) 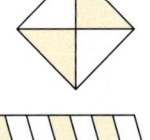 d)

3 Gib den blauen Anteil als Bruch an.
a) 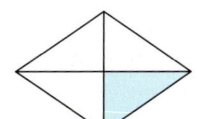 b)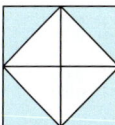
c) 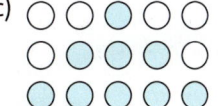 d)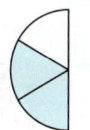

4 Vergleiche die Brüche: < oder >
a) $\frac{4}{7}$ ■ $\frac{5}{7}$ b) $\frac{5}{8}$ ■ $\frac{3}{4}$
c) $\frac{3}{7}$ ■ $\frac{2}{8}$ d) $\frac{2}{6}$ ■ $\frac{4}{9}$

4 Übertrage ins Heft. Setze < oder > ein.
a) $\frac{3}{5}$ ■ $\frac{8}{15}$ b) $\frac{8}{9}$ ■ $\frac{9}{10}$
c) $\frac{9}{12}$ ■ $\frac{5}{8}$ d) $1\frac{1}{2}$ ■ $1\frac{2}{3}$

5 Übertrage und ergänze zu einem Ganzen.
Tipp $\frac{3}{4}$
a) 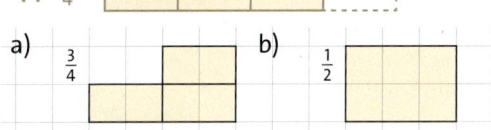 b)

5 Übertrage und ergänze zu einem Ganzen.
Tipp $\frac{2}{3}$
a) 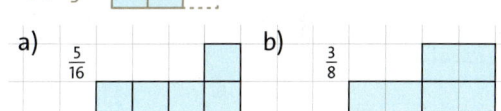 b)

6 Auf welche Brüche zeigen die Pfeile?

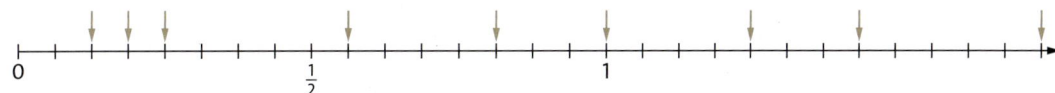

a) Schreibe, wenn möglich, als unechten Bruch und als gemischte Zahl.
b) Kürze die Brüche vollständig.

7 Ein Zaun wird aus zwei Teilen zusammengebaut: Das eine Teil ist $\frac{1}{2}$ m lang, das andere Teil ist $\frac{3}{4}$ m lang.
Wie lang ist der Zaun insgesamt?
Tipp Stelle den Zaun an einem Zahlenstrahl dar.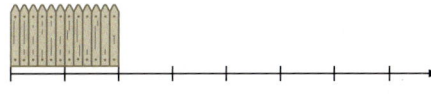

7 Die Klasse 6a macht einen Ausflug zum Museum. Sie fährt eine $\frac{3}{4}$ Stunde mit dem Bus zum Museum. Im Museum macht sie eine Führung. Die dauert $1\frac{1}{2}$ Stunden.
Wie lange ist die Klasse unterwegs?
Tipp Stelle den Ausflug an einem Zahlenstrahl dar.

Kreise und Winkel

In diesem Kapitel lernst du, …

→ Kreise zu zeichnen und zu beschriften.
→ die Begriffe Winkel, Schenkel, Scheitelpunkt und Winkelbogen zu verwenden.
→ die verschiedenen Winkelarten zu unterscheiden und Winkelgrößen zu schätzen.
→ Winkel zu messen.
→ Winkel zu zeichnen und zu beschriften.

Bei einem Riesenrad haben die gegenüberliegenden Gondeln immer den gleichen Abstand voneinander. Wie hoch ist so ein Riesenrad wohl ungefähr?
Wie viele Gondeln sind ungefähr an diesem Riesenrad befestigt?
Wie sieht ein Riesenrad mit mehr Gondeln aus? Wie sieht ein Riesenrad mit weniger Gondeln aus?

KREISE UND WINKEL

Noch fit?

1 Wie lang sind die Strecken?
Miss mit dem Geodreieck.

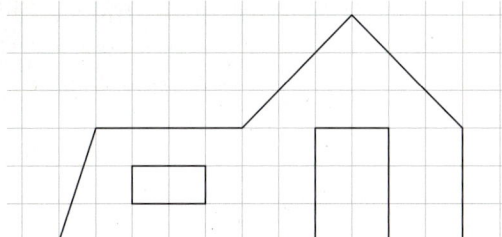

1 Wie lang sind die Strecken?
Miss mit dem Geodreieck.

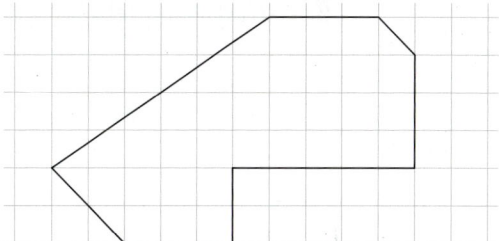

Wie misst man eine Strecke mit dem Geodreieck, die 9 cm lang ist?

2 Zeichne die Strecken ins Heft.
a) a = 2 cm   b) b = 4 cm
c) c = 5 cm   d) d = 7 cm

2 Zeichne die Strecken ins Heft.
a) a = 3 cm   b) b = 5 cm
c) c = 6,5 cm   d) d = 8 cm

3 Übertrage das Haus ins Heft.

3 Übertrage die Figur ins Heft.

4 Wo sind rechte Winkel im Haus aus Aufgabe 3? Zeichne sie ein: ⌐

4 Wo sind rechte Winkel in der Figur aus Aufgabe 3? Zeichne sie ein: ⌐

5 Zeichne ein ähnliches Muster mit Kreisen ins Heft. Benutze dabei den Zirkel.

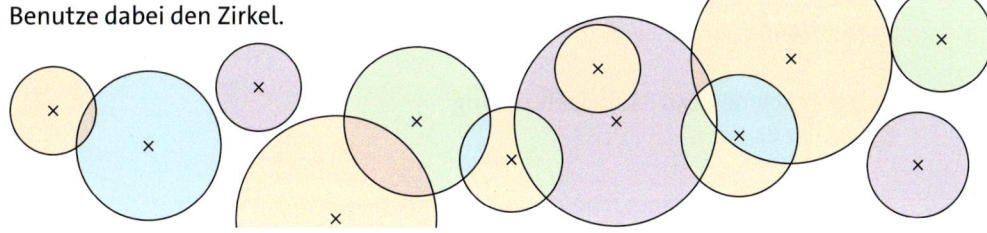

→ Lösungen ab S. 215

Trainingsplan

Nr.	Ich kann …	Ich muss noch trainieren:
1	Strecken messen.	→ S. 249, Nr. 14, 15
2	Strecken mit einer bestimmten Länge zeichnen.	→ S. 249, Nr. 16
3	Figuren übertragen.	→ S. 248, Nr. 12
4	rechte Winkel erkennen und einzeichnen.	→ S. 250, Nr. 17
5	Kreise mit dem Zirkel zeichnen.	→ S. 250, Nr. 18

■ ■ ■ ■ ■ KREISE UND WINKEL

Kreise

ENTDECKEN

1 Beschreibe die Bilder.

① ② ③ ④

a) Nenne Gemeinsamkeiten und Unterschiede.
b) Wo findest du in deiner Umgebung Kreise?

2 Tanja trainiert mit ihrem Pferd.
Das Pferd läuft an einem gespannten Seil um sie herum.
a) Beschreibe die Laufbahn des Pferdes.
b) Zeichne die Laufbahn ins Heft. Welche Hilfsmittel kannst du dazu benutzen?
c) Wie ändert sich die Laufbahn des Pferdes, wenn das Seil kürzer oder länger ist?

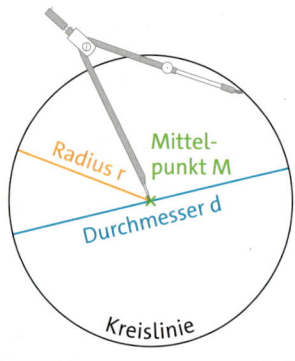

VERSTEHEN

Alle Punkte eines Kreises sind gleich weit vom Mittelpunkt entfernt.
Man zeichnet Kreise mit dem Zirkel.

Vokabeln
→ *der Kreis*
→ *der Radius*
→ *der Mittelpunkt*
→ *der Durchmesser*

Merke Jeder **Kreis** hat einen **Mittelpunkt**.
Die Strecke vom Mittelpunkt M zur Kreislinie heißt **Radius r**.
Die Strecke von einer Seite der Kreislinie durch den Mittelpunkt M zur anderen Seite heißt **Durchmesser d**.

Der **Durchmesser d** ist doppelt so lang wie der **Radius r**.

Beispiel 1
Kreis mit:
r = 2 cm
d = 4 cm

Beispiel 2 So zeichnet man einen Kreis mit dem Radius r = 3 cm.

① Mittelpunkt M zeichnen

② r = 3 cm am Zirkel einstellen

③ Kreis zeichnen

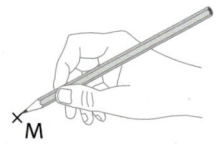 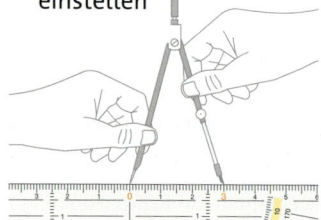 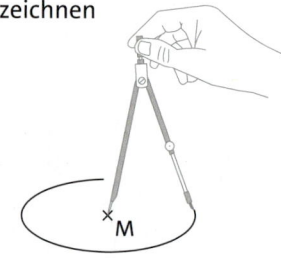

KREISE UND WINKEL — KREISE

ANWENDEN

1 Miss den Radius und den Durchmesser.

a) b)

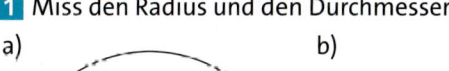

1 Miss den Radius und den Durchmesser.

a) b)

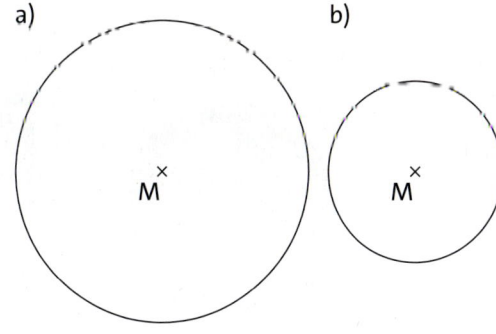

2 Berechne den Radius oder Durchmesser.

	Radius r	Durchmesser d
a)	2 cm	
b)	3 cm	
c)	6 cm	
d)	8 cm	
e)		10 cm

2 Berechne den Radius oder Durchmesser.

	Radius r	Durchmesser d
a)	4 cm	
b)	2 cm	
c)	5 cm	
d)		12 cm
e)		30 cm

3 Zeichne einen Mittelpunkt ins Heft und ergänze den Kreis. Zeichne den Radius und den Durchmesser ein.
a) 👥 Vergleiche mit deinem Partner. Was fällt euch auf?
b) Wie groß sind der Radius und der Durchmesser?
c) Zeichne weitere Kreise ins Heft. Beschrifte M, r und d.

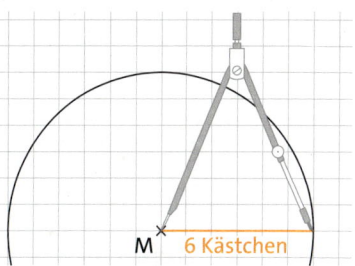

4 Zeichne die Kreise ins Heft.
Tipp Bei e) und f) erst r berechnen.
a) r = 2 cm   b) r = 3 cm
c) r = 4 cm   d) r = 6 cm
e) d = 6 cm   f) d = 10 cm

4 Zeichne die Kreise ins Heft.
Tipp Bei e) und f) erst r berechnen.
a) r = 3 cm   b) r = 2 cm
c) r = 4 cm   d) r = 5,5 cm
e) d = 4 cm   f) d = 7 cm

5 Übertrage das Kreismuster ins Heft. Erkläre dein Vorgehen.

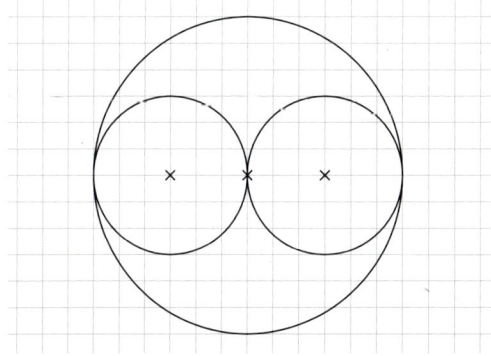

5 Übertrage das Kreismuster ins Heft. Erkläre dein Vorgehen.

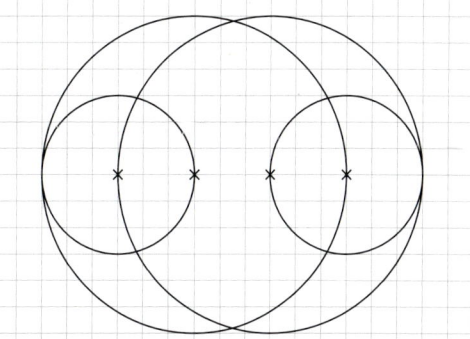

KREISE UND WINKEL

Winkel

ENTDECKEN

1 Beschreibe die Bilder. Wo findest du Winkel?

 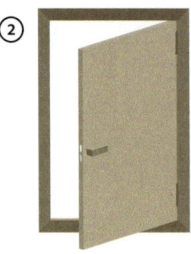  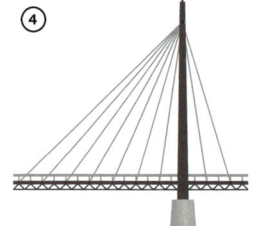

a) Bei welchen Bildern kann sich die Größe des Winkels ändern? Was ändert sich dabei, was bleibt gleich?
b) Findest du auch Winkel im Klassenraum? Beschreibe sie.

2 Baue ein Winkelmodell.
① Schneide zwei unterschiedlich lange Streifen aus Pappe aus.
② Verbinde die beiden Streifen mit einer Klammer.
a) Stelle verschiedene Winkel ein und zeichne sie ins Heft.
b) 👥 Vergleiche mit deinem Partner. Was ist gleich? Was ist unterschiedlich?

VERSTEHEN

Überall in der Umgebung findet man verschiedene Winkel.

Wenn man den Zollstock weiter öffnet, wird der Winkel größer.

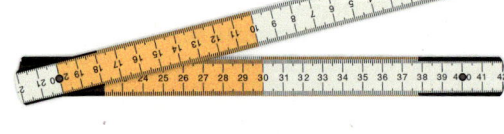

Vokabeln
→ der Winkel
→ der Schenkel
→ der Scheitelpunkt
→ der Winkelbogen

Merke
Ein Winkel wird durch zwei Schenkel gebildet.
Die Schenkel beginnen im Scheitelpunkt S.

Beispiel 1

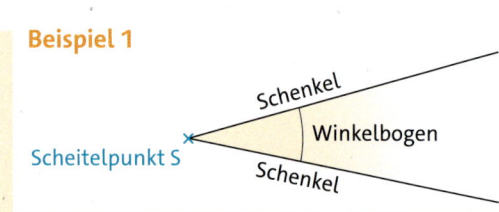

Scheitelpunkt S, Schenkel, Winkelbogen

Beispiel 2 Winkel werden mit griechischen Buchstaben bezeichnet.

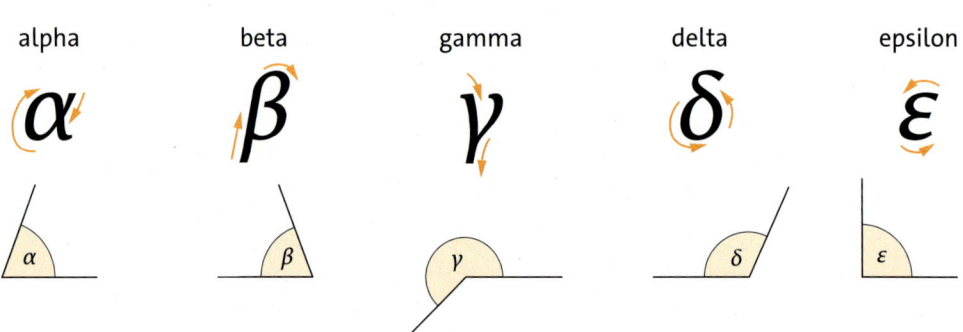

alpha α, beta β, gamma γ, delta δ, epsilon ε

40

KREISE UND WINKEL — **WINKEL**

ANWENDEN

1 Wo sind Scheitelpunkt und Schenkel?

① ② ③ ④ ⑤

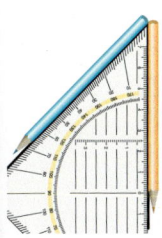

2 Am Geodreieck findest du Winkel. Lege sie mit Stiften nach.
a) Zeige die Schenkel.
b) Zeige den Scheitelpunkt.

2 Lege verschiedene Winkel mit Stiften.
a) Zeige den Scheitelpunkt.
b) Zeige die Schenkel.
c) Zeige den Winkel.

3 Schreibe jeweils eine Zeile mit den griechischen Buchstaben α, β, γ, δ und ε ins Heft.

Nachgedacht
Leo sagt: „Ich sehe zwei Winkel." Was sagst du dazu?

4 Falte verschiedene Winkel.
a) Zeichne die Schenkel rot.
b) Beschrifte den Scheitelpunkt mit einem S und die Winkel mit griechischen Buchstaben.
Tipp

4 Übertrage die Winkel nach Augenmaß.
a) Zeichne die Schenkel rot.
b) Beschrifte den Scheitelpunkt mit einem S und die Winkel mit griechischen Buchstaben.

① ② ③

5 Übertrage die Winkel ins Heft.

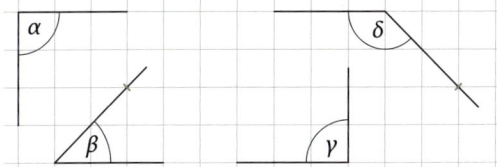

a) Welche Winkel sind gleich groß?
b) Welcher Winkel ist der kleinste?
c) Welcher Winkel ist der größte?

5 Übertrage den Winkel ins Heft.

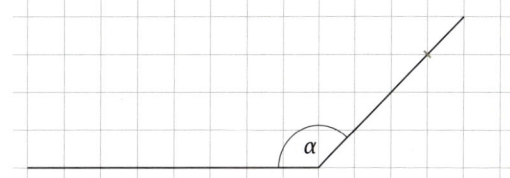

Zeichne dann einen Winkel, ...
a) der größer ist als α.
b) der kleiner ist als α.

6 Übertrage die Figur ins Heft.
Welche Winkel in der Figur sind gleich groß? Beschrifte sie mit derselben Farbe.

6 Übertrage die Figur ins Heft.
Beschrifte gleich große Winkel mit derselben Farbe.

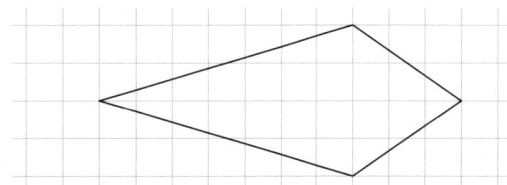

Winkelarten

ENTDECKEN

1 Welche Winkel sind rechte Winkel? Welche sind größer oder kleiner?
Tipp Man kann mit einem DIN-A4-Blatt die Größe der Winkel vergleichen.

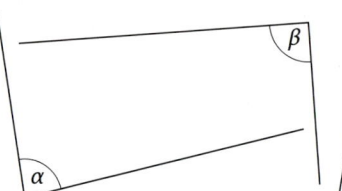
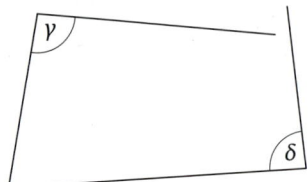

2 Baue eine Winkelscheibe.

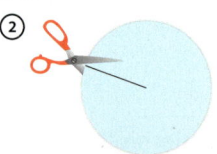
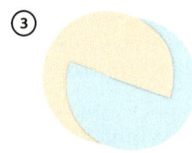
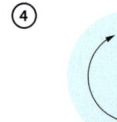

👥 Stellt an einer Winkelscheibe einen rechten Winkel ein. Stellt dann einen Winkel ein, der ...
a) halb so groß ist wie ein rechter Winkel.
b) doppelt so groß ist wie ein rechter Winkel.
c) größer, aber nicht doppelt so groß ist wie ein rechter Winkel.
d) dreimal so groß ist wie ein rechter Winkel.

VERSTEHEN

Vokabeln
→ die Winkelart
→ der Grad
→ der spitze Winkel
→ der rechte Winkel
→ der stumpfe Winkel
→ der gestreckte Winkel
→ der überstumpfe Winkel
→ der Vollwinkel

Für einen sicheren Stand der Leiter ist der Winkel α wichtig. Der Winkel α muss zwischen 40 und 60 Grad groß sein. Die Größe von Winkeln wird in der Maßeinheit **Grad** angegeben.

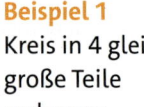

Beispiel 1
Kreis in 4 gleich große Teile zerlegen: Man erhält rechte Winkel.

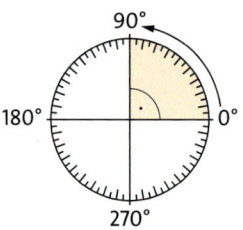

Beispiel 2
Kreis in 360 gleich große Teile zerlegen: Man erhält 1°.

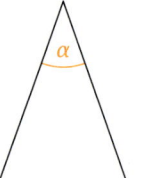
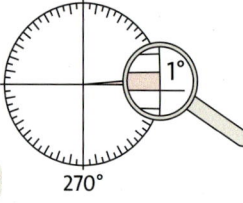

1 Grad

Winkel kann man nach ihrer Größe unterscheiden.

Merke Winkelarten:

spitzer Winkel	rechter Winkel	stumpfer Winkel	gestreckter Winkel	überstumpfer Winkel	Vollwinkel
größer als 0°, aber kleiner als 90°	genau 90°	größer als 90°, aber kleiner als 180°	genau 180°	größer als 180°, aber kleiner als 360°	genau 360°

KREISE UND WINKEL — WINKELARTEN

ANWENDEN

Hinweis
*Ist der Winkel **kleiner als**, **größer als** oder **genauso groß wie** die Ecke vom Geodreieck?*

1 Welcher Winkel ist ein spitzer, ein rechter oder ein stumpfer Winkel?
Überprüfe mit einem Geodreieck.
Tipp α ist ein ▨ Winkel, weil er ▨ die Ecke vom Geodreieck ist.

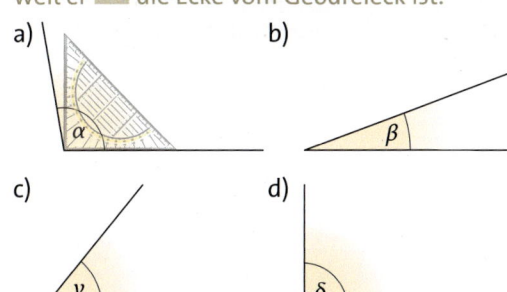

1 Welcher Winkel ist ein spitzer, ein rechter oder ein stumpfer Winkel?
Überprüfe mit einem Geodreieck.
Tipp α ist ein ▨ Winkel, weil er ▨ als die Ecke vom Geodreieck ist.

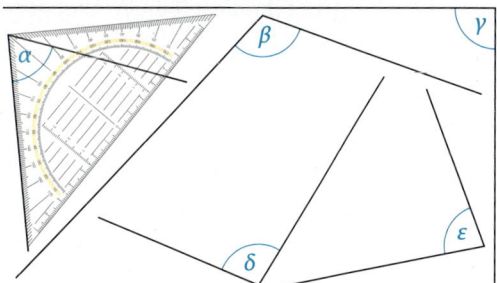

2 👥 Zeige deinem Partner verschiedene spitze, rechte oder stumpfe Winkel.
Du kannst dafür zum Beispiel deine Arme, zwei Stifte oder die Winkelscheibe nutzen.
Dein Partner muss angeben, um welche Winkelart es sich handelt.
Dann wechselt ihr euch ab.

3 Gib die Winkelart an.
Begründe deine Entscheidung.

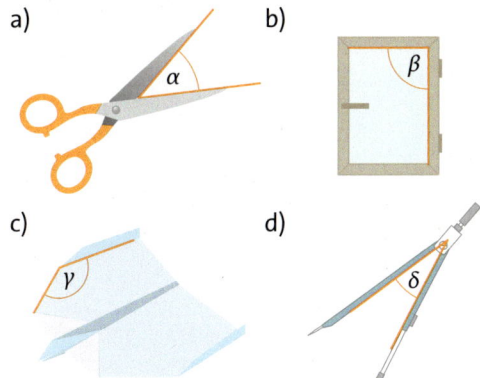

3 Gib die Winkelart an.
Begründe deine Entscheidung.

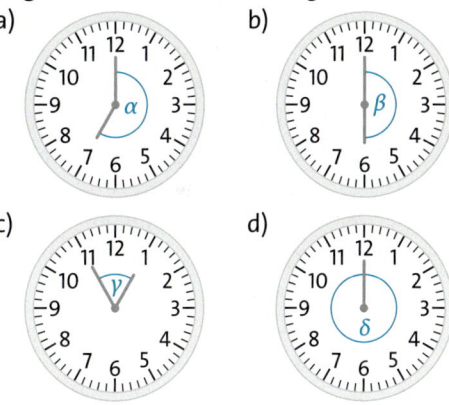

4 Welche Winkelart ist das?
Begründe.
Tipp 95° ist größer als 90°, aber kleiner als 180°. Also ist es ein stumpfer Winkel.
a) α = 90°   b) β = 135°
c) γ = 12°   d) δ = 170°

4 Welche Winkelart ist das?
Begründe.
Tipp 95° ist größer als ▨°, aber kleiner als ▨°. Also ist es ein ▨ Winkel.
a) α = 95°   b) β = 90°
c) γ = 1°   d) δ = 162°

5 Falte ein DIN-A4-Blatt mehrmals. Zeichne die Winkelbögen ein.
Welche Winkelarten erkennst du?
Kennzeichne die Winkel farbig:
— spitze Winkel gelb
— stumpfe Winkel rot
— rechte Winkel blau

Tipp

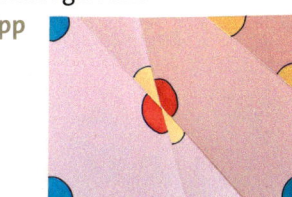

6 Zeichne diese Winkel ins Heft.
a) spitzer Winkel
b) rechter Winkel
c) stumpfer Winkel
👥 Vergleicht eure Winkel.
Habt ihr dieselben Winkel gezeichnet?

6 Zeichne jeweils drei verschiedene Winkel.
a) spitzer Winkel
b) rechter Winkel
c) stumpfer Winkel
d) gestreckter Winkel
e) überstumpfer Winkel

7 Ordne die Gradzahlen nach ihrer Größe:

| 145° | 40° | 315° | 90° |

Welche Gradzahl passt zu den Winkeln?

a) 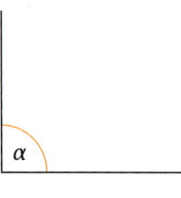 b)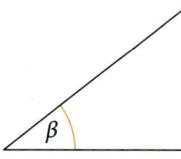

c) 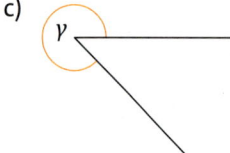 d)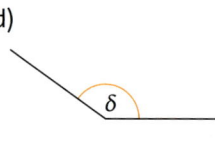

7 In welchem Bereich liegen die Winkel?
Tipp Der Winkel liegt zwischen ▇▇° und ▇▇°, weil es ein ▇▇ Winkel ist.

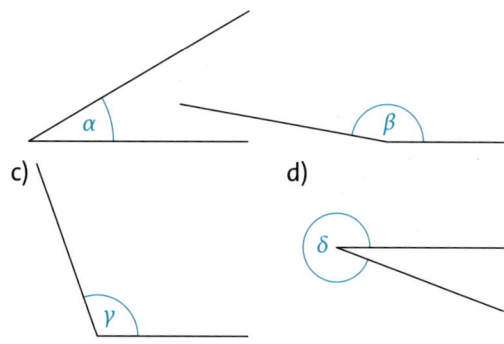

Strategie Winkelgrößen schätzen
① Bestimme zuerst die Winkelart.
Dadurch weißt du, in welchem Bereich der Winkel liegt:
zwischen 0° und 90°,
oder
zwischen 90° und 180°,
oder
zwischen 180° und 360°.
② Schätze dann genauer.

8 Erkläre, was Tina meint.

> Das ist ein stumpfer Winkel.
> α liegt also zwischen 90° und 180°.
> Er liegt nahe an 90°.
> Also ist α ungefähr 100° groß.

9 Schätze die Winkelgröße.
Begründe deine Schätzung.

a) 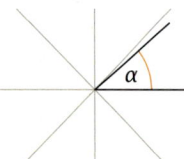 b)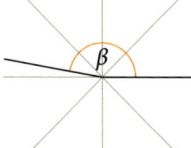

c) 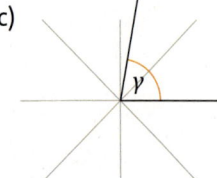 d)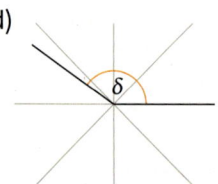

9 Schätze die Winkelgröße.
Begründe deine Schätzung.

a) 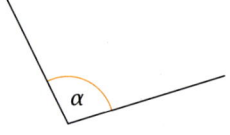 b)

c) 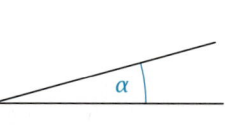 d)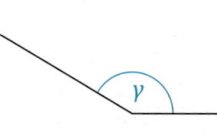

Winkel messen

ENTDECKEN

1 Beschreibe das Geodreieck.
a) Wo liegt der Nullpunkt?
b) Erkläre die Beschriftung der inneren und äußeren Skala.
c) Vergleiche mit deinem Geodreieck.

2 Beschreibe die Lage des Geodreiecks. Wie liegt es auf dem Winkel?
a) Wo kannst du die Winkelgröße am Geodreieck ablesen?
b) Wie groß ist der Winkel?

3 Thorsten liest am Geodreieck ab: „Der Winkel ist 135° groß."
Kann das stimmen? Begründe.

VERSTEHEN

Die Größe eines Winkels misst man mit einem Geodreieck.
Jedes Geodreieck hat dafür einen Nullpunkt und zwei Skalen von 0° bis 180°:
eine Skala im Uhrzeigersinn und eine Skala gegen den Uhrzeigersinn.

Vokabeln
→ *das Geodreieck*
→ *der Nullpunkt*
→ *die Skala*
→ *der Uhrzeigersinn*

Merke Winkel mit dem Geodreieck messen

① **Geodreieck anlegen:**
den Nullpunkt am Scheitelpunkt und die Kante an einen Schenkel

② **Winkelgröße ablesen:**
an der Skala, die beim Schenkel beginnt, an den das Geodreieck angelegt wird

Beispiel 1

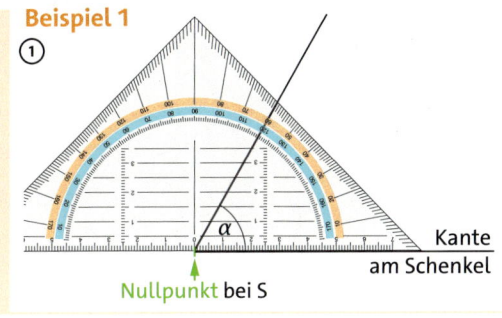

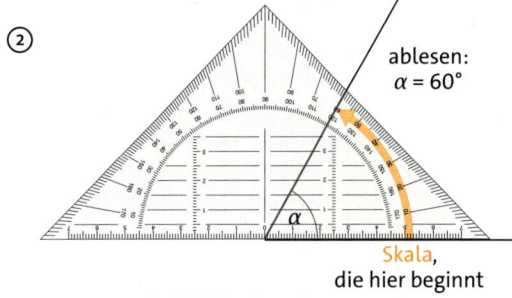

Beispiel 2 Achte darauf, dass du an der *richtigen* Skala abliest.

a) Diese äußere Skala beginnt beim Schenkel.
$\alpha = 45°$

b) Diese innere Skala beginnt beim Schenkel.
$\beta = 120°$

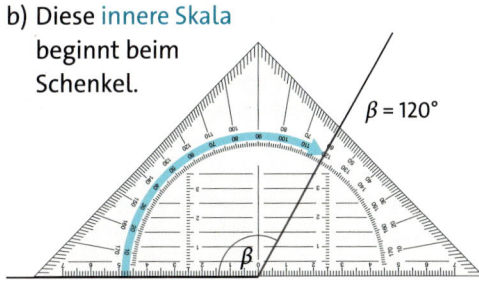

KREISE UND WINKEL — WINKEL MESSEN

ANWENDEN

1 Was wurde hier falsch gemacht? Beschreibe die Fehler.

a)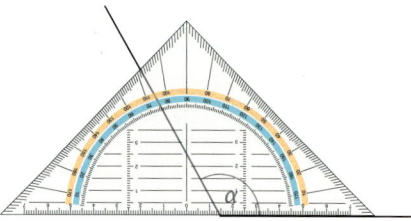

b)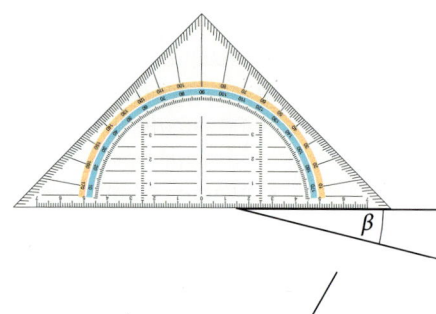

c)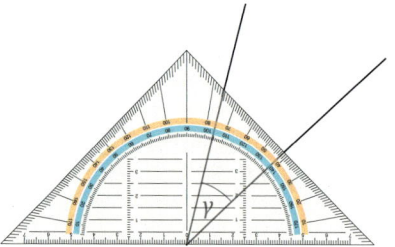

d)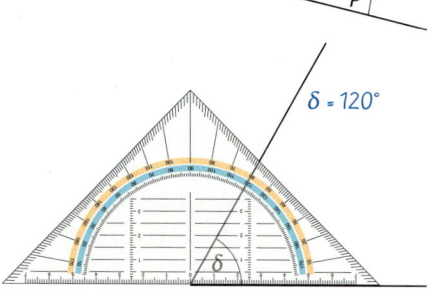

$\delta = 120°$

2 Lies die Winkelgröße ab.

a)

b)

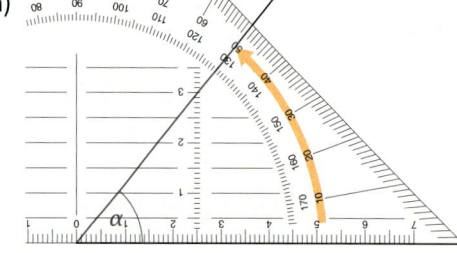

2 Lies die Winkelgröße ab.

a)

b)

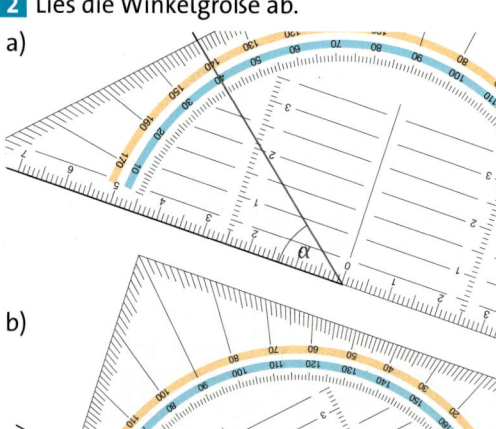

3 Miss die Winkelgröße.

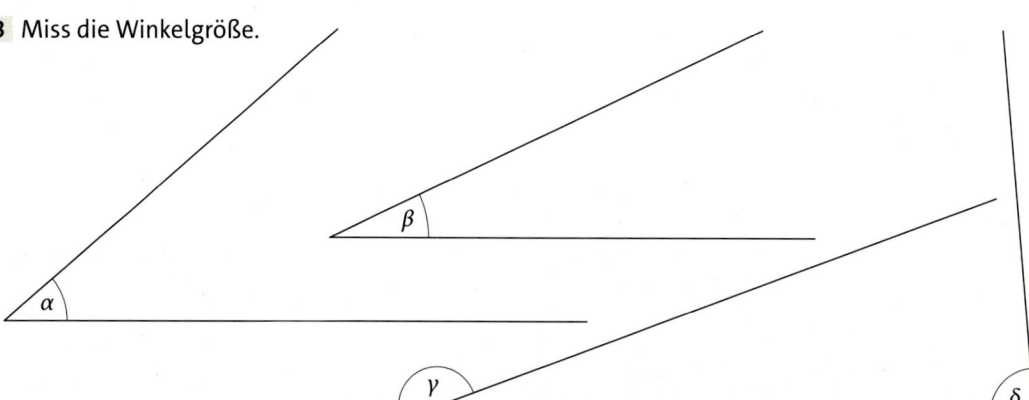

KREISE UND WINKEL — **WINKEL MESSEN**

4 Miss die Winkelgröße mit dem Geodreieck.
Tipp lange Kante am orangen Schenkel

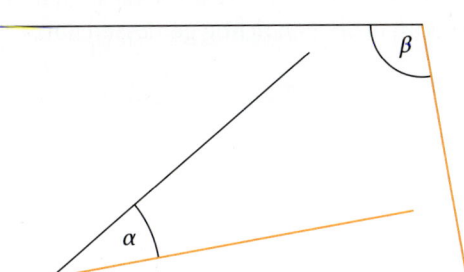

4 Schätze zuerst die Winkelgröße. Miss dann genau.

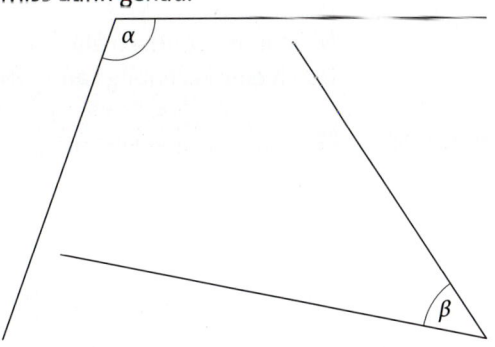

Hinweis
Manchmal sind die Schenkel zum Messen zu kurz. Dann verlängere die Schenkel.

5 Übertrage die Winkel ins Heft. Wie groß sind die Winkel?

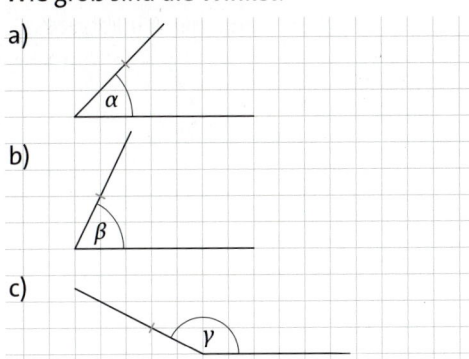

5 Übertrage die Winkel ins Heft. Wie groß sind die Winkel?

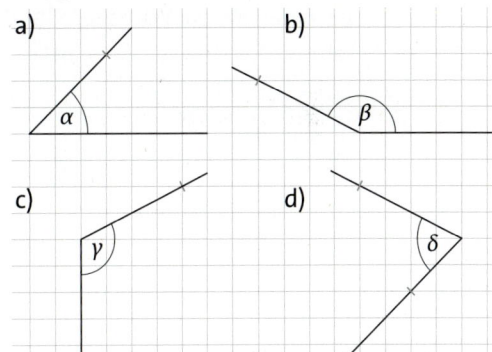

Methode Überstumpfe Winkel bestimmen
Sind Winkel größer als 180°, kann man sie nicht mit dem Geodreieck messen.
Dann misst man den kleinen Winkel und rechnet:
360° − kleiner Winkel
360° − 30° = 330°

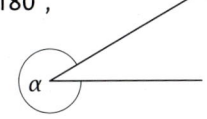

6 Bestimme die Winkelgröße.

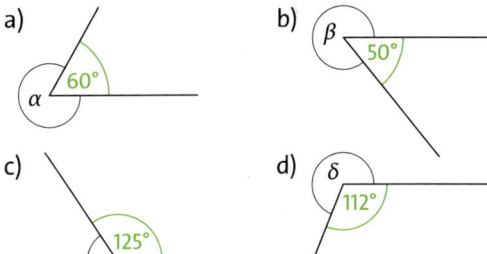

7 Bestimme die Winkelgröße.

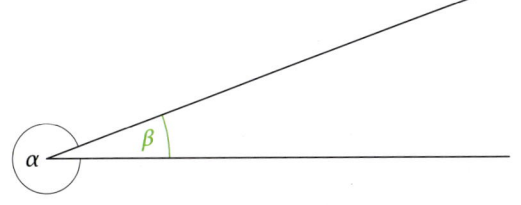

7 Bestimme die Winkelgröße.

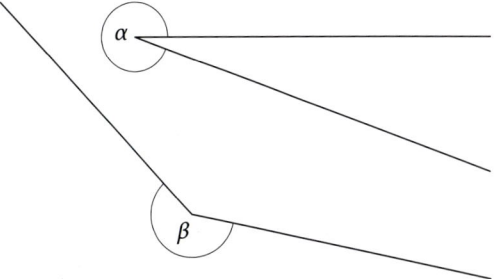

Methode Winkel berechnen

Nicht immer müssen alle Winkel gemessen werden. Manche Winkel kann man auch berechnen. Durch eine Rechnung kann man auch prüfen, ob man richtig gemessen hat.

ANWENDEN

1 Prüfe mit einer Rechnung.
Tipp Alle Winkel sind zusammen 90° groß.
a) 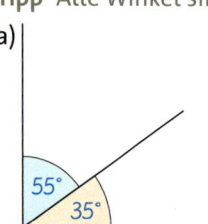 b)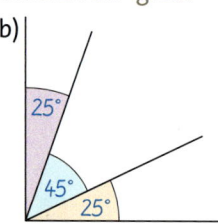

1 Wie groß sind alle Winkel zusammen?
Tipp Prüfe mit einer Rechnung.
a) 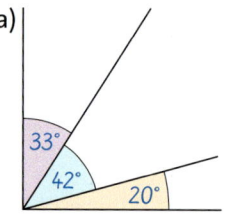 b)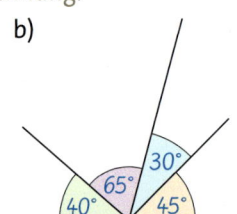

2 Berechne die Winkelgröße.
a)    b)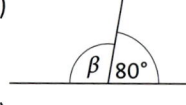
c) 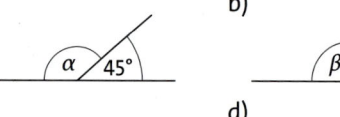   d)

2 Berechne die Winkelgröße.
a) 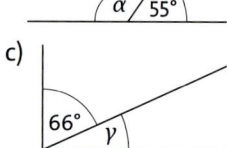   b)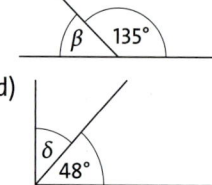
c)   d)

Info Innenwinkel in einem Dreieck
Alle Winkel in einem Dreieck sind zusammen immer 180° groß:

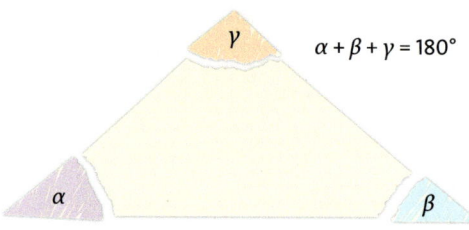

$\alpha + \beta + \gamma = 180°$

Für die **Innenwinkel in einem Viereck** gilt:
$\alpha + \beta + \gamma + \delta = 360°$

3 Innenwinkel in einem Dreieck
① Zeichne ein Dreieck und schneide es aus.
② Beschrifte die Winkel und reiße die Ecken ab.
③ Lege die Ecken zusammen. Es entsteht ein neuer Winkel.
Wie groß ist der neue Winkel?
👥 Vergleicht eure Ergebnisse.

4 Innenwinkel in einem Viereck
Zeichne ein Viereck.
👥 Wiederholt die Schritte aus Aufgabe 3.

Nachgedacht
Klaus sagt: „Mein Dreieck hat die Winkel 45°, 31° und 94°."
Was sagst du dazu?

5 Berechne den fehlenden Winkel.
Tipp Dreieck $\alpha = 180° - ■° - ■°$
Viereck $\beta = 360° - ■° - ■° - ■°$
a) 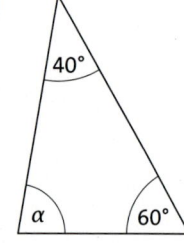 b)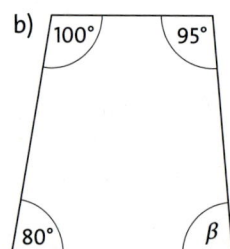

5 Berechne den fehlenden Winkel.
Tipp Dreieck $\alpha + \beta + \gamma = 180°$
Viereck $\alpha + \beta + \gamma + \delta = 360°$
a) 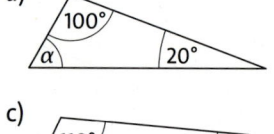 b)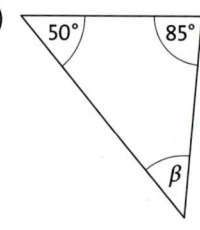
c)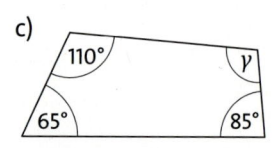

KREISE UND WINKEL

Winkel zeichnen

ENTDECKEN

1 Welche Winkel kann man besonders leicht zeichnen? Begründe. Untersuche dein Geodreieck und achte auf besondere Linien.

2 Sternbild Leier:
Zeichne das Sternbild so genau wie möglich ins Heft.
Beschreibe, wie du vorgehst.

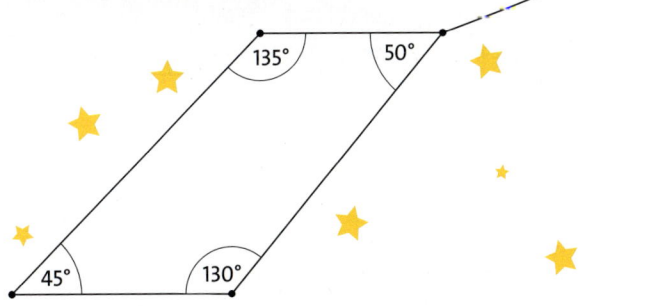

VERSTEHEN

Winkel zeichnet man mit dem Geodreieck.

Vokabeln
→ *das Geodreieck*
→ *der Nullpunkt*
→ *die Skala*

Merke Winkel zeichnen

① Zeichne den Scheitelpunkt S und den ersten Schenkel.

② Lege das Geodreieck mit dem Nullpunkt an den Scheitelpunkt und die Kante an den Schenkel.

③ Wähle die Skala, die beim Schenkel beginnt. Markiere die Winkelgröße.

④ Zeichne den zweiten Schenkel und beschrifte den Winkel.

Beispiel 1 $\alpha = 60°$

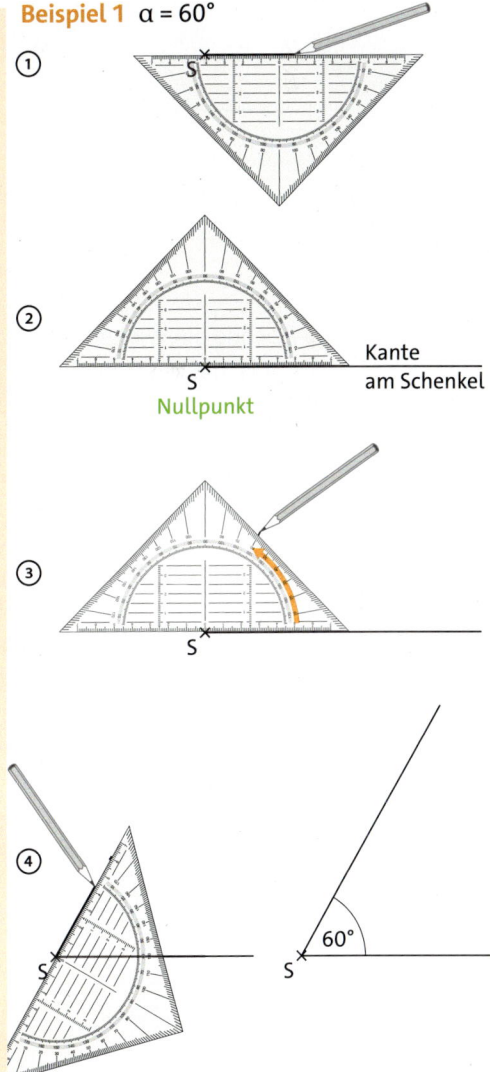

Hinweis
Man kann Winkel auch noch anders zeichnen: Grundlagen S. 251

KREISE UND WINKEL   WINKEL ZEICHNEN

ANWENDEN

1 Zeichne die Winkel ins Heft.
a) ① 60°   ② 45°   ③ 85°
Tipp

b) ① 140°   ② 135°   ③ 105°
Tipp

1 Zeichne die Winkel ins Heft.
Gib auch die Winkelart an.
Tipp

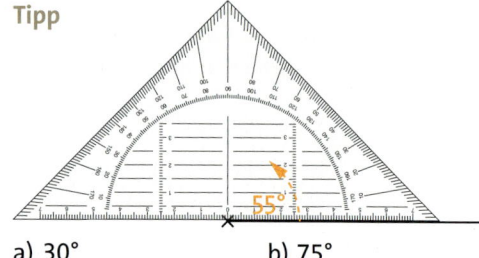

a) 30°   b) 75°
c) 140°   d) 125°
e) 10°   f) 180°

👥 Tauscht die Hefte.
Prüft die Winkel durch Messen.

2 Zeichne die Winkel ins Heft.
Tipp Wähle die richtige Skala.

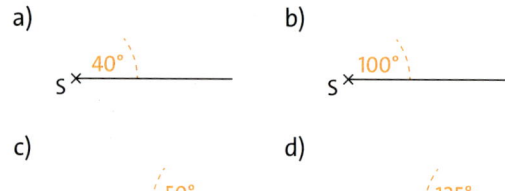

2 Zeichne die Winkel ins Heft.
Tipp Wähle die richtige Skala.

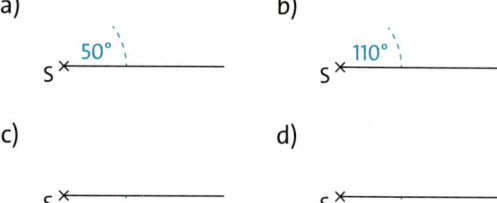

Nachgedacht
Ali sagt: „Ich habe einen Winkel von 175° gezeichnet."

Was sagst du dazu?
Begründe deine Antwort.

3 Zeichne die Winkel ins Heft.
Gib auch die Winkelart an.
a) α = 50°
b) β = 70°
c) γ = 155°
d) δ = 180°

3 Zeichne die Winkel ins Heft.
Gib auch die Winkelart an.
a) α = 85°
b) β = 27°
c) γ = 118°
d) δ = 175°

4 Zeichne zwei Winkel mit demselben Scheitelpunkt S.
Winkel alpha ist 60° und Winkel beta ist 30°.
Wie groß sind beide Winkel zusammen?

4 Zeichne drei Winkel mit demselben Scheitelpunkt S.
Zusammen sollen sie 90° groß sein.
Wie groß sind die drei Winkel?

5 Zeichne den Drachen ins Heft.

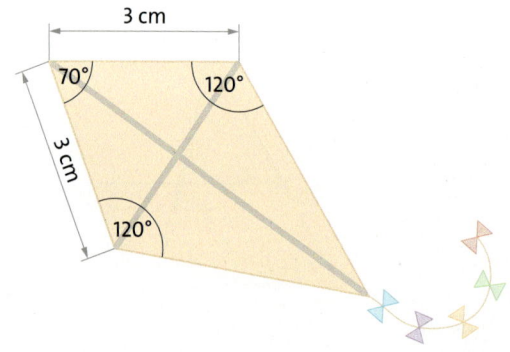

5 Zeichne den Pfeil ins Heft.
Beschreibe dein Vorgehen.

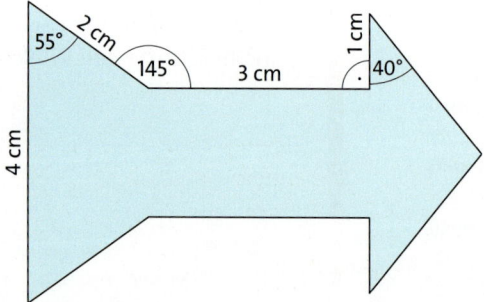

KREISE UND WINKEL

Methode Winkel an Geradenkreuzungen

Wenn sich zwei Geraden kreuzen, sagt man: Die Geraden schneiden sich. Dadurch entstehen vier Winkel.

Vokabeln
→ Scheitelwinkel
→ Stufenwinkel
→ Nebenwinkel

Gegenüberliegende Winkel heißen **Scheitelwinkel**.
Sie sind immer gleich groß.

Beispiel 1
$\alpha = \beta$

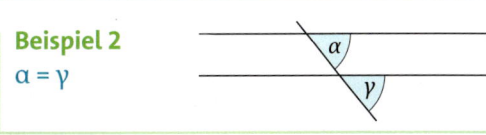

Werden zwei parallele Geraden geschnitten, entstehen **Stufenwinkel**.
Sie sind immer gleich groß.

Beispiel 2
$\alpha = \gamma$

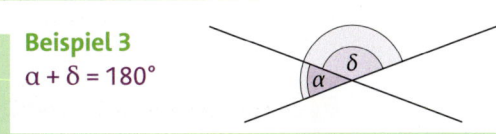

Nebeneinanderliegende Winkel heißen **Nebenwinkel**.
Die Winkel sind zusammen immer 180° groß.

Beispiel 3
$\alpha + \delta = 180°$

ANWENDEN

1 Wie groß ist der Winkel beta? Begründe.
Tipp Der Winkel β ist ■° groß, weil α und β Scheitelwinkel sind.

a) 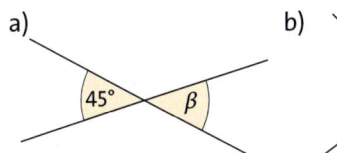 b)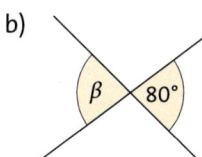

1 Wie groß ist der andere Winkel? Begründe.
Tipp Der Winkel β ist ■° groß, weil α und β ▬▬ sind.

a) $\alpha = 48°$ b) $\beta = 122°$

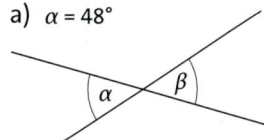 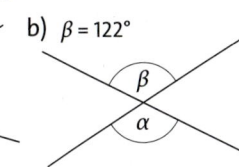

Nachgedacht
Wechselwinkel sind auch gleich.

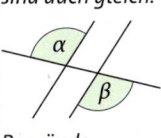

Begründe.

2 Wie groß ist der Winkel γ? Begründe.
a) 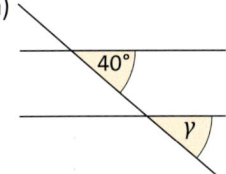 b)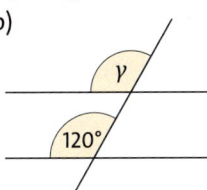

2 Wie groß ist der andere Winkel? Begründe.
a) $\alpha = 97°$ b) $\gamma = 75°$

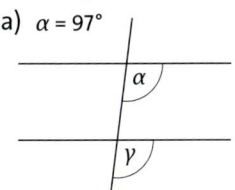 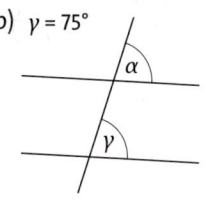

3 Wie groß ist der Winkel δ? Begründe.
Tipp a) 100° + ■° = 180°
a) 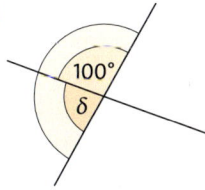 b)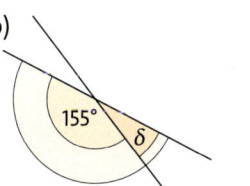

3 Wie groß ist der andere Winkel? Begründe.
a) $\alpha = 22°$ b) $\delta = 115°$

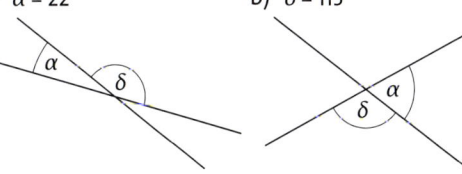

4 Wie groß sind die anderen Winkel? Begründe.

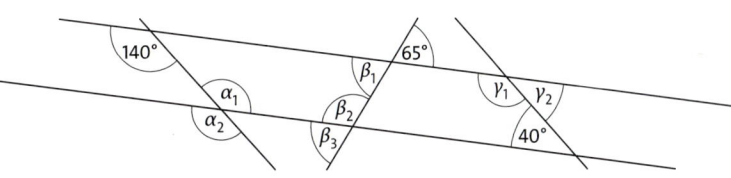

KREISE UND WINKEL

Klar soweit?

→ Seite 38

Kreise

1 Miss den Radius und den Durchmesser.
a) b)

1 Gib Radius und Durchmesser an. Erkläre den Zusammenhang von Radius und Durchmesser.
a) b)

2 Zeichne die Kreise ins Heft.
a) r = 5 cm   b) r = 7 cm
c) d = 4 cm   d) d = 8 cm

2 Zeichne die Kreise ins Heft.
a) r = 2 cm   b) r = 3,5 cm
c) d = 6 cm   d) d = 9 cm

→ Seite 40

Winkel

3 Ordne den Bildern die Begriffe zu: Winkelbogen, Winkelname, Schenkel, Scheitelpunkt

①  ② 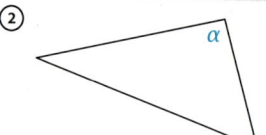 ③  ④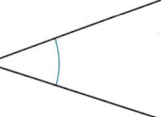

4 Übertrage die Winkel ins Heft. Beschrifte den Scheitelpunkt S und die Winkel.
a) b)
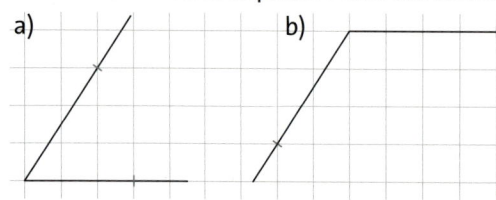

4 Übertrage die Winkel ins Heft. Beschrifte den Scheitelpunkt und die Winkel.
a) b)
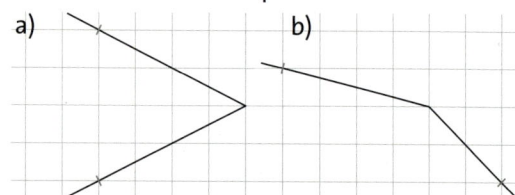

→ Seite 42

Winkelarten

5 Gib die Winkelart an. Wie groß sind die Winkel?   110° 160° 45° 90°
a) α   b) β
c) γ   d) δ

5 Gib die Winkelart an. Schätze die Winkelgröße.
a) α   b) β
c) γ   d) δ

KREISE UND WINKEL — KLAR SOWEIT?

6 Gib die Winkelart an.
Begründe.
a) α = 90°
b) β = 25°
c) γ = 120°
d) δ = 40°

6 Gib die Winkelart an.
Begründe.
a) α = 175°
b) β = 85°
c) γ = 90°
d) δ = 180°

→ Seite 45

Winkel messen

7 Schätze zuerst die Winkelgröße.
Miss dann mit dem Geodreieck.

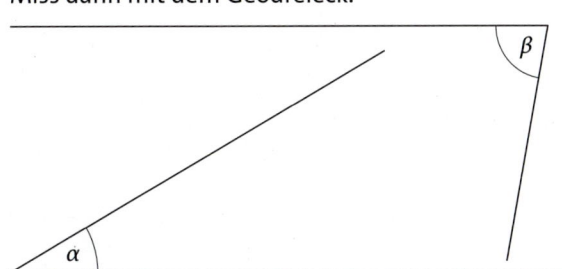
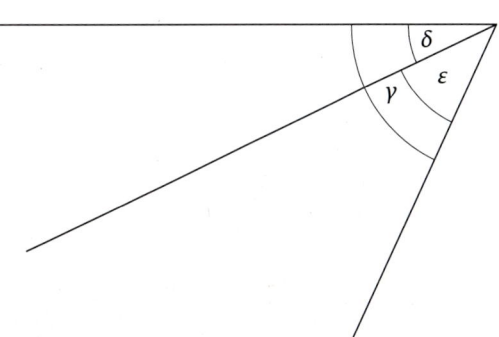

8 Übertrage die Figur ins Heft.
Miss die Winkel.
Tipp Verlängere die Schenkel im Heft, um messen zu können.

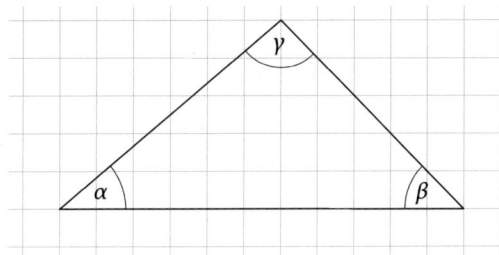

8 Übertrage die Figur ins Heft.
Miss die Winkel.
Tipp Verlängere die Schenkel im Heft, um messen zu können.

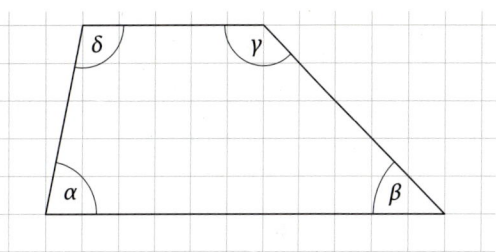

→ Seite 49

Winkel zeichnen

9 Zeichne die Winkel ins Heft.
Gib auch die Winkelart an.
a) α = 50°
b) β = 90°
c) γ = 130°
d) δ = 155°

9 Zeichne die Winkel ins Heft.
Gib auch die Winkelart an.
a) α = 75°
b) β = 122°
c) γ = 38°
d) δ = 175°

10 Zeichne die Krone ins Heft.

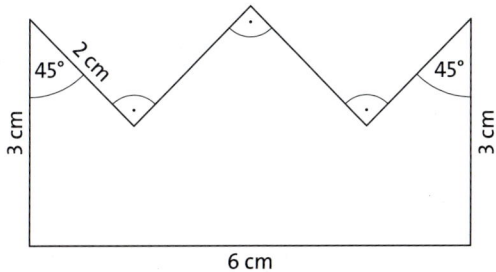

10 Zeichne das Schiff ins Heft.

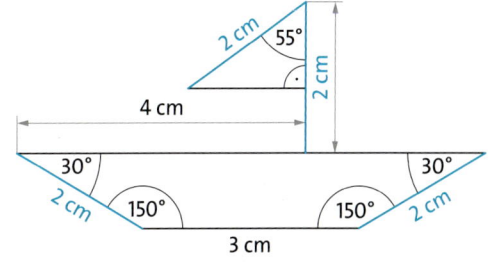

→ Lösungen ab S. 216

KREISE UND WINKEL

Vermischte Übungen

Anwenden

1 Zeigt euch verschiedene Winkelarten.

1 Zeigt euch verschiedene Winkelarten.

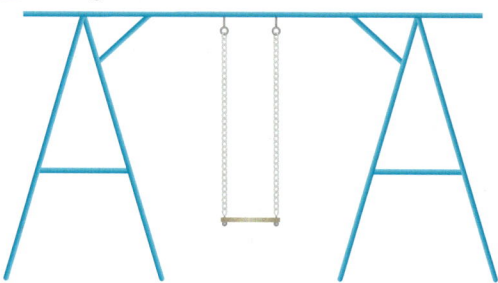

2 Gib zuerst die Winkelart an. Schätze die Winkelgröße und prüfe durch Messen.

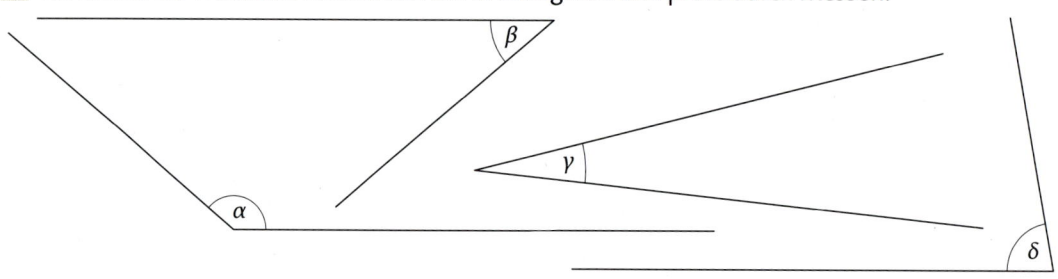

3 Zeichne einen Mittelpunkt und darum zwei Kreise.
① r = 3 cm   ② d = 8 cm
Beschrifte die Kreise.

3 Zeichne einen Mittelpunkt und darum zwei Kreise.
① r = 5 cm   ② d = 6 cm
Beschrifte die Kreise.

4 Übertrage die Kreismuster ins Heft und setze sie fort. Beschreibe dein Vorgehen.

a)
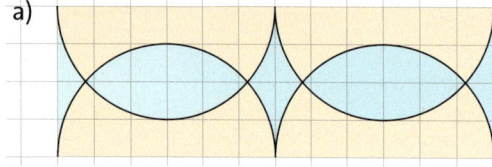

b)
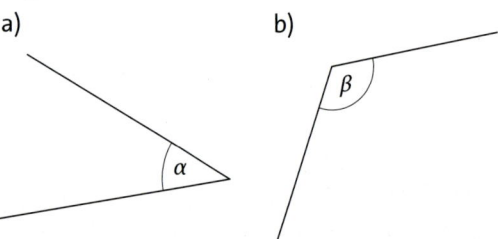

5 Welcher Winkel ist größer? Begründe deine Antwort.

a)   b)

5 Ordne die Winkel nach ihrer Größe. Begründe.

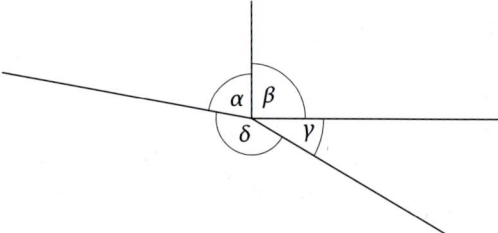

6 Skizziere die Winkel ohne Geodreieck ins Heft.
a) α = 45°   b) β = 20°   c) γ = 100°   d) δ = 145°
Zeichne dann die Winkel genau mit einem Geodreieck. Vergleiche deine Zeichnungen.

KREISE UND WINKEL VERMISCHTE ÜBUNGEN

Nachgedacht
Lisa sagt: „Zwei Winkel ergeben zusammen immer höchstens 180°." Begründe oder finde ein Gegenbeispiel.

7 Berechne die fehlenden Winkel.

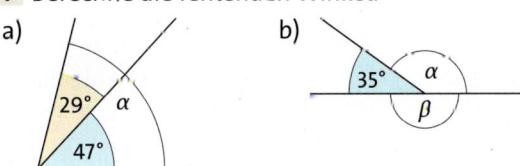

a) b) c) d)

8 Berechne.
a) α ist 32° und β ist 44°. Wie groß sind sie zusammen?
b) α und β sind zusammen 108° groß. β ist 60°. Wie groß ist α?

8 Berechne.
a) Wie viele 60°-Winkel passen aneinander gezeichnet in einen gestreckten Winkel?
b) Teile einen 80°-Winkel in mehrere 20°-Winkel auf. Wie viele passen hinein?

9 Zeichne die Figur ins Heft.

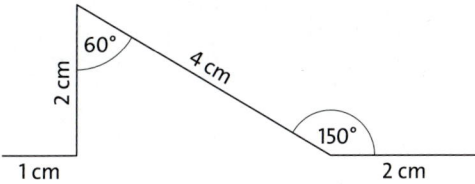

9 Zeichne die Figur ins Heft.

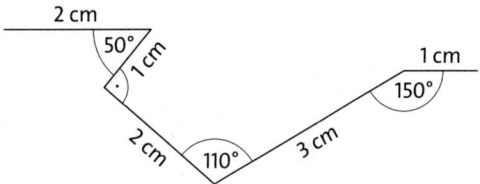

10 Zeichne jeweils ein Dreieck mit …
a) einem spitzen Winkel.
b) einem rechten Winkel.
c) einem spitzen und einem stumpfen Winkel.

10 Zeichne jeweils ein Dreieck mit …
a) einem rechten Winkel.
b) drei spitzen Winkeln.
c) einem stumpfen Winkel.

11 Welche Familien können den Radiosender empfangen?

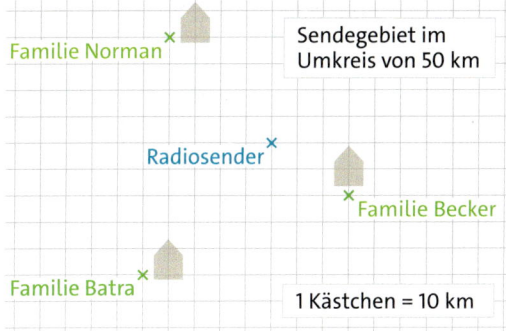

11 Welcher Rettungshubschrauber fliegt los? Löse zeichnerisch.

12 Die Kreise sind gleichmäßig geteilt. Wie groß ist der Winkel α? Welche Rechnung passt dazu?

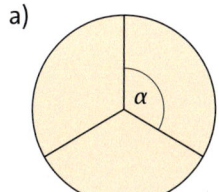 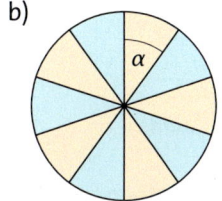

a) b)

12 Die Kreise sind gleichmäßig geteilt. Berechne die Winkelgröße α. Erkläre deine Rechnung.

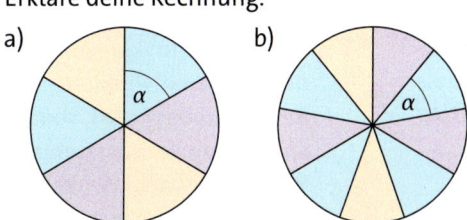

a) b)

Vertiefen

13 Wählt eins der Themen und informiert euch im Internet darüber.

> Gesichtsfeld von Mensch und Tieren   toter Winkel   Baldwin Street in Neuseeland

Gestaltet ein Plakat und stellt es der Klasse vor.

14 Zeichne ein Koordinatensystem mit dem Scheitelpunkt A(5|5). Die Schenkel verlaufen durch die Punkte B(1|4) und C(7|2).
Am Punkt A entstehen zwei Winkel.
Beschreibe sie.
Miss beide Winkel. Was fällt dir auf?

14 Zeichne ein Koordinatensystem mit dem Dreieck A(1|1), B(8|2) und C(4|7).
Am Punkt A entstehen zwei Winkel.
Miss beide Winkel.
Was fällt dir auf?
Ist das bei Punkt B genauso?

15 Überstumpfe Winkel messen und zeichnen
a) Erkläre, wie Leon und Tina messen.

Winkel α   Leon misst so: Ich messe erst β und subtrahiere dann: 360° - β   Tina misst so: Ich teile den Winkel und messe dann den kleinen Winkel. Dann addiere ich.

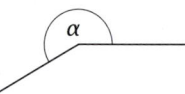 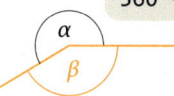 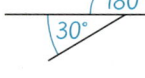

b) Zeichnet einen Winkel von 310°. Beschreibt euer Vorgehen.
Tipp Wie beim Messen hast du hier auch zwei Möglichkeiten.

16 Drachenfliegen
a) Wie hoch fliegt der Drachen?
Übertrage die Zeichnung ins Heft.
Zeichne ins Heft: 1 m soll 1 cm sein.
b) Wie ändert sich der Winkel, wenn der Drachen höher oder tiefer fliegt?

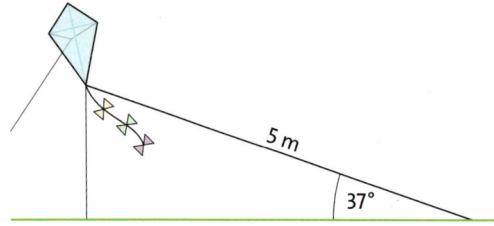

16 Auf dem See
a) Wie weit ist das Schiff von den Leuchttürmen entfernt?
Zeichne ins Heft: 1 km soll 1 cm sein.
b) Wie verändern sich die Winkel, wenn das Schiff gerade auf das Ufer zufährt?

A   Ufer 5 km   B
75°   65°

Zum Weiterarbeiten
Zeichne ein Dreieck. Wie groß sind die Winkel? Bewege die Eckpunte des Dreiecks. Wie groß sind die Winkel jetzt?

17 Kreise und Winkel mit dynamischer Geometrie-Software
a) Zeichne einen Kreis mit r = 4 cm.
Bewege den Mittelpunkt M.
Was fällt dir auf?
b) Zeichne einen spitzen Winkel mit drei Punkten A, B und C.
Das Programm kann dir anzeigen, wie groß der Winkel ist. Probiere es aus.
Bewege einen Punkt, sodass aus dem spitzen Winkel ein stumpfer Winkel wird.
Wie groß ist dein Winkel jetzt?
c) Zeichne einen Winkel von 50°. Bewege einen Punkt. Ändert sich die Winkelgröße jetzt auch?

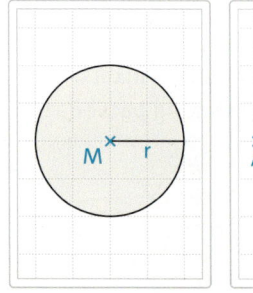 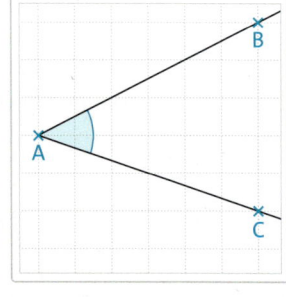

KREISE UND WINKEL VERMISCHTE ÜBUNGEN

Weiterdenken

→ *Sachaufgaben lösen: S. 282/283*

Rund um Fußball

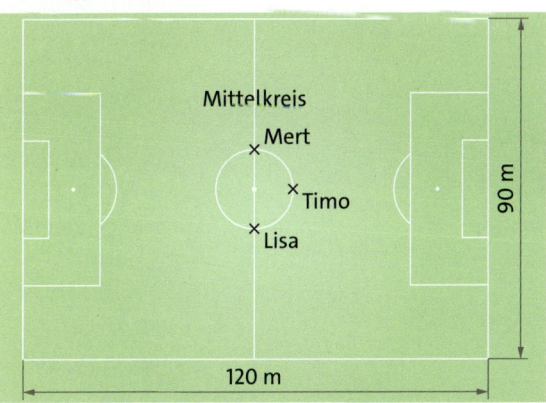

18 Der Mittelkreis hat einen Radius von 9 m. Zeichne den Mittelkreis und die Schüler ins Heft. Beantworte die Fragen und begründe.
a) Wie weit steht Timo vom Mittelpunkt entfernt?
b) Wie weit steht Mert von Lisa entfernt?
c) Wie weit steht Mert von Timo entfernt?
d) Pia steht vom Mittelpunkt 50 m entfernt. Steht sie noch auf dem Spielfeld?

19 Zeichne die Fußball-Wimpel ins Heft.
a) Beschreibe dein Vorgehen.
b) Erfinde eigene Fußballwimpel und gib die Maße an.

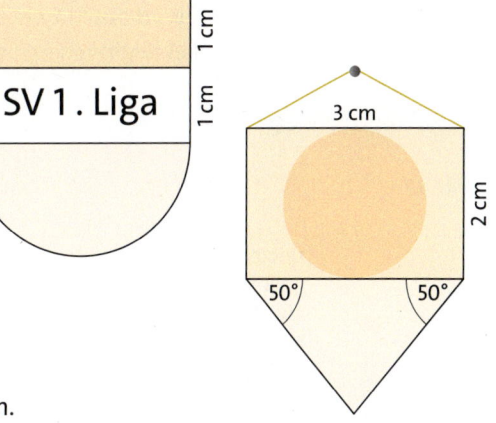

20 Wer hat den besten Schusswinkel? Begründe.
Zeichne ab und miss die Schusswinkel von Tom, Lea und Ali.
Tipp Der beste Schusswinkel ist der größte Winkel.

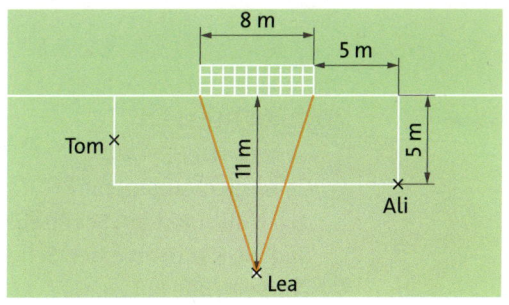

21 Zeichne die Torwand ins Heft. Beschreibe dein Vorgehen.

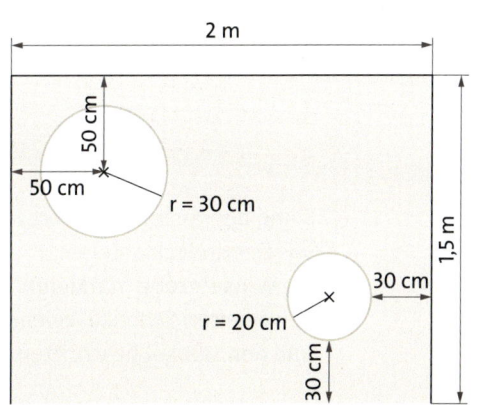

Zusammenfassung

Kreise
→ Seite 38

Jeder Kreis hat einen **Mittelpunkt M**, einen **Radius r** und einen **Durchmesser d**.

Der **Durchmesser d** ist doppelt so lang wie der **Radius r**.

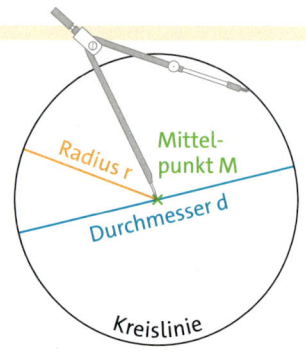

Winkel
→ Seite 40

Ein **Winkel** wird durch zwei Schenkel gebildet. Die Schenkel beginnen im **Scheitelpunkt S**.

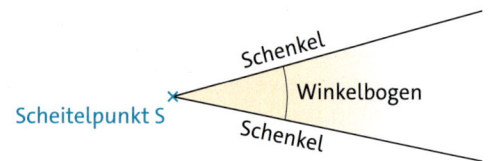

Winkelarten
→ Seite 42

spitzer Winkel größer als 0°, aber kleiner als 90°	**rechter Winkel** genau 90°	**stumpfer Winkel** größer als 90°, aber kleiner als 180°	**gestreckter Winkel** genau 180°	**überstumpfer Winkel** größer als 180°, aber kleiner als 360°	**Vollwinkel** genau 360°
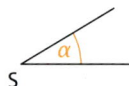		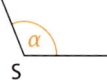	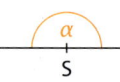	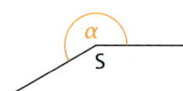	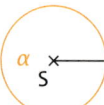

Winkel messen
→ Seite 45

① Geodreieck anlegen:
 den Nullpunkt am Scheitelpunkt und die Kante an einen Schenkel
② Winkelgröße ablesen:
 an der Skala, die beim Schenkel beginnt, an den das Geodreieck angelegt wird

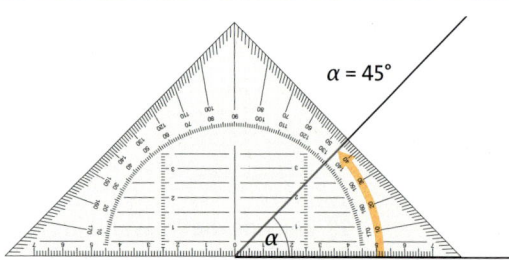

Winkel zeichnen
→ Seite 49

① S und den ersten Schenkel zeichnen
② das Geodreieck anlegen
③ die Winkelgröße markieren
④ den zweiten Schenkel zeichnen und den Winkel beschriften

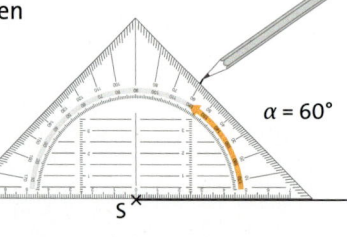
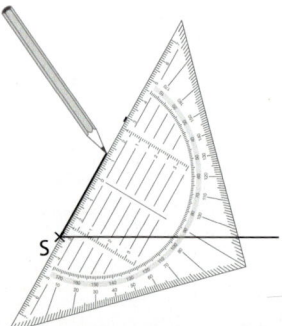

KREISE UND WINKEL

Teste dich!

1 Übertrage das Kreismuster ins Heft.
Gib Durchmesser und Radius der Kreise an.

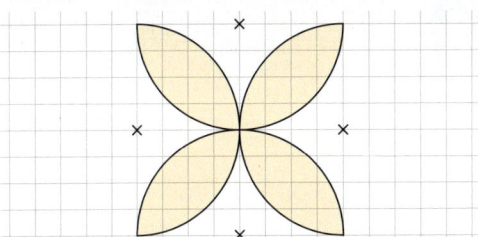

1 Übertrage das Kreismuster ins Heft.
Gib Durchmesser und Radius der Kreise an.

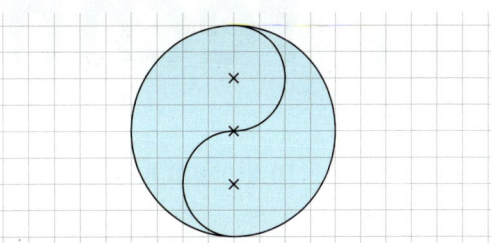

2 Welcher Winkel ist der größte, welcher der kleinste? Begründe mithilfe der Winkelarten.
a) Schätze die Winkelgrößen.
b) Miss die Winkel.

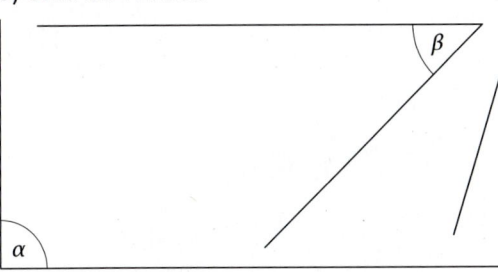
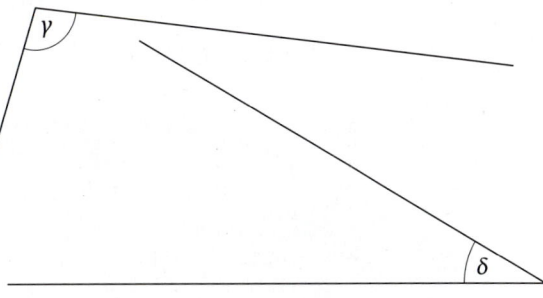

3 Zeichne die Winkel und beschrifte sie.
a) α = 45°   b) β = 100°   c) γ = 136°

3 Zeichne die Winkel und beschrifte sie.
a) α = 115°   b) β = 40°   c) γ = 105°

4 Berechne die Winkelgröße.

a)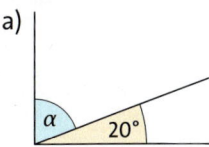
b)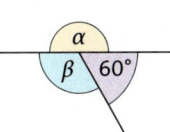
c)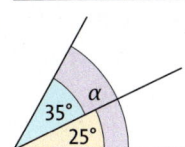
d)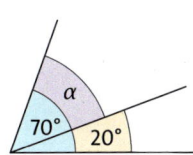

4 Berechne die Winkelgrößen.

a)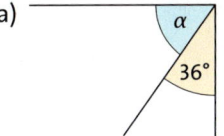
b)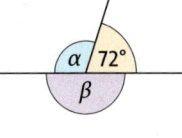
c)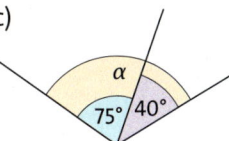
d)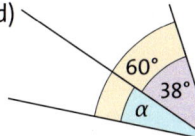

5 Wie groß ist der Winkel α?
Zeichne und miss die Winkelgröße.

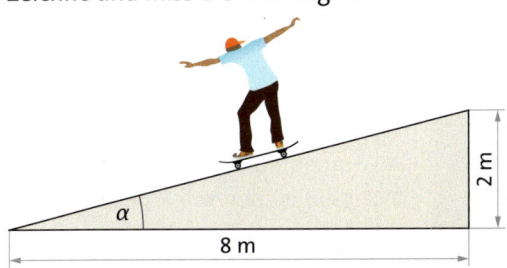

5 Wie groß ist der Winkel α?
Zeichne und miss die Winkelgröße.

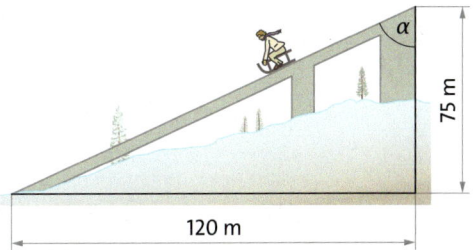

Mit Brüchen rechnen

In diesem Kapitel lernst du, …

→ Brüche mit einem gemeinsamen Nenner zu addieren und zu subtrahieren.
→ Brüche mit unterschiedlichem Nenner zu addieren und zu subtrahieren.
→ Anteile von Größen zu berechnen.
→ einen Bruch mit einer natürlichen Zahl zu multiplizieren.

Die Kontinente der Erde sind unterschiedlich groß.
Asien nimmt ungefähr $\frac{31}{100}$ der Landfläche ein, Amerika $\frac{27}{100}$, Afrika $\frac{1}{5}$, Antarktika $\frac{9}{100}$ und Australien nur $\frac{1}{20}$.
Wie groß ist der Anteil der Landfläche, den Europa einnimmt?

MIT BRÜCHEN RECHNEN

Noch fit?

1 Wie heißen die Brüche?
a) Welche Brüche ergeben zusammen einen ganzen Kreis?
b) Welche Brüche ergeben zusammen mehr als einen ganzen Kreis?

2 Rechne um.
a) 5 cm = ■ mm
b) 3 dm = ■ cm
c) 10 cm = ■ mm
d) 12 m = ■ dm
e) 2 kg = ■ g
f) 5 t = ■ kg

2 Rechne um.
a) 8 cm = ■ mm
b) 3 m = ■ dm
c) 15 km = ■ m
d) 7 kg = ■ g
e) 10 t = ■ kg
f) 2,5 kg = ■ g

3 Wie wurde hier erweitert? Wie wurde hier gekürzt? Beschreibe.

a) Erweiterungszahl
b) Kürzungszahl

4 Übertrage ins Heft. Kürze die Brüche.
a) $\frac{40}{50} = \frac{■}{5}$
b) $\frac{4}{6} = \frac{2}{■}$

4 Kürze die Brüche.
a) $\frac{5}{25}$
b) $\frac{6}{8}$
c) $\frac{14}{21}$
d) $\frac{37}{37}$

5 Erweitere auf einen gemeinsamen Nenner.
Tipp Du musst nur einen Bruch erweitern.
a) $\frac{3}{5}$ und $\frac{2}{15}$
b) $\frac{4}{7}$ und $\frac{7}{14}$
c) $\frac{3}{4}$ und $\frac{9}{12}$
d) $\frac{11}{20}$ und $\frac{7}{10}$

5 Erweitere auf einen gemeinsamen Nenner.
Tipp Erweitere bei a) und b) nur einen Bruch.
a) $\frac{9}{12}$ und $\frac{2}{36}$
b) $\frac{14}{60}$ und $\frac{27}{30}$
c) $\frac{2}{5}$ und $\frac{5}{6}$
d) $\frac{4}{9}$ und $\frac{3}{4}$

6 Schreibe als unechten Bruch oder als gemischte Zahl.
Tipp $1\frac{3}{4} = \frac{7}{4}$

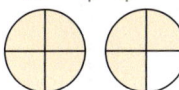

a) $1\frac{3}{4}$
b) $1\frac{2}{3}$
c) $\frac{11}{5}$
d) $\frac{7}{6}$

6 Unechte Brüche und gemischte Zahlen:
a) Schreibe als unechten Bruch.
① $1\frac{9}{19}$
② $4\frac{6}{7}$
b) Schreibe als gemischte Zahl.
① $\frac{23}{4}$
② $\frac{17}{3}$

→ Lösungen ab S. 219

Trainingsplan

Nr.	Ich kann …	Ich muss noch trainieren:
1	Brüche aus Figuren ablesen.	→ S. 252, Nr. 21, 22
2	Größen in kleinere Einheiten umrechnen.	→ S. 252/253, Nr. 23–25
3	beschreiben, wie ein Bruch gekürzt oder erweitert wurde.	→ S. 253/254, Nr. 26–31
4	Brüche kürzen.	→ S. 254, Nr. 29–31
5	Brüche auf einen gemeinsamen Nenner erweitern.	→ S. 254, Nr. 32
6	unechte Brüche und gemischte Zahlen umrechnen.	→ S. 255, Nr. 33–35

MIT BRÜCHEN RECHNEN

Gleichnamige Brüche addieren und subtrahieren

ENTDECKEN

1 Selina und Mark haben nicht aufgegessen. Die Reste legen Selina und Mark zusammen auf einen Teller.
a) Welcher Anteil der Pizza ist zusammen noch da?
b) Wie kann man das berechnen? Schreibe eine Rechnung auf.

Selinas Pizza

Marks Pizza

2 Der Speicher von Oles Computer ist fast voll.
Ole löscht drei Achtel des Speichers.
a) Wie viel Speicherplatz hat er jetzt wieder? Erkläre das an der Darstellung.
b) Wie kann man das berechnen? Schreibe eine Rechnung auf.

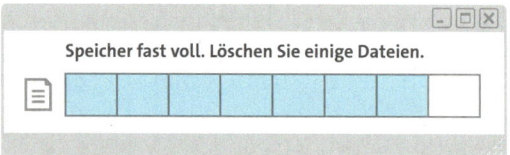

VERSTEHEN

Am Kuchenstand beim Schulfest:
Es sind $\frac{3}{5}$ Erdbeer-Kuchen und $\frac{1}{5}$ Schoko-Kuchen da.

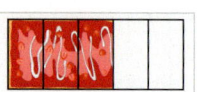   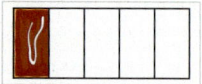

Frau Müller legt die Reste zusammen auf einen Teller.
Wie viel ist das zusammen?
$\frac{3}{5} + \frac{1}{5}$

Frau Brandt verkauft zwei Stücke Erdbeer-Kuchen.
Wie viel bleibt vom Erdbeer-Kuchen übrig?
$\frac{3}{5} - \frac{2}{5}$

Haben Brüche einen gemeinsamen Nenner, nennt man die Brüche **gleichnamig**.

Vokabeln
→ *gleichnamig*
→ *die Addition*
→ *die Subtraktion*

> **Merke**
> **Gleichnamige Brüche addiert** man, indem man nur die Zähler addiert.
> Der gemeinsame Nenner wird nicht verändert.

> **Merke**
> **Gleichnamige Brüche subtrahiert** man, indem man nur die Zähler subtrahiert.
> Der gemeinsame Nenner wird nicht verändert.

Beispiel 1 $\frac{3}{5} + \frac{1}{5}$

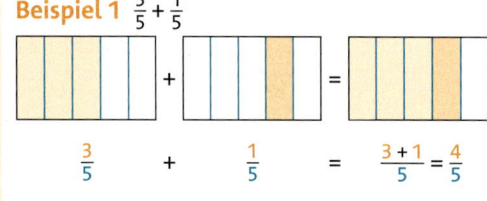

$\frac{3}{5} \quad + \quad \frac{1}{5} \quad = \quad \frac{3+1}{5} = \frac{4}{5}$

Beispiel 2 $\frac{3}{5} - \frac{2}{5}$

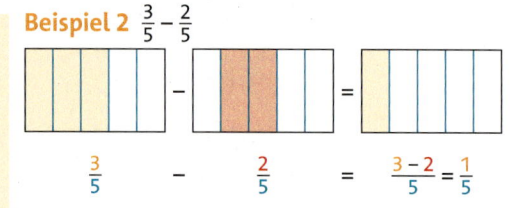

$\frac{3}{5} \quad - \quad \frac{2}{5} \quad = \quad \frac{3-2}{5} = \frac{1}{5}$

Beispiel 3 Manchmal kann man das Ergebnis noch kürzen. Kürze das Ergebnis immer soweit wie möglich.

a) $\frac{3}{8} + \frac{1}{8} = \frac{3+1}{8} = \frac{4}{8} = \frac{1}{2}$
b) $\frac{4}{6} - \frac{2}{6} = \frac{4-2}{6} = \frac{2}{6} = \frac{1}{3}$

MIT BRÜCHEN RECHNEN — GLEICHNAMIGE BRÜCHE ADDIEREN UND SUBTRAHIEREN

ANWENDEN

1 Schreibe die Rechnung ins Heft.
a) ☐ + ☐ = ☐
b) ☐ − ☐ = ☐

1 Schreibe die Aufgabe ins Heft und löse sie.
a) ☐ + ☐
b) ☐ − ☐

2 Berechne.
Tipp Zeichne zuerst die Brüche in Rechtecke.
a) $\frac{2}{6} + \frac{3}{6}$ b) $\frac{3}{8} + \frac{4}{8}$
c) $\frac{3}{4} - \frac{2}{4}$ d) $\frac{4}{5} - \frac{1}{5}$

2 Berechne.
Tipp Kürze das Ergebnis bei b) und d).
a) $\frac{1}{8} + \frac{5}{8}$ b) $\frac{5}{14} + \frac{2}{14}$
c) $\frac{5}{7} - \frac{2}{7}$ d) $\frac{7}{9} - \frac{1}{9}$

3 Addiere und schreibe als Ganzes.
Tipp $\frac{4}{4} = 1$
a) $\frac{3}{4} + \frac{1}{4}$
b) $\frac{3}{5} + \frac{2}{5}$

3 Addiere und schreibe als Ganzes.
Tipp $\frac{4}{4} = 1$
a) $\frac{1}{5} + \frac{4}{5}$ b) $\frac{3}{9} + \frac{6}{9}$
c) $\frac{8}{12} + \frac{4}{12}$ d) $\frac{5}{4} + \frac{7}{4}$

4 Übertrage und ergänze zu einem Ganzen.
$\frac{2}{6} + \square = \square = 1$

4 Übertrage und ergänze zu einem Ganzen.
a) $\frac{5}{9} + \square = \frac{9}{9} = 1$ b) $\frac{3}{8} + \square = \frac{8}{8} = 1$
c) $\frac{8}{11} + \square = \frac{11}{11} = 1$ d) $\frac{6}{14} + \square = \frac{28}{14} = 2$

5 Addiere und schreibe als gemischte Zahl.
Tipp
a) $\frac{3}{5} + \frac{4}{5}$ b) $\frac{2}{5} + \frac{7}{5}$
c) $\frac{5}{7} + \frac{3}{7}$ d) $\frac{7}{9} + \frac{4}{9}$

5 Berechne und schreibe als gemischte Zahl.
Tipp
a) $\frac{5}{6} + \frac{3}{6}$ b) $\frac{5}{7} + \frac{6}{7}$
c) $\frac{8}{9} + \frac{7}{9}$ d) $\frac{7}{12} + \frac{8}{12}$

Hinweis
Gemischte Zahlen bestehen aus *Ganzen* und *echten Brüchen*:

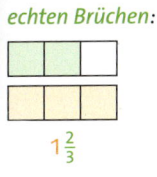

$1\frac{2}{3}$

Methode Mit gemischten Zahlen rechnen
Gemischte Zahlen addieren:
Addiere erst die Ganzen, dann die Brüche:
$3\frac{1}{5} + 1\frac{2}{5} = 3 + 1 + \frac{1+2}{5} = 4\frac{3}{5}$

Gemischte Zahlen subtrahieren:
Rechne zuerst die gemischten Zahlen in unechte Brüche um:
$4\frac{1}{3} - 3\frac{2}{3} = \frac{13}{3} - \frac{11}{3} = \frac{13-11}{3} = \frac{2}{3}$

6 Schreibe die Aufgabe ins Heft und löse sie.
a) ☐ + ☐
b) ☐ − ☐

7 Berechne.
a) $2\frac{1}{4} + 1\frac{1}{4}$ b) $4\frac{2}{6} + 5\frac{3}{6}$
c) $3\frac{1}{3} - 1\frac{2}{3}$ d) $2\frac{1}{4} - 1\frac{3}{4}$

7 Berechne.
a) $3\frac{1}{3} + 4\frac{1}{3}$ b) $5\frac{2}{11} + 2\frac{3}{11}$
c) $2\frac{1}{5} - 1\frac{2}{5}$ d) $5\frac{1}{4} - 4\frac{3}{4}$

8 Claire schüttet die Farben in einen Eimer zusammen. Wie viel Liter Farbe ist das zusammen?

$3\frac{1}{4}\ell$ $1\frac{3}{4}\ell$

8 Oliver streicht sein Zimmer.
a) Wie viel ℓ Farbe ist das zusammen?
b) Oliver verbraucht $2\frac{2}{4}$ ℓ Farbe. Wie viel Farbe bleibt noch übrig?

Ungleichnamige Brüche addieren und subtrahieren

ENTDECKEN

1 Nach der Feier ist noch Pizza übrig.
a) Welcher Anteil der Pizza ist zusammen noch da?
b) Lennart isst noch ein Viertel der vegetarischen Pizza. Wie viel vegetarische Pizza ist jetzt noch übrig?
c) Beschreibt euren Lösungsweg. Was muss man machen, um die Rechnung zu lösen?

Pizza Margaritha  vegetarische Pizza

VERSTEHEN

Es ist noch Kuchen da.
Wie viel ist das zusammen?

$\frac{1}{4} + \frac{3}{8}$

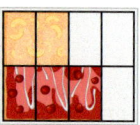

Max isst $\frac{2}{9}$ des Kuchens.
Wie viel bleibt übrig?

$\frac{2}{3} - \frac{2}{9}$

Die Kuchenstücke sind nicht gleich groß. Man kann sie nicht sofort addieren oder subtrahieren.
Man muss zuerst eine gemeinsame Einteilung finden:

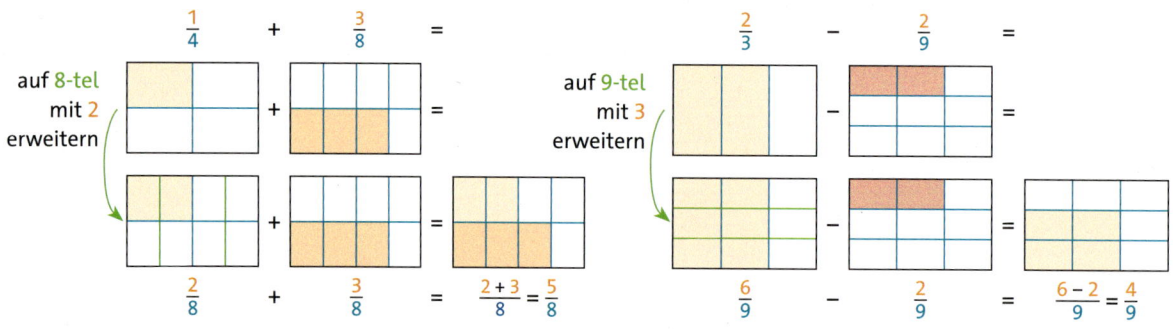

Haben Brüche **keinen** gemeinsamen Nenner, nennt man die Brüche **ungleichnamig**.
Vor dem Addieren oder Subtrahieren muss man erst auf einen gemeinsamen Nenner erweitern.

Vokabeln
→ *ungleichnamig*
→ *die Addition*
→ *die Subtraktion*

Merke Ungleichnamige Brüche müssen vor dem Addieren oder Subtrahieren zuerst gleichnamig gemacht werden:
① Einen gemeinsamen Nenner finden,
② auf diesen gemeinsamen Nenner erweitern oder kürzen,
③ Zähler addieren oder subtrahieren. Der gemeinsame Nenner wird nicht verändert.

Beispiel 1 Manchmal muss man dazu einen Bruch erweitern oder kürzen.

a) $\frac{1}{4} + \frac{3}{8}$

① Nach Erweitern ist der gemeinsamer Nenner von 4 und 8: 8

② auf 8-tel mit 2 erweitern $= \begin{array}{c} \frac{1}{4} + \frac{3}{8} \\ \frac{2}{8} + \frac{3}{8} \end{array}$

③ $= \frac{2+3}{8} = \frac{5}{8}$

Also: $\frac{1}{4} + \frac{3}{8} = \frac{1 \cdot 2}{4 \cdot 2} + \frac{3}{8} = \frac{2+3}{8} = \frac{5}{8}$

b) $\frac{12}{15} - \frac{1}{5}$

① Nach Kürzen ist der gemeinsame Nenner von 15 und 5: 5

② auf 5-tel mit 3 kürzen $= \begin{array}{c} \frac{12}{15} - \frac{1}{5} \\ \frac{4}{5} - \frac{1}{5} \end{array}$

③ $= \frac{4-1}{5} = \frac{3}{5}$

Also: $\frac{12}{15} - \frac{1}{5} = \frac{12:3}{15:3} - \frac{1}{5} = \frac{4-1}{5} = \frac{3}{5}$

MIT BRÜCHEN RECHNEN — UNGLEICHNAMIGE BRÜCHE ADDIEREN UND SUBTRAHIEREN

Manchmal muss man beide Brüche erweitern.

Beispiel 2

a) $\frac{1}{4} + \frac{3}{10}$ $V_4 = \{4; 8; 12; 16; \boxed{20}; ...\}$
$V_{10} = \{10; \boxed{20}; ...\}$

① gemeinsamer Nenner von 4 und 10: 20

② auf 20-stel mit 5 erweitern = $\frac{1}{4} + \frac{3}{10}$ auf 20-stel mit 2 erweitern
$\frac{5}{20} + \frac{6}{20}$

③ $= \frac{5+6}{20} = \frac{11}{20}$

Also: $\frac{1}{4} + \frac{3}{10} = \frac{1 \cdot 5}{4 \cdot 5} + \frac{3 \cdot 2}{10 \cdot 2} = \frac{5+6}{20} = \frac{11}{20}$

b) $\frac{5}{6} - \frac{1}{4}$ $V_6 = \{6; \boxed{12}; 18; 24; ...\}$
$V_4 = \{4; 8; \boxed{12}; 16; ...\}$

① gemeinsamer Nenner von 6 und 4: 12

② auf 12-tel mit 2 erweitern = $\frac{5}{6} - \frac{1}{4}$ auf 12-tel mit 3 erweitern
$\frac{10}{12} - \frac{3}{12}$

③ $= \frac{10-3}{12} = \frac{7}{12}$

Also: $\frac{5}{6} - \frac{1}{4} = \frac{5 \cdot 2}{6 \cdot 2} - \frac{1 \cdot 3}{4 \cdot 3} = \frac{10-3}{12} = \frac{7}{12}$

ANWENDEN

1 Schreibe die Rechnung auf und erkläre sie.

a) $\frac{2}{3} + \frac{1}{9} =$

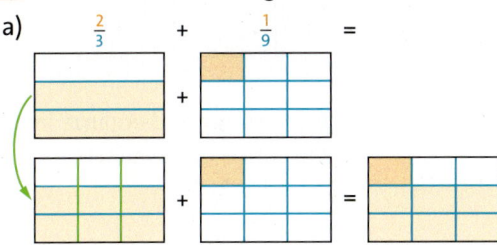

b) $\frac{2}{3} - \frac{1}{6} =$

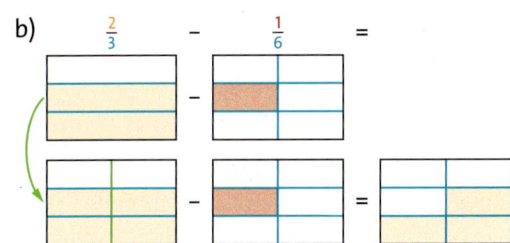

1 Schreibe die Aufgabe ins Heft und löse sie.

a)

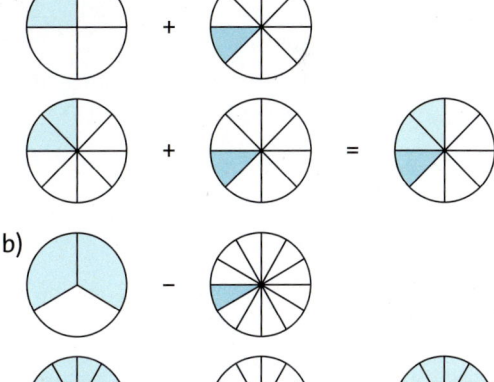

b)

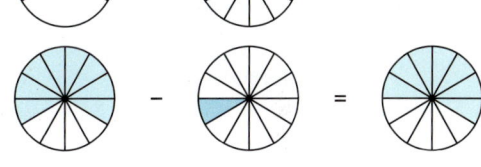

2 Übertrage ins Heft.
Löse die Aufgabe mit einer Zeichnung.
Tipp Erweitere den Bruch mit dem Pfeil.

a) $\frac{1}{4} + \frac{1}{8}$

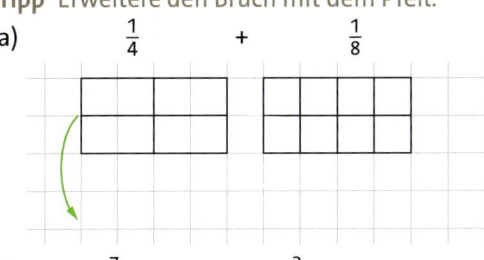

b) $\frac{7}{8} - \frac{3}{4}$

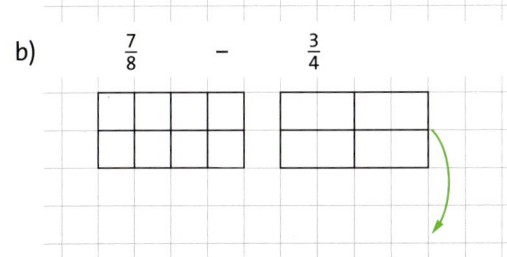

2 Übertrage ins Heft.
Löse die Aufgabe mit einer Zeichnung.
Beschreibe dein Vorgehen.

a) $\frac{7}{15} + \frac{1}{3}$

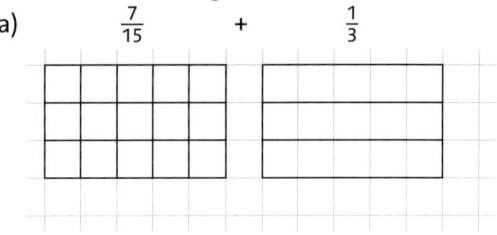

b) $\frac{3}{4} - \frac{3}{8}$

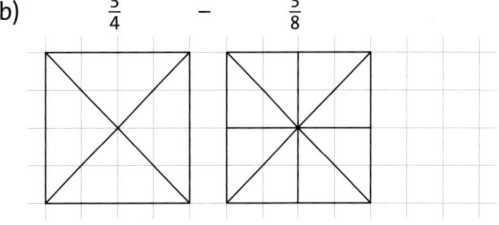

MIT BRÜCHEN RECHNEN — UNGLEICHNAMIGE BRÜCHE ADDIEREN UND SUBTRAHIEREN

3 Berechne.
Tipp Du musst nur einen Bruch erweitern.
a) $\frac{1}{2} + \frac{1}{4}$ b) $\frac{1}{5} + \frac{7}{10}$ c) $\frac{2}{3} + \frac{1}{12}$
d) $\frac{3}{4} - \frac{1}{2}$ e) $\frac{7}{10} - \frac{2}{5}$ f) $\frac{3}{5} - \frac{2}{15}$
Lösungen: $\frac{3}{10}$; $\frac{7}{15}$; $\frac{3}{4}$; $\frac{9}{10}$; $\frac{9}{12}$; $\frac{1}{4}$

3 Berechne und kürze, wenn möglich.
Tipp Du musst nur einen Bruch erweitern.
a) $\frac{1}{18} + \frac{2}{9}$ b) $\frac{1}{6} + \frac{5}{24}$ c) $\frac{3}{7} + \frac{2}{21}$
d) $\frac{7}{9} - \frac{1}{3}$ e) $\frac{3}{5} - \frac{4}{25}$ f) $\frac{15}{21} - \frac{2}{3}$
Lösungen: $\frac{4}{9}$; $\frac{1}{21}$; $\frac{5}{18}$; $\frac{11}{21}$; $\frac{11}{25}$; $\frac{3}{8}$

4 Schreibe die Aufgabe ins Heft und löse sie. Erkläre.
a) $\frac{1}{3} + \frac{1}{2} =$ b) $\frac{3}{4} - \frac{1}{3} =$

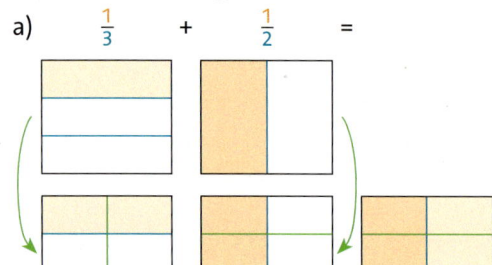

5 Übertrage und ergänze im Heft.
Wie wird hier erweitert?
a) $\frac{1}{5} + \frac{1}{2} = \frac{1 \cdot \blacksquare}{5 \cdot \blacksquare} + \frac{1 \cdot \blacksquare}{2 \cdot \blacksquare}$
$= \frac{\blacksquare}{10} + \frac{\blacksquare}{10} = \frac{\blacksquare + \blacksquare}{10} = \frac{\blacksquare}{10}$
b) $\frac{2}{3} - \frac{1}{4} = \frac{2 \cdot \blacksquare}{3 \cdot \blacksquare} - \frac{1 \cdot \blacksquare}{4 \cdot \blacksquare}$
$= \frac{\blacksquare}{12} - \frac{\blacksquare}{12} = \frac{\blacksquare - \blacksquare}{\blacksquare} = \frac{\blacksquare}{\blacksquare}$

5 Übertrage und ergänze im Heft.
Wie wird hier erweitert?
a) $\frac{5}{8} + \frac{1}{6} = \frac{5 \cdot \blacksquare}{8 \cdot \blacksquare} + \frac{1 \cdot \blacksquare}{6 \cdot \blacksquare}$
$= \frac{15}{\blacksquare} + \frac{\blacksquare}{24} = \frac{15 + \blacksquare}{\blacksquare} = \frac{\blacksquare}{24}$
b) $\frac{2}{3} - \frac{1}{4} = \frac{2 \cdot \blacksquare}{3 \cdot \blacksquare} - \frac{1 \cdot \blacksquare}{4 \cdot \blacksquare}$
$= \frac{\blacksquare}{12} - \frac{\blacksquare}{12} = \frac{\blacksquare - \blacksquare}{\blacksquare} = \frac{\blacksquare}{\blacksquare}$

6 Berechne.
Tipp Finde zuerst mit den Vielfachen der Nenner einen gemeinsamen Nenner.
a) $\frac{1}{6} + \frac{1}{8}$ $V_6 = \{6; 12; ...\}$; $V_8 = \{8; 16; ...\}$
b) $\frac{1}{6} - \frac{1}{20}$ $V_6 = \{6; 12; ...\}$; $V_{20} = \{20; 40; ...\}$

6 Berechne.
Tipp Finde zuerst mit den Vielfachen der Nenner einen gemeinsamen Nenner.
zu a) $V_5 = \{5; 10; ...\}$ und $V_6 = \{6; 12; ...\}$
a) $\frac{3}{5} + \frac{1}{6}$ b) $\frac{2}{3} - \frac{1}{4}$

7 Berechne.
Tipp Du musst beide Brüche erweitern.
a) $\frac{1}{2} + \frac{1}{5}$ b) $\frac{1}{2} + \frac{1}{7}$ c) $\frac{1}{4} + \frac{2}{3}$
d) $\frac{2}{3} - \frac{1}{2}$ e) $\frac{2}{3} - \frac{1}{5}$ f) $\frac{3}{4} - \frac{1}{3}$
Lösungen: $\frac{5}{12}$; $\frac{11}{12}$; $\frac{7}{10}$; $\frac{7}{15}$; $\frac{9}{14}$; $\frac{1}{6}$

7 Berechne.
Tipp Du musst beide Brüche erweitern.
a) $\frac{3}{7} + \frac{1}{2}$ b) $\frac{3}{4} + \frac{1}{6}$ c) $\frac{2}{7} + \frac{1}{4}$
d) $\frac{5}{6} - \frac{4}{5}$ e) $\frac{4}{5} - \frac{3}{8}$ f) $\frac{5}{9} - \frac{3}{7}$
Lösungen: $\frac{17}{40}$; $\frac{8}{63}$; $\frac{13}{14}$; $\frac{1}{30}$; $\frac{11}{12}$; $\frac{15}{28}$

8 Hier haben sich Fehler versteckt. Erklärt die Fehler und berichtigt sie im Heft.
a) $\frac{3}{7} - \frac{1}{4} = \frac{2}{3}$
b) $\frac{3}{4} + \frac{1}{2} = \frac{3}{4} + \frac{2}{4} = \frac{5}{8}$
c) $\frac{4}{5} - \frac{1}{3} = \frac{12}{20} - \frac{5}{20} = \frac{6}{20} = \frac{3}{10}$
d) $\frac{5}{9} - \frac{1}{3} = \frac{5}{9} - \frac{1}{9} = \frac{4}{9}$
e) $\frac{3}{8} + \frac{1}{5} = \frac{3}{8} + \frac{3}{15} = \frac{3}{23}$
f) $\frac{4}{7} + \frac{3}{5} = \frac{20}{35} - \frac{12}{35} = \frac{5}{35}$

MIT BRÜCHEN RECHNEN — UNGLEICHNAMIGE BRÜCHE ADDIEREN UND SUBTRAHIEREN

9 Erklärt, wie Tanja und Serkan einen gemeinsamen Nenner finden.
Ergänzt Tanjas und Serkans Rechnung im Heft.
Nennt Vorteile und Nachteile der beiden Methoden. Welche Methode findest du besser?

Hinweis
Der kleinste gemeinsame Nenner heißt **Hauptnenner**.

Ich suche mit den Vielfachen-Mengen den Hauptnenner.

$\frac{7}{16} + \frac{5}{12}$ gemeinsamer Nenner?

$V_{16} = \{16; 32; \boxed{48}; 64; ...\}$
$V_{12} = \{12; 24; 36; \boxed{48}; ...\}$

$\frac{\square + \square}{48}$

Ich multipliziere einfach über Kreuz.

$\frac{7}{16} \times \frac{5}{18}$ gemeinsamer Nenner: $16 \cdot 18 = 288$

über Kreuz multiplizieren:
$7 \cdot 18 = 126$
$5 \cdot 16 = 80$

$\frac{126 + 80}{288}$

10 Berechne.
a) $\frac{1}{6} + \frac{1}{4}$ b) $\frac{1}{4} + \frac{3}{10}$
c) $\frac{5}{12} + \frac{3}{8}$ d) $\frac{3}{20} + \frac{5}{6}$
e) $\frac{1}{4} - \frac{1}{6}$ f) $\frac{9}{10} - \frac{1}{4}$

Das sind die gemeinsamen Nenner:
12; 20; 20; 12; 24; 60

10 Berechne.
a) $\frac{3}{8} + \frac{7}{12}$ b) $\frac{1}{4} + \frac{2}{6}$
c) $\frac{2}{9} + \frac{4}{6}$ d) $\frac{7}{8} - \frac{1}{6}$
e) $\frac{11}{12} - \frac{7}{10}$ f) $\frac{13}{14} - \frac{7}{10}$

Das sind die gemeinsamen Nenner:
12; 18; 24; 24; 60; 70

11 Der Schulgarten wird umgebaut.
$\frac{1}{3}$ des Gartens wird ein Beet.
$\frac{1}{5}$ wird ein Sitzplatz.
a) Welchen Anteil des Gartens nehmen das Beet und der Sitzplatz zusammen ein?
b) Der restliche Anteil soll Spielplatz werden. Welcher Anteil wird Spielplatz?

11 Ein Stadtpark wird umgebaut.
$\frac{2}{5}$ der Fläche wird Rasenfläche.
$\frac{1}{3}$ der Fläche wird mit Bäumen bepflanzt.
Der restliche Anteil des Stadtparks soll zu Wegen werden.
Welcher Anteil ist für die Wege übrig? Begründe deine Antwort.

12 Wie viel Orangensaft ist das zusammen?

12 Wie viel Limo ist das zusammen?

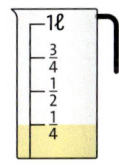 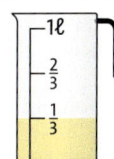 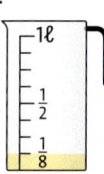

Methode Mit gemischten Zahlen rechnen
Gemischte Zahlen addieren:
Addiere erst die Ganzen, dann die Brüche:
$2\frac{1}{4} + 5\frac{2}{3} = 2 + 5 + \frac{1}{4} + \frac{2}{3}$
$= 7 + \frac{3+8}{12} = 7\frac{11}{12}$

Gemischte Zahlen subtrahieren:
Rechne zuerst die gemischten Zahlen in unechte Brüche um:
$4\frac{1}{3} - 1\frac{2}{5} = \frac{13}{3} - \frac{7}{5}$
$= \frac{65-21}{15} = \frac{44}{15} = 2\frac{14}{15}$

13 Addiere die gemischten Zahlen.
a) $1\frac{1}{5} + 3\frac{3}{10}$ b) $4\frac{4}{9} + 2\frac{1}{3}$
c) $8\frac{3}{4} + 13\frac{2}{6}$ d) $17\frac{3}{8} + 5\frac{1}{6}$
e) $12\frac{3}{4} + 6\frac{2}{3}$ f) $27\frac{3}{5} + 14\frac{4}{9}$

14 Subtrahiere die gemischten Zahlen.
a) $3\frac{1}{3} - 1\frac{1}{6}$ b) $2\frac{1}{4} - 1\frac{3}{12}$
c) $2\frac{3}{4} - 1\frac{7}{10}$ d) $5\frac{1}{2} - 1\frac{2}{9}$
e) $3\frac{3}{8} - 1\frac{5}{12}$ f) $3\frac{4}{5} - 2\frac{2}{3}$

MIT BRÜCHEN RECHNEN

Anteile von Größen

ENTDECKEN

1 Erkläre die Abbildungen.
Was passiert in Schritt ①?
Was passiert in Schritt ②?

2 👥 Bestimmt die Größen.
Wie kann man Anteile von
Größen berechnen?

3 👥 Bestimmt die Größen.
a) $\frac{1}{4}$ Stunde
b) $\frac{7}{8}$ von 240 g
c) $\frac{3}{5}$ von 20 cm
d) $\frac{2}{10}$ von 2 €
e) $\frac{4}{9}$ von 27 m

a) Wie viele Minuten sind eine $\frac{3}{4}$ Stunde?

b) Wie viel g sind $\frac{2}{3}$ von 200 g?

c) Wie viel cm sind $\frac{3}{5}$ von 1 m?

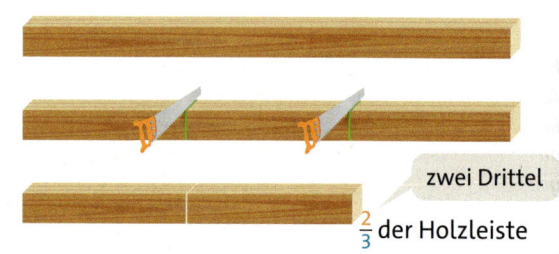

VERSTEHEN

Brüche sind Anteile von Ganzen.

Der Nenner eines Bruchs gibt an,
in wie viele gleich große Teile das Ganze
geteilt wird.
Der Zähler gibt an, wie viele Teile davon
genommen werden.

zwei Drittel
$\frac{2}{3}$ der Holzleiste

Das ist auch so, wenn man **Anteile von Größen** bestimmt.

Beispiel 1
Wie viel sind $\frac{2}{3}$ von 60 cm?

① Teile in Drittel: 60 cm : 3 = 20 cm
② Nimm zwei davon: 20 cm · 2 = 40 cm

Vokabeln
→ die Größe
→ der Nenner
→ der Zähler

Merke So berechnet man **Anteile von Größen**:
① Dividiere die Größe durch den Nenner.
② Multipliziere das Ergebnis mit dem Zähler.

$\frac{4}{5}$ cm bedeutet: $\frac{4}{5}$ von 1 cm
Hier muss man erst in eine
kleinere Einheit umrechnen

Beispiel 2 $\frac{3}{4}$ von 800 g

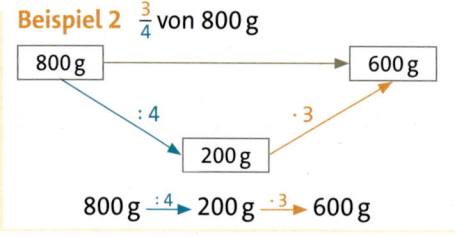

800 g $\xrightarrow{:4}$ 200 g $\xrightarrow{\cdot 3}$ 600 g

Beispiel 3 $\frac{4}{5}$ cm = $\frac{4}{5}$ von 10 mm

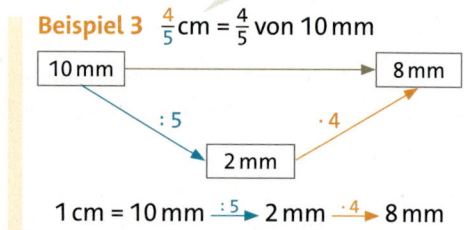

1 cm = 10 mm $\xrightarrow{:5}$ 2 mm $\xrightarrow{\cdot 4}$ 8 mm

MIT BRÜCHEN RECHNEN — ANTEILE VON GRÖSSEN

ANWENDEN

1 Wie viel sind $\frac{2}{3}$ von 30 cm?
Beschreibe dein Vorgehen.

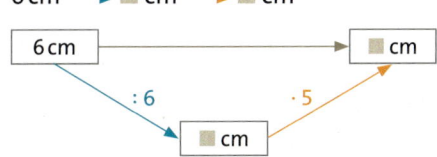

1 Wie viel sind $\frac{5}{6}$ von 60 cm?
Beschreibe dein Vorgehen.

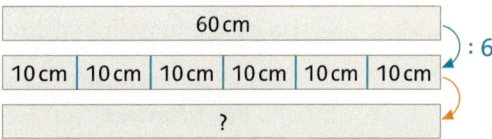

Nachgedacht
Kann man auch erst multiplizieren und dann dividieren?

2 Berechne die Größen.
a) $\frac{5}{6}$ von 6 cm:
6 cm →:6→ ■ cm →·5→ ■ cm

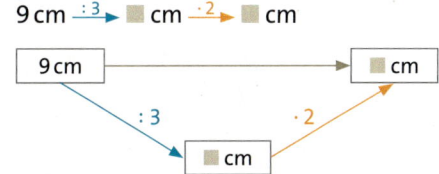

b) $\frac{2}{5}$ von 10 g:
10 g →:■→ ■ g →·■→ ■ g

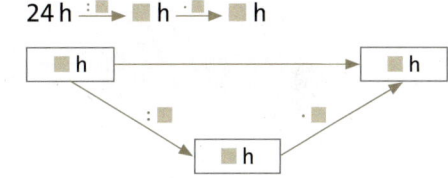

2 Berechne die Größen.
a) $\frac{2}{3}$ von 9 cm:
9 cm →:3→ ■ cm →·2→ ■ cm

b) $\frac{5}{6}$ von 24 h:
24 h →:■→ ■ h →·■→ ■ h

Hinweis
Achte vor dem Rechnen darauf, dass der Bruch gekürzt ist.

3 Berechne die Größen.
a) $\frac{3}{4}$ von 4 cm
b) $\frac{1}{2}$ von 4 g
c) $\frac{4}{6}$ von 9 dm
d) $\frac{3}{5}$ von 10 h

3 Berechne die Größen.
a) $\frac{3}{4}$ von 8 cm
b) $\frac{3}{8}$ von 40 s
c) $\frac{4}{6}$ von 12 €
d) $\frac{5}{7}$ von 35 kg

4 Berechne die Größen.
Tipp Rechne erst in eine kleinere Einheit um.
a) $\frac{1}{2}$ cm = ■ mm
b) $\frac{2}{5}$ kg = ■ g
c) $\frac{3}{4}$ m = ■ dm
d) $\frac{7}{10}$ € = ■ ct

4 Berechne die Größen.
Tipp Rechne erst in eine kleinere Einheit um.
a) $\frac{4}{5}$ m
b) $\frac{3}{4}$ €
c) $\frac{1}{5}$ kg
d) $\frac{3}{8}$ t

5 Berechne die Größen.
Tipp Rechne auch hier erst in eine kleinere Einheit um. Sonst kannst du nicht dividieren.
a) $\frac{3}{10}$ von 2 m
b) $\frac{4}{5}$ von 3 €
c) $\frac{1}{2}$ von 3 cm
d) $\frac{5}{6}$ von 3 kg

5 Berechne die Größen.
Tipp Rechne auch hier erst in eine kleinere Einheit um.
a) $\frac{3}{8}$ von 4 dm
b) $\frac{5}{6}$ von 3 €
c) $\frac{4}{9}$ von 3 h
d) $\frac{4}{15}$ von 3 m

6 Berechne die Größen.
a) b) c)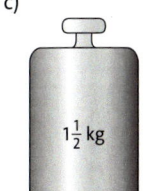

6 Berechne die Größen.
a) b)  c)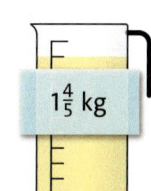

MIT BRÜCHEN RECHNEN

Brüche mit natürlichen Zahlen multiplizieren

ENTDECKEN

1 Lisa mischt für sich und ihre Freunde Kirsch-Bananen-Saft.
Wie viel Liter Kirschsaft braucht sie für 3 Portionen?

Kirsch-Bananen-Saft (für 1 Portion)
$\frac{1}{8}$ l Kirschsaft mit genauso viel Bananensaft auffüllen

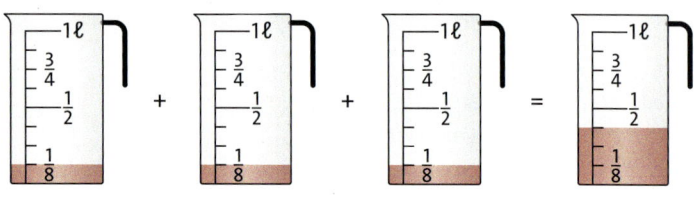

a) Erkläre, wie Lisa vorgeht.
b) Schreibe einen Rechenterm und das Ergebnis auf.

2 Thomas nimmt $\frac{2}{5}$ von 2 Pizzas für seine Freunde mit. Wie viel ist das?
Erkläre, was Thomas mit den Pizzas macht.

Thomas überlegt: „$\frac{2}{5}$ von 2 Pizzas ... Das ist ja das gleiche wie 2 mal $\frac{2}{5}$ Pizza."
Wie meint er das?

VERSTEHEN

Der Kuchenbasar in der Schule ist vorbei. Von 4 Kuchen sind jeweils noch $\frac{2}{9}$ übrig.
Frau Schulze legt die Reste zusammen.

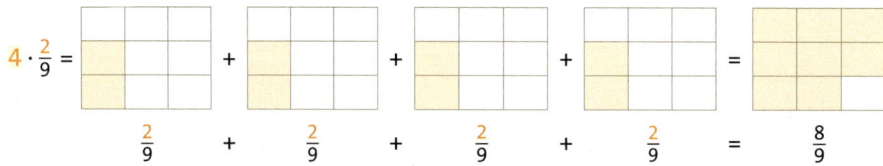

$4 \cdot \frac{2}{9} =$ +   +   +   =

$\frac{2}{9}$ + $\frac{2}{9}$ + $\frac{2}{9}$ + $\frac{2}{9}$ = $\frac{8}{9}$

Vokabeln
→ *die Multiplikation*
→ *die natürliche Zahl*
→ *der Zähler*
→ *der Nenner*

Merke Ein Bruch wird **mit einer natürlichen Zahl multipliziert**, indem man den Zähler mit der natürlichen Zahl multipliziert.
Der Nenner wird nicht verändert.

Beispiel 1

a) $4 \cdot \frac{2}{9} = \frac{4 \cdot 2}{9} = \frac{8}{9}$

b) $2 \cdot \frac{3}{7} = \frac{2 \cdot 3}{7} = \frac{6}{7}$

c) $\frac{2}{11} \cdot 5 = \frac{2 \cdot 5}{11} = \frac{10}{11}$

Schreibe die natürliche Zahl mit dem Zähler auf einen Bruchstrich.

Beispiel 2

a) Manchmal kann man die Brüche **vor der Rechnung kürzen**. Dann wird die Rechnung einfacher.

$8 \cdot \frac{3}{28} = \frac{8 \cdot 3}{28} = \frac{\overset{2}{8} \cdot 3}{\underset{7}{28}} = \frac{2 \cdot 3}{7} = \frac{6}{7}$

mit 4 gekürzt

b) Ist beim Ergebnis der Zähler größer als der Nenner, kann man das Ergebnis als **gemischte Zahl** schreiben.

$4 \cdot \frac{2}{5} = \frac{4 \cdot 2}{5} = \frac{8}{5} = 1\frac{3}{5}$

MIT BRÜCHEN RECHNEN — BRÜCHE MIT NATÜRLICHEN ZAHLEN MULTIPLIZIEREN

ANWENDEN

1 Schreibe die Multiplikation und das Ergebnis ins Heft.
a)
b)

1 Schreibe die Multiplikation und das Ergebnis ins Heft.
a)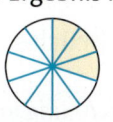
b)

2 Multipliziere.
Tipp zu d) bis f): Es ist egal, ob die natürliche Zahl vor oder hinter dem Bruch steht.
a) $2 \cdot \frac{4}{9}$ b) $5 \cdot \frac{2}{11}$ c) $3 \cdot \frac{2}{7}$
d) $\frac{3}{10} \cdot 3$ e) $\frac{1}{6} \cdot 5$ f) $\frac{2}{7} \cdot 2$

2 Multipliziere.
Tipp zu d) bis f): Es ist egal, wo die natürliche Zahl steht.
a) $4 \cdot \frac{2}{3}$ b) $2 \cdot \frac{1}{7}$ c) $5 \cdot \frac{2}{9}$
d) $\frac{3}{11} \cdot 2$ e) $\frac{2}{15} \cdot 3$ f) $\frac{5}{13} \cdot 3$

3 Multipliziere.
Tipp Kürze, bevor du multiplizierst.
a) $2 \cdot \frac{3}{8}$ b) $6 \cdot \frac{2}{3}$ c) $8 \cdot \frac{7}{12}$
d) $\frac{2}{15} \cdot 5$ e) $\frac{7}{9} \cdot 3$ f) $\frac{1}{12} \cdot 6$

3 Multipliziere.
Tipp Kürze, bevor du multiplizierst.
a) $5 \cdot \frac{3}{20}$ b) $7 \cdot \frac{5}{14}$ c) $\frac{3}{8} \cdot 12$
d) $\frac{4}{9} \cdot 3$ e) $\frac{5}{18} \cdot 12$ f) $6 \cdot \frac{7}{18}$

4 Multipliziere. Schreibe das Ergebnis als gemischte Zahl.
Tipp $2 \cdot \frac{4}{5} = \frac{2 \cdot 4}{5} = \frac{8}{5} = 1\frac{3}{5}$
a) $5 \cdot \frac{2}{9}$ b) $3 \cdot \frac{2}{5}$ c) $\frac{5}{7} \cdot 4$

4 Multipliziere. Schreibe das Ergebnis als gemischte Zahl.
a) $7 \cdot \frac{3}{4}$ b) $5 \cdot \frac{2}{3}$ c) $6 \cdot \frac{2}{7}$
d) $\frac{7}{9} \cdot 8$ e) $\frac{2}{7} \cdot 9$ f) $\frac{1}{2} \cdot 13$

5 Jana isst $\frac{1}{3}$ Pizza. Ihr Vater schafft 2 mal so viel. Wie viel Pizza schafft Janas Vater? Schreibe einen Antwortsatz.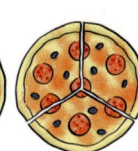

5 In einer Flasche sind $\frac{3}{4}$ ℓ Wasser. In einem Wasserkasten ist die 6-fache Menge. Wie viel ℓ Wasser sind im Kasten?

Hinweis
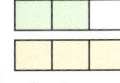
$1\frac{2}{3} = \frac{5}{3}$

Methode Mit gemischten Zahlen multiplizieren
Rechne zuerst die gemischte Zahl in einen unechten Bruch um.
$4 \cdot 1\frac{2}{3} = 4 \cdot \frac{5}{3} = \frac{4 \cdot 5}{3} = \frac{20}{3}$

6 Multipliziere.
a) $2 \cdot 1\frac{1}{5}$ b) $3 \cdot 1\frac{3}{7}$
c) $10 \cdot 2\frac{8}{9}$ d) $2 \cdot 3\frac{3}{4}$
e) $4\frac{1}{6} \cdot 5$ f) $3\frac{7}{9} \cdot 3$

7 Übertrage und ergänze im Heft.
Tipp Schreibe die Multiplikation mit ■ auf einen Bruchstrich.
a) ■ $\cdot \frac{3}{7} = \frac{6}{7}$ b) ■ $\cdot \frac{1}{5} = \frac{4}{5}$

7 Übertrage und ergänze im Heft. Beschreibe dein Vorgehen.
a) $\frac{3}{■} \cdot 3 = \frac{9}{10}$ b) $4 \cdot \frac{■}{13} = \frac{12}{13}$
c) ■ $\cdot \frac{2}{9} = \frac{2}{3}$ d) $7 \cdot \frac{■}{■} = 4$

Klar soweit?

→ Seite 62

Gleichnamige Brüche addieren und subtrahieren

1 Schreibe die Rechnung ins Heft.
a)
b)

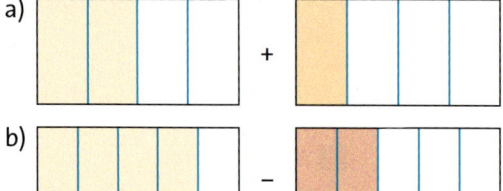

1 Schreibe die Aufgabe ins Heft und löse sie.
a)
b)

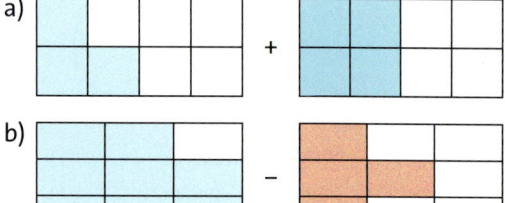

2 Berechne.
Schreibe das Ergebnis als gemischte Zahl.

Tipp $\frac{7}{4} = 1\frac{3}{4}$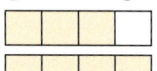

a) $\frac{2}{4} + \frac{3}{4}$

b) $\frac{5}{6} + \frac{8}{6}$

2 Berechne.
Schreibe das Ergebnis als gemischte Zahl.

a) $\frac{8}{9} + \frac{6}{9}$

b) $\frac{7}{8} + \frac{6}{8}$

c) $\frac{20}{17} - \frac{2}{17}$

d) $\frac{37}{25} - \frac{11}{25}$

→ Seite 64

Ungleichnamige Brüche addieren und subtrahieren

3 Schreibe die Aufgabe ins Heft und berechne. Erkläre den Lösungsweg.
a)
b)

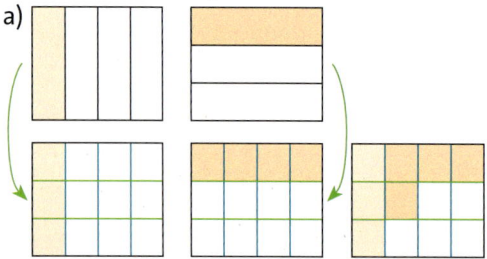

4 Berechne.
Tipp Du musst nur einen Bruch erweitern.

a) $\frac{1}{2} + \frac{1}{4}$

b) $\frac{2}{5} + \frac{3}{10}$

c) $\frac{4}{7} - \frac{4}{14}$

d) $\frac{1}{6} - \frac{1}{18}$

4 Berechne.
Tipp Du musst nur einen Bruch erweitern.

a) $\frac{7}{9} + \frac{3}{18}$

b) $\frac{2}{6} + \frac{1}{2}$

c) $\frac{17}{20} - \frac{33}{40}$

d) $\frac{14}{20} - \frac{2}{5}$

5 Im Kühlschrank stehen
zwei Packungen Milch.
In der einen Packung ist noch $\frac{3}{8}$ Liter.
In der anderen Packung
ist noch $\frac{1}{3}$ Liter.
Passt die Milch
zusammen in eine
1-Liter-Flasche?

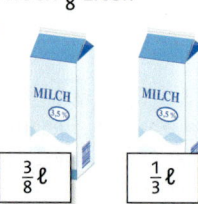

5 Tamara mischt 1 Liter Saft aus
verschiedenen Säften und Mineralwasser.
Tamara nimmt $\frac{2}{5}$ ℓ Orangen-Saft,
$\frac{1}{4}$ ℓ Pfirsich-Saft
und $\frac{1}{8}$ ℓ Mango-Saft.
Den Rest füllt sie mit
Mineralwasser auf.
Wie viel Mineralwasser
ist das?

MIT BRÜCHEN RECHNEN — KLAR SOWEIT?

→ Seite 68

Anteile von Größen

6 Berechne die Größen.
a) $\frac{3}{4}$ von 12 cm:
12 cm $\xrightarrow{:4}$ ■ cm $\xrightarrow{\cdot 3}$ ■ cm

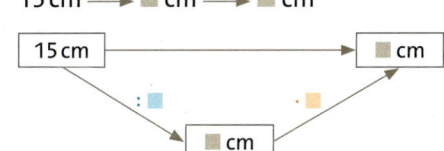

b) $\frac{2}{5}$ von 15 cm:
15 cm $\xrightarrow{\;:\;}$ ■ cm $\xrightarrow{\;\cdot\;}$ ■ cm

6 Berechne die Größen.
a) $\frac{2}{9}$ von 45 kg:
45 kg $\xrightarrow{:9}$ ■ kg $\xrightarrow{\cdot 2}$ ■ kg

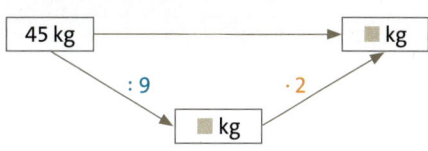

b) $\frac{4}{5}$ von 35 cm:
35 cm $\xrightarrow{\;:\;}$ ■ cm $\xrightarrow{\;\cdot\;}$ ■ cm

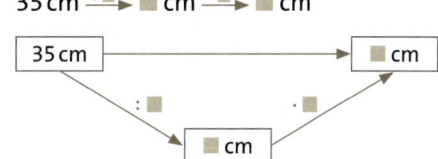

7 Berechne die Größen.
a)  $\frac{2}{5}$ von 200 g
b) $\frac{3}{4}$ von 200 ml

7 Berechne die Größen.
a)  $\frac{5}{6}$ von 180 g
b)  $\frac{3}{8}$ von 400 ml

8 Berechne die Größen.
Tipp Rechne erst in die kleinere Einheit um.
a) $\frac{2}{5}$ cm   b) $\frac{3}{4}$ €
c) $\frac{1}{6}$ von 3 m   d) $\frac{4}{5}$ von 2 kg

8 Berechne die Größen.
Tipp Rechne erst in die kleinere Einheit um.
a) $\frac{1}{4}$ h   b) $\frac{4}{5}$ cm
c) $\frac{2}{5}$ von 3 cm   d) $\frac{3}{8}$ von 2 kg

→ Seite 70

Brüche mit natürlichen Zahlen multiplizieren

9 Schreibe die Multiplikation und das Ergebnis ins Heft.
Tipp Lukas isst ■ mal eine $\frac{■}{■}$ Pizza.

10 Multipliziere.
Tipp Kürze bei e) und f), bevor du multiplizierst.
a) $3 \cdot \frac{2}{7}$ b) $2 \cdot \frac{4}{15}$ c) $\frac{2}{9} \cdot 4$
d) $\frac{3}{7} \cdot 2$ e) $\frac{4}{15} \cdot 3$ f) $\frac{1}{10} \cdot 5$

10 Multipliziere.
Tipp Manchmal kannst du kürzen, bevor du multiplizierst.
a) $3 \cdot \frac{4}{17}$ b) $5 \cdot \frac{2}{13}$ c) $9 \cdot \frac{5}{81}$
d) $\frac{4}{9} \cdot 3$ e) $\frac{3}{18} \cdot 9$ f) $\frac{3}{35} \cdot 8$

11 Multipliziere.
Tipp Rechne zuerst die gemischte Zahl um.
a) $3 \cdot 1\frac{1}{5}$ b) $2 \cdot 3\frac{2}{3}$
c) $1\frac{1}{2} \cdot 3$ d) $2\frac{2}{7} \cdot 2$

11 Multipliziere.
Tipp Achte auf die gemischten Zahlen.
a) $3 \cdot 2\frac{3}{4}$ b) $5 \cdot 3\frac{1}{4}$
c) $2\frac{3}{7} \cdot 4$ d) $2\frac{5}{8} \cdot 3$

→ Lösungen ab S. 220

MIT BRÜCHEN RECHNEN

Vermischte Übungen

Anwenden

1 Schreibe die Additionsaufgabe ins Heft und berechne sie.

a)    b) 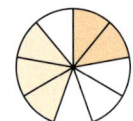   c) 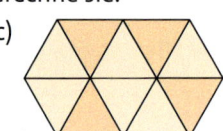   d)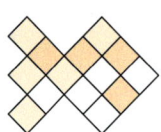

2 Berechne im Kopf.
a) $\frac{2}{7} + \frac{3}{7}$ b) $\frac{7}{11} + \frac{1}{11}$ c) $\frac{5}{8} + \frac{1}{8}$
d) $\frac{4}{5} - \frac{3}{5}$ e) $\frac{7}{9} - \frac{2}{9}$ f) $\frac{11}{12} - \frac{8}{12}$

2 Berechne im Kopf.
a) $\frac{2}{7} + \frac{4}{7}$ b) $\frac{1}{6} + \frac{4}{6}$ c) $\frac{8}{15} + \frac{4}{15}$
d) $\frac{7}{8} - \frac{5}{8}$ e) $\frac{9}{10} - \frac{3}{10}$ f) $\frac{1}{3} - \frac{1}{9}$

3 👥 Erklärt die Figuren. Welche Rechnung ist hier dargestellt?

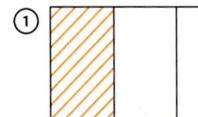         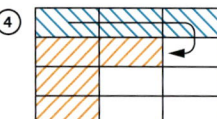

Noel sagt: „Das Ergebnis ist $\frac{6}{12}$. Das sieht man doch an Bild ③." Was hat er falsch gemacht?

Hinweis
$\frac{7}{10} - \frac{1}{10} = \frac{6}{10}$
Umkehraufgabe:
$\frac{6}{10} + \frac{1}{10} = \frac{7}{10}$

4 Berechne und kürze, wenn möglich.
Tipp Prüfe dein Ergebnis mit der Umkehraufgabe.
a) $\frac{4}{9} + \frac{4}{9}$ b) $\frac{4}{5} - \frac{7}{10}$
c) $\frac{2}{3} - \frac{2}{9}$ d) $\frac{7}{13} + \frac{3}{13}$
e) $\frac{3}{4} - \frac{5}{12}$ f) $\frac{2}{3} + \frac{1}{2}$
Lösungen: $\frac{1}{3}$; $\frac{1}{10}$; $\frac{4}{9}$; $1\frac{1}{6}$; $\frac{10}{13}$; $\frac{8}{9}$

4 Berechne und kürze, wenn möglich.
Tipp Prüfe dein Ergebnis mit der Umkehraufgabe.
a) $\frac{6}{5} + \frac{4}{5}$ b) $\frac{3}{4} - \frac{3}{8}$
c) $\frac{13}{16} - \frac{5}{16}$ d) $\frac{29}{30} - \frac{3}{5}$
e) $\frac{3}{8} + \frac{1}{6}$ f) $\frac{2}{9} + \frac{5}{6}$
Lösungen: $\frac{13}{24}$; $\frac{11}{30}$; $1\frac{1}{18}$; $\frac{3}{8}$; 2; $\frac{1}{2}$

5 Welche Aufgabe ist hier dargestellt? Schreibe Rechnung und Ergebnis ins Heft.

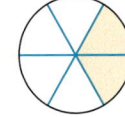 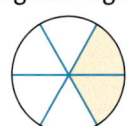 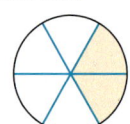

5 Welche Aufgabe ist hier dargestellt? Schreibe Rechnung und Ergebnis ins Heft.

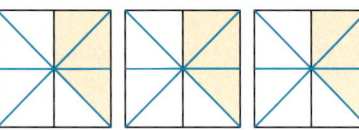

6 Multipliziere.
Tipp Kürze, bevor du multiplizierst.
a) $\frac{3}{7} \cdot 14$ b) $6 \cdot \frac{4}{15}$
c) $\frac{4}{5} \cdot 10$ d) $\frac{15}{21} \cdot 9$

6 Multipliziere.
Tipp Kürze, bevor du multiplizierst.
a) $\frac{3}{7} \cdot 14$ b) $6 \cdot \frac{4}{15}$
c) $\frac{4}{5} \cdot 10$ d) $\frac{15}{21} \cdot 9$

Info Vorsicht beim Kürzen
Bei der **Addition und Subtraktion** darf man die Brüche <u>nicht miteinander kürzen</u>. Das geht **nur bei der Multiplikation** und **der Division**.

7 Erkläre die Fehler und berichtige sie.
a) $\frac{1}{7} + \frac{3}{14} = \frac{\overset{1}{\cancel{2}} + 3}{\cancel{14}_{7}} = \frac{1+3}{7} = \frac{4}{7}$
b) $\frac{4}{5} - \frac{3}{10} = \frac{\overset{4}{\cancel{8}} - 3}{\cancel{10}_{5}} = \frac{4-3}{5} = \frac{1}{5}$

MIT BRÜCHEN RECHNEN — VERMISCHTE ÜBUNGEN

8 Berechne die Größen.
a) $\frac{2}{5}$ von 25 t
b) $\frac{3}{5}$ von 12 m
c) $\frac{1}{2}$ min
d) $\frac{5}{8}$ von 4 m
e) $\frac{5}{6}$ von 3 kg
f) $\frac{3}{10}$ von 3 €

8 Berechne die Größen.
a) $\frac{1}{6}$ von 3 t
b) $\frac{3}{5}$ von 1 min
c) $\frac{11}{20}$ kg
d) $\frac{2}{8}$ von 12 min
e) $\frac{3}{4}$ von 250 €
f) $1\frac{1}{4}$ h

9 Berechne.
Schreibe das Ergebnis als gemischte Zahl.
a) $\frac{4}{5} + \frac{3}{5}$
b) $\frac{3}{4} + \frac{1}{2}$
c) $\frac{10}{7} - \frac{2}{7}$
d) $\frac{4}{3} - \frac{1}{6}$
e) $4 \cdot \frac{2}{5}$
f) $5 \cdot \frac{3}{8}$

9 Berechne.
Schreibe das Ergebnis als gemischte Zahl.
a) $\frac{2}{7} + \frac{15}{14}$
b) $\frac{5}{6} + \frac{3}{2}$
c) $\frac{12}{9} - \frac{1}{18}$
d) $\frac{18}{5} - \frac{7}{10}$
e) $\frac{9}{11} \cdot 4$
f) $7 \cdot \frac{3}{14}$

10 Schreibe als unechten Bruch.
Beschreibe dein Vorgehen.
a) $1\frac{1}{2}$
b) $1\frac{1}{7}$
c) $1\frac{1}{4}$
d) $1\frac{2}{5}$
e) $2\frac{2}{3}$
f) $2\frac{1}{4}$

10 Schreibe als unechten Bruch.
Beschreibe dein Vorgehen.
a) $2\frac{1}{2}$
b) $1\frac{1}{7}$
c) $2\frac{3}{4}$
d) $2\frac{2}{3}$
e) $1\frac{7}{8}$
f) $3\frac{1}{4}$

11 Berechne.
Tipp Achte auf die gemischten Zahlen.
a) $1\frac{6}{7} + \frac{3}{7}$
b) $\frac{4}{5} + 2\frac{1}{5}$
c) $1\frac{5}{6} - \frac{2}{6}$
d) $2\frac{1}{4} - \frac{3}{4}$
e) $2 \cdot 1\frac{4}{5}$
f) $4 \cdot 3\frac{2}{3}$

11 Berechne.
Tipp Achte auf die gemischten Zahlen.
a) $3\frac{2}{8} + 1\frac{1}{8}$
b) $\frac{3}{4} + 2\frac{1}{2}$
c) $2\frac{3}{5} - \frac{2}{15}$
d) $2\frac{1}{7} - 1\frac{3}{7}$
e) $3\frac{2}{5} \cdot 10$
f) $7 \cdot 2\frac{2}{8}$

12 Yusufs Einkauf wiegt $2\frac{3}{4}$ kg.
Prüfe mit einer Umkehraufgabe.

$\frac{1}{2}$ kg Zwiebeln

$2\frac{1}{4}$ kg Äpfel

12 Latifas Einkauf wiegt $4\frac{3}{8}$ kg.
Prüfe mit einer Umkehraufgabe.

$2\frac{1}{4}$ kg Birnen

$2\frac{1}{8}$ kg Orangen

13 Welche Karten gehören zusammen? Erkläre.

$\frac{4}{3}$ $\frac{9}{5}$ $\frac{3}{5}+\frac{3}{5}+\frac{3}{5}$ $2 \cdot \frac{2}{3}$ $\frac{2}{3}+\frac{2}{3}$ $3 \cdot \frac{3}{5}$

13 Welche Karten gehören zusammen? Erkläre.

$3 \cdot \frac{2}{7}$ $1\frac{1}{7}$ $2 \cdot \frac{4}{7}$ $\frac{4}{7}+\frac{4}{7}$ $\frac{2}{7}+\frac{2}{7}+\frac{2}{7}$ $\frac{6}{7}$

14 Ordne die Ergebnisse der Größe nach. Beginne mit dem kleinsten Ergebnis.
a) $3 \cdot \frac{2}{5}$
b) $4 \cdot \frac{3}{4}$
c) $4 \cdot \frac{3}{7}$
d) $5 \cdot \frac{1}{2}$

14 Ordne die Ergebnisse der Größe nach. Beginne mit dem kleinsten Ergebnis.
a) $3 \cdot \frac{4}{5}$
b) $\frac{3}{4} \cdot 5$
c) $3 \cdot \frac{7}{12}$
d) $7 \cdot \frac{1}{14}$

MIT BRÜCHEN RECHNEN — VERMISCHTE ÜBUNGEN

15 In welchem Bereich liegen die Ergebnisse? Schätzt zuerst, prüft dann.

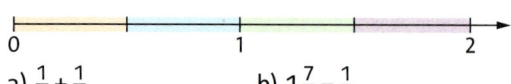

a) $\frac{1}{8} + \frac{1}{4}$ b) $1\frac{7}{8} - \frac{1}{2}$
c) $\frac{9}{10} + \frac{4}{5}$ d) $2\frac{1}{2} - \frac{4}{5}$

15 Sind die Ergebnisse größer oder kleiner 1? Schätzt zuerst und begründet eure Schätzung. Prüft dann durch eine Rechnung.

a) $\frac{7}{13} + \frac{4}{7}$ b) $\frac{24}{11} - \frac{13}{14}$
c) $\frac{1}{18} + \frac{9}{10}$ d) $\frac{15}{8} - \frac{16}{15}$

Hinweis Rechenausdrücke aus Zahlen nennt man auch **Rechenterme**.

Strategie Sachaufgaben lösen
① Gib die Aufgabe mit eigenen Worten wieder.
② Was ist **gegeben**? Was ist **gesucht**?
③ Schreibe den **Rechenterm** auf. Achte auf **Schlüsselwörter**.
④ **Überprüfe** dein Ergebnis.
⑤ Denke an einen **Antwortsatz**. Oft musst du an eine Einheit denken.

16 Wie oft spielen Kinder in der sechsten Klasse Spielekonsole?
Das ist das Ergebnis einer Umfrage: $\frac{3}{7}$ der Kinder spielen täglich mit der Spielekonsole und $\frac{2}{5}$ spielen zweimal die Woche mit der Spielekonsole.
a) Welcher Anteil ist das zusammen?
b) Die restlichen Kinder spielen seltener. Welcher Anteil ist das?
c) $\frac{2}{9}$ der Kinder in der 6 b spielen Schach. Doppelt so viele Kinder spielen Fußball. Berechne den Anteil der Kinder.
d) $\frac{2}{3}$ von 21 Kindern spielen Basketball. Wie viele Kinder sind das?

Zum Weiterarbeiten
Wie kann man einen gemeinsamen Nenner finden? Gestaltet ein Plakat dazu.

17 $\frac{1}{6}$ der Kinder kommen mit dem Fahrrad und $\frac{2}{3}$ kommen mit dem Bus zur Schule.
a) Welcher Anteil ist das zusammen?
b) Die restlichen Kinder kommen zu Fuß. Welcher Anteil ist das?

17 Bei einer Abstimmung möchte $\frac{3}{5}$ der Klasse ins Schwimmbad, $\frac{1}{3}$ stimmt für eine Radtour. Der Rest der Klasse möchte Minigolf spielen. Welcher Anteil ist das?

18 Herr Yurik wiegt 80 kg. Davon sind $\frac{3}{5}$ Wasser. Wie schwer ist der übrige Anteil von Herr Yuriks Körper?

18 Ulrik hat 52 € gespart. Er kauft sich für 16 € einen neuen Fußball und gibt $\frac{1}{3}$ vom Rest für ein Geschenk aus. Wie viel Geld hat er noch übrig?

19 Mike macht jede Woche $2\frac{1}{2}$ Stunden Hausaufgaben. Wie lange sitzt Mike in 4 Wochen an seinen Hausaufgaben?

19 Man soll am Tag mindestens $2\frac{3}{7}$ ℓ Wasser trinken. Wie viel sind das in 1 Woche? Wie viel in 4 Wochen?

20 Berechne.
Tipp Bei e) und f) ist es einfacher, die Brüche auf einen gemeinsamen Nenner zu kürzen.
a) $\frac{4}{7} + \frac{2}{7}$ b) $\frac{6}{5} - \frac{3}{10}$
c) $3\frac{8}{9} + 2\frac{2}{3}$ d) $\frac{5}{4} - \frac{5}{6}$
e) $\frac{3}{10} + \frac{49}{70}$ f) $\frac{9}{15} - \frac{10}{25}$

20 Berechne.
Tipp Manchmal ist es einfacher, die Brüche zu kürzen, um sie gleichnamig zu machen.
a) $8\frac{1}{6} + 1\frac{5}{6}$ b) $2\frac{2}{3} - 1\frac{8}{9}$
c) $\frac{7}{12} + \frac{5}{8}$ d) $\frac{5}{7} - \frac{20}{35}$
e) $\frac{36}{81} + 3\frac{4}{9}$ f) $11\frac{7}{12} - 6\frac{7}{8}$

MIT BRÜCHEN RECHNEN — VERMISCHTE ÜBUNGEN

Vertiefen

21 Die Waage ist im Gleichgewicht. Wie viel wiegt die Melone?

21 Ist die Waage im Gleichgewicht? Begründe mit einer Rechnung.

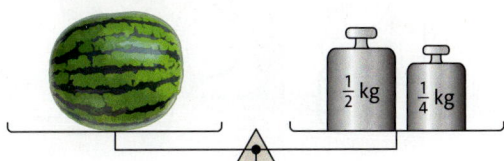
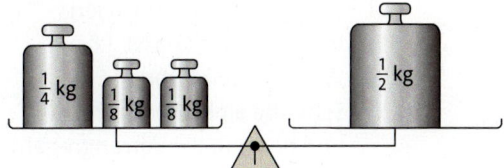

22 Übertrage und ergänze im Heft.
Tipp Bei f) gibt es mehrere Lösungen.
a) $\frac{2}{9} + \frac{\blacksquare}{9} = \frac{8}{9}$ b) $\frac{6}{7} - \frac{\blacksquare}{7} = \frac{3}{7}$
c) $\blacksquare\frac{1}{2} + \frac{3}{4} = 5\frac{1}{4}$ d) $2\frac{1}{6} - \frac{\blacksquare}{3} = 1\frac{5}{6}$
e) $\frac{1}{2} + \blacksquare = \frac{3}{4}$ f) $\frac{4}{5} - \blacksquare = \frac{6}{10}$

22 Übertrage und ergänze im Heft.
Tipp Manchmal gibt es mehrere Lösungen.
a) $4\frac{\blacksquare}{4} + \frac{3}{4} = 5\frac{1}{2}$ b) $3\frac{5}{9} - \frac{\blacksquare}{9} = 1\frac{2}{9}$
c) $\frac{8}{9} + \frac{\blacksquare}{3} = 1\frac{5}{9}$ d) $\frac{\blacksquare}{5} - \frac{8}{10} = 3\frac{1}{5}$
e) $\blacksquare + \frac{5}{12} = \frac{3}{4}$ f) $\frac{5}{6} - \blacksquare = \frac{1}{3}$

Methode Vorrangregeln beim Vereinfachen von Termen
① **Klammern** zuerst $\qquad 2 \cdot \left(\frac{1}{2} + \frac{1}{4}\right) - \frac{3}{4}$
② **Punkt**-vor-**Strich** $\qquad = 2 \cdot \frac{3}{4} - \frac{3}{4}$
③ von links $\qquad\qquad\;\; = \frac{6}{4} - \frac{3}{4}$
   nach rechts $\qquad\quad\;\;\; = \frac{3}{4}$

23 Hier haben sich Fehler versteckt. Erklärt die Fehler und berichtigt sie.
a) $3 \cdot \left(\frac{1}{4} + \frac{3}{8}\right)$ b) $\frac{8}{9} - \frac{2}{9} \cdot 2$
$= \frac{3}{4} + \frac{3}{8}$ $= \frac{7}{9} \cdot 2$
$= \frac{9}{8}$ $= \frac{14}{9}$

24 Berechne.
Tipp Achte auf die Vorrangregeln.
a) $\frac{2}{3} \cdot 2 + \frac{3}{7}$ b) $\frac{3}{4} + \frac{2}{5} \cdot 3$
c) $\left(\frac{11}{12} - \frac{1}{4}\right) \cdot 4$ d) $\frac{5}{6} + \left(\frac{1}{4} \cdot 3\right)$

24 Berechne.
Tipp Achte auf die Vorrangregeln.
a) $5 \cdot \left(\frac{1}{3} + \frac{4}{3}\right)$ b) $\left(\frac{3}{5} + \frac{2}{15}\right) \cdot 3$
c) $\frac{1}{8} + \frac{7}{12} \cdot 4$ d) $\frac{5}{8} + \frac{3}{4} \cdot \frac{4}{9}$

Methode Rechengesetze beim Vereinfachen von Termen
① **Vertauschungsgesetz** für + und ·
$a + b = b + a \qquad a \cdot b = b \cdot a$
Brüche dürfen vertauscht werden.
② **Verbindungsgesetz** für + und ·
$(a + b) + c = a + (b + c) \quad (a \cdot b) \cdot c = a \cdot (b \cdot c)$
Klammern dürfen überall gesetzt werden.

25 Welches Rechengesetz wurde hier verwendet? Erkläre die Rechenvorteile.
a) $\frac{4}{5} + \frac{1}{2} + \frac{2}{5}$ b) $3 \cdot \frac{2}{7} \cdot \frac{2}{3}$
$= \frac{1}{2} + \frac{4}{5} + \frac{2}{5}$ $= \frac{2}{7} \cdot 3 \cdot \frac{2}{3}$
$= \frac{1}{2} + \left(\frac{4}{5} + \frac{2}{5}\right)$ $= \frac{2}{7} \cdot \left(3 \cdot \frac{2}{3}\right)$
$= \frac{1}{2} + \frac{6}{5} = \frac{17}{10}$ $= \frac{2}{7} \cdot 2 = \frac{4}{7}$

26 Vertausche die Brüche vorteilhaft und berechne.
a) $\frac{3}{5} + \frac{1}{10} + \frac{1}{5}$ b) $\frac{1}{3} + \frac{2}{9} + \frac{3}{9}$
c) $\frac{3}{4} + \frac{3}{8} + \frac{1}{4}$ d) $\frac{1}{2} + \frac{5}{6} + \frac{1}{4}$
e) $\frac{1}{4} \cdot \frac{2}{5} \cdot 4$ f) $7 \cdot \frac{3}{5} \cdot \frac{2}{7}$
g) $5 \cdot \frac{1}{7} \cdot \frac{3}{5}$ h) $\frac{1}{2} \cdot \frac{1}{6} \cdot 4$

26 Vertausche die Brüche vorteilhaft und berechne.
a) $\frac{3}{8} + \frac{1}{4} + \frac{1}{8}$ b) $\frac{5}{18} + \frac{7}{9} + \frac{3}{18}$
c) $\frac{3}{4} + \frac{5}{8} + \frac{1}{2}$ d) $\frac{2}{9} + \frac{3}{4} + \frac{1}{3}$
e) $4 \cdot \frac{1}{6} \cdot \frac{3}{4}$ f) $\frac{2}{3} \cdot \frac{5}{9} \cdot 6$
g) $\frac{2}{7} \cdot \frac{3}{4} \cdot 7$ h) $4 \cdot \frac{1}{2} \cdot \frac{3}{4}$

MIT BRÜCHEN RECHNEN — VERMISCHTE ÜBUNGEN

27 Katrin mischt $\frac{3}{4}$ ℓ Apfelsaft und $1\frac{1}{2}$ ℓ Mineralwasser. Sie füllt damit 4 Flaschen. In jede Flasche passt $\frac{1}{3}$ ℓ. Wie viel bleibt übrig? Schreibe einen Rechenterm und beachte die Vorrangregeln.

28 Bilde mit den Kärtchen Aufgaben.

a) die Addition mit dem kleinsten Ergebnis
b) die Subtraktion mit dem größten Ergebnis
c) die Addition mit dem Ergebnis 1

28 Bilde aus den Kärtchen jeweils eine Addition und eine Subtraktion.

$\frac{3}{8}$ $\quad$ $\frac{7}{12}$ $\quad$ $\frac{3}{4}$ $\quad$ $\frac{1}{6}$ $\quad$ $\frac{15}{24}$ $\quad$ $\frac{10}{24}$ $\quad$ $\frac{3}{12}$ $\quad$ $\frac{10}{12}$

a) mit dem kleinsten Ergebnis
b) mit dem größten Ergebnis
c) mit Ganzen als Ergebnis

29 Gemischte Zahlen multiplizieren
a) 👥 Prüft das Ergebnis und erklärt die Rechnung.
b) Multipliziere wie Klara:
① $4 \cdot 3\frac{2}{9}$ ② $3 \cdot 2\frac{3}{5}$ ③ $3 \cdot 1\frac{10}{13}$ ④ $2\frac{2}{3} \cdot 5$

$$3 \cdot 2\frac{1}{4} = 3 \cdot 2 + 3 \cdot \frac{1}{4}$$
$$= 6 + \frac{3}{4}$$
$$= 6\frac{3}{4}$$

30 Gemischte Zahlen subtrahieren
a) Erkläre, wie Lisa und Ivo rechnen.
b) Berechne einmal wie Lisa und einmal wie Ivo.
① $2\frac{4}{9} - 1\frac{3}{9}$ ② $5\frac{2}{6} - 3\frac{1}{3}$
c) Erkläre, was Ivos Mathelehrer meint.
d) 👥 Wann kann man wie Ivo rechnen? Wann geht das nicht? Schreibt eine Vermutung auf und prüft sie:
① $5\frac{4}{7} - 1\frac{3}{7}$ ② $6\frac{2}{9} - 3\frac{4}{9}$ ③ $6\frac{1}{4} - 3\frac{7}{12}$ ④ $8\frac{4}{6} - 4\frac{2}{3}$

① Lisas Lösung
$5\frac{4}{5} - 3\frac{1}{5}$
$= \frac{29}{5} - \frac{16}{5}$
$= \frac{29 - 16}{5} = \frac{13}{5} = 2\frac{3}{5}$

② Ivos Lösung
$5\frac{4}{5} - 3\frac{1}{5}$
$= 5 - 3 + \frac{4}{5} - \frac{1}{5}$
$= 2 + \frac{4-1}{5} = 2\frac{3}{5}$

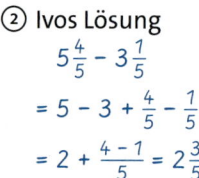

Ivos Lösungsweg klappt aber nicht immer. Das geht zum Beispiel nicht bei $5\frac{1}{5} - 3\frac{2}{5}$.

31 👥 Erweitern und Multiplizieren
Erklärt euch gegenseitig den Unterschied.
① $\frac{1}{3}$ mit 2 erweitert ② $\frac{1}{3}$ mit 2 multipliziert

31 👥 Erweitern und Multiplizieren
Erklärt euch gegenseitig den Unterschied.
① Erweitere mit 3. ② Multipliziere mit 3.

32 Berechne das Ganze.
a) 2 m sind $\frac{2}{5}$ von ▇ m.
b) 12 m sind $\frac{6}{7}$ von ▇ m.

32 Berechne das Ganze.
a) 2 cm sind $\frac{2}{5}$. b) 12 m sind $\frac{6}{11}$.
c) 15 kg sind $\frac{3}{4}$. d) 14 ℓ sind $\frac{7}{10}$.

MIT BRÜCHEN RECHNEN — VERMISCHTE ÜBUNGEN

Weiterdenken

Umweltverschmutzung und Umweltschutz

Die Umwelt ist im weitesten Sinn die Erde, auf der wir leben.
Jeder Mensch verschmutzt die Luft, verbraucht Wasser und erzeugt Müll.
All dies verschmutzt die Umwelt.
Beim Umweltschutz geht es darum, der Umwelt möglichst keine weiteren Schäden zuzufügen.
Wir alle können etwas dafür tun, die Umwelt zu schützen.
Zum Beispiel können wir unseren Müll trennen, damit der Müll besser wiederverwertet werden kann.

Hinweis
Auch wenn einige Dinge wiederverwendet werden können, ist es am besten, Müll zu vermeiden.

33 Jeder Mensch erzeugt jedes Jahr ungefähr 230 kg Müll in Deutschland.
Dabei wird in Deutschland der Müll getrennt.
a) Beschreibt und erklärt das Diagramm.
b) Berechnet die fehlenden Anteile.
c) Was passiert mit den verschiedenen Müllsorten? Welche Müllsorten können wiederverwendet werden?
   Überprüft eure Antworten mit Angaben aus dem Lexikon oder aus dem Internet.
d) Überlegt gemeinsam, wie man Müll vermeiden kann oder Müll besser wiederverwenden kann.

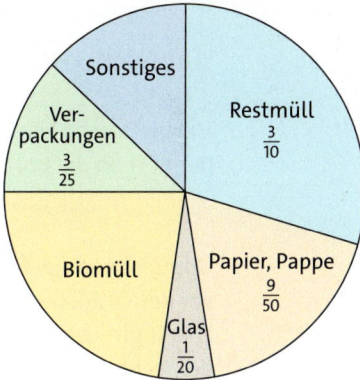

Sonstiges
Verpackungen $\frac{3}{25}$
Restmüll $\frac{3}{10}$
Biomüll
Papier, Pappe $\frac{9}{50}$
Glas $\frac{1}{20}$

34 Jeder Mensch in Deutschland verbraucht ungefähr 120 ℓ Wasser am Tag.
a) Beschreibt und erklärt das Diagramm.
b) Berechnet den Anteil an Wasser, der in der Küche verbraucht wird.
c) Berechnet den Anteil an Wasser, der im Badezimmer verbraucht wird.
d) Überlegt gemeinsam, wie man Wasser sparen kann.

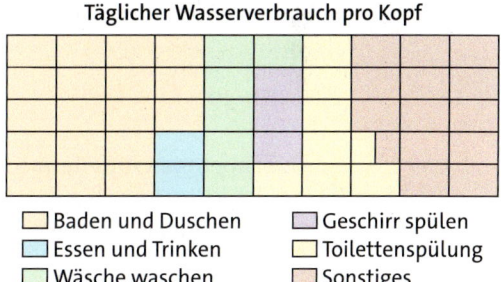

Täglicher Wasserverbrauch pro Kopf

☐ Baden und Duschen   ☐ Geschirr spülen
☐ Essen und Trinken   ☐ Toilettenspülung
☐ Wäsche waschen   ☐ Sonstiges

35 In der Hermann-Hesse-Schule wurde eine Umfrage gemacht, wie die Schüler zur Schule kommen.
a) Bestimmt jeweils die Anteile der Schüler.
b) Nach der Umfrage wollen ein Viertel der Schüler, die mit dem Auto gebracht werden, auch mit dem Fahrrad fahren. Wie verändern sich die Anteile?
c) Überlegt gemeinsam, welche Verkehrsmittel die Umwelt am meisten verschmutzen.

Ungefähr jedes zweite Kind kommt mit dem Fahrrad zur Schule.
Nur ein Zwölftel der Kinder kommt mit dem Zug in die Schule.
Doppelt so viele Kinder werden von ihren Eltern mit dem Auto zur Schule gebracht.
40 von allen 600 Kindern kommen mit dem Bus.
Der Rest der Kinder läuft zu Fuß.

Schulweg

Zusammenfassung

→ Seite 62

Gleichnamige Brüche addieren und subtrahieren

Haben Brüche einen gemeinsamen Nenner, nennt man die Brüche **gleichnamig**.

Gleichnamige Brüche addiert man, indem man nur die Zähler addiert. Der gemeinsame Nenner wird nicht verändert.

Gleichnamige Brüche subtrahiert man, indem man nur die Zähler subtrahiert. Der gemeinsame Nenner wird nicht verändert.

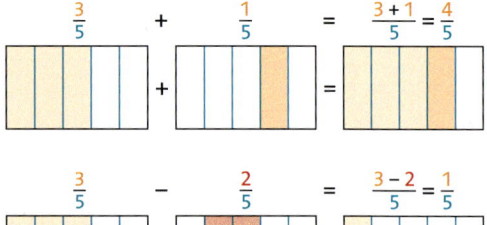

→ Seite 64

Ungleichnamige Brüche addieren und subtrahieren

Haben Brüche keinen gemeinsamen Nenner, nennt man die Brüche **ungleichnamig**.

Ungleichnamige Brüche müssen vor dem Addieren oder Subtrahieren zuerst gleichnamig gemacht werden. Dazu kann man erweitern oder manchmal auch kürzen.

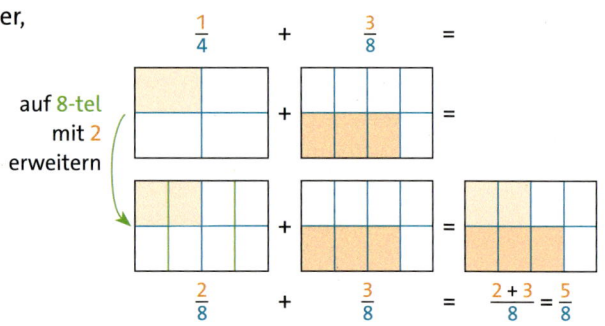

→ Seite 68

Anteile von Größen

So berechnet man **Anteile von Größen**:
① Dividiere die Größe durch den Nenner.
② Multipliziere das Ergebnis mit dem Zähler.

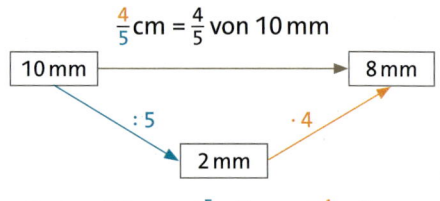

$1\,cm = 10\,mm \xrightarrow{:5} 2\,mm \xrightarrow{\cdot 4} 8\,mm$

→ Seite 70

Brüche mit natürlichen Zahlen multiplizieren

Ein Bruch wird **mit einer natürlichen Zahl multipliziert**, indem man den Zähler mit der natürlichen Zahl multipliziert. Der Nenner wird nicht verändert.

$4 \cdot \frac{2}{9} = \frac{4 \cdot 2}{9} = \frac{8}{9}$

$2 \cdot \frac{3}{7} = \frac{2 \cdot 3}{7} = \frac{6}{7}$

Schreibe die natürliche Zahl mit dem Zähler auf einen Bruchstrich.

Manchmal kann man die Brüche **vor der Rechnung kürzen**.

$8 \cdot \frac{3}{28} = \frac{8 \cdot 3}{28} = \frac{\overset{2}{8} \cdot 3}{\underset{7}{28}} = \frac{2 \cdot 3}{7} = \frac{6}{7}$

mit 4 gekürzt

Teste dich!

1 Berechne.
a) $\frac{3}{7} + \frac{2}{7}$
b) $\frac{7}{10} + \frac{2}{10}$
c) $\frac{10}{11} - \frac{3}{11}$
d) $\frac{10}{12} - \frac{3}{12}$

2 Addiere. Beschreibe dein Vorgehen.

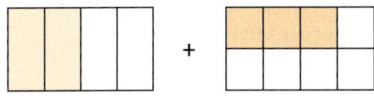

3 Berechne.
a) $\frac{2}{9} + \frac{1}{3}$
b) $\frac{3}{7} + \frac{5}{14}$
c) $\frac{7}{8} - \frac{2}{4}$
d) $\frac{5}{6} - \frac{7}{18}$

4 Multipliziere.
Tipp Manchmal kannst du kürzen.
a) $5 \cdot \frac{3}{17}$
b) $6 \cdot \frac{4}{25}$
c) $\frac{5}{14} \cdot 2$
d) $\frac{8}{31} \cdot 3$
e) $3 \cdot \frac{2}{15}$
f) $\frac{3}{20} \cdot 8$

5 Berechne die gemischten Zahlen.
Tipp Vorsicht bei der Subtraktion und der Multiplikation.
a) $3\frac{4}{9} + 6\frac{3}{9}$
b) $6\frac{3}{5} + 4\frac{8}{15}$
c) $2\frac{1}{5} - 1\frac{3}{5}$
d) $3\frac{1}{2} - 1\frac{3}{4}$
e) $3 \cdot 1\frac{1}{4}$
f) $2 \cdot 2\frac{2}{5}$

6 Berechne die Größen.
a) $\frac{2}{3}$ von 24 t
b) $\frac{1}{4}$ von 36 kg
c) $\frac{2}{5}$ von 15 m
d) $\frac{2}{9}$ von 72 €
e) $\frac{1}{4}$ m
f) $\frac{3}{4}$ von 2 kg

7 Wie lang sind beide Bretter zusammen? Herr Pohl sägt vom grünen Brett einen halben Meter ab. Wie lang ist das Brett dann noch?

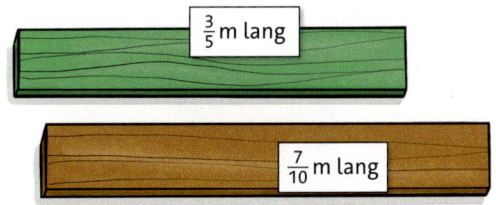

→ Lösungen ab S. 221

---

1 Berechne.
a) $\frac{6}{11} + \frac{5}{11}$
b) $\frac{17}{31} + \frac{5}{31}$
c) $\frac{12}{17} - \frac{5}{17}$
d) $\frac{23}{25} - \frac{8}{25}$

2 Addiere. Beschreibe dein Vorgehen.

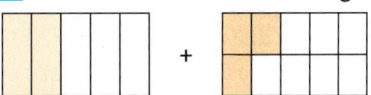

3 Berechne.
a) $\frac{4}{9} + \frac{11}{27}$
b) $\frac{2}{5} + \frac{1}{6}$
c) $\frac{27}{35} - \frac{5}{7}$
d) $\frac{5}{6} - \frac{3}{4}$

4 Multipliziere.
Tipp Manchmal kannst du kürzen.
a) $5 \cdot \frac{3}{17}$
b) $6 \cdot \frac{4}{25}$
c) $\frac{5}{14} \cdot 2$
d) $\frac{8}{31} \cdot 3$
e) $3 \cdot \frac{2}{15}$
f) $\frac{3}{20} \cdot 8$

5 Berechne die gemischten Zahlen.
Tipp Vorsicht bei der Subtraktion und der Multiplikation.
a) $9\frac{4}{5} + 8\frac{2}{5}$
b) $8\frac{3}{32} + 6\frac{7}{8}$
c) $2\frac{3}{7} - 1\frac{4}{7}$
d) $2\frac{1}{5} - 1\frac{2}{3}$
e) $2 \cdot 1\frac{4}{5}$
f) $5 \cdot 3\frac{1}{7}$

6 Berechne die Größen.
a) $\frac{2}{3}$ von 15 cm
b) $\frac{3}{5}$ von 30 km
c) $\frac{3}{8}$ von 40 g
d) $\frac{6}{7}$ von 56 €
e) $\frac{3}{4}$ m
f) $\frac{3}{5}$ von 2 km

7 Herr Delany kauft $3\frac{1}{4}$ t Blumenerde und Frau Kaufmann $\frac{1}{4}$ t Blumenerde. Wie viel Erde ist danach noch übrig?

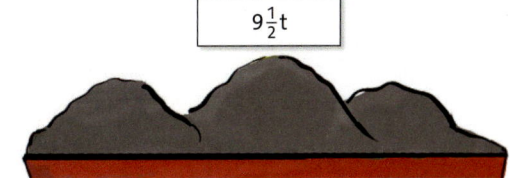

→ Lösungen ab S. 222

Körper

In diesem Kapitel lernst du, …

→ Quader und Würfel zu beschreiben.
→ Quader und Würfel zu zeichnen.
→ den Oberflächeninhalt von Quader und Würfel zu berechnen.
→ die Größe von Körpern zu vergleichen.
→ Volumeneinheiten umzurechnen.
→ das Volumen von Quader und Würfel zu berechnen.

Der Zauberwürfel soll so gedreht werden, dass jede Seitenfläche die gleiche Farbe hat.
Wie viele unterschiedliche Farben gibt es?
Wie viele Seiten hat der Zauberwürfel?
Wie viele der kleinen Bausteine haben eine, zwei oder drei bunte Flächen? Wie viele sind es insgesamt?

KÖRPER

Noch fit?

1 Rechteck oder Quadrat? Beschreibe sie.

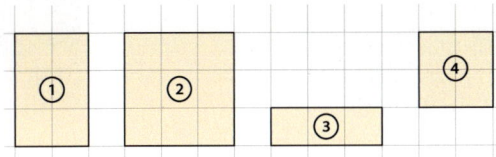

2 Zeichne und beschrifte.
a) Quadrat: a = 6 cm lang
b) Rechteck: a = 5 cm lang; b = 2 cm breit

3 Der Würfel
a) Ordne die Begriffe zu:
Ecke Kante Fläche
b) Wie viele Ecken, Kanten und Flächen siehst du?

4 Rechne die Flächeneinheiten um.
a) $7\,cm^2 = \blacksquare\,mm^2$
b) $900\,dm^2 = \blacksquare\,m^2$
c) $900\,dm^2 = \blacksquare\,cm^2$

5 Berechne den Flächeninhalt.
Tipp zu a) Quadrat: A = a · a
zu b) Rechteck: A = a · b
a) Quadrat: a = 5 cm
b) Rechteck: a = 4 cm; b = 3 cm

6 Schreibe als Multiplikation und berechne.
a) $2^2 = 2 \cdot 2 = \blacksquare$ b) $2^3 = 2 \cdot 2 \cdot 2 = \blacksquare$
c) $3^2 = \blacksquare$ d) $3^3 = \blacksquare$
e) $4^2 = \blacksquare$ f) $4^3 = \blacksquare$

1 Wie heißen die besonderen Vierecke? Beschreibe sie.

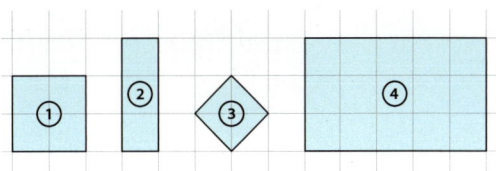

2 Zeichne und beschrifte.
a) Quadrat: a = 40 mm
b) Rechteck: a = 3 cm; b = 6 cm

3 Der Würfel
a) Ordne die Begriffe zu:
Ecke Kante Fläche
b) Wie viele Ecken, Kanten und Flächen hat der Würfel?

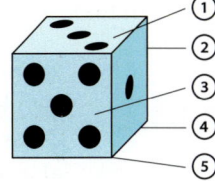

4 Rechne schrittweise um.
a) $5\,m^2 = \blacksquare\,dm^2 = \blacksquare\,cm^2$
b) $450\,000\,mm^2 = \blacksquare\,cm^2 = \blacksquare\,dm^2$
c) $5900\,dm^2 = \blacksquare\,cm^2 = \blacksquare\,mm^2$

5 Berechne den Flächeninhalt.
a) Quadrat: a = 8 cm
b) Quadrat: a = 20 mm
c) Rechteck: a = 11 cm; b = 9 cm
d) Rechteck: a = 5 cm; b = 1 dm

6 Schreibe als Multiplikation und berechne.
a) $5^2 = 5 \cdot 5 = \blacksquare$ b) $4^3 = 4 \cdot 4 \cdot 4 = \blacksquare$
c) $7^2 = \blacksquare$ d) $6^3 = \blacksquare$
e) $10^3 = \blacksquare$ f) $12^2 = \blacksquare$

Hinweis
Potenzschreibweise
$a^2 = a \cdot a$
$a^3 = a \cdot a \cdot a$

→ Lösungen ab S. 222

Trainingsplan

Nr.	Ich kann …	Ich muss noch trainieren:
1	Rechtecke und Quadrate beschreiben.	→ S. 256, Nr. 36, 37
2	Rechtecke und Quadrate zeichnen.	→ S. 257, Nr. 38, 39
3	die Begriffe Ecke, Kante und Fläche zuordnen.	→ S. 258, Nr. 40, 41
4	Flächeneinheiten umrechnen.	→ S. 252/253, Nr. 23–25
5	den Flächeninhalt berechnen.	→ S. 259, Nr. 42–44
6	eine Potenz als Multiplikation schreiben und berechnen.	→ S. 259, Nr. 45, 46

KÖRPER

Quader und Würfel

ENTDECKEN

1 Jeden Tag werden auf der Welt viele Pakete verschickt.

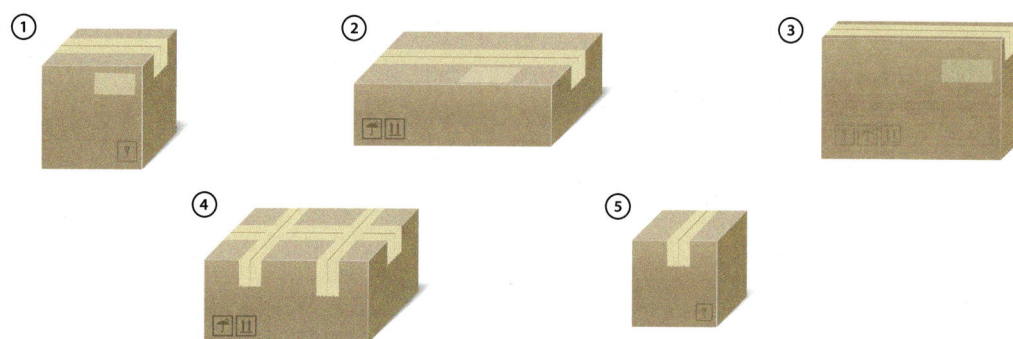

a) Beschreibt die Form der Pakete. Beschreibt Gemeinsamkeiten und Unterschiede.
b) 👥 Wo findet ihr in eurer Umgebung solche Körper?

2 Oscar hat aus Trinkhalmen den Geschenkkarton nachgebaut.
Für gleich lange Kanten hat er die gleiche Farbe genommen.
Oscar hat aber einige Fehler gemacht.
a) 👥 Beschreibt die Fehler.
b) 👥 Baut selbst ein Kantenmodell
   des Geschenkkartons.
   Beschreibt euer Vorgehen.

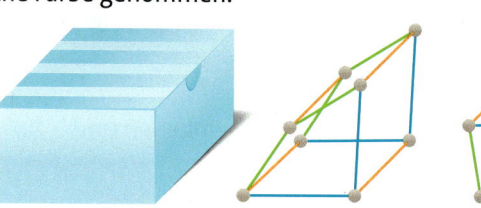
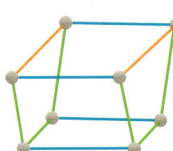

VERSTEHEN

Quader und Würfel sind besondere **Körper**.

Vokabeln
→ *der Quader*
→ *der Würfel*
→ *die Fläche*

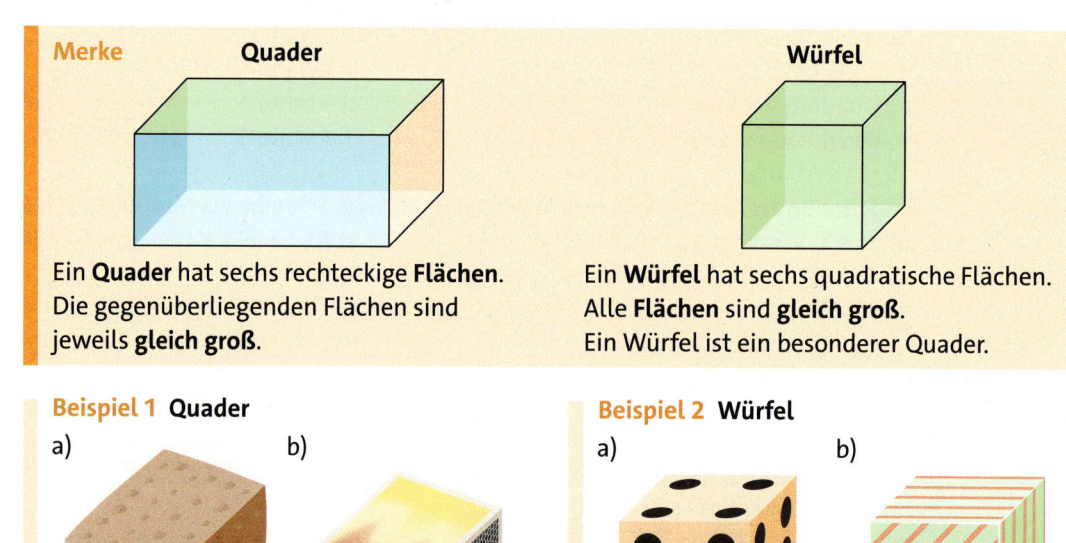

> **Merke**   **Quader**   **Würfel**
>
> Ein **Quader** hat sechs rechteckige **Flächen**. Die gegenüberliegenden Flächen sind jeweils **gleich groß**.
>
> Ein **Würfel** hat sechs quadratische Flächen. Alle **Flächen** sind **gleich groß**. Ein Würfel ist ein besonderer Quader.

Beispiel 1 Quader   a)   b)

Beispiel 2 Würfel   a)   b)

KÖRPER   QUADER UND WÜRFEL

ANWENDEN

1 Welche der Verpackungen sind Quader, welche sind Würfel? Begründe.

   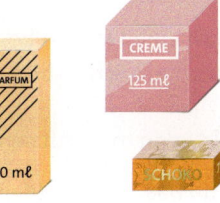 

2 Welche Körper sind Quader, welche Würfel? Begründe.

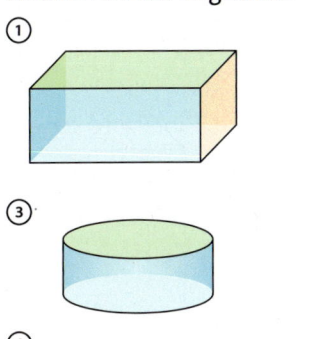
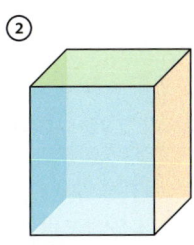
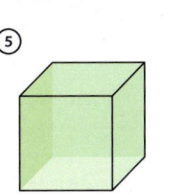

2 Welche Körper sind Quader, welche Würfel? Begründe.

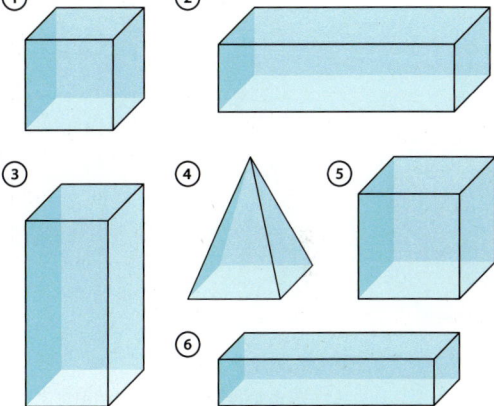

3 Beschreibe die Lage der Fläche.
Tipp oben vorne rechts
a) Wo liegt die blaue Fläche?
b) Wo liegt die orange Fläche?
c) Wo liegt die grüne Fläche?

3 Die gegenüberliegenden Flächen haben die gleiche Farbe. Beschreibe.
a) Welche Flächen sind blau?
b) Welche Flächen sind orange?
c) Welche Flächen sind grün?

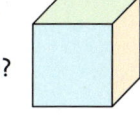

4 Welche Aussage ist richtig, welche falsch?
a) ① Ein Würfel hat 6 gleich große Flächen.
   ② Ein Würfel hat 8 gleich große Flächen.
b) ① Beim Quader sind alle Flächen gleich groß.
   ② Beim Quader sind gegenüberliegende Flächen gleich groß.
c) ① Ein Würfel ist ein besonderer Quader.
   ② Ein Quader ist ein besonderer Würfel.

4 Richtig oder falsch?
Berichtige, wenn nötig.
a) Ein Quader hat 4 Flächen.
b) Ein Würfel hat genauso viele Ecken wie ein Quader.
c) Ein Würfel hat 8 Kanten.
d) Ein Quader hat jeweils 3 gleichgroße Flächen.
e) Jeder Würfel ist auch ein Quader.

5 Wie viele Würfel muss man ergänzen, um daraus einen großen Würfel zu bauen?
a)    b)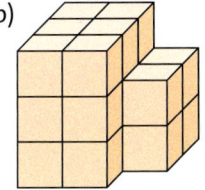

5 Wie viele Würfel muss man ergänzen, um daraus einen großen Würfel zu bauen?
a)    b)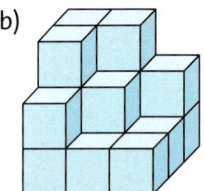

KÖRPER

Methode Schrägbilder zeichnen

Damit man sich einen Körper besser vorstellen kann, zeichnet man oft ein **Schrägbild** des Körpers.

Am Schrägbild kann man gut sehen, wie lang, breit und hoch ein Körper ist.

So zeichnest du das **Schrägbild eines Würfels** mit der Kantenlänge a = 3 cm.

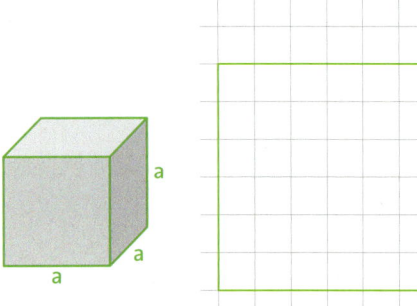
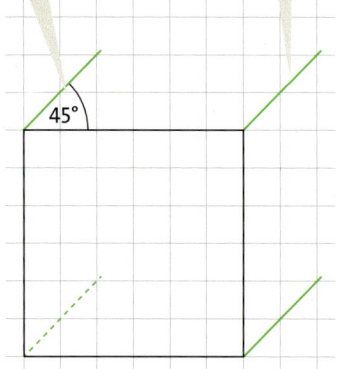
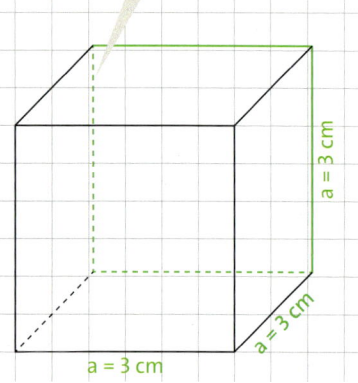

Nutze für den 45°-Winkel das Kästchenpapier.

halbe Kantenlänge: 3 cm : 2 = 1,5 cm

Diese Kanten kann man nicht sehen.

① Vorderfläche zeichnen: Quadrat mit der Seitenlänge a = 3 cm

② nach hinten verlaufende Kanten zeichnen: im 45°-Winkel und mit halber Kantenlänge

③ Endpunkte verbinden: Nicht sichtbare Kanten zeichnet man gestrichelt. Würfel beschriften

So zeichnest du **das Schrägbild eines Quaders** mit der Länge a = 2 cm, der Breite b = 4 cm und der Höhe c = 3 cm.

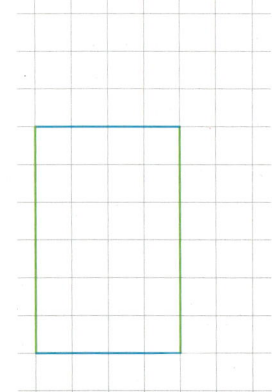
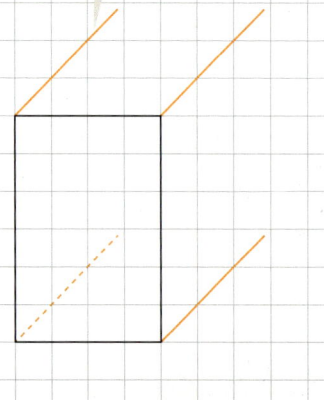
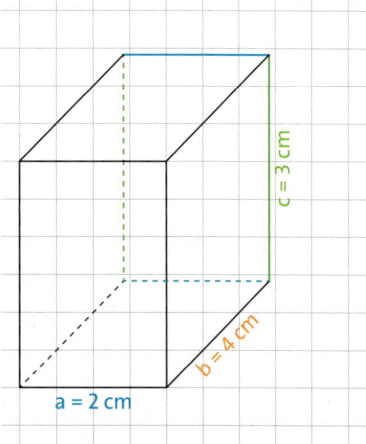

halbe Kantenlänge: 4 cm : 2 = 2 cm

die Länge: 2 cm lang
die Breite: 4 cm breit
die Höhe: 3 cm hoch

① Vorderfläche zeichnen: Rechteck mit der Länge a = 2 cm und der Höhe c = 3 cm

② nach hinten verlaufende Kanten zeichnen: im 45°-Winkel und mit halber Kantenlänge

③ Endpunkte verbinden: Nicht sichtbare Kanten zeichnet man gestrichelt. Quader beschriften

KÖRPER SCHRÄGBILDER ZEICHNEN

ANWENDEN

1 Prüfe die Schrägbilder. Beschreibe, welche Fehler gemacht wurden.
a) Schrägbild eines Würfels

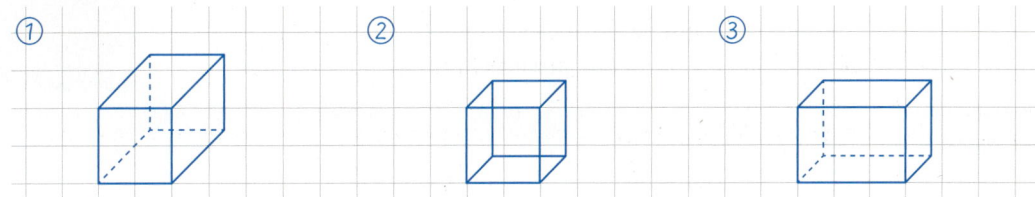

b) Schrägbild eines Quaders

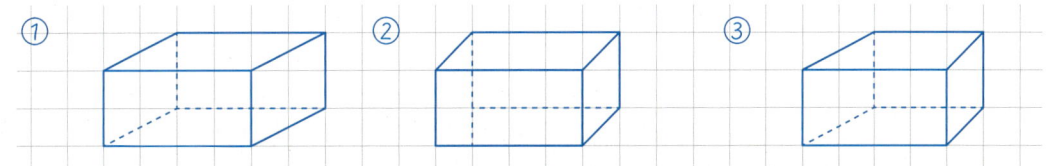

2 Übertrage ins Heft. Ergänze zum Quader.

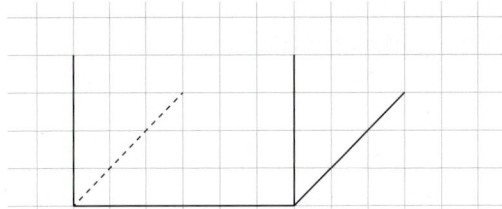

2 Übertrage ins Heft. Ergänze zum Quader.

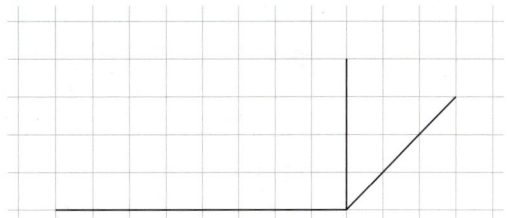

3 Zeichne das Schrägbild des Würfels.
Tipp Zeichne nach hinten verlaufende Kanten mit halber Kantenlänge: zu a) 4 cm : 2 = 2 cm
a) a = 4 cm   b) a = 8 cm

3 Zeichne das Schrägbild des Würfels. Beschreibe dein Vorgehen.
a) a = 6 cm
b) a = 50 mm

4 Zeichne das Schrägbild der Quader.
Tipp Zeichne nach hinten verlaufende Kanten mit halber Kantenlänge.
a) Länge: 6 cm; Breite: 4 cm; Höhe: 3 cm
b) a = 4 cm; b = 6 cm; c = 2 cm
c) a = 2 cm; b = 4 cm; c = 5 cm

4 Zeichne das Schrägbild des Quaders. Beschrifte die Kantenlängen.
a) a = 4 cm; b = 6 cm; c = 2 cm
b) Länge: 6 cm; Breite: 5 cm; Höhe: 4,5 cm
c) Der Quader ist 45 mm lang, 60 mm breit und 35 mm hoch.

5 Zeichne das Schrägbild eines Würfels mit a = 3 cm ins Heft.
Zeichne den Weg der Raupe ein.
Die Raupe kriecht
– von A nach hinten
– dann nach oben,
– nach vorne und
– nach rechts.
a) Wo kommt sie an?
b) Zeichne einen kürzeren Weg zum gleichen Ziel ein.

5 Die Raupe möchte von A nach G gelangen. Sie kriecht nur auf den Kanten des Quaders.

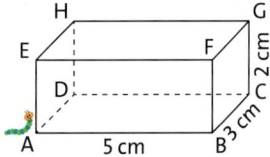

a) Zeichne das Schrägbild in dein Heft. Zeichne drei verschiedene Wege ein.
b) Beschreibe deine Wege. Verwende die Begriffe:
oben unten links rechts vorne hinten

KÖRPER

Netze

ENTDECKEN

Zum Weiterarbeiten
Bringt eigene Verpackungen mit.
Schneidet sie auseinander und zeichnet die Netze ins Heft.

1 Mia hat eine quaderförmige Schachtel.
Sie schneidet die Schachtel auf und faltet sie auseinander:

 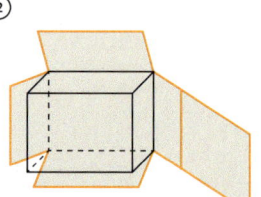 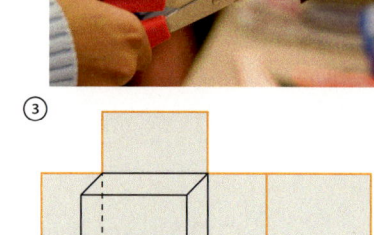

a) Beschreibe die Bilder: Aus welchen Flächen besteht die Schachtel?
b) Zeichne eine Skizze der aufgeklappten Schachtel auf ein Blatt Papier.
   Kannst du daraus wieder einen Quader falten?
c) 👥 Welche Flächen müssen gleich sein? Malt sie mit der gleichen Farbe aus.
   Welche Kanten müssen gleich lang sein? Zeichnet sie mit der gleichen Farbe.
d) 👥 Wie sieht ein aufgeklappter Würfel aus?
   Beschreibt Gemeinsamkeiten und Unterschiede zum Quader.

VERSTEHEN

Adil bastelt eine Schachtel.
Dafür zeichnet er zuerst alle Flächen zusammenhängend auf ein Blatt Papier.
Dann schneidet er die zusammenhängenden Flächen aus und faltet sie zusammen.

Vokabeln
→ *das Netz*
→ *das Würfelnetz*
→ *das Quadernetz*

> **Merke** Faltet man einen Körper an den Kanten auseinander,
> so erhält man das **Netz** des Körpers.
> Das Netz besteht aus den zusammenhängenden Flächen des Körpers.

Es gibt verschiedene Möglichkeiten, das **Netz eines Würfels** oder das **Netz eines Quaders** zu zeichnen.

Beispiel 1 Ein **Würfelnetz** besteht aus 6 gleich großen Quadraten.

Beispiel 2 Ein **Quadernetz** besteht aus 6 Rechtecken. Je zwei davon sind gleich groß.

a)

b)

a)

b)

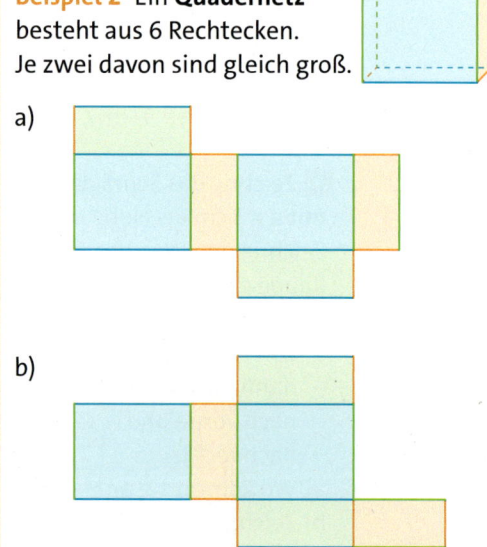

KÖRPER   NETZE

ANWENDEN

Hinweis
Du kannst die Netze immer überprüfen: Zeichne sie ab, schneide sie aus und falte sie.

1 Übertrage das Würfelnetz.
Male gegenüberliegende Flächen mit der gleichen Farbe an.

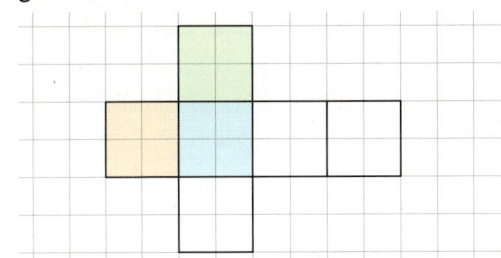

1 Übertrage das Würfelnetz.
Male gegenüberliegende Flächen mit der gleichen Farbe an.

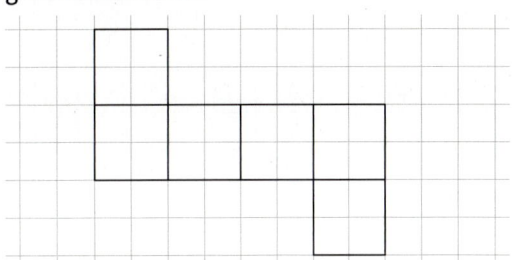

2 Gehört das Netz zu einem Würfel? Begründe.
Welche Flächen liegen sich bei den Würfelnetzen gegenüber?

a) 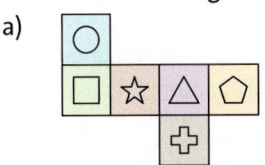   b)    c)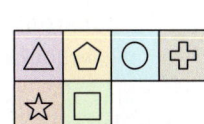

d) 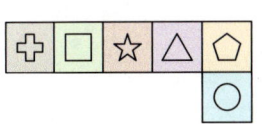   e)    f)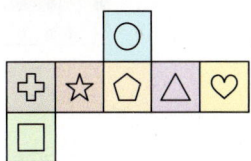

3 Ergänze im Heft zu einem Würfelnetz.
Tipp Wie viele Quadrate fehlen noch?

a) 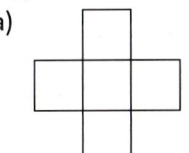   b)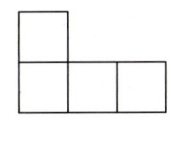

3 Ergänze im Heft zu einem Würfelnetz.
Gibt es mehrere Möglichkeiten?

a) 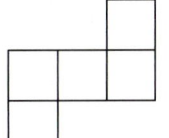   b)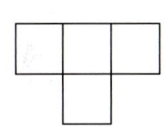

4 Gehört das Netz zu einem Quader? Begründe.

① ③
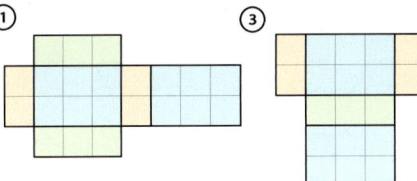

②
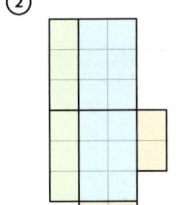

4 Gehört das Netz zu einem Quader? Begründe.

①

② ③
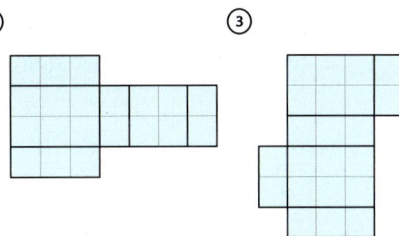

KÖRPER   NETZE

5 Ergänze im Heft zu einem Quadernetz.

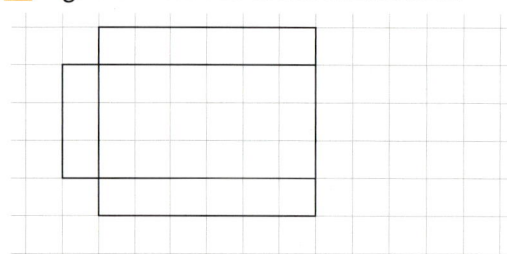

5 Ergänze im Heft zu einem Quadernetz.

6 Zeichne das Netz ins Heft.
a) Würfel: a = 3 cm
b) Quader: a = 4 cm; b = 3 cm; c = 1 cm
   Vergleiche mit deinem Partner.

6 Zeichne das Netz ins Heft.
a) Würfel: a = 4 cm
b) Quader: a = 2 cm; b = 6 cm; c = 1 cm
   Vergleiche mit deinem Partner.

Hinweis
Beim Spielwürfel ergibt die Augensumme der gegenüber liegenden Seiten immer 7.

7 Übertrage die Netze ins Heft und ergänze die Augenzahlen.
a) 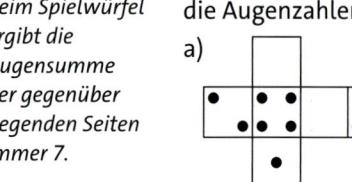 b)

7 Übertrage die Netze ins Heft und ergänze die Augenzahlen.
a) 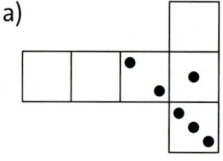 b)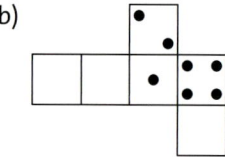

8 Der Spielwürfel wird gerollt:
zuerst 2-mal nach hinten, dann 1-mal nach links.
Wo liegt jetzt die ⚀?

8 Der Spielwürfel wird gerollt:
zuerst 2-mal nach vorne, dann 2-mal nach rechts und 1-mal nach links.
Wo liegt jetzt die ⚀?

9 Ordne die Quader den passenden Netzen zu.
Ein Quader bleibt übrig. Zeichne zu dem Quader ein passendes Netz.

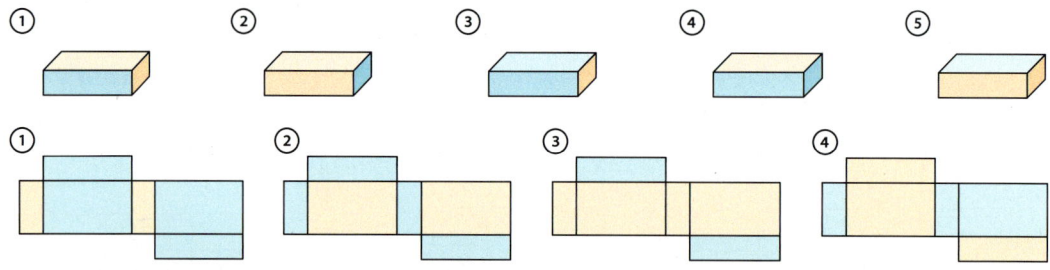

10 Der abgebildete Würfel hat rundherum einen farbigen Streifen.
Zeichne das Würfelnetz ins Heft.
Zeichne den Streifen in deinem Netz ein.

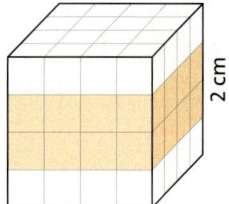

10 Der Würfel wurde 1 cm tief in Farbe getaucht.
Zeichne das zugehörige Würfelnetz mit a = 2 cm ins Heft.

KÖRPER

Oberflächeninhalte berechnen

ENTDECKEN

1 Der Würfel und der Quader werden rundherum mit Papier beklebt.
Wie viele Flächen muss man jeweils bekleben?
Wie viel Quadratzentimeter Papier braucht man jeweils?
Tipp Zeichnet jeweils ein Netz in euer Heft.

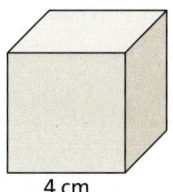
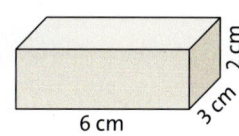

VERSTEHEN

Kim bastelt eine Schachtel aus Pappe. Wie viel Pappe braucht sie?

Vokabeln
→ *der Oberflächeninhalt*

Merke Den **Oberflächeninhalt O** eines Körpers erhält man, indem man die Flächeninhalte aller Flächen addiert.

Beispiel 1 Die Oberfläche eines Quaders besteht aus sechs Rechtecken:

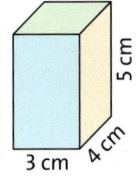
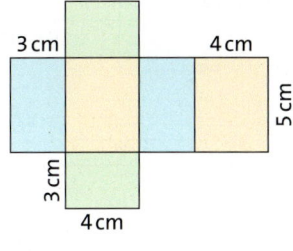
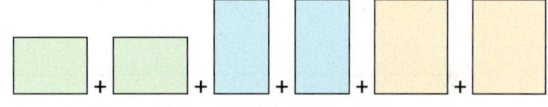

Je zwei Rechtecke sind gleich groß:

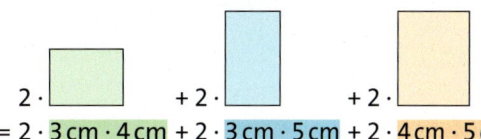

$O = 2 \cdot 3\,\text{cm} \cdot 4\,\text{cm} + 2 \cdot 3\,\text{cm} \cdot 5\,\text{cm} + 2 \cdot 4\,\text{cm} \cdot 5\,\text{cm}$

Daraus ergibt sich die Formel für den Oberflächeninhalt des Quaders.

Merke Oberflächeninhalt des Quaders
$O = 2 \cdot a \cdot b + 2 \cdot a \cdot c + 2 \cdot b \cdot c$

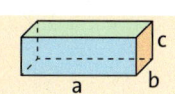

in die Formel einsetzen:
$O = 2 \cdot a \cdot b + 2 \cdot a \cdot c + 2 \cdot b \cdot c$

Beispiel 2 **Quader** mit $a = 3\,\text{cm}$; $b = 4\,\text{cm}$; $c = 5\,\text{cm}$
$O = 2 \cdot 3\,\text{cm} \cdot 4\,\text{cm} + 2 \cdot 3\,\text{cm} \cdot 5\,\text{cm} + 2 \cdot 4\,\text{cm} \cdot 5\,\text{cm}$
$O = 2 \cdot 12\,\text{cm}^2 + 2 \cdot 15\,\text{cm}^2 + 2 \cdot 20\,\text{cm}^2$
$O = 24\,\text{cm}^2 + 30\,\text{cm}^2 + 40\,\text{cm}^2 = \underline{94\,\text{cm}^2}$

Beispiel 3 Die Oberfläche eines Würfels besteht aus sechs Quadraten:

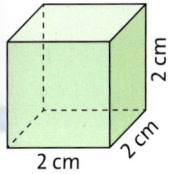
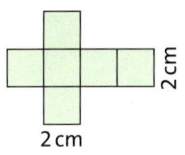

Alle sechs Quadrate sind gleich groß:

$O = 6 \cdot 2\,\text{cm} \cdot 2\,\text{cm}$

Daraus ergibt sich die Formel für den Oberflächeninhalt des Würfels.

Merke Oberflächeninhalt des Würfels
$O = 6 \cdot a \cdot a$ oder kurz: $O = 6 \cdot a^2$

in die Formel einsetzen:
$O = 6 \cdot a \cdot a$

Beispiel 4 **Würfel** mit $a = 2\,\text{cm}$
$O = 6 \cdot 2\,\text{cm} \cdot 2\,\text{cm}$
$O = 6 \cdot 4\,\text{cm}^2 = \underline{24\,\text{cm}^2}$

KÖRPER   OBERFLÄCHENINHALTE BERECHNEN

ANWENDEN

1 Berechne den Oberflächeninhalt.
a) Quader

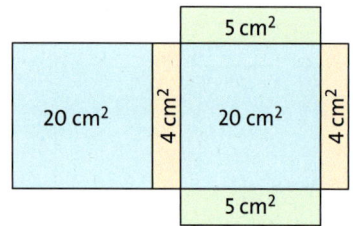

b) Würfel

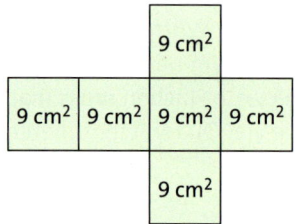

Zum Weiterarbeiten
Nimm ein Blatt Papier. Bastle daraus einen Quader mit möglichst großem Oberflächeninhalt.

2 Berechne den Oberflächeninhalt des Quaders.

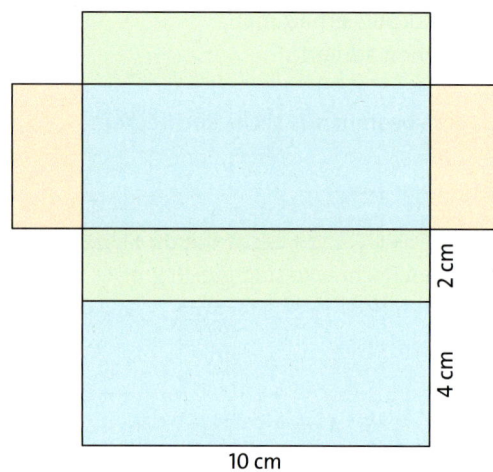

2 Berechne den Oberflächeninhalt des Quaders.
a)

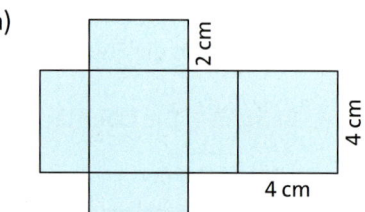

b)

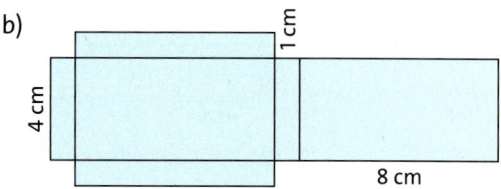

3 Berechne den Oberflächeninhalt des Würfels.

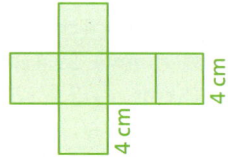

3 Berechne den Oberflächeninhalt des Würfels.

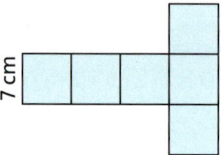

4 Berechne den Oberflächeninhalt.
Tipp Zeichne zuerst eine Skizze des Netzes.
a)   b)

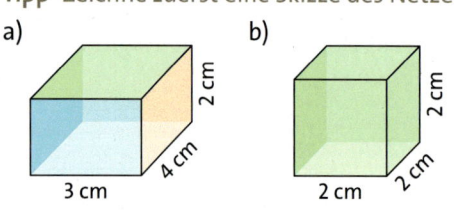

c)

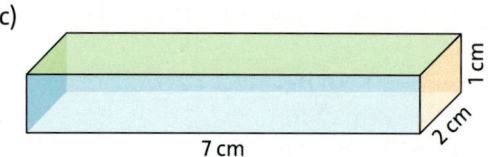

4 Berechne den Oberflächeninhalt. Beschreibe dein Vorgehen.
a)   b)

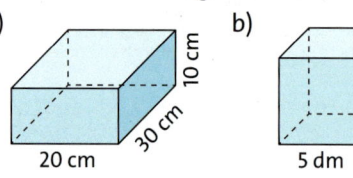

c)

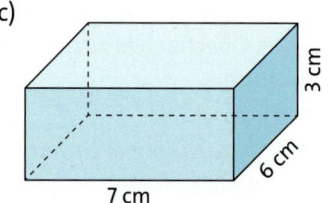

5 Berechne den Oberflächeninhalt des Würfels.
a) a = 1 cm
b) a = 10 cm
c) a = 100 cm

5 Berechne den Oberflächeninhalt des Würfels.
a) a = 3 cm
b) a = 6 mm
c) a = 60 dm

6 Berechne den Oberflächeninhalt des Quaders.

	Länge a	Breite b	Höhe c
a)	a = 1 cm	b = 3 cm	c = 4 cm
b)	a = 2 cm	b = 5 cm	c = 4 cm
c)	a = 2 cm	b = 3 cm	c = 7 cm

6 Berechne den Oberflächeninhalt des Quaders.

	Länge a	Breite b	Höhe c
a)	10 cm	8 cm	4 cm
b)	9 m	2 m	7 m
c)	20 mm	10 mm	30 mm

7 Lisa beklebt Schachteln mit Geschenkpapier. Wie viel cm² Papier braucht sie dafür?
a) würfelförmige Schachtel mit a = 4 cm
b) quaderförmige Schachtel mit a = 10 cm, b = 10 cm, c = 3 cm

7 Ingo beklebt Kartons mit Geschenkpapier. Wie viel cm² Geschenkpapier braucht er dafür?
a) Der würfelförmige Karton ist 20 cm lang.
b) Der quaderförmige Karton ist 60 cm lang, 50 cm breit und 30 cm hoch.

8 Ole berechnet den Oberflächeninhalt eines Quaders mit a = 4 cm, b = 5 cm und c = 7 cm anders:
O = 2 · (4 cm · 5 cm + 4 cm · 7 cm + 5 cm · 7 cm)
a) Kann Ole so rechnen? Überprüfe und erkläre den Rechenterm.
b) Vergleiche mit deinem Rechenweg. Welchen findest du einfacher? Begründe.

Ich multipliziere am Schluss alles mit 2.

9 Tom baut ein Aquarium für seine Fische. Die vier Seitenflächen sind aus Glas. Berechne, wie viel cm² Glas er dafür braucht.

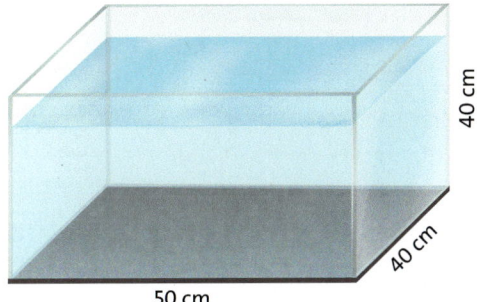

9 Herr Beutler baut eine Kiste aus Holz. Die Kiste soll oben offen sein. Berechne, wie viel cm² Holz er dafür braucht.

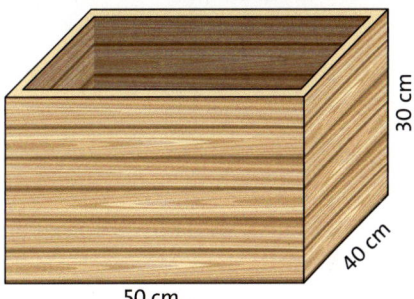

10 Berechne den Oberflächeninhalt. Die Kante eines kleinen Würfels ist 1 cm lang.
a)  b)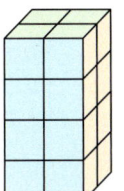

10 Berechne den Oberflächeninhalt. Die Kante eines kleinen Würfels ist 1 cm lang.
a)  b)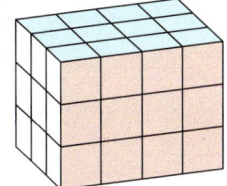

KÖRPER

Rauminhalte (Volumen) vergleichen

ENTDECKEN

1 Aus Würfeln wurden verschiedene Körper gebaut.
Aus wie vielen Würfeln bestehen die Körper?
Wie viele Würfel sind jeweils sichtbar, wie viele verdeckt?

a) 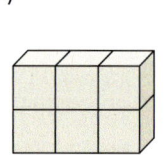 b) 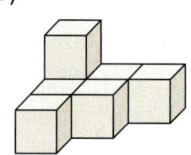 c) 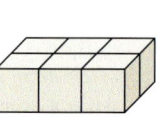 d) 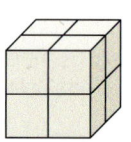 e)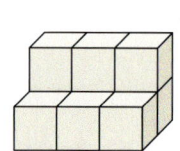

2 Hannes und Lisa ziehen um. Sie haben zwei verschiedene Umzugswagen.

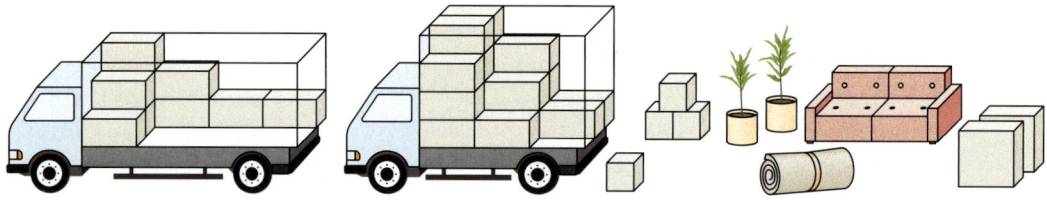

a) Wie viele Kartons sind bereits in den Umzugswagen?
b) Wie können sie herausfinden, in welchen Umzugswagen mehr passt?
   Beschreibt euren Lösungsweg.
   Welche Gegenstände sind für den Vergleich geeignet, welche weniger gut? Begründet.

VERSTEHEN

Körper können unterschiedlich aussehen, aber trotzdem gleich groß sein.

Beispiel 1
Sind die Körper gleich groß?

Man kann sie aus gleich vielen, gleich großen Teilkörpern bauen. Daher sind sie gleich groß.

  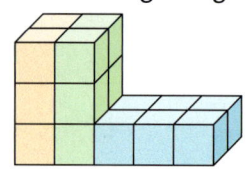

Vokabeln
→ *der Rauminhalt*
→ *das Volumen*

Merke Wenn zwei Körper aus gleich vielen, gleich großen Würfeln bestehen, dann sind sie gleich groß. Man sagt: Sie haben den gleichen **Rauminhalt (Volumen)**.

Man kann die Körper auch zerlegen und die Würfel zählen.

Beispiel 2 Aus wie vielen Würfeln besteht der Körper?

Zerlege den Körper, sodass du die Würfel einfach zählen kannst.

Der Körper besteht aus
$5 \cdot 2 + 4 \cdot 2 + 2 \cdot 2 = 22$
Würfeln.

KÖRPER RAUMINHALTE (VOLUMEN) VERGLEICHEN

ANWENDEN

1 Baut verschiedene Körper.
a) aus 4 Würfeln b) aus 6 Würfeln
c) aus 8 Würfeln d) aus 16 Würfeln
Vergleicht eure Würfelbauten.

2 Aus wie vielen Würfeln besteht der Körper?
a)  b)

2 Aus wie vielen Würfeln besteht der Körper?
a) 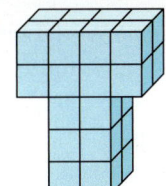 b)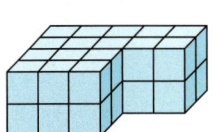

3 Welche Körper haben den gleichen Rauminhalt? Begründe.
①  ②
③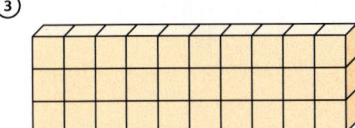

3 Ordne die Körper nach ihrer Anzahl an Würfeln. Begründe.
① 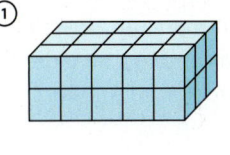 ②
③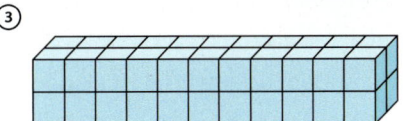

4 In welche Kiste passt mehr hinein? Begründe.
①  ②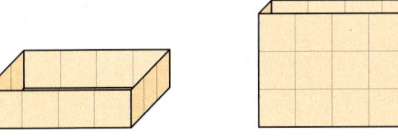

4 Welche Kiste hat den größeren Rauminhalt? Begründe.
① 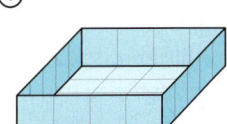 ②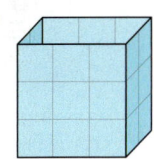

5 Aus wie vielen Würfeln besteht der Körper? Wie viele kleine Würfel passen noch den großen blauen Würfel?
Tipp Je ein Würfel ist verdeckt.
a) 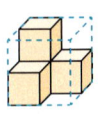 b)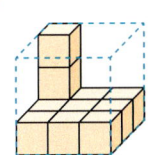

5 Wie viele kleine Würfel passen noch in den großen orangen Quader? Beschreibe dein Vorgehen.
a) 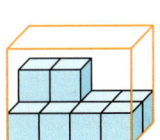 b)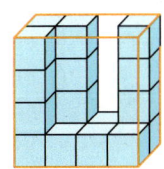

6 Tim sagt: „Ich kann aus genau 12 kleinen Würfeln einen Quader bauen." Stimmt das? Begründe.

6 Mara sagt: „Ich kann aus 10 kleinen Würfeln einen Quader bauen, aber keinen Würfel." Stimmt das? Begründe.

KÖRPER

Volumeneinheiten

ENTDECKEN

1 Zeichne einen kleinen Würfel mit 1 cm Kantenlänge und einen großen Würfel mit 1 dm Kantenlänge ins Heft.
a) Schätze:
Wie viele kleine Würfel braucht man, um den großen Würfel zu bauen?
b) 👥 Vergleicht und überprüft eure Schätzung.
Tipp Wie viele kleine Würfel liegen …
– in einer Reihe?
– in der untersten Schicht?
Wie viele Schichten gibt es insgesamt?
c) 👥 Wie viele Würfel mit 1 dm Kantenlänge braucht man, um einen Würfel mit 1 m Kantenlänge zu bauen? Begründet eure Antwort.

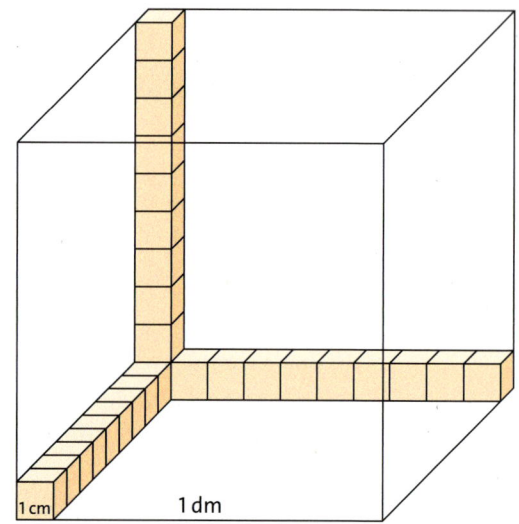

VERSTEHEN

Der Zuckerwürfel ist
1 cm lang, 1 cm breit und 1 cm hoch.

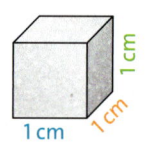

ein Kubikzentimeter

1 cm³ → Einheit

Der Zuckerwürfel ist also 1 cm³ groß.

Das **Volumen** ist eine Größe: Sie gibt an, wie groß der Rauminhalt eines Körpers ist.

Vokabeln
→ das Volumen
→ der Kubikzentimeter
→ der Kubikmillimeter

Ein **Kubikzentimeter** ist das Volumen eines Würfels, der
1 cm lang, 1 cm breit und 1 cm hoch ist.
Ein **Kubikmillimeter** ist das Volumen eines Würfels, der
1 mm lang, 1 mm breit, 1 mm hoch ist.

In den Würfel passen 10 · 10 · 10 = 1000 Würfel mit 1 mm Kantenlänge.

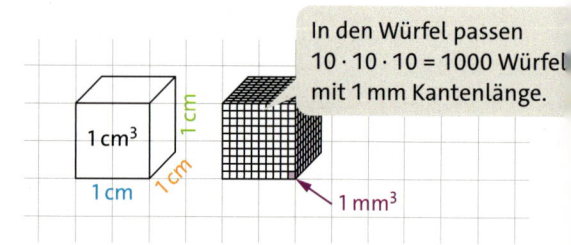

größere Einheit ↕ kleinere Einheit

Merke Für das **Volumen** gibt es diese Einheiten:		
Kubikmeter	m³	1 m³ = 1000 dm³
Kubikdezimeter	dm³	1 dm³ = 1000 cm³
Kubikzentimeter	cm³	1 cm³ = 1000 mm³
Kubikmillimeter	mm³	1 mm³

Beim Volumen ist die Umrechnungszahl 1000.

Beispiel 1 in die nächstkleinere Einheit:

mit der Umrechnungszahl multiplizieren

7 cm³ = ▇ mm³
7 cm³ = 7000 mm³

Beispiel 2 in die nächstgrößere Einheit:

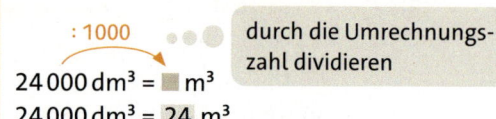

durch die Umrechnungszahl dividieren

24 000 dm³ = ▇ m³
24 000 dm³ = 24 m³

KÖRPER   VOLUMENEINHEITEN

ANWENDEN

1 Mit welcher Einheit würde man das Volumen angeben?   cm³   m³   dm³   mm³

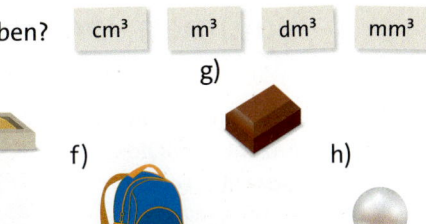

a) Stecknadel b) Würfel c) Müllcontainer d) Karton e) Sandkasten f) Rucksack g) Ziegelstein h) Kugel

2 Rechne um.
a) in die nächstkleinere Einheit:
① 2 cm³ = ■ mm³
② 51 dm³ = ■ cm³
b) in die nächstgrößere Einheit:
① 3000 mm³ = ■ cm³
② 70 000 dm³ = ■ m³

2 Rechne um.
a) in die nächstkleinere Einheit:
① 38 cm³ = ■ mm³
② 249 dm³ = ■ cm³
b) in die nächstgrößere Einheit:
① 22 000 mm³ = ■ cm³
② 700 000 dm³ = ■ m³

Nachgedacht
Wie viel m³ sind in einem Würfel mit 1 km Kantenlänge enthalten?

3 Rechne in die angegebene Einheit um.
Musst du multiplizieren oder dividieren?
a) 8 cm³ = ■ mm³
b) 3000 mm³ = ■ cm³
c) 90 000 dm³ = ■ m³
d) 32 dm³ = ■ cm³

3 Rechne in die angegebene Einheit um.
Musst du multiplizieren oder dividieren?
a) 40 cm³ = ■ mm³
b) 55 000 dm³ = ■ m³
c) 45 000 dm³ = ■ cm³
d) 10 000 mm³ = ■ cm³

4 Berechne schrittweise.

	cm³	dm³	m³
a)	3 000 000	3000	
b)	6 000 000		
c)			24
d)			90

4 Rechne schrittweise
in die angegebene Einheit um.
Tipp 2 m³ = 2000 dm³ = 2 000 000 cm³
a) 6 m³ = ■ cm³
b) 4 000 000 mm³ = ■ dm³
c) 24 dm³ = ■ mm³
d) 720 000 000 mm³ = ■ dm³

5 Kerstin sagt:
„Mein Zimmer ist 2000 dm³ groß."
Kann das sein? Begründe.

5 Nike sagt: „Mein Papagei lebt in einem 1000 cm³ großen Käfig."
Kann das sein? Begründe.

Methode Einheiten für Flüssigkeiten
Oft gibt man das Volumen für Flüssigkeiten in **Litern** oder **Millilitern** an.
1 ℓ = 1 dm³
1 mℓ = 1 cm³
1 ℓ = 1000 mℓ

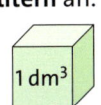

6 Gib das Volumen in dm³ an.
a)  b)  c)

7 Rechne in die angegebene Einheit um.
a) 2 mℓ = ■ cm³
b) 10 mℓ = ■ cm³
c) 3 ℓ = ■ dm³
d) ■ ℓ = 7 dm³

7 Rechne in die angegebene Einheit um.
a) 5 mℓ = ■ cm³
b) ■ mℓ = 12 cm³
c) 55 ℓ = ■ dm³
d) ■ ℓ = 20 dm³

Volumen von Quader und Würfel

ENTDECKEN

1 Bestimme die Anzahl der Schokoladenstücke, der Getränkekisten und der Kartons. Beschreibe jeweils dein Vorgehen.

2 Die Würfel sind in einer Kiste verpackt. Die Würfel haben eine Kantenlänge von 1 cm.
a) Welche Form hat die Kiste? Welche Maße hat die Kiste?
b) Wie viele Würfel passen in die Kiste?
c) Wie viel cm³ passen in die Kiste?

VERSTEHEN

Wie viel Erde passt in die Kiste?
Um das Volumen der Kiste zu berechnen, füllt man sie mit Einheitswürfeln.
Einheitswürfel haben eine Kantenlänge von 1 mm, 1 cm, 1 dm oder 1 m und ein Volumen von 1 mm³, 1 cm³, 1 dm³ oder 1 m³.

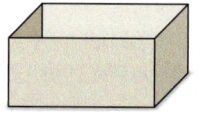 

Die Anzahl der Einheitswürfel berechnet man mit der Länge, Breite und Höhe.

Beispiel 1 Wie viele Einheitswürfel passen in den Quader?

① 4 **Würfel** nebeneinander   ② 3 **Würfel** hintereinander   ③ 2 **Würfel** übereinander

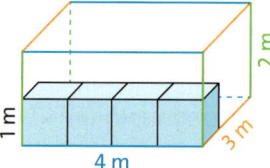 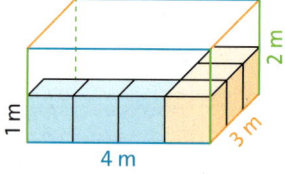 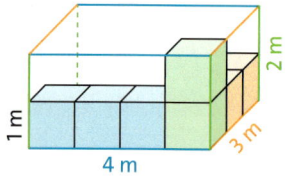

In den Quader passen also $4 \cdot 3 \cdot 2 = 24$ Einheitswürfel.
Der Quader hat ein Volumen von $4\,m \cdot 3\,m \cdot 2\,m = 24\,m^3$.

mit 1 m Kantenlänge

Vokabeln
→ *der Einheitswürfel*
→ *die Länge*
→ *die Breite*
→ *die Höhe*

Merke **Quader**
Volumen = Länge · Breite · Höhe
$V = a \cdot b \cdot c$

Würfel
Volumen = Länge · Länge · Länge
$V = a \cdot a \cdot a$
oder kurz: $V = a^3$

a hoch 3

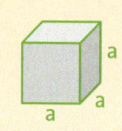

Beispiel 2 Volumen vom Quader
mit $a = 5\,cm$, $b = 3\,cm$, $c = 2\,cm$
in die Formel einsetzen: $V = a \cdot b \cdot c$
$V = 5\,cm \cdot 3\,cm \cdot 2\,cm$
$V = \underline{30\,cm^3}$

Beispiel 3 Volumen vom Würfel
mit $a = 5\,cm$
in die Formel einsetzen: $V = a \cdot a \cdot a$
$V = 5\,cm \cdot 5\,cm \cdot 5\,cm$
$V = \underline{125\,cm^3}$

KÖRPER   VOLUMEN VON QUADER UND WÜRFEL

ANWENDEN

1 Aus wie vielen kleinen Würfeln besteht der Quader?
Schreibe dazu eine Multiplikation.
Tipp Anzahl der Würfel nebeneinander, hintereinander, übereinander

a)    b) 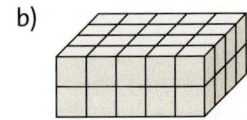   c) 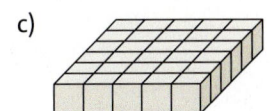   d)

e)    f)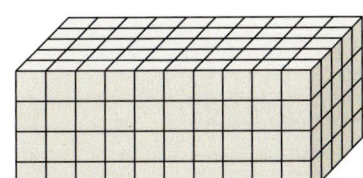

2 Berechne das Volumen in m³.
Ein kleiner Würfel ist 1 m³ groß.
Tipp Zähle die Würfel in der Länge, in der Breite und in der Höhe.

a) 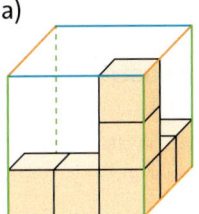   b)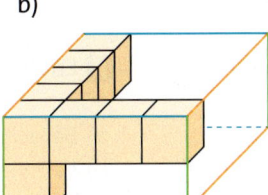

2 Berechne das Volumen.
Ein kleiner Würfel ist 1 cm³ groß.

a) b)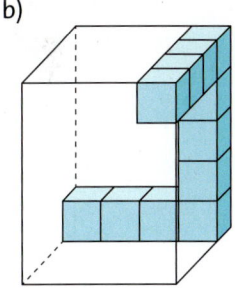

Zum Weiterarbeiten
Nimm ein Blatt Papier. Bastle daraus einen Quader mit möglichst großem Volumen.

3 Berechne das Volumen des Quaders.
Beschreibe dein Vorgehen.

a) 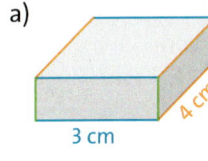   b)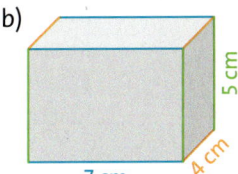

c)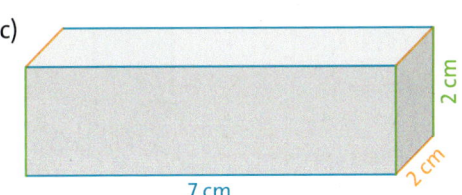

3 Berechne das Volumen des Quaders.
Beschreibe dein Vorgehen.

a) 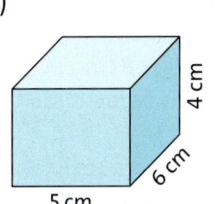   b)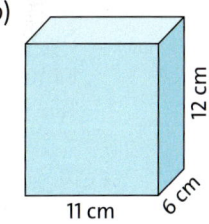

c)

4 Berechne das Volumen des Würfels.
Tipp Achte auf die Einheiten.

a) 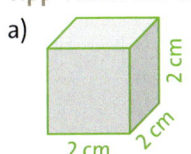   b)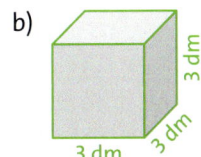

4 Berechne das Volumen des Würfels.
Tipp Achte auf die Einheiten.

a) 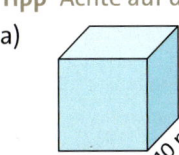   b)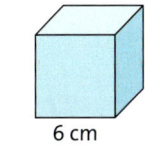

5 Berechne das Volumen des Quaders.
a) a = 2 cm; b = 3 cm; c = 4 cm
b) a = 1 cm; b = 6 cm; c = 3 cm
c) a = 5 cm; b = 3 cm; c = 6 cm
d) a = 4 cm; b = 8 cm; c = 1 cm

5 Berechne das Volumen des Quaders.
a) a = 2 cm; b = 5 cm; c = 4 cm
b) a = 1 mm; b = 7 mm; c = 5 mm
c) a = 4 cm; b = 10 cm; c = 8 cm
d) a = 10 m; b = 20 m; c = 2 m

6 Berechne das Volumen des Würfels.
a) a = 10 cm
b) a = 20 cm
c) a = 6 cm

6 Berechne das Volumen des Würfels.
a) a = 100 cm
b) a = 40 mm
c) a = 400 cm

7 Berechne das Volumen der Koffer.
Tipp Achte auf die Einheiten.

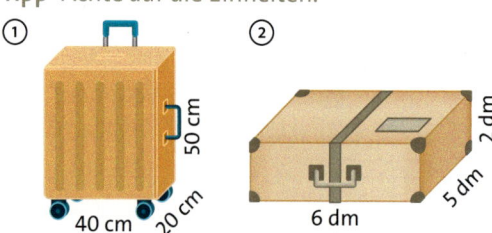

7 Vergleiche das Volumen der Koffer. Beschreibe dein Vorgehen.

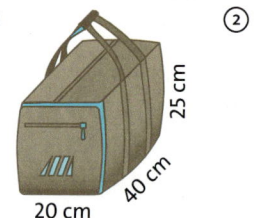

8 Ein Karton ist 5 dm lang, 3 dm breit und 2 dm hoch.
a) Berechne das Volumen des Kartons.
b) Eine Kiste ist genauso lang, genauso breit, aber nur halb so hoch wie der Karton. Bestimme das Volumen der Kiste.

8 Emilys Aquarium ist 100 cm lang, 40 cm breit und 40 cm hoch.
a) Berechne das Volumen des Aquariums.
b) Wie viel Liter Wasser passen in das Aquarium?
Tipp 1 ℓ = 1000 cm³

9 Eine würfelförmige Kerze wird aus Wachs gegossen. Die Kerze hat eine Kantenlänge von 8 cm. Wie viel Wachs braucht man?

9 Ein würfelförmiger Blumentopf hat eine Kantenlänge von 50 cm. Reicht die Blumenerde?

10 Alis Klassenraum ist 9 m lang, 6 m breit und 3 m hoch.
a) Vergleicht das Volumen von eurem und Alis Klassenraum.
Überlegt euch eigene Fragen und beantwortet sie:
b) Jede Person soll 2 m³ Raum haben.
c) Der Medienraum ist halb so lang wie Alis Klassenraum.
d) In die Aula können 600 Personen.

11 Berechne die Höhe des Quaders.
Tipp zu a) 5 m · 2 m · ☒ m = 30 m³
10 m² · ☒ m = 30 m³

	Länge a	Breite b	Höhe c	Volumen
a)	5 cm	2 cm	☒ cm	30 cm³
b)	4 cm	5 cm	☒ cm	80 cm³

11 Berechne den fehlenden Wert.
Tipp zu a) 6 cm · 4 cm · ☒ cm = 48 cm³

	Länge a	Breite b	Höhe c	Volumen
a)	6 cm	4 cm	☒ cm	48 cm³
b)	7 cm	☒ cm	2 cm	84 cm³
c)	☒ cm	7 m	2 m	42 m³

Strategie Aussagen begründen

Wenn man in der Mathematik eine Frage beantwortet, muss man die Antwort oft begründen. Es gibt verschiedene Möglichkeiten, eine Antwort oder Aussage zu begründen.

Beispiel 1 mit den **Eigenschaften** begründen

Frage:
Ist das ein Quader?

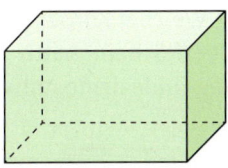

Ja, das ist ein Quader.
Begründung:

sechs rechteckige Flächen?	✓
gegenüberliegende Flächen gleich groß?	✓

Es ist also ein **Quader**.

Beispiel 2 mit einer **Rechnung** begründen

Frage:
Haben die beiden Quader das gleiche Volumen?

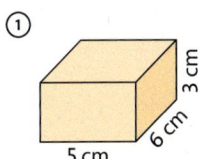 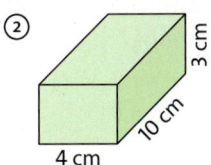

Nein, die beiden Quader haben nicht das gleiche Volumen.
Begründung:
① $V = 5\,cm \cdot 6\,cm \cdot 3\,cm = 90\,cm^3$
② $V = 4\,cm \cdot 10\,cm \cdot 3\,cm = 120\,cm^3$
Das Volumen von Quader ① ist kleiner als das Volumen von Quader ②.

Beispiel 3 mit einer **Zeichnung** begründen

Frage:
Haben die beiden Körper das gleiche Volumen?

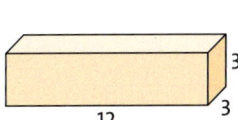 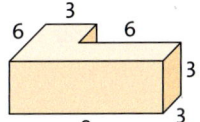

Ja, die beiden Körper haben das gleiche Volumen.
Begründung:

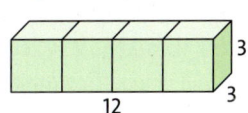 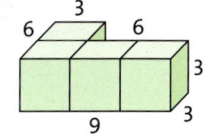

Die beiden Körper sind aus gleich vielen, gleich großen Würfeln gebaut.

Wenn man zeigen will, dass eine Aussage falsch ist, reicht ein Beispiel aus.
Dieses Beispiel nennt man **Gegenbeispiel**.

Beispiel 4 mit einem **Gegenbeispiel** begründen

Frage:
Ist jeder Quader ein Würfel?

> jeder Quader:
> Das bedeutet, egal welchen Quader man nimmt …

Nein, nicht jeder Quader ist ein Würfel.
Begründung:

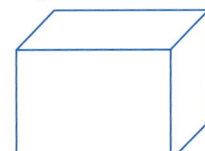

Das ist ein Quader, aber kein Würfel.

> Der Quader ist ein **Gegenbeispiel**.

KÖRPER AUSSAGEN BEGRÜNDEN

ANWENDEN

1 Ist das ein Würfel?
Begründe deine Antwort mit den Eigenschaften des Würfels.

1 Ist das ein Würfelnetz?
Begründe deine Antwort mit den Eigenschaften.

2 Welcher Körper hat den größeren Oberflächeninhalt?
Begründe deine Antwort mit einer Rechnung.

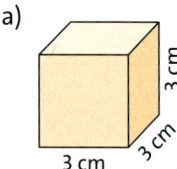
a)
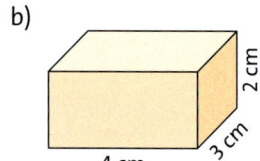
b)

2 Welcher Körper hat den größeren Oberflächeninhalt?
Begründe deine Antwort mit einer Rechnung.

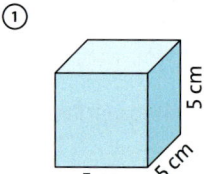
①
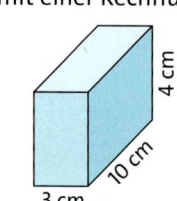
②

3 Haben die Körper das gleiche Volumen?
Begründe deine Antwort mit einer Zeichnung.

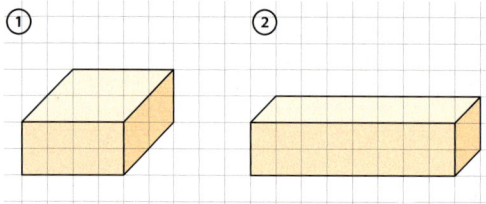
① ②

3 Haben die Körper das gleiche Volumen?
Begründe deine Antwort mit einer Zeichnung.

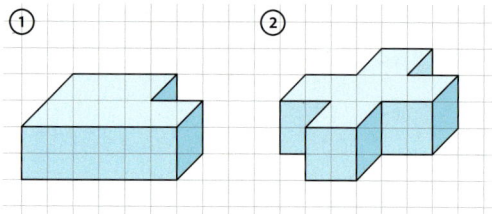
① ②

4 Erklärt die Begründung.
Verdoppelt man die Kantenlängen eines Würfels, verdoppelt sich auch sein Volumen.
Begründung: Ein Würfel hat die Kantenlänge 1 cm.
Dann ist das Volumen: V = 1 cm · 1 cm · 1 cm = $\underline{1\,cm^3}$.
Ein Würfel mit doppelt so langer Kantenlänge hat die Kantenlänge 2 · 1 cm = 2 cm.
Dann ist das Volumen: V = 2 cm · 2 cm · 2 cm = $\underline{8\,cm^3}$
Das Volumen ist 8-mal so groß. Die Aussage stimmt nicht.

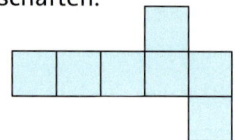
Die Aussage ist falsch.

5 Ein Würfel mit der Kantenlänge a = 2 cm hat einen doppelt so großen Oberflächeninhalt wie ein Würfel mit a = 1 cm. Stimmt das?

5 Verdoppelt man die Kantenlängen eines Würfels, dann verdoppelt sich auch der Oberflächeninhalt. Stimmt das?

6 Handelt es sich bei den beiden Netzen um den gleichen Körper? Begründe.

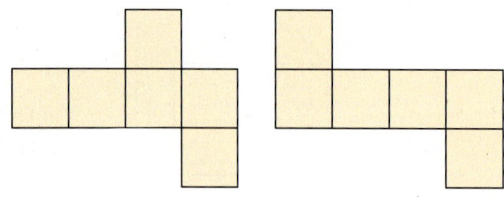

6 Handelt es sich bei den beiden Netzen um den gleichen Körper? Begründe.

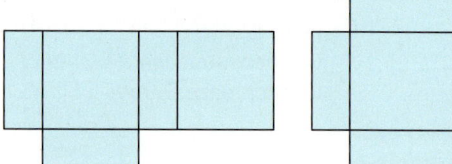

KÖRPER

➕ Methode Zusammengesetzte Körper

1 Beschreibe die Körper. Aus welchen Körpern setzen sich die Körper zusammen?

① 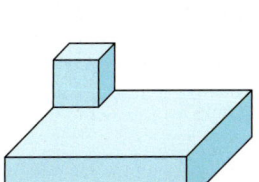 ② 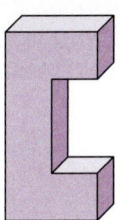 ③ 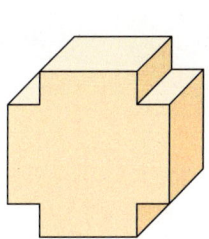 ④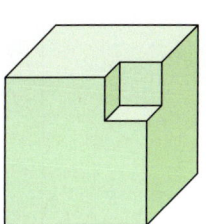

Um das Volumen von zusammengesetzten Körpern zu berechnen, gibt es zwei Methoden:

Zerlegungsmethode
① Zerlege den Körper in Quader und Würfel.

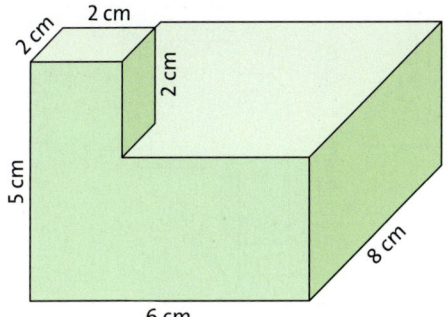

② Berechne jeweils das Volumen:
   Quader und Würfel
③ Addiere das Volumen:
   Quader + Würfel

Beispiel 1
① Hier fehlt eine Kantenlänge: 5 cm − 2 cm = 3 cm

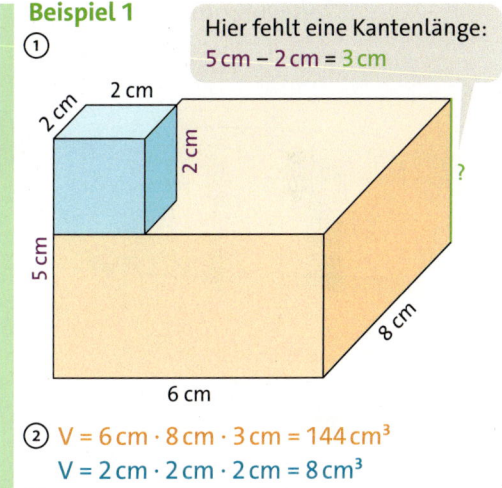

② $V = 6\,\text{cm} \cdot 8\,\text{cm} \cdot 3\,\text{cm} = 144\,\text{cm}^3$
   $V = 2\,\text{cm} \cdot 2\,\text{cm} \cdot 2\,\text{cm} = 8\,\text{cm}^3$
③ $V = 144\,\text{cm}^3 + 8\,\text{cm}^3$
   $V = \underline{152\,\text{cm}^3}$

Ergänzungsmethode
① Ergänze den Körper zu einem Quader oder Würfel.

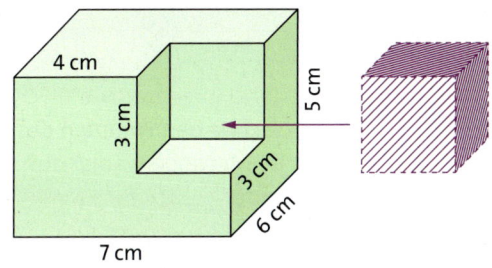

② Berechne jeweils das Volumen:
   großer Körper und kleiner Körper
③ Subtrahiere das Volumen:
   großer Körper − kleiner Körper

Beispiel 2
① Hier fehlt eine Kantenlänge: 7 cm − 4 cm = 3 cm

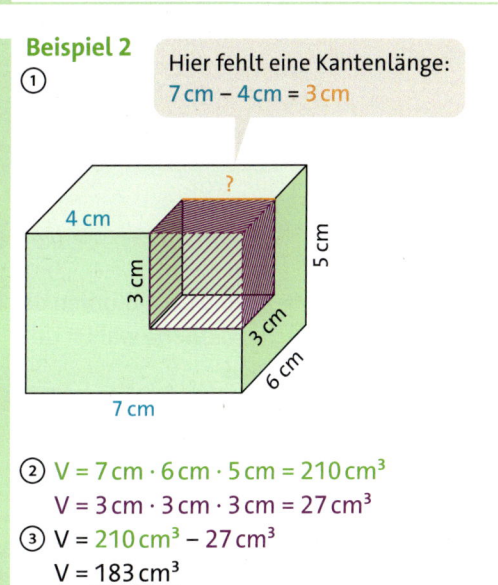

② $V = 7\,\text{cm} \cdot 6\,\text{cm} \cdot 5\,\text{cm} = 210\,\text{cm}^3$
   $V = 3\,\text{cm} \cdot 3\,\text{cm} \cdot 3\,\text{cm} = 27\,\text{cm}^3$
③ $V = 210\,\text{cm}^3 - 27\,\text{cm}^3$
   $V = \underline{183\,\text{cm}^3}$

KÖRPER   ZUSAMMENGESETZTE KÖRPER

ANWENDEN

1 Beschreibe, wie du die Körper zerlegen würdest.
Aus wie vielen Quadern und Würfeln bestehen dann die Körper?

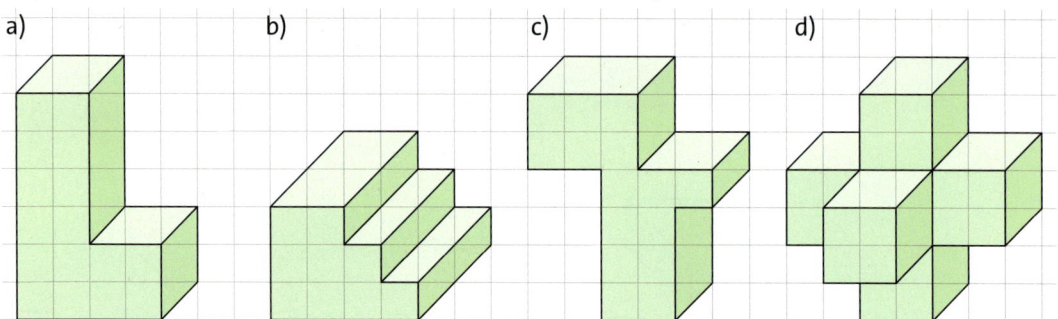

2 Berechne das Volumen mit der Zerlegungsmethode.

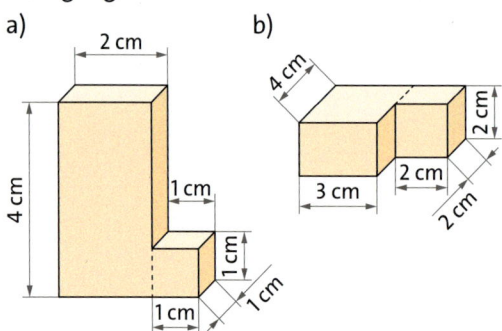

2 Berechne das Volumen mit der Zerlegungsmethode.

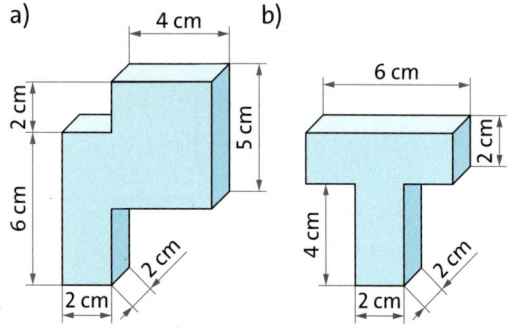

3 Berechne das Volumen mit der Ergänzungsmethode.

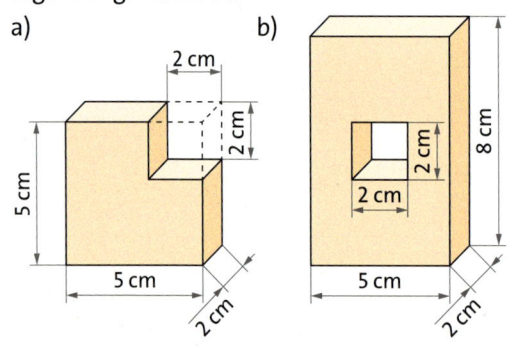

3 Berechne das Volumen mit der Ergänzungsmethode.

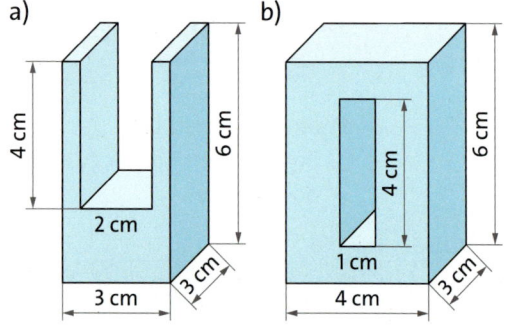

4 Berechne das Volumen des Körpers. Welche Methode wählst du? Begründe.

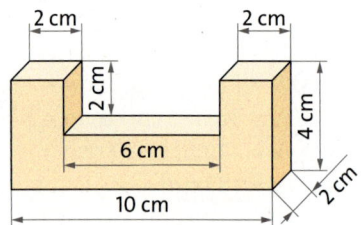

4 Berechne das Volumen des Körpers. Welche Methode wählst du? Begründe.

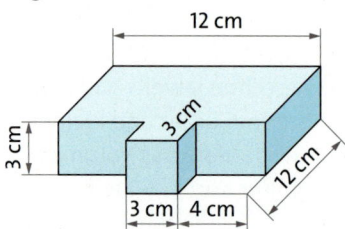

KÖRPER

Thema Weitere Körper

Quader und Würfel hast du bereits kennengelernt.
Es gibt aber noch andere Körper.

ANWENDEN

1 Weitere Körper   Kugel   Pyramide   Prisma   Zylinder   Kegel

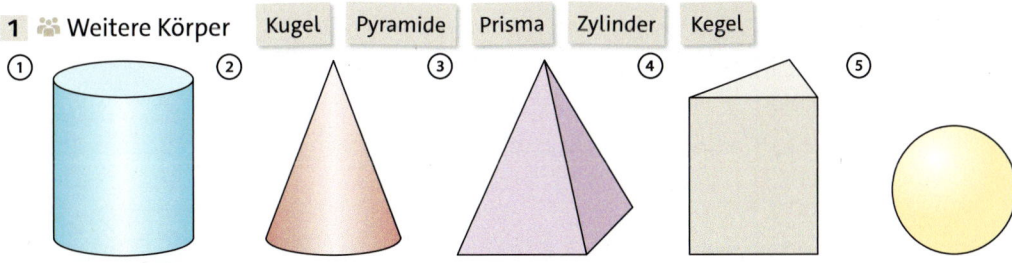

a) Wie heißen die Körper?
b) Vergleicht die Körper. Beschreibt Gemeinsamkeiten und Unterschiede.
   Tipp Nutze die Begriffe: Flächen, Kanten, Ecken

2 Netze von Körpern
a) Ordne den Netzen die Körper zu.

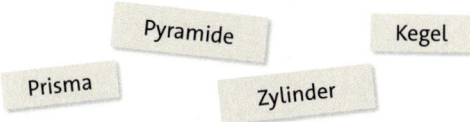

Pyramide   Kegel

Prisma   Zylinder

b) Finde auf dieser Seite Körper, die zu den Netzen passen.
c) Findet Gegenstände in eurer Umgebung mit diesen Körpern.

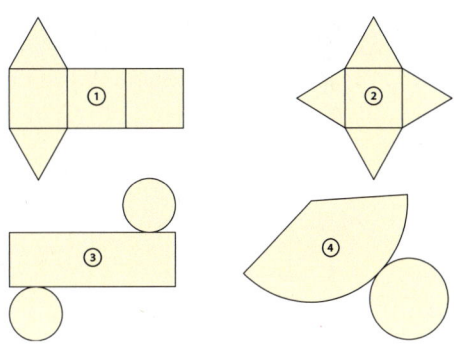

Nachgedacht
Körper sind auch symmetrisch. Welche Körper kann man mit einem Schnitt in zwei gleich große Hälften teilen? Beschreibt jeweils, wie man schneiden kann.

3 Übertrage und ergänze die Tabelle im Heft.

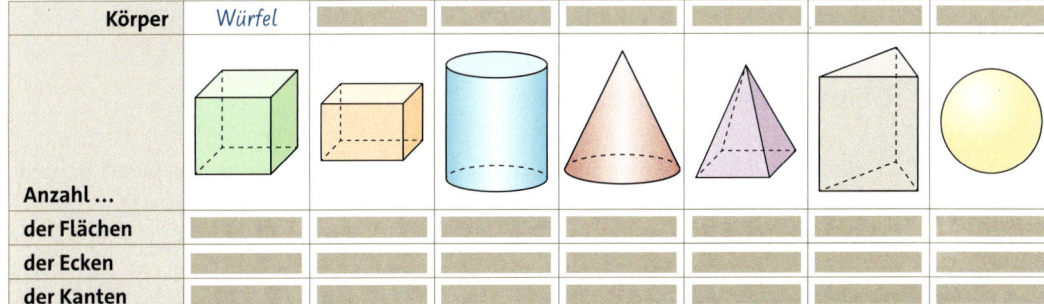

Körper	Würfel						
Anzahl ...							
der Flächen							
der Ecken							
der Kanten							

4 Welcher Körper wird hier gesucht?
Tipp Es können mehrere Körper richtig sein.

a) 8 Kanten, 5 Flächen, 5 Ecken
b) 6 Ecken, 5 Flächen, 9 Kanten
c) 8 Ecken, 12 Kanten, 6 Flächen
d) keine Ecken, 2 Kanten, 3 Flächen

4 Für welche Körper ist die Aussage richtig?
a) Der Körper hat 6 Flächen.
b) Der Körper hat 5 Ecken.
c) Der Körper hat 12 Kanten.
d) Gegenüberliegende Kanten sind parallel zueinander.
e) Zwei sich gegenüberliegende Flächen sind gleich groß.

KÖRPER

Klar soweit?

→ Seite 84

Quader und Würfel

1 Welche Körper sind Quader, welche Würfel? Begründe.

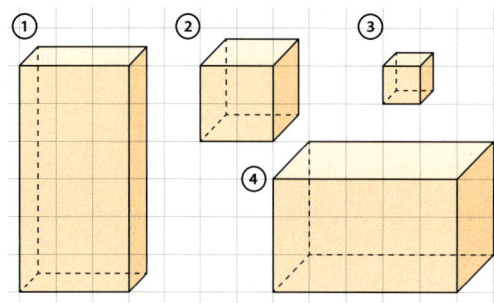

1 Welche Körper sind Quader, welche Würfel? Begründe.

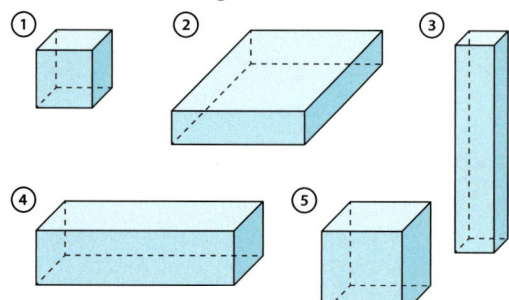

→ Seite 88

Netze

2 Welche Netze sind Würfelnetze, welche sind Quadernetze? Begründe.

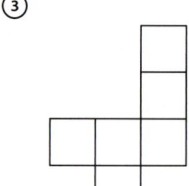
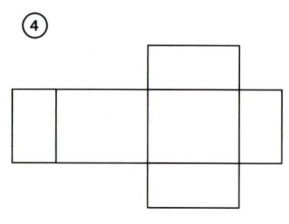

3 Zeichne das Netz ins Heft.
a) Würfel: a = 2 cm
b) Quader: a = 3 cm; b = 2 cm; c = 1 cm

3 Zeichne das Netz ins Heft.
a) Würfel: a = 1,5 cm
b) Quader: a = 5 cm; b = 3 cm; c = 2 cm

→ Seite 91

Oberflächeninhalte berechnen

4 Berechne den Oberflächeninhalt.
a) Würfel: a = 3 cm
b) Quader: a = 10 cm; b = 3 cm; c = 2 cm

4 Berechne den Oberflächeninhalt.
a) Würfel: a = 50 mm
b) Quader: a = 6 cm; b = 4 cm; c = 5 cm

5 Berechne den Oberflächeninhalt der Verpackungen.
a) 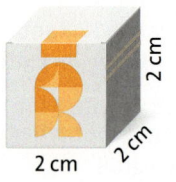 b)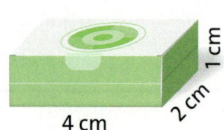

5 Berechne den Oberflächeninhalt der Verpackungen.
a)  b)

KÖRPER KLAR SOWEIT?

→ Seite 94

Rauminhalte (Volumen) vergleichen

6 Ordne die Körper der Größe nach.

① ② ③

6 Ordne die Körper der Größe nach.

① ② ③

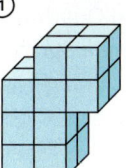  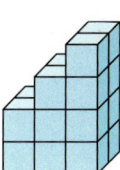

→ Seite 96

Volumeneinheiten

7 Rechne um.
a) in die nächstkleinere Einheit:
  ① $4\,dm^3 = \blacksquare\,cm^3$
  ② $12\,m^3 = \blacksquare\,dm^3$
b) in die nächstgrößere Einheit:
  ① $5000\,cm^3 = \blacksquare\,dm^3$
  ② $240\,000\,mm^3 = \blacksquare\,cm^3$

8 Rechne schrittweise um.
a) $5\,dm^3 = \blacksquare\,cm^3 = \blacksquare\,mm^3$
b) $10\,m^3 = \blacksquare\,dm^3 = \blacksquare\,cm^3$
c) $8\,000\,000\,mm^3 = \blacksquare\,cm^3 = \blacksquare\,dm^3$

7 Rechne in die angegebene Einheit um. Musst du multiplizieren oder dividieren?
a) $60\,cm^3 = \blacksquare\,mm^3$
b) $80\,000\,mm^3 = \blacksquare\,cm^3$
c) $44\,000\,dm^3 = \blacksquare\,m^3$
d) $2300\,dm^3 = \blacksquare\,cm^3$
e) $77\,000\,m^3 = \blacksquare\,dm^3$

8 Rechne schrittweise um.
a) $71\,000\,000\,cm^3 = \blacksquare\,dm^3 = \blacksquare\,m^3$
b) $18\,dm^3 = \blacksquare\,cm^3 = \blacksquare\,mm^3$
c) $80\,000\,000\,mm^3 = \blacksquare\,cm^3 = \blacksquare\,dm^3$

→ Seite 98

Volumen von Quader und Würfel

9 Berechne das Volumen.
a) 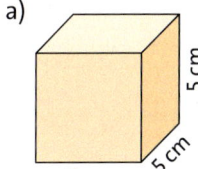 b)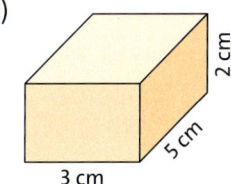

9 Berechne das Volumen.
a) 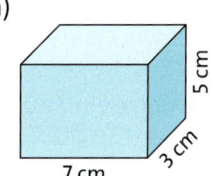 b)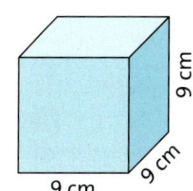

10 Berechne das Volumen.
a) Würfel: $a = 20\,cm$
b) Quader: $a = 5\,cm$; $b = 2\,cm$; $c = 1\,cm$
c) Quader: $a = 6\,cm$; $b = 5\,cm$; $c = 6\,cm$

10 Berechne das Volumen.
a) Würfel: $9\,cm$
b) Quader: $a = 5\,cm$; $b = 8\,cm$; $c = 7\,cm$
c) Quader: $a = 7\,cm$; $b = 6\,cm$; $c = 4\,cm$

11 Wie viel m^3 Wasser passen in das Schwimmbecken?

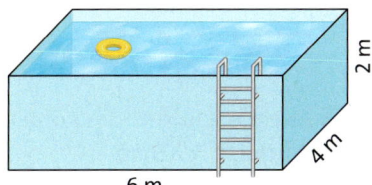

11 Wie viel m^3 Wasser passen in das Schwimmbecken?

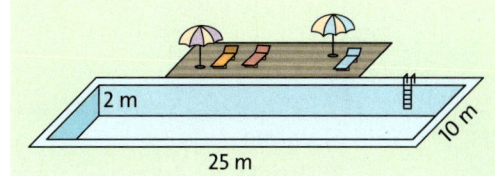

→ Lösungen ab S. 224

KÖRPER

Vermischte Übungen

Anwenden

1 Welche Aussagen passen zum Würfel, welche zum Quader?
a) Alle Flächen sind Quadrate.
b) Gegenüberliegende Flächen sind gleich groß.
c) Parallele Kanten sind gleich lang.
d) Alle Winkel sind rechte Winkel.
e) 👥 Findet weitere Aussagen zum Quader und Würfel.

2 Zeichne das Schrägbild der Körper.
a) Würfel: a = 6 cm
b) Quader: a = 7 cm; b = 8 cm; c = 4 cm

2 Zeichne das Schrägbild der Körper.
a) Würfel: a = 7 cm
b) Quader: a = 5,5 cm; b = 9 cm; c = 3 cm

3 Welches Volumen gehört zu den Gegenständen? Ordne zu.

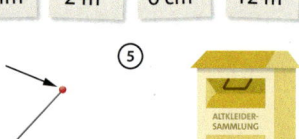

①    ②    ③    ④   ⑤

4 Würfelbauten
① ②

4 Würfelbauten
① ②

a) Welcher Körper ist größer? Begründe.
b) Wie viele Würfel braucht man, um die Körper zu einem Quader zu ergänzen?

a) Welcher Körper ist größer? Begründe.
b) Wie viele Würfel braucht man, um die Körper zu einem Quader zu ergänzen?

5 Vergleiche. Setze ein: < oder >.
a) 4 cm³ ■ 4 dm³
b) 12 dm³ ■ 12 m³
c) 8 mm³ ■ 3 cm³
d) 33 m³ ■ 303 dm³

5 Vergleiche. Setze ein: <, > oder =.
a) 800 dm³ ■ 80 cm³
b) 24 000 mm³ ■ 240 cm³
c) 67 000 dm³ ■ 67 m³
d) 91 000 cm³ ■ 19 dm³

6 Ergänze im Heft zu einem Würfelnetz.

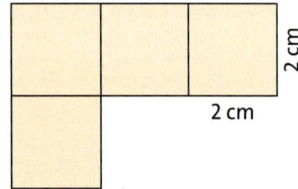

6 Ergänze im Heft zu einem Quadernetz.

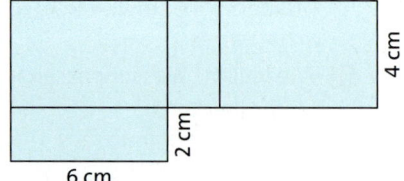

7 Zeichne das Netz des Körpers.
a) Würfel: a = 3 cm
b) Quader: a = 4 cm; b = 2 cm; c = 1 cm

7 Zeichne das Netz des Körpers.
a) Würfel: a = 2,5 cm
b) Quader: a = 1,5 cm; b = 3 cm; c = 4 cm

KÖRPER   VERMISCHTE ÜBUNGEN

Hinweis
Längen: cm
Flächen: cm²
Volumen: cm³

8 Berechne Volumen und Oberflächeninhalt.
a) b)

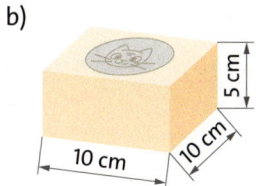

8 Berechne Volumen und Oberflächeninhalt.
a) b)

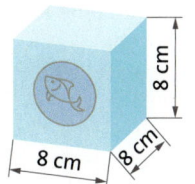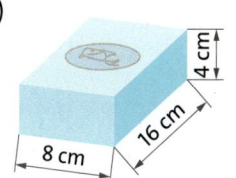

9 Berechne Volumen und Oberflächeninhalt.
a) Würfel: a = 10 mm
b) Quader: a = 8 cm; b = 10 cm; c = 4 cm

9 Berechne Volumen und Oberflächeninhalt.
a) Würfel: a = 60 cm
b) Quader: a = 8 m; b = 8 m; c = 2 m

10 Entscheidet: Oberflächeninhalt oder Volumen? Begründet eure Entscheidung.
a) Wasser im Aquarium   b) Glasscheiben vom Aquarium   c) Geschenkpapier
d) Benzinmenge im Tank   e) Tapete in einem Zimmer   f) Sandhaufen

11 Eine Kiste ist 20 cm lang, 30 cm breit und 50 cm hoch.
Wie viel cm³ passen in die Kiste?

11 Ein Kofferraum hat die Maße 100 cm × 80 cm × 70 cm.
Wie viel cm³ passen in den Kofferraum?

12 Bernd streicht einen Schrank von außen.
Er ist 50 cm lang, 30 cm breit und 80 cm hoch.
Berechne, wie viel cm² Bernd streichen muss.

12 Anne streicht eine Kiste von außen und von innen. Die Kiste hat die Maße 40 cm × 30 cm × 10 cm.
Berechne, wie viel cm² Anne streichen muss.

13 Aus den Flächen kann man Quader bauen.

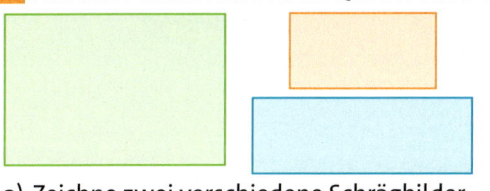

a) Zeichne zwei verschiedene Schrägbilder von Quadern.
b) Berechne jeweils den Oberflächeninhalt und das Volumen.
Was fällt dir auf?

13 Aus den Flächen kann man Quader und Würfel bauen.
a) Zeichne drei verschiedene Schrägbilder von Quadern und Würfeln.
b) Berechne jeweils den Oberflächeninhalt und das Volumen.

14 Welche Ansichten des Körpers sind abgebildet? Zeichne die fehlende Ansicht.

| von rechts | von links | von vorne | von hinten | von oben |

① ② ③ ④

Nachgedacht
Welche Kantenlänge hat ein Würfel mit O = 150 cm²?

15 Ein Würfel hat ein Volumen von 8 cm³.
Tipp ▨ cm · ▨ cm · ▨ cm = 8 cm³
a) Zeichne das Schrägbild ins Heft.
b) Berechne den Oberflächeninhalt.

15 Ein Würfel hat ein Volumen von 27 cm³.
Tipp ▨ cm · ▨ cm · ▨ cm = 27 cm³
a) Zeichne das Schrägbild ins Heft.
b) Berechne den Oberflächeninhalt.

KÖRPER VERMISCHTE ÜBUNGEN

16 Beschreibe die Figuren.
Die Würfel haben eine Kantenlänge von 1 cm.

① ② ③

a) Wie viele neue Würfel kommen in jedem Schritt hinzu?
b) Aus wie vielen Würfeln besteht Figur ④?
c) Figur ④ soll in eine Schachtel passen. Welche Maße muss die Schachtel haben?

16 Beschreibe die Figuren.
Die Würfel haben eine Kantenlänge von 1 cm.

① ② ③

a) Aus wie vielen Würfeln besteht Figur ④ und Figur ⑤?
b) Figur ⑤ soll in eine quaderförmige Schachtel passen. Welche Maße muss die Schachtel haben?

17 Berechne das Volumen.

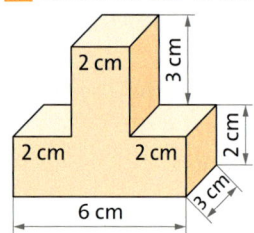

17 Berechne das Volumen.

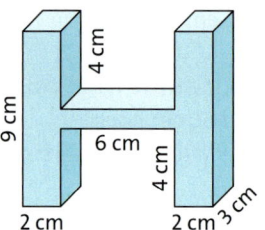

18 Zeichne als Schrägbild.

18 Zeichne die Buchstaben A, E, I und U als Schrägbilder ins Heft. Welche Buchstaben sind einfach zu zeichnen? Welche schwierig? Begründe.

Zum Weiterarbeiten
Zeichne die Schrägbilder aus Aufgabe 17 mit einer DGS.

Methode Dynamische Geometrie-Software

Mit einer dynamischen Geometrie-Software kann man Punkte, Strecken und Vielecke zeichnen. Damit kann man Schrägbilder von Körpern erstellen.

19 Zeichnet das Schrägbild eines Quaders.

① ② ③ ④

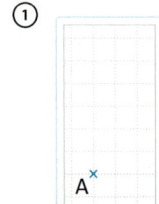 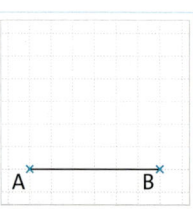 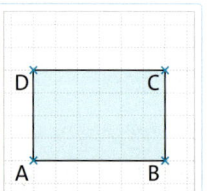 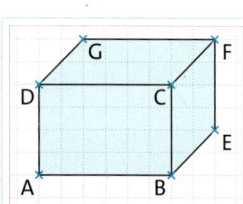

a) Welche Kantenlängen hat euer Quader?
b) Beschreibt euer Vorgehen: Welche Werkzeuge habt ihr zum Zeichnen und zum Messen genutzt?

20 Zeichnet das Schrägbild eines Würfels mit a = 2 cm. Beschreibt euer Vorgehen.

KÖRPER VERMISCHTE ÜBUNGEN

Vertiefen

21 Miss die Kantenlängen. Berechne Oberflächeninhalt und Volumen.

Tipp Die nach hinten verlaufenden Kanten sind im Schrägbild mit halber Kantenlänge gezeichnet.

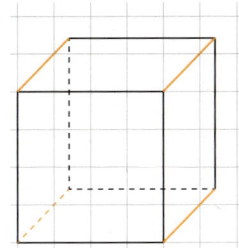

21 Miss die Kantenlängen. Berechne den Oberflächeninhalt und das Volumen.

a) 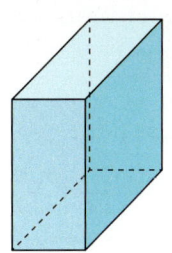   b)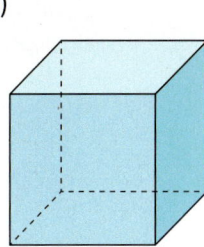

Hinweis
$1\,\ell = 1\,dm^3$
$1\,m\ell = 1\,cm^3$

22 Welches Aquarium ist am größten? Welches am kleinsten? Vergleiche.

① 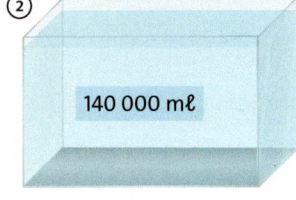 125 ℓ

② 140 000 mℓ

③ 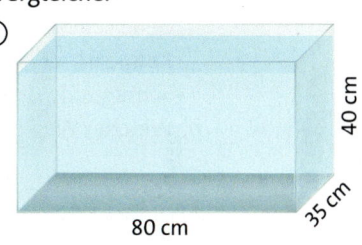 40 cm, 80 cm, 35 cm

Hinweis
Maßstab 1 : 10 bedeutet 1 cm in der Zeichnung entspricht 10 cm in Wirklichkeit.

23 Zeichne das Netz der Schachtel.
Tipp Die Schachtel hat keinen Deckel.

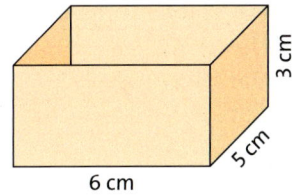
6 cm, 5 cm, 3 cm

23 Zeichne das Netz der Kiste im Maßstab 1 : 10. Beschreibe dein Vorgehen.

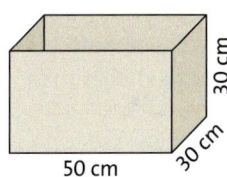
50 cm, 30 cm, 30 cm

24 Wie viel wiegt der Eckstein aus Beton?
Tipp Berechne das Volumen des Ecksteins.

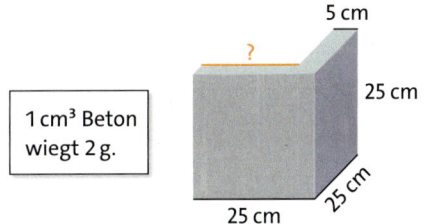
5 cm, 25 cm, 25 cm, 25 cm
1 cm³ Beton wiegt 2 g.

24 Wie viel wiegt die Erde, die aus der Baugrube ausgebaggert wurde?

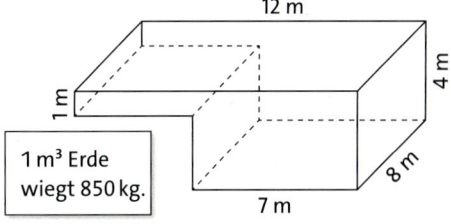
12 m, 4 m, 1 m, 8 m, 7 m
1 m³ Erde wiegt 850 kg.

Methode Oberflächeninhalt von zusammengesetzten Körpern
Ein zusammengesetzter Körper hat verschiedene Flächen. Einige Flächen kommen mehrfach vor. Berechne erst alle Flächeninhalte einzeln. Addiere sie dann.

25 Zeigt die Flächen am Körper. Welche Flächen kommen mehrfach vor?
Tipp oben, unten, rechts, links, vorne, hinten

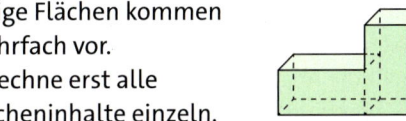
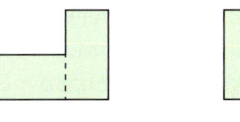

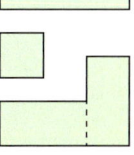

26 Berechne den Oberflächeninhalt.
Tipp Der Körper hat 8 Flächen.

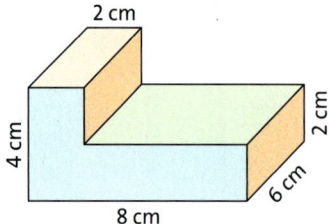

26 Berechne den Oberflächeninhalt.
Tipp Der Körper hat 10 Flächen.

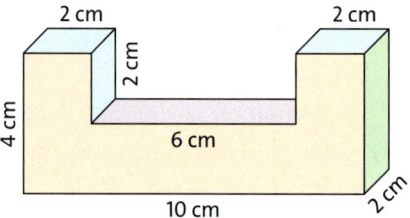

27 Eine Raupe kriecht über den Quader.
a) Beschreibe den Weg der Raupe im Schrägbild.
b) Welcher Weg passt zum Schrägbild?

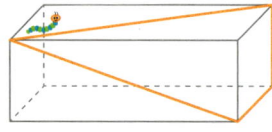
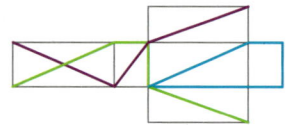

27 Eine Raupe kriecht über den Quader.
a) Beschreibe den Weg der Raupe.
b) Zeichne ein Netz zum Quader. Zeichne den Weg der Raupe ein.

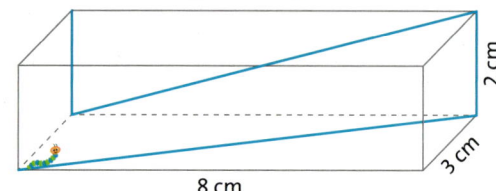

28 Leon sagt: „Die beiden Körper haben das gleiche Volumen und den gleichen Oberflächeninhalt."
Stimmt das? Begründe.

28 Sina sagt: „Die beiden Körper haben das gleiche Volumen und den gleichen Oberflächeninhalt."
Stimmt das? Begründe.

① 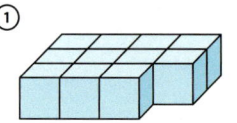 ②

Zum Weiterarbeiten
Erstellt eine quaderförmige Verpackung für eure Federmappe.

29 👥 Entwerft eine quaderförmige Verpackung für das Seifenstück.

5 cm × 10 cm × 3 cm

a) Zeichnet das Netz eurer Verpackung ins Heft.
b) Berechnet den Materialverbrauch.

29 👥 Entwerft eine quaderförmige Verpackung für die Batterie.

14 mm
50 mm

a) Zeichnet das Netz. Denkt auch an Klebelaschen.
b) Berechnet den Materialverbrauch.

30 👥 Ein Goldschmied bestimmt das Volumen des Goldklumpens.
a) Beschreibt, wie der Goldschmied das Volumen bestimmt. Berechnet das Volumen.
b) 💭 Welchen Wert hat der Goldklumpen? Welche Angaben braucht ihr dafür? Sucht die Angaben im Internet.
c) Bestimmt das Volumen von anderen Gegenständen mit einem Messbecher oder einem quaderförmigen Gefäß.

① 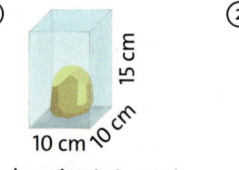 ②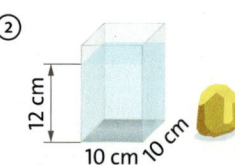

KÖRPER   VERMISCHTE ÜBUNGEN

Weiterdenken   **Rund um den Container**

Container werden zum Transport genutzt. Mit riesigen Containerschiffen werden sie in den Hafen gebracht. Von dort geht es mit dem Zug oder Lkw weiter zum Bestimmungsort. Damit sie gut gestapelt werden können und auf die Züge und Lkws passen, haben die Container eine einheitliche Größe.

2,59 m
6,06 m   2,44 m

31 Zeichne ein Schrägbild des Containers im Maßstab 1 : 100. Runde die Maße sinnvoll.
Tipp Der Maßstab 1 : 100 bedeutet: 1 cm in der Zeichnung entspricht 100 cm in Wirklichkeit.

32 Wie viel m³ passen in einen Container?
Runde die Maße sinnvoll und prüfe dein Ergebnis mit einem Überschlag.
Tipp Rechne zuerst in eine kleinere Einheit um.

33 Ein Container soll von außen und innen neu gestrichen werden.
a) Berechne, wie viel m² gestrichen werden müssen.
b) Wie viel kostet der Anstrich?

 12 €
reicht für 5 m²

34 Ein Container wird in 5 Minuten auf einen Lkw geladen.
a) Wie lange dauert es, alle Container auf Lkws zu laden?
b) Die Container waren zu einem Quader gestapelt.
Wie viele Container sind mindestens verladen worden?

35 Die Schüler der 6. Klassen haben Kleiderspenden gesammelt und die Kleidung in Kartons verpackt.
Die Kartons werden in einem Container nach Afrika gebracht.
Wie viele Kartons passen in einen Container?
Beschreibt, wie ihr die Kartons anordnen würdet.

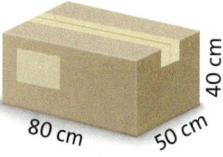

80 cm   50 cm   40 cm

36 Wie viele Container sind in etwa auf dem abgebildeten Schiff?
Beschreibe dein Vorgehen.

37 Ein Schiff transportiert 20 500 Container.
a) Wie viel m³ Ladung sind auf dem Schiff?
b) Wie lang wäre die Schlange, wenn man alle Container hintereinander aufreihen würde? Welche Orte könnte man von eurer Schule aus damit erreichen?

Zusammenfassung

→ Seite 84

Quader und Würfel

Ein **Quader** hat sechs rechteckige Flächen. Gegenüberliegende Flächen sind gleich groß.

Ein **Würfel** ist ein besonderer Quader mit sechs gleich großen, quadratischen Flächen.

→ Seite 88

Netze

Faltet man einen Körper an den Kanten auseinander, so erhält man das **Netz** des Körpers.

Das **Netz eines Quaders** besteht aus 6 Rechtecken.

Das **Netz eines Würfels** besteht aus 6 gleich großen Quadraten.

→ Seite 91

Oberflächeninhalte berechnen

Quader
O = 2 · a · b + 2 · a · c + 2 · b · c

Quader: a = 5 cm; b = 2 cm; c = 3 cm
O = 2 · 5 cm · 2 cm + 2 · 5 cm · 3 cm + 2 · 2 cm · 3 cm = 62 cm²

Hinweis
kurz: O = 6 · a²

Würfel
O = 6 · a · a

Würfel: a = 3 cm
O = 6 · 3 cm · 3 cm = 54 cm²

→ Seite 94

Rauminhalte (Volumen) vergleichen

Bestehen zwei Körper aus gleich vielen, gleich großen Würfeln, haben sie den gleichen **Rauminhalt (Volumen)**.

→ Seite 96

Volumeneinheiten

Das **Volumen** ist eine Größe: Sie gibt an, wie groß der Rauminhalt eines Körpers ist.

Die Einheiten werden kleiner: multiplizieren →

1 m³ = 1000 dm³
1 dm³ = 1000 cm³
1 cm³ = 1000 mm³

← Die Einheiten werden größer: dividieren

→ Seite 98

Volumen von Quader und Würfel

Quader   Volumen = Länge · Breite · Höhe
V = a · b · c

Quader: a = 5 cm; b = 2 cm; c = 3 cm
V = 5 cm · 2 cm · 3 cm = 30 cm³

Hinweis
kurz: V = a³

Würfel   Volumen = Länge · Länge · Länge
V = a · a · a

Würfel: a = 3 cm
V = 3 cm · 3 cm · 3 cm = 27 cm³

KÖRPER

Teste dich!

1 Welche Körper sind abgebildet? Benenne zwei Unterschiede und zwei Gemeinsamkeiten.

 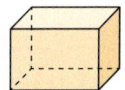

2 Zeichne das Schrägbild und das Netz.
a) Würfel: a = 4 cm
b) Quader: a = 5 cm, b = 2 cm, c = 1 cm

2 Zeichne das Schrägbild und das Netz.
a) Würfel: a = 3 cm
b) Quader: a = 4 cm; b = 2 cm; c = 1 cm

3 Rechne in die angegebene Einheit um.
a) 5 cm³ = ■ mm³
b) 62 dm³ = ■ cm³
c) 5000 mm³ = ■ cm³
d) 28 000 dm³ = ■ m³

3 Rechne in die angegebene Einheit um.
a) 70 cm³ = ■ mm³
b) 26 000 mm³ = ■ cm³
c) 80 000 dm³ = ■ m³
d) 45 000 dm³ = ■ cm³

4 Welche Figur ist größer? Begründe.
a)   b)

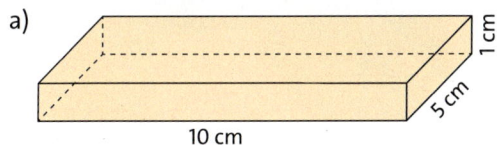

4 Welche Figur ist größer? Begründe.
①   ②

5 Berechne das Volumen und den Oberflächeninhalt.
a)

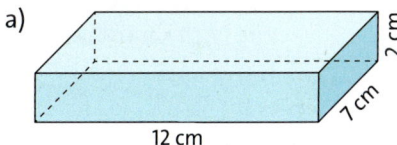

Quader a): 10 cm × 5 cm × 1 cm

b) Würfel mit a = 5 cm

5 Berechne das Volumen und den Oberflächeninhalt.
a)

Quader a): 12 cm × 7 cm × 2 cm

b) Würfel mit a = 9 cm

6 Eine Kiste ist 30 cm lang, 50 cm breit und 20 cm hoch.
Wie viel cm³ passen in die Kiste?

6 Eine Schachtel ist 15 cm lang, 15 cm breit und 10 cm hoch. Wie viel Papier benötigt man, um die Schachtel zu bekleben?

7 Der Eingang bekommt eine neue Treppe. Wie viel dm³ Beton benötigt man zum Bau?

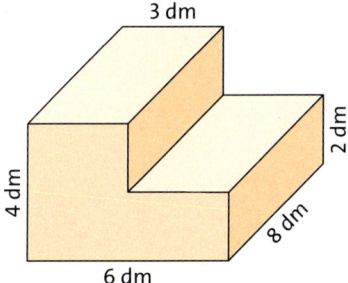

7 Der Eingang bekommt eine neue Treppe. Wie viel dm³ Beton benötigt man zum Bau?

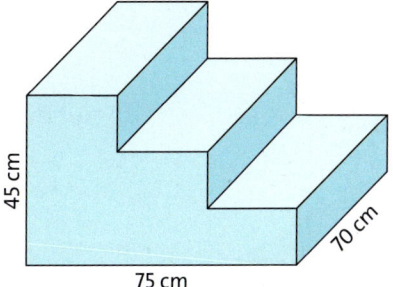

→ Lösungen ab S. 225   → Lösungen ab S. 226

Dezimalzahlen

In diesem Kapitel lernst du, …

→ was Dezimalzahlen sind.
→ Dezimalzahlen zu vergleichen und Dezimalzahlen am Zahlenstrahl darzustellen.
→ Dezimalzahlen zu runden.
→ Brüche in Dezimalzahlen umzurechnen.
→ was Prozentangaben mit Brüchen und Dezimalzahlen zu tun haben.

Nino trainiert schon seit eineinhalb Jahren Parkour. Das ist ein Sport, bei dem man auf dem schnellsten Weg zum Ziel kommen muss.
Dabei gibt es verschiedene Hindernisse.
Nino kann schon über 0,8 m hohe Zäune springen und auf 1,65 m hohe Mauern klettern. Seine Bestzeit für die Trainingsstrecke ist 85,5 s.
Wie hoch kannst du springen?

DEZIMALZAHLEN

Noch fit?

1 Übertrage und ergänze die Stellenwerttafel.

HT	ZT	T	H	Z	E

a) 143 765
b) 530 280
c) 75 014

1 Übertrage und ergänze die Stellenwerttafel.

M	HT	ZT	T	H	Z	E
6	8	9	2	0	7	3
	9	5			2	5

a) 4 561 307
b)
c) ▉16▉▉

2 Runde die Zahlen jeweils auf Zehner, Hunderter und Tausender.
a) 3549 b) 35 749
c) 1234 d) 823

2 Runde die Zahlen jeweils auf Zehner, Hunderter und Tausender.
a) 8358 b) 7425
c) 401   d) 99 999

3 Kleiner als < oder größer als > ?
a) 16 ▉ 26   b) 491 ▉ 419
c) 6496 ▉ 6495 d) 208 ▉ 2080

3 Vergleiche: < oder > oder = ?
a) 3456 ▉ 3456 b) 2589 ▉ 2598
c) 2050 ▉ 20 050 d) 9020 ▉ 9002

4 Auf welche Zahlen zeigen die Pfeile?

a)
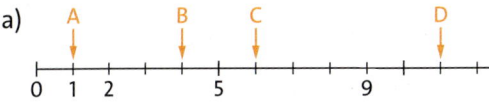

b)
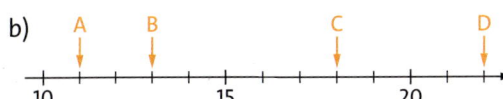

4 Auf welche Zahlen zeigen die Pfeile?

a)
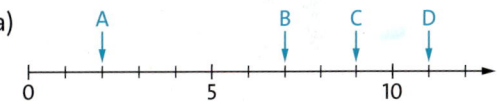

b)
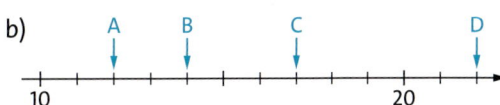

Hinweis
Die Zahlen 10; 100; 1000; … heißen Stufenzahlen.

5 Übertrage und ergänze im Heft.
a) Mit welcher Zahl musst du erweitern?
① $\frac{1}{2} = \frac{\blacksquare}{100}$ ② $\frac{3}{4} = \frac{\blacksquare}{100}$

b) Mit welcher Zahl musst du kürzen?
① $\frac{15}{50} = \frac{\blacksquare}{10}$ ② $\frac{18}{30} = \frac{\blacksquare}{10}$

5 Erweitere oder kürze auf den Nenner 10; 100 oder 1000.
Beschreibe dein Vorgehen.
a) $\frac{45}{50} = \frac{\blacksquare}{10}$ b) $\frac{13}{20} = \frac{\blacksquare}{100}$
c) $\frac{28}{700} = \frac{\blacksquare}{100}$ d) $\frac{8}{125} = \frac{\blacksquare}{1000}$

6 Dividiere schriftlich.
a) 48 : 2   b) 36 : 3
c) 64 : 4   d) 75 : 5

6 Dividiere schriftlich.
a) 96 : 3   b) 196 : 4
c) 486 : 9 d) 965 : 5

→ *Lösungen ab S. 227*

Trainingsplan

Nr.	Ich kann …	Ich muss noch trainieren:
1	Zahlen in eine Stellenwerttafel eintragen.	→ S. 260, Nr. 47
2	Zahlen runden.	→ S. 260, Nr. 48, 49
3	Zahlen vergleichen.	→ S. 261, Nr. 50, 51
4	Zahlen auf dem Zahlenstrahl ablesen.	→ S. 261, Nr. 52, 53
5	Brüche auf den Nenner 10; 100; 1000; … erweitern und kürzen.	→ S. 253/254, Nr. 28, 31
6	Zahlen schriftlich dividieren.	→ S. 262, Nr. 54

DEZIMALZAHLEN

Dezimalzahlen

ENTDECKEN

1 Zahlen mit Komma

a) Beschreibt die Bilder. Was bedeuten die Zahlen mit dem Komma?
b) Wo kommen noch Zahlen mit Komma im Alltag vor?

VERSTEHEN

Überall im Alltag kommen Zahlen mit einem Komma vor.
Die Ziffern hinter dem Komma werden einzeln gesprochen.
Zahlen mit Komma heißen **Dezimalzahlen**.

zwei Komma sechs eins sieben Kilogramm

Vokabeln
→ *die Dezimalzahl*
→ *die Nachkommastelle*
→ *die Stellenwerttafel*

Merke Bei **Dezimalzahlen** stehen vor dem Komma die **Ganzen**.
Die Stellen hinter dem Komma heißen **Nachkommastellen**:
an der ersten Stelle: **Zehntel**,
an der zweiten Stelle: **Hundertstel**,
an der dritten Stelle: **Tausendstel**, …

Beispiel 1

2,617

2 Ganze   drei Nachkommastellen:
6 Zehntel
1 Hundertstel
7 Tausendstel

Dezimalzahlen kann man in einer **Stellenwerttafel** darstellen. Dazu erweitert man die Stellenwerttafel hinter dem Komma: **Zehntel (z)**, **Hundertstel (h)**, **Tausendstel (t)**, …

Beispiel 2

	Ganze		Nachkommastellen		
	Z	E	z	h	t
a) 0,9		0 ,	9		
b) 0,45		0 ,	4	5	
c) 13,015	1	3 ,	0	1	5

$\frac{9}{10}$

$\frac{4}{10} + \frac{5}{100} = \frac{45}{100}$

$13 + \frac{1}{100} + \frac{5}{1000} = 13\frac{15}{1000}$

Die Dezimalzahl ist eine andere Schreibweise für Brüche mit einer Stufenzahl (10; 100; 1000; …) im Nenner.

Beispiel 3

a) $0{,}275 = \frac{275}{1000}$ ← 3 Nachkommastellen, also **1000** mit 3 Nullen

b) $712{,}4 = 712\frac{4}{10}$

c) $\frac{31}{100} = 0{,}31$

DEZIMALZAHLEN   DEZIMALZAHLEN

ANWENDEN

1 👥 Beschreibt die Bilder. Was bedeuten die Dezimalzahlen?

2 Schreibe als Dezimalzahl.
a) fünf Komma vier
b) drei Komma eins zwei
c) null Komma fünf drei neun
d) zwanzig Komma null eins

2 Schreibe als Dezimalzahl.
a) sechs Komma null sieben
b) siebzehn Komma acht sechs
c) einhundert Komma null null sieben
d) elf Komma null fünf drei

3 👥 Diktiert euch die Dezimalzahlen.
Einer liest die Zahlen vor, der andere schreibt sie auf.
a) 3,72   b) 8,458   c) 19,905   d) 75,001   e) 182,719   f) 0,00503

4 Welche Zahl ist hier dargestellt?
Tipp zu c) 0 Punkte bei z

	E		z	h
a)	•	,	••••	•••
b)	•••	,	••••• ••	••••
c)	•	,		••

4 Welche Zahl ist hier dargestellt?
Erkläre.

	Z	E		z	h
a)		•	,		••••
b)	••	••	,		•
c)	••••	••••	,	•••	••••• ••

Hinweis
Nullen am Ende kann man weglassen:
3,50 = 3,5
In der Mitte geht das nicht:
4,05 = 4,05

5 Schreibe als Dezimalzahl und als Bruch.
Tipp $4{,}25 = 4\frac{25}{100}$

	E		z	h
a)	1	,	6	2
b)	9	,	0	5
c)	0	,	4	0

5 Schreibe als Dezimalzahl und als Bruch.
Tipp $12{,}35 = 12\frac{35}{100}$

	Z	E		z	h
a)	5	0	,	7	1
b)		3	,	5	0
c)	2	8	,	0	0

6 Übertrage die Stellenwerttafel ins Heft.
Trage die Dezimalzahlen ein.

Z	E		z	h	t
		,			

a) 16,459   b) 6,827   c) 0,118
d) 31,45   e) 8,6   f) 0,77

6 Übertrage die Stellenwerttafel ins Heft.
Trage die Dezimalzahlen ein.

T	H	Z	E		z	h	t
				,			

a) 375,419   b) 2900,01   c) 15,507
d) 0,5   e) 3280,9   f) 100,001

7 Übertrage die Tabelle ins Heft und ergänze sie.

	Z	E		z	h	t	Dezimalzahl	Sprechweise	Bruch
a)			,				0,35		
b)	6	4	,	2	0	1			
c)			,					elf Komma null drei	
d)			,						$13\frac{39}{100}$

8 Schreibe als Bruch.
a) 0,6 b) 0,7 c) 0,25
d) 0,85 e) 0,123 f) 1,06

8 Schreibe als Bruch.
a) 0,1 b) 3,4 c) 1,12
d) 12,95 e) 5,25 f) 80,012

9 Welche Zahlen gehören zusammen? Begründe.

0,008 $\frac{5}{100}$ 0,500   0,08 $\frac{5}{1000}$ $\frac{8}{10}$ 0,800 $\frac{5}{10}$

$\frac{8}{100}$ 0,005   0,05   0,5 $\frac{8}{1000}$ 0,080   0,8

Info Achte auf die Nullen.
Manchmal musst du zusätzliche Nullen ergänzen.

$\frac{5}{100} = 0{,}05$ — 100 mit 2 Nullen, also 2 Nachkommastellen

$\frac{4}{1000} = 2{,}004$ — 1000 mit 3 Nullen, also 3 Nachkommastellen

10 Schreibe als Dezimalzahl.
Tipp Achte auf die Nullen.
a) $\frac{4}{100}$ b) $\frac{16}{1000}$
c) $\frac{2}{1000}$ d) $7\frac{8}{100}$
e) $13\frac{12}{1000}$ f) $27\frac{5}{1000}$

11 Schreibe als Dezimalzahl.
a) 5 Zehntel
b) 3 Einer, 7 Zehntel
c) 4 Zehner, 3 Einer, 4 Zehntel
d) 0 Einer, 8 Zehntel, 2 Hundertstel

11 Schreibe als Dezimalzahl.
a) 5 Hundertstel
b) 7 Einer, 1 Hundertstel
c) 8 Einer, 4 Tausendstel
d) 0 Einer, 2 Zehntel 5, Hundertstel

12 Schreibe als Dezimalzahl.
a) $\frac{54}{100}$ b) $7 + \frac{6}{10}$
c) $14 + \frac{17}{100}$ d) $3 + \frac{209}{1000}$
e) $\frac{6}{10} + \frac{3}{100}$ f) $1 + \frac{7}{10} + \frac{8}{100}$

12 Schreibe als Dezimalzahl.
a) $\frac{1}{10} + \frac{5}{100} + \frac{6}{1000}$
b) $9 + \frac{8}{10} + \frac{3}{100}$
c) $3 + \frac{6}{10} + \frac{9}{1000}$

13 Bei Größen haben die Nachkommastellen eine besondere Bedeutung. Erklärt die Bedeutung.

dm   cm   mℓ   km   g   mm   kg

a)  4,76 m

b)  4,832 t

c) 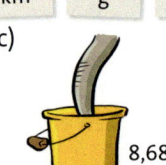 8,685 ℓ

d) 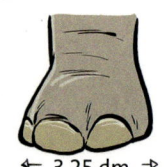 ← 3,25 dm →

14 Schreibe ohne Dezimalzahlen.
Tipp Rechne in die nächstkleinere Einheit um.

Die Giraffe Berta ist 6,71 m groß.
Sie wiegt 801,700 kg.
Die Giraffe frisst jeden Tag 32,500 kg Blätter
und trinkt nur 5,1 ℓ Wasser.

14 Schreibe ohne Dezimalzahlen.
Tipp Rechne in die nächstkleinere Einheit um.

Schoko-Muffins
0,5 kg Mehl
0,2 kg Zucker
0,075 kg Kakao
0,15 ℓ Milch
45 min bei 180 °C in den Backofen

Dezimalzahlen vergleichen und ordnen

ENTDECKEN

1 Die Klasse 6 d macht Stand-Weitsprung.
Das sind die Ergebnisse:

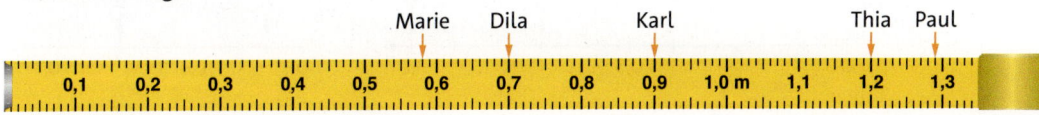

a) Wer ist am weitesten gesprungen?
b) Wer wurde Zweiter, Dritter und Vierter?
c) Wer ist unter einen Meter gesprungen? Wer ist über einen Meter gesprungen?
d) Zeige am Maßband: ① Finn ist 1,1 m weit gesprungen.
　　　　　　　　　　　② Laura ist 1,15 m weit gesprungen.
e) Mark ist übergetreten. Jetzt ist das Ergebnis ungültig. Er wäre sonst Zweiter geworden.
　　Wie weit kann er gesprungen sein?

VERSTEHEN

Die Klasse 6 b macht einen 50-m-Sprint und stoppt die Zeiten.

Klarissa	Leticia	Melanie
8,5 s	8,3 s	8,9 s

Wer ist am schnellsten?
Ist Leticia schneller als Klarissa? Ist Leticia langsamer als Melanie?

Vokabeln
→ *der Zahlenstrahl*
→ *kleiner als*
→ *größer als*

Merke Dezimalzahlen kann man auf dem **Zahlenstrahl** darstellen:
von links **kleiner** und nach rechts **größer**.

Beispiel 1

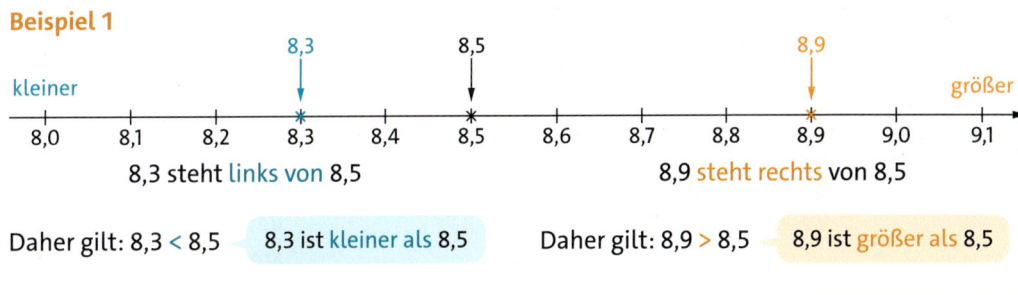

8,3 steht links von 8,5　　　　　　　　　　8,9 steht rechts von 8,5

Daher gilt: 8,3 < 8,5　　8,3 ist kleiner als 8,5　　Daher gilt: 8,9 > 8,5　　8,9 ist größer als 8,5

Man kann Dezimalzahlen auch ohne einen Zahlenstrahl vergleichen.

Hinweis
Das Krokodil frisst immer die größere Zahl.

Merke Dezimalzahlen vergleicht man **stellenweise**:
von links nach rechts: erst die Ganzen und dann die Nachkommastellen
(Zehntel, Hundertstel, Tausendstel, …).
Entscheidend für den Vergleich ist die erste Stelle, an der verschiedene Ziffern stehen.

Beispiel 2

a) 8,6 ▪ 8,2　　① Die Ganzen sind gleich, also weiter zur nächsten Stelle nach rechts.
　 8,6 > 8,2　　② Die Zehntel sind verschieden: 6 > 2

b) 6,408 < 6,42　Die Hundertstel sind
　　　　　　　　verschieden: 0 < 2

c) 4,950 < 4,951　Die Tausendstel sind
　　　　　　　　　verschieden: 0 < 1
　（0 ergänzen）

DEZIMALZAHLEN — DEZIMALZAHLEN VERGLEICHEN UND ORDNEN

ANWENDEN

1 Auf welche Zahlen zeigen die Pfeile?

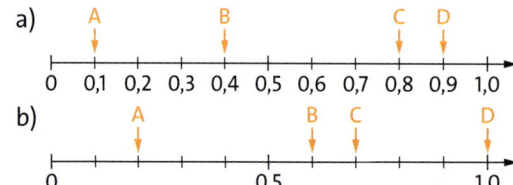

1 Auf welche Zahlen zeigen die Pfeile?

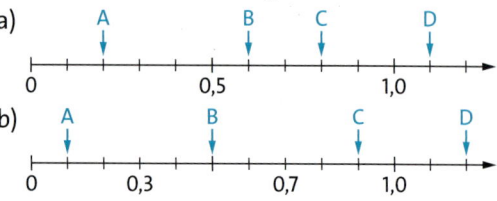

2 Beschreibe die Einteilung des Zahlenstrahls. Auf welche Zahlen zeigen die Pfeile?
Tipp Der Zahlenstrahl beginnt nicht bei Null.

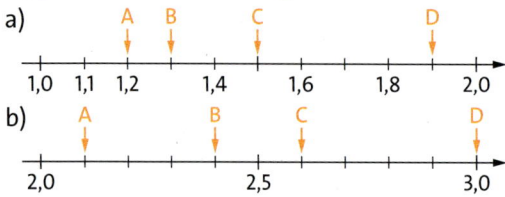

2 Beschreibe die Einteilung des Zahlenstrahls. Auf welche Zahlen zeigen die Pfeile?
Tipp Das ist ein Ausschnitt des Zahlenstrahls.

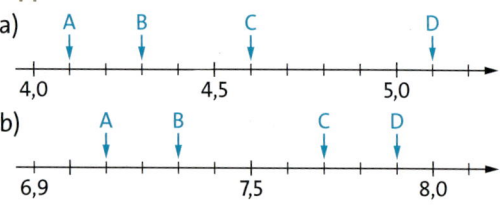

3 Übertrage den Zahlenstrahl ins Heft. Trage die Zahlen ein.
a) 0,2; 0,3 und 0,4

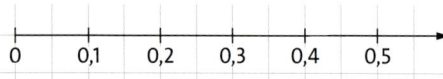

b) 0,1; 0,5 und 0,9

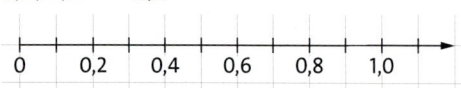

3 Übertrage den Zahlenstrahl ins Heft. Trage die Zahlen ein.
a) 0,3; 0,6 und 0,8

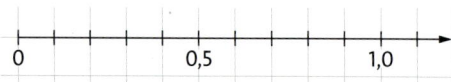

b) 6,7; 6,9 und 7,3

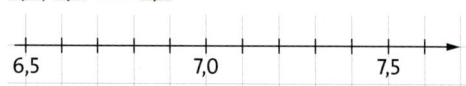

4 Einen Zahlenstrahl zeichnen
① Zeichne einen 10 cm langen Zahlenstrahl. Beschrifte ihn: am Anfang mit 0 am Ende mit 1,0
② Trage die Zahlen ein: 0,6; 0,8; 0,1; 0,4

4 Einen Zahlenstrahl-Ausschnitt zeichnen
① Zeichne einen 10 cm langen Zahlenstrahl. Beschrifte ihn: am Anfang mit 11,3 am Ende mit 13,3
② Trage die Zahlen ein: 11,4; 11,7; 11,9; 12,2

Methode Dezimalzahlen mit mehr Nachkommastellen am Zahlenstrahl
Um Zahlen mit mehr Nachkommastellen auf einen Zahlenstrahl einzutragen, muss man den Zahlenstrahl feiner einteilen.

5 Wie wurde der Zahlenstrahl verfeinert?

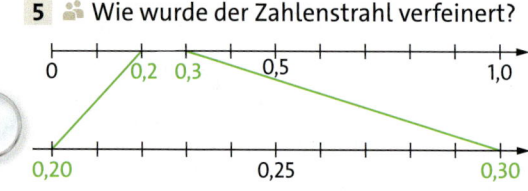

6 Übertrage ins Heft und ergänze die Beschriftung.

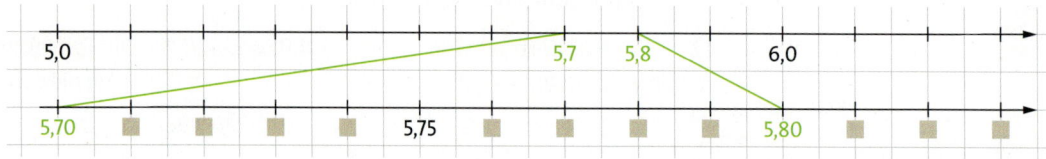

DEZIMALZAHLEN — DEZIMALZAHLEN VERGLEICHEN UND ORDNEN

7 Beschreibe die Einteilung des Zahlenstrahls. Auf welche Zahlen zeigen die Pfeile?

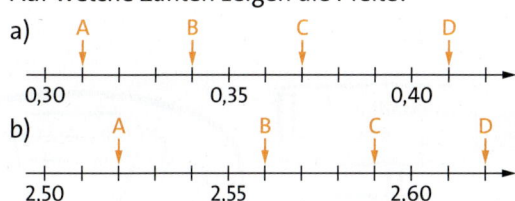

7 Beschreibe die Einteilung des Zahlenstrahls. Auf welche Zahlen zeigen die Pfeile?

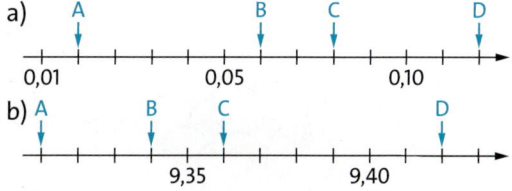

8 Welcher Fehler wurde hier gemacht? Berichtige im Heft.

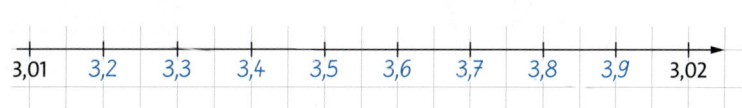

9 Zeichne einen 10 cm langen Zahlenstrahl. Beschrifte ihn: am Anfang mit 2,7 am Ende mit 2,8
Trage die Zahlen ein: 2,72; 2,83; 2,75; 2,78

9 Zeichne jeweils einen 10 cm langen Zahlenstrahl ins Heft und trage die Zahlen ein.
a) 9,01; 9,08; 9,10; 9,15; 9,19
b) 27,27; 27,29; 27,41; 27,43; 27,45

10 Ordne die Kinder nach ihrer Größe. Beginne mit dem kleinsten Kind.

 1,57 m    1,61 m    1,52 m    1,63 m

10 Ordne die Orangen nach ihrer Masse. Beginne mit dem leichtesten Netz:

 1,65 kg   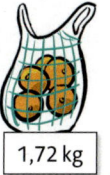 1,72 kg    1,70 kg    1,69 kg

Nachgedacht
Ben sagt: „2,29999 ist größer als 2,3, weil 2,29999 mehr Zahlen hinter dem Komma hat." Was sagst du dazu?

11 Kleiner als <, größer als > oder gleich =?
Tipp Bei g) und h) musst du Nullen ergänzen.
a) 2,1 ■ 2,3   b) 0,600 ■ 0,6
c) 0,914 ■ 0,941   d) 0,710 ■ 0,7100
e) 4,539 ■ 4,51   f) 9,01 ■ 9,001
g) 1,6 ■ 1,62   h) 2,579 ■ 2,5

11 Kleiner als <, größer als > oder gleich =?
Tipp Manchmal musst du Nullen ergänzen.
a) 2,34 ■ 2,43   b) 0,60 ■ 0,6000
c) 0,512 ■ 0,49   d) 0,7819 ■ 0,783
e) 21,06 ■ 21,1   f) 5,36100 ■ 5,361
g) 9,204 ■ 9,24   h) 5,4 ■ 5,499

12 Welche Ziffern kann man einsetzen?
a) 3,6■ > 3,64
b) 0,751 < 0,■93

0 1 2 3 4 5 6 7 8 9

12 Welche Ziffern kann man einsetzen?
a) 7,8■ < 7,85   b) 13,12 > 13,1■
c) 5,■ > 5,39   d) 29,■12 < 29,1403

13 Klara behauptet: „Zwischen 0,5 und 0,6 gibt es keine Zahlen mehr." Stimmt das?

13 Finde drei Dezimalzahlen, die …
a) größer als 1,5 und kleiner als 1,6 sind.
b) größer als 1,25 und kleiner als 1,26 sind.

14 Welches Preisschild gehört zu welcher Wassermelone? Begründet eure Antwort.

 2,478 kg    2,824 kg   1,086 kg   1,86 kg    2,103 kg

Dezimalzahlen runden

ENTDECKEN

1 Thomas sagt: „Hier stimmt doch irgendetwas nicht!"

a) Was meint Thomas damit? Erkläre.
b) Wie schreibst du die Angaben? Schreibe Sätze ins Heft mit dem Wort ungefähr.
Kennst du noch weitere Schlüsselwörter, die zeigen, dass die Angabe nicht genau ist?

2 Die Dezimalzahlen wurden gerundet.

abrunden 5,1**3** ≈ 5,1   aufrunden 5,1**6** ≈ 5,2

a) Übertrage die Sätze ins Heft und ergänze: 5,1 oder 5,2 ?
① 5,12 liegt näher an ■.   ② 5,19 liegt näher an ■.   ③ 5,15 liegt näher an ■.
b) Erklärt, wie man Dezimalzahlen rundet.

VERSTEHEN

Dezimalzahlen mit vielen Nachkommastellen werden oft nicht genau angegeben.
Sie werden gerundet.

Vokabeln
→ *die Rundungsstelle*
→ *aufrunden*
→ *abrunden*

Merke So **rundet** man Dezimalzahlen:
① **Rundungsstelle** festlegen, z. B. Zehntel, Hundertstel, …
② Ziffer **rechts** neben der Rundungsstelle anschauen:
③ Bei **0**; **1**; **2**; **3** oder **4 abrunden**:   Bei **5**; **6**; **7**; **8** oder **9 aufrunden**:

8,7**0** 8,7**1** 8,7**2** 8,7**3** 8,7**4**   8,7**5** 8,7**6** 8,7**7** 8,7**8** 8,7**9**
≈ 8,**7**   ≈ 8,**8**

Beispiel 1
a) ① Runde 1,5**9**3 auf Hundertstel.   b) ① Runde 5,**3**73 auf Zehntel.
   ② rechts davon: **3**   ② rechts davon: **7**
   ③ Man muss **abrunden**:   ③ Man muss **aufrunden**:
      1,5**9**3 ≈ 1,59   5,**3**73 ≈ 5,4

   1,593 ist ungefähr 1,59   *5,373 ist ungefähr 5,4*

c) 9,54637   Runde auf Ganze: 9,**5**4637 ≈ 10
              Runde auf Zehntel: 9,5**4**637 ≈ 9,5
              Runde auf Hundertstel: 9,54**6**37 ≈ 9,55
              Runde auf Tausendstel: 9,546**3**7 ≈ 9,546
              Runde auf Zehntausendstel: 9,5463**7** ≈ 9,5464

DEZIMALZAHLEN — DEZIMALZAHLEN RUNDEN

ANWENDEN

Hinweis
Rundungsstelle

4 3 1 2

Ziffer rechts

1 Runde auf Zehntel.
a) 2,43
b) 6,678
c) 7,599
d) 8,05
e) 0,229
f) 1,981

2 Runde die Preise auf ganze Euro.
Tipp 1 € 75 ct ≈ 2 €

7,99 €   12,49 €   101,50 €   29,29 €

3 Runde.
a) 25,49 € auf €
b) 7,2 cm auf cm
c) 16,7 kg auf kg
d) 9,913 m auf m

4 Michel soll auf Hundertstel runden.
Finde die Fehler und berichtige sie.
a) 0,425 ≈ 0,43
b) 12,962 ≈ 12,97
c) 3,495 ≈ 3,49
d) 9,379 ≈ 9,48

5 Das Ergebnis beim Runden ist 3,5.
Für welche Dezimalzahlen kann das sein?

3,49   3,57111   3,52   3,506   3,41   5,39   3,52

---

1 Runde die Dezimalzahlen.
a) auf Ganze: 4,8; 9,099; 6,72; 17,501
b) auf Zehntel: 3,59; 12,439; 1,95; 58,243
c) auf Hundertstel: 4,825; 1,985; 5,314

2 Runde auf ganze Euro, ganze Meter,
ganze Kilogramm und ganze Liter.

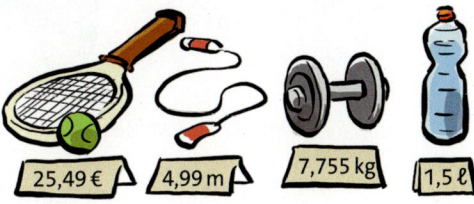

25,49 €   4,99 m   7,755 kg   1,5 ℓ

3 Runde.
a) 50,8 cm auf cm
b) 99,97 € auf €
c) 783,456 kg auf kg
d) 360 cm auf m

4 Tilda hat gerundet.
Finde die Fehler und berichtige sie.
a) auf Ganze: 27,499 ≈ 28
b) auf Zehntel: 1604,22 ≈ 1604,2
c) auf Hundertstel: 9,99799 ≈ 9,90
d) auf Tausendstel: 0,0039123 ≈ 0,004

5 Das sind die Ergebnisse beim Runden.
Gib jeweils zwei Ausgangzahlen an.
a) 1,4
b) 3,08
c) 34,527
d) 1007,005

Zum Weiterarbeiten
Das sind die Hauptstädte der Bundesländer in Deutschland.
Suche die Einwohnerzahlen der Bundesländer in einem Lexikon oder im Internet und runde sie sinnvoll.

6 So viele Einwohner haben diese Städte.
a) Schreibe die Einwohnerzahlen in Millionen mit einer Nachkommastelle. Was fällt dir auf?
b) Ordne die Einwohnerzahlen nach ihrer Größe: einmal vor dem Runden, einmal die gerundeten Zahlen. Was fällt dir auf?

Berlin	3 644 826	Magdeburg	238 697
Bremen	569 352	Mainz	217 118
Dresden	554 649	München	1 471 508
Düsseldorf	619 294	Potsdam	178 089
Erfurt	213 699	Saarbrücken	180 741
Hamburg	1 841 179	Schwerin	102 878
Hannover	538 068	Stuttgart	634 830
Kiel	247 548	Wiesbaden	278 342

7 Welche Aussage ist am sinnvollsten?
a) Die Wanderung ist ungefähr ■ km lang.

5,147 km   5,14 km   5 km

b) Zum Backen eines Kuchens braucht man ■ g Mehl.

474 g   500 g   470 g

7 Bei welchen Angaben ist es sinnvoll zu runden? Bei welchen nicht?
Begründe deine Antwort.
a) Jonas ist 4,8 Jahre alt.
b) Der Bus fährt um 7.56 Uhr ab.
c) Lena ist 1,455 m groß.
d) Tim springt beim Weitsprung 3,49 m.

125

Brüche in Dezimalzahlen umrechnen

ENTDECKEN

1 Leonard will Kuchen backen.

Rezept
$\frac{1}{4}$ kg Zucker
$\frac{2}{5}$ kg Mehl
$\frac{1}{2}$ ℓ Milch
$\frac{1}{5}$ ℓ Öl
4 Eier
1 Päckchen Vanillezucker

0,45 ℓ | 0,5 ℓ | 0,75 ℓ | 0,2 ℓ | 0,25 ℓ | 0,3 ℓ

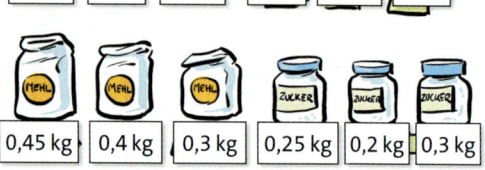

0,45 kg | 0,4 kg | 0,3 kg | 0,25 kg | 0,2 kg | 0,3 kg

Welche Packungen soll Leonard kaufen? Begründet eure Antwort.

VERSTEHEN

Brüche sind Dezimalzahlen in einer anderen Schreibweise.

Deswegen kann man alle Brüche in eine Dezimalzahl umrechnen.

$\frac{1}{2}$ ℓ Farbe — 0,5 ℓ Farbe
$\frac{3}{4}$ m langer Farbroller — 0,75 m langer Farbroller

Vokabeln
→ *erweitern*
→ *kürzen*
→ *die schriftliche Division*
→ *die Stufenzahl*

Merke Brüche mit einer Stufenzahl im Nenner
Brüche mit den Nennern 10; 100; 1000; … kann man sofort als Dezimalzahl schreiben.

Beispiel 1
a) $\frac{7}{10}$ = 0,7 — 10 mit 1 Null, also 1 Nachkommastelle
b) $2\frac{35}{100}$ = 2,35 — 100 mit 2 Nullen, also 2 Nachkommastellen
c) $\frac{25}{1000}$ = 0,025 — 1000 mit 3 Nullen, also 3 Nachkommastellen

Wenn der Nenner keine Stufenzahl ist, gibt es verschiedene Möglichkeiten, den Bruch in eine Dezimalzahl umzurechnen.

Merke Brüche auf eine Stufenzahl im Nenner erweitern und kürzen
Bestimmte Brüche kann man auf den Nenner 10; 100; 1000, … erweitern oder kürzen.

Beispiel 2

a) Brüche auf den Nenner 10; 100; 1000 **erweitern**:

$\frac{1}{2} \stackrel{\cdot 5}{=}_{\cdot 5} \frac{5}{10}$ = 0,5

$\frac{12}{25} \stackrel{\cdot 4}{=}_{\cdot 4} \frac{48}{100}$ = 0,48

$\frac{203}{500} \stackrel{\cdot 2}{=}_{\cdot 2} \frac{406}{1000}$ = 0,406

Zähler und Nenner mit derselben Zahl **multiplizieren**

b) Brüche auf den Nenner 10; 100; 1000 **kürzen**:

$\frac{20}{40} \stackrel{:4}{=}_{:4} \frac{5}{10}$ = 0,5

$\frac{36}{300} \stackrel{:3}{=}_{:3} \frac{13}{100}$ = 0,13

$\frac{45}{5000} \stackrel{:5}{=}_{:5} \frac{9}{1000}$ = 0,009

Zähler und Nenner durch dieselbe Zahl **dividieren**

Hinweis
Einen Bruchstrich kann man auch als Division lesen.

Merke Schriftliche Division
Man schreibt den Bruch als Division: Zähler dividiert durch den Nenner.
Dann dividiert man schriftlich.
Sobald man das Komma überschreitet, muss man ein **Komma im Ergebnis** setzen.

DEZIMALZAHLEN BRÜCHE IN DEZIMALZAHLEN UMRECHNEN

VERSTEHEN

Beispiel 3

a) $\frac{1}{4} = 1 : 4$ Ergänze vorher Komma und Nullen: 1 = 1,0000

```
1,0 0 0 0 : 4 = 0,2 5
- 0
  1 0
-   8
    2 0
-   2 0
      0
```

Wenn man beim Dividieren : das Komma überschreitet, muss man ein Komma im Ergebnis setzen.

b) $\frac{55}{25} = 55 : 25$ Ergänze vorher Komma und Nullen: 55 = 55,0000

```
5 5,0 0 0 0 : 2 5 = 2,2
- 5 0
    5 0
-   5 0
        0
```

Komma im Ergebnis setzen

ANWENDEN

1 Schreibe als Dezimalzahl.
a) $\frac{8}{10}$ b) $\frac{54}{100}$
c) $\frac{125}{1000}$ d) $\frac{336}{1000}$
e) $\frac{9}{100}$ f) $\frac{7}{1000}$

1 Schreibe als Dezimalzahl.
a) $\frac{79}{100}$ b) $\frac{149}{1000}$
c) $2\frac{7}{10}$ d) $\frac{6}{100}$
e) $\frac{36}{1000}$ f) $\frac{8}{1000}$

2 Rechne den Bruch in eine Dezimalzahl um.
Tipp Erweitere mit der angegebenen Zahl.
a) $\frac{5}{2} \stackrel{\cdot 5}{=} \frac{\blacksquare}{10}$
b) $\frac{17}{50} \stackrel{\cdot 2}{=} \frac{\blacksquare}{100}$
c) $\frac{77}{500} \stackrel{\cdot 2}{=} \frac{\blacksquare}{1000}$
d) $\frac{100}{250} \stackrel{\cdot 4}{=} \frac{\blacksquare}{1000}$

2 Rechne den Bruch in eine Dezimalzahl um.
Tipp Erweitere auf den angegebenen Nenner.
a) $\frac{3}{5} = \frac{\blacksquare}{10}$
b) $\frac{7}{20} = \frac{\blacksquare}{100}$
c) $\frac{6}{25} = \frac{\blacksquare}{100}$
d) $\frac{3}{500} = \frac{\blacksquare}{1000}$

3 Rechne den Bruch in eine Dezimalzahl um.
Tipp Erweitere auf den Nenner.
a) $\frac{2}{5} = \frac{\blacksquare}{10}$
b) $\frac{9}{20} = \frac{\blacksquare}{100}$
c) $\frac{8}{25} = \frac{\blacksquare}{100}$
d) $\frac{10}{500} = \frac{\blacksquare}{1000}$

3 Rechne den Bruch in eine Dezimalzahl um.
Tipp Erweitere auf die Nenner: 10, 100, 1000
a) $\frac{18}{50}$ b) $\frac{4}{5}$
c) $\frac{17}{20}$ d) $\frac{5}{200}$
e) $\frac{1}{4}$ f) $\frac{12}{25}$
g) $\frac{3}{8}$ h) $8\frac{1}{2}$

Hinweis
Diese Brüche kommen sehr häufig vor. Lerne die Brüche und die Dezimalzahlen dazu auswendig.

4 Rechne die Angaben in eine Dezimalzahl um. Beschreibe dein Vorgehen.

$\frac{1}{2}$ ℓ $\frac{1}{5}$ kg $\frac{1}{4}$ m $\frac{3}{4}$ ℓ $\frac{1}{10}$ dm $\frac{1}{8}$ kg $\frac{1}{100}$ €

DEZIMALZAHLEN — BRÜCHE IN DEZIMALZAHLEN UMRECHNEN

5 Rechne den Bruch in eine Dezimalzahl um.
Tipp Kürze mit der angegebenen Zahl.
a) $\frac{4}{20} \overset{:2}{\underset{:2}{=}} \frac{\square}{10}$
b) $\frac{15}{500} \overset{:5}{\underset{:5}{=}} \frac{\square}{100}$
c) $\frac{77}{700} \overset{:7}{\underset{:7}{=}} \frac{\square}{100}$
d) $\frac{3}{3000} \overset{:3}{\underset{:3}{=}} \frac{\square}{1000}$

5 Rechne den Bruch in eine Dezimalzahl um.
Tipp Kürze auf den angegebenen Nenner.
a) $\frac{6}{20} = \frac{\square}{10}$
b) $\frac{56}{700} = \frac{\square}{100}$
c) $\frac{48}{400} = \frac{\square}{100}$
d) $\frac{160}{2000} = \frac{\square}{1000}$

6 Rechne den Bruch in eine Dezimalzahl um.
Tipp Kürze auf den Nenner.
a) $\frac{15}{50} = \frac{\square}{10}$
b) $\frac{40}{200} = \frac{\square}{100}$
c) $\frac{24}{600} = \frac{\square}{100}$
d) $\frac{666}{6000} = \frac{\square}{1000}$

6 Rechne den Bruch in eine Dezimalzahl um.
Tipp Kürze auf diese Nenner: 10, 100, 1000
a) $\frac{8}{20}$ b) $\frac{18}{60}$
c) $\frac{63}{70}$ d) $\frac{8}{200}$
e) $\frac{16}{4000}$ f) $\frac{777}{7000}$
g) $\frac{54}{60}$ h) $\frac{81}{300}$

7 Rechne den Bruch in eine Dezimalzahl um.
Tipp zu a) bis c): Erweitere den Bruch.
       zu d) bis f): Kürze den Bruch.
a) $\frac{3}{5}$ b) $\frac{11}{25}$ c) $\frac{56}{500}$
d) $\frac{27}{30}$ e) $\frac{64}{800}$ f) $\frac{248}{2000}$

7 Rechne den Bruch in eine Dezimalzahl um.
Beschreibe dein Vorgehen.
Tipp Erweitern oder kürzen?
a) $\frac{4}{25}$ b) $\frac{17}{50}$ c) $\frac{9}{12}$
d) $\frac{21}{28}$ e) $\frac{128}{200}$ f) $\frac{457}{500}$

8 Schreibe das Rezept mit Dezimalzahlen.
Beschreibe dein Vorgehen.

Fruchtschorle
$\frac{1}{2}$ ℓ Wasser
$\frac{1}{10}$ ℓ Fruchtkonzentrat
$\frac{1}{4}$ Zitrone
$\frac{1}{5}$ kg Erdbeeren

8 Schreibe das Rezept mit Dezimalzahlen.
Beschreibe dein Vorgehen.

Pizzateig
$\frac{1}{4}$ ℓ Wasser
$\frac{1}{2}$ kg Mehl
$\frac{1}{8}$ ℓ Öl
$\frac{5}{1000}$ kg Salz (1 Teelöffel)

9 Rechne den Bruch in eine Dezimalzahl um.
Tipp Dividiere schriftlich: Zähler : Nenner
Ergänze vorher Komma und Nullen.
a) $\frac{1}{5}$ b) $\frac{4}{5}$ c) $\frac{3}{4}$
d) $\frac{1}{8}$ e) $\frac{11}{22}$ f) $\frac{15}{25}$

9 Rechne den Bruch in eine Dezimalzahl um.
Tipp Dividiere schriftlich.
Ergänze vorher Komma und Nullen.
a) $\frac{3}{5}$ b) $\frac{7}{8}$ c) $\frac{12}{15}$
d) $\frac{3}{16}$ e) $\frac{36}{75}$ f) $\frac{27}{125}$

10 Ein 7 m langes Seil wird in 8 gleich lange Stücke geschnitten.
Wie lang ist jedes Seilstück?
Tipp Dividiere schriftlich.

10 Das Hundefutter soll auf 30 Tage aufgeteilt werden. Im Sack Hundefutter sind 75 kg.
Wie viel kg Futter bekommt der Hund täglich?
Tipp Dividiere schriftlich.

11 Schreibe als Dezimalzahl.
👥 Vergleicht euer Vorgehen.

$\frac{3}{8}$ $\frac{19}{20}$ $2\frac{3}{10}$ $\frac{3}{15}$ $\frac{7}{16}$

Methode Periodische Dezimalzahlen

Dividiert man den Zähler durch den Nenner, entsteht manchmal immer wieder derselbe Rest. Der Rest wiederholt sich. Dann wiederholt sich auch die Ziffer im Ergebnis. Sie wird mit einem darüber liegenden Strich markiert.
Diese Dezimalzahlen heißen **periodische Dezimalzahlen**.

Beispiel 1

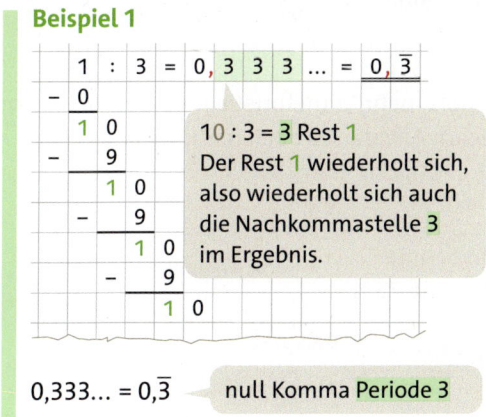

0,333… = 0,$\overline{3}$ null Komma Periode 3

Beispiel 2

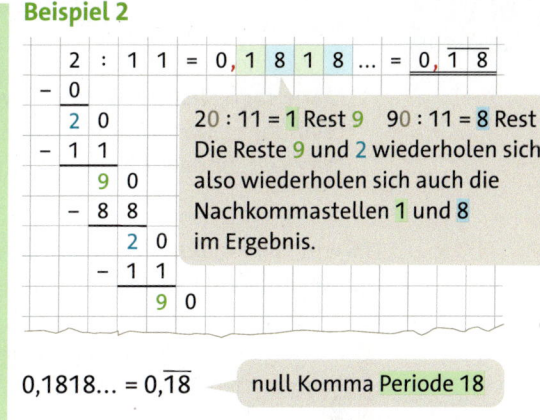

0,1818… = 0,$\overline{18}$ null Komma Periode 18

ANWENDEN

1 Lies die periodischen Dezimalzahlen vor und schreibe mit den Wiederholungen.
Tipp 0,$\overline{1}$ = 0,111…   null Komma Periode 1   0,$\overline{72}$ = 0,7272…   null Komma Periode 72

a) 0,$\overline{4}$ b) 0,$\overline{32}$ c) 8,$\overline{987}$ d) 0,$\overline{02}$ e) 0,8$\overline{5}$ f) 13,5$\overline{421}$

2 Übertrage ins Heft und dividiere schriftlich.
Tipp Rechne solange, bist du eine Wiederholung bei den Resten erkennst.

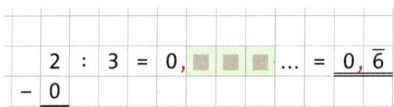

2 Rechne den Bruch durch eine schriftliche Division in eine Dezimalzahl um.
Tipp Bei a) bis c) wiederholt sich eine Ziffer, bei d) bis f) wiederholen sich zwei Ziffern.
a) $\frac{2}{3}$ b) $\frac{1}{6}$ c) $\frac{1}{9}$
d) $\frac{7}{11}$ e) $\frac{4}{15}$ f) $\frac{11}{18}$

3 Rechne den Bruch in eine Dezimalzahl um.
Tipp Bei a) bis c) wiederholt sich eine Ziffer, bei d) bis f) wiederholen sich zwei Ziffern.
a) $\frac{1}{6}$ b) $\frac{5}{6}$ c) $\frac{7}{9}$
d) $\frac{3}{11}$ e) $\frac{6}{11}$ f) $\frac{7}{30}$

3 Rechne den Bruch in eine Dezimalzahl um.
Tipp Hier beginnt die Wiederholung nicht sofort: 0,1666… = 0,1$\overline{6}$ null Komma eins Periode 6
a) $\frac{5}{6}$ b) $\frac{5}{11}$
c) $\frac{4}{15}$ d) $\frac{5}{33}$

4 Runde die periodischen Dezimalzahlen.
a) auf eine Nachkommastelle: 0,$\overline{2}$; 0,$\overline{8}$
b) auf zwei Nachkommastellen: 0,$\overline{75}$; 3,$\overline{1}$

4 Runde die periodischen Dezimalzahlen.
a) auf Zehntel: 4,2$\overline{8}$; 0,$\overline{5}$; 11,$\overline{61}$
b) auf Hundertstel: 2,$\overline{3}$; 7,0$\overline{6}$; 3,81$\overline{9}$

5 Kleiner als < oder größer als >?
a) 2,$\overline{1}$ ▪ 2,1   b) 5,1 ▪ 3,6
c) 4,$\overline{7}$ ▪ 4,$\overline{8}$ d) 0,$\overline{19}$ ▪ 0,2

5 Vergleiche: < oder >?
a) 1,$\overline{2}$ ▪ 1,2   b) 5,$\overline{6}$ ▪ 5,667
c) 3,04 ▪ 3,$\overline{04}$ d) 99,09 ▪ 99,$\overline{09}$

DEZIMALZAHLEN

Brüche, Dezimalzahlen und Prozentangaben

ENTDECKEN

1 Beim Stiefel-Weitwurf
a) Wie viele Medaillen haben die beiden Teams jeweils bekommen? Wie viele Teilnehmer haben die Teams jeweils? Schreibe so: Bei Team A haben ■ von ■ eine Medaille bekommen.
b) 👥 Welches Team ist besser?
Marie sagt: „Team A ist besser, weil dort mehr Teilnehmer eine Medaille bekommen haben."
Levin sagt: „Das stimmt nicht. Bei Team A waren es doch mehr Teilnehmer."
Was sagt ihr dazu? Nehmt Stellung.

VERSTEHEN

75 von 100 Kindern der Albert-Einstein-Schule fahren mit dem Fahrrad zur Schule. Das sind 75 %.

75 Prozent

Vokabeln
→ das Prozent

Merke Brüche mit dem **Nenner 100** kann man in Prozent schreiben:
$$\frac{1}{100} = 1\,\%$$

Beispiel 1
a) $\frac{75}{100} = 75\,\%$
b) $\frac{5}{100} = 5\,\%$

Das bedeutet: Brüche, Dezimalzahlen und Prozentangaben sind nur andere Schreibweisen.

auf Hundertstel erweitern

Beispiel 2
a) Brüche als Prozentangaben: $\frac{30}{100} = 30\,\%$ $\quad$ $\frac{9}{100} = 9\,\%$ $\quad$ $\frac{3}{4} = \frac{75}{100} = 75\,\%$
b) Prozentangaben als Brüche: $19\,\% = \frac{19}{100}$ $\quad$ $3\,\% = \frac{3}{100}$ $\quad$ $90\,\% = \frac{90}{100} = \frac{9}{10}$
c) Dezimalzahlen als Brüche und Prozentangaben: $0{,}17 = \frac{17}{100} = 17\,\%$ $\quad$ $0{,}04 = \frac{4}{100} = 4\,\%$

Mit Prozentangaben kann man gut vergleichen.
Dann ist es auch egal, wenn die Gesamtzahlen unterschiedlich groß sind.

Von den Kindern fahren **75 von 100** mit dem Fahrrad zur Schule.

Von den Lehrkräften fahren **20 von 25** mit dem Fahrrad zur Schule.

Beispiel 3
75 von 100 Kindern
$\frac{75}{100} = 75\,\%$

75 % der Kinder fahren mit dem Rad.

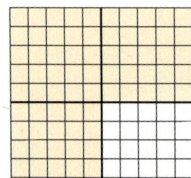

20 von 25 Lehrkräften
$\frac{20}{25} = \frac{20 \cdot 4}{25 \cdot 4} = \frac{80}{100} = 80\,\%$

80 % der Lehrkräfte fahren mit dem Rad.

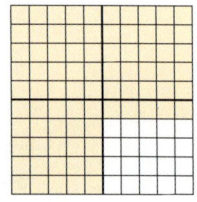

80 % sind mehr als 75 %.
Also fahren anteilig mehr Lehrkräfte mit dem Rad zur Schule als Kinder.

DEZIMALZAHLEN — BRÜCHE, DEZIMALZAHLEN UND PROZENTANGABEN

ANWENDEN

1 Schreibe als Bruch mit dem Nenner 100, als Dezimalzahl und in Prozent.
Tipp zu a) 25 von 100

a) 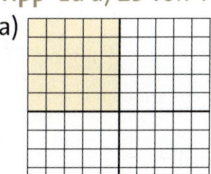 b) 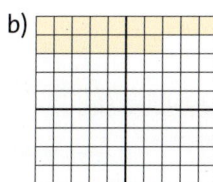 c) 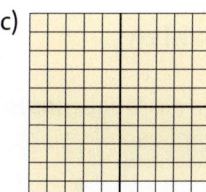 d)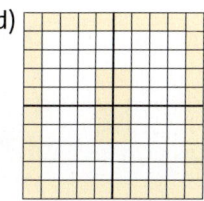

2 Schreibe in Prozent.
a) $\frac{5}{100}$ = ■ %   b) $\frac{12}{100}$ = ■ %   c) $\frac{25}{100}$ = ■ %

2 Schreibe in Prozent.
a) $\frac{7}{100}$ b) $\frac{46}{100}$ c) $\frac{50}{100}$

3 Schreibe als Bruch.
a) 10 %   b) 30 %   c) 50 %

3 Schreibe als Bruch.
a) 25 %   b) 51 %   c) 99 %

4 Schreibe in Prozent.
a) Erweitere auf den Nenner 100:
① $\frac{12}{50}$ ② $\frac{8}{10}$
b) Kürze dafür auf den Nenner 100:
① $\frac{80}{800}$ ② $\frac{54}{600}$

4 Erweitere oder kürze auf den Nenner 100 und schreibe in Prozent.
a) $\frac{48}{50}$ b) $\frac{7}{10}$
c) $\frac{4}{5}$ d) $\frac{60}{600}$
e) $\frac{100}{1000}$ f) $\frac{1}{2}$

Nachgedacht
Max behauptet:
0,02 sind 20%.
Was sagst du dazu?

5 Schreibe als Bruch und in Prozent.
a) 0,78 = $\frac{■}{100}$ = ■ %   b) 0,45 = $\frac{■}{100}$ = ■ %

5 Schreibe als Bruch und in Prozent.
a) 0,19   b) 0,57
c) 0,01   d) 0,75

6 Übertrage und ergänze die Tabelle.

	Prozent	Bruch	Dezimalzahl
a)	12 %		
b)	75 %		
c)	5 %		

6 Übertrage und ergänze die Tabelle.

	Prozent	Bruch	Dezimalzahl
a)	10 %		
b)		$\frac{1}{5} = \frac{20}{100}$	
c)			0,9

7 Schreibe als Bruch, als Dezimalzahl und in Prozent.

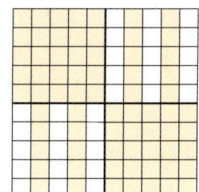

7 Schreibe als Bruch, als Dezimalzahl und in Prozent.

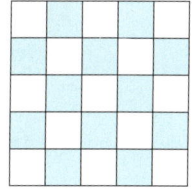

8 35 % aller Mädchen fahren mit dem Bus zur Schule. Bei den Jungen fahren 25 von 100 mit dem Bus. Vergleiche mit Prozentangaben.

8 In der Klasse 6 a trinken 8 von 20 Schülern zum Frühstück Wasser. In der Klasse 6 b trinken 3 von 25 Schülern zum Frühstück Wasser. Vergleiche.

9 Ein Blumenbeet ist zu 25 % mit roten Tulpen bepflanzt, zur Hälfte mit gelben Tulpen und drei Viertel mit weißen. Was sagt ihr dazu?

Klar soweit?

→ Seite 118

Dezimalzahlen

1 Übertrage die Tabelle ins Heft und ergänze sie.

	Z	E	z	h	t	Dezimalzahl	Sprechweise	Bruch
a)		3 ,	6	2	5			
b)		,				16,902		
c)		,					null Komma drei eins	
d)		,						$\frac{458}{1000}$
e)		,						$34\frac{7}{100}$

2 Schreibe als Bruch.
a) 0,5   b) 0,15
c) 0,125   d) 1,05

2 Schreibe als Bruch.
a) 0,9   b) 0,125
c) 0,45   d) 1,078

3 Schreibe als Dezimalzahl.
a) $\frac{2}{10}$ b) $\frac{35}{100}$
c) $\frac{123}{1000}$ d) $\frac{5}{100}$

3 Schreibe als Dezimalzahl.
a) $\frac{5}{10}$ b) $\frac{15}{100}$
c) $\frac{4}{100}$ d) $\frac{46}{1000}$

→ Seite 121

Dezimalzahlen vergleichen und ordnen

4 Auf welche Zahlen zeigen die Pfeile?

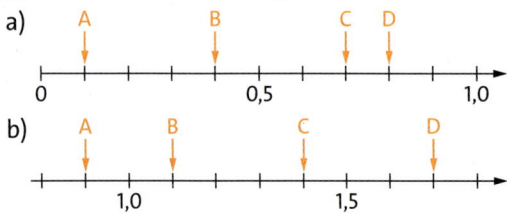

4 Auf welche Zahlen zeigen die Pfeile?

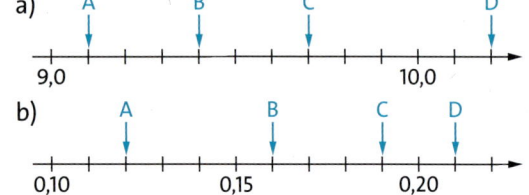

5 Einen Zahlenstrahl-Ausschnitt zeichnen
① Zeichne einen 10 cm langen Zahlenstrahl.
   Beschrifte ihn: am Anfang mit 3,0
                 am Ende mit 4,0
② Trage die Zahlen ein: 3,1; 3,2; 3,7; 3,9

5 Einen Zahlenstrahl-Ausschnitt zeichnen
① Zeichne einen 10 cm langen Zahlenstrahl.
   Beschrifte ihn: am Anfang mit 5,3
                 am Ende mit 5,8
② Trage die Zahlen ein: 5,5; 5,6; 5,7; 5,65

6 Kleiner als < oder größer als >?
Beschreibe dein Vorgehen.
a) 5,7 ■ 7,5   b) 6,51 ■ 6,49
c) 0,309 ■ 0,409   d) 8,25 ■ 8,196
e) 9,8787 ■ 9,878   f) 11,2 ■ 11,2001

6 Vergleiche: < oder >?
Beschreibe dein Vorgehen.
a) 6,99 ■ 7,01   b) 27,123 ■ 27,132
c) 2,57 ■ 2,571   d) 0,011 ■ 0,002
e) 2,372 ■ 2,371   f) 44,18 ■ 44,0888

7 Welche Zahlen liegen zwischen 5 und 6?

7 Finde vier Dezimalzahlen, die zwischen 3,2 und 3,3 liegen.
Beschreibe dein Vorgehen.

DEZIMALZAHLEN — KLAR SOWEIT?

→ Seite 124

Dezimalzahlen runden

8 Runde die Dezimalzahlen.
a) auf Ganze: 1,2; 8,71; 5,53; 39,6
b) auf Zehntel: 0,68; 2,09; 3,01; 6,173
c) auf Hundertstel: 2,721; 13,800; 50,098

8 Runde die Dezimalzahlen.
a) auf Ganze: 1,6; 12,81; 5,5; 7,199; 0,501
b) auf Zehntel: 9,23; 6,45; 47,005; 8,349
c) auf Hundertstel: 3,562; 7,109; 11,01025

9 Das Ergebnis beim Runden ist 4,2.
Für welche Dezimalzahlen kann das sein?
4,21; 4,18; 4,29; 2,44; 4,129; 4,108

9 Das sind die Ergebnisse beim Runden.
Gib jeweils zwei Ausgangzahlen an.
a) 9,9   b) 27,67

→ Seite 126

Brüche in Dezimalzahlen umrechnen

10 Rechne den Bruch in eine Dezimalzahl um.
Tipp Erweitern oder kürzen?
a) $\frac{4}{5}$ b) $\frac{7}{25}$
c) $\frac{42}{500}$ d) $\frac{12}{40}$

10 Rechne den Bruch in eine Dezimalzahl um.
Tipp Erweitern oder kürzen?
a) $\frac{2}{5}$ b) $\frac{14}{20}$
c) $\frac{27}{300}$ d) $\frac{44}{2000}$

11 Rechne den Bruch in eine Dezimalzahl um.
Tipp Dividiere schriftlich: Zähler : Nenner
a) $\frac{3}{5}$ b) $\frac{1}{4}$
c) $\frac{3}{8}$ d) $\frac{9}{15}$

11 Rechne den Bruch in eine Dezimalzahl um.
Tipp Dividiere schriftlich.
a) $\frac{3}{4}$ b) $\frac{5}{8}$
c) $\frac{17}{20}$ d) $\frac{7}{40}$

12 Rechne in eine Dezimalzahl um.
a) 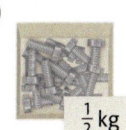 $\frac{1}{2}$ kg
b)  $\frac{3}{5}$ m
c) 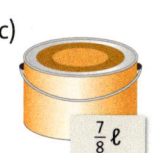 $\frac{7}{8}$ ℓ

12 Rechne in eine Dezimalzahl um.
a) 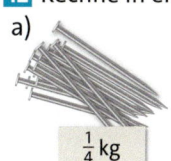 $\frac{1}{4}$ kg
b) 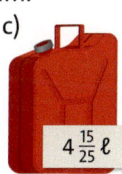 $15\frac{1}{8}$ m
c) $4\frac{15}{25}$ ℓ

→ Seite 130

Brüche, Dezimalzahlen und Prozentangaben

13 Schreibe als Bruch, als Dezimalzahl und in Prozent.
a)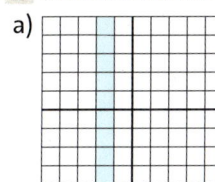
b)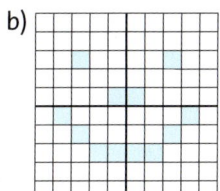
c)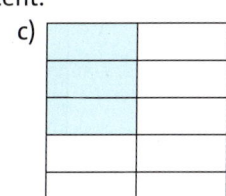
d)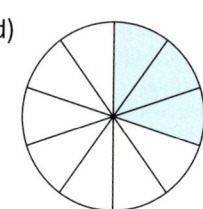

14 Übertrage und ergänze die Tabelle im Heft.

	Prozent	Bruch	Dezimalzahl
a)	10 %		
b)		$\frac{25}{100}$	
c)			0,75

14 Übertrage und ergänze die Tabelle im Heft.

	Prozent	Bruch	Dezimalzahl
a)		$\frac{15}{20}$	
b)	48 %		
c)			0,03

→ Lösungen ab S. 228

Vermischte Übungen

Anwenden

1 Schreibe als Dezimalzahl und als Bruch.

	E		z	h
a)	7	,	4	9
b)	5	,	0	2
c)	0	,	3	8

1 Schreibe als Dezimalzahl und als Bruch.

	Z	E		z	h
a)	2	8	,	1	5
b)		3	,	0	7
c)	8	0	,	0	6

2 Zeichne eine Stellenwerttafel und trage ein.
Tipp Du musst die Stellenwerttafel erweitern.
a) 6,528   b) 3,241   c) 8,002

2 Zeichne eine Stellenwerttafel und trage ein.
Tipp Du musst die Stellenwerttafel erweitern.
a) 42,63   b) 41,253   c) 805,027

3 Schreibe als Bruch.
Kürze, wenn möglich.
a) 0,5   b) 0,2   c) 0,75
d) 0,8   e) 0,08   f) 0,045

3 Schreibe als Bruch.
Kürze, wenn möglich.
a) 0,25   b) 0,125 c) 0,2
d) 0,6   e) 0,06   f) 0,075

4 Schreibe als Dezimalzahl.
Wann hast du schriftlich dividiert?
a) $\frac{2}{5}$ b) $\frac{18}{20}$ c) $\frac{3}{8}$
d) $\frac{3}{25}$ e) $\frac{30}{40}$ f) $\frac{12}{15}$

4 Schreibe als Dezimalzahl.
Wann hast du schriftlich dividiert?
a) $\frac{3}{5}$ b) $\frac{9}{25}$ c) $\frac{34}{125}$
d) $\frac{56}{80}$ e) $\frac{7}{20}$ f) $\frac{5}{32}$

5 Welche Angaben sind gleich? Begründe.

Anteil	Prozent	Bruch	Dezimalzahl
65 von 100	10 %	$\frac{1}{100}$	0,65
10 von 100	1 %	$\frac{65}{100}$	0,1
1 von 100	65 %	$\frac{1}{10}$	0,01

5 Welche Angaben sind gleich? Begründe.
Tipp Nullen am Ende einer Dezimalzahl kann man weglassen.

$\frac{3}{5}$ 60 %   0,6   6 von 10 $\frac{3}{6}$
50 %   1 von 2 $\frac{6}{24}$ 1 von 4   25 %   0,25

Hinweis
Viele Messinstrumente haben eine Unterteilung mit Dezimalzahlen. Diese Unterteilung nennt man **Skala**.

6 Lies an der Skala ab. Schreibe deine Antwort in ganzen Sätzen.
Tipp Denke an die richtige Einheit.

①  ② 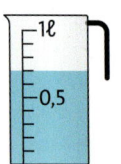 ③ 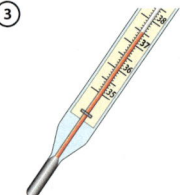 ④  ⑤

7 Runde die Dezimalzahlen.
a) 3,2 auf Ganze   b) 3,77 auf Zehntel
c) 5,928 auf Hundertstel

7 Runde die Dezimalzahlen.
a) 13,801 auf Ganze   b) 0,773 auf z
c) 14,096 auf h   d) 0,0439 auf t

8 Vergleiche: <, > oder =?
a) 0,5 ■ 0,8   b) 5,87 ■ 5,78
c) 3,89 ■ 3,9   d) 2,911 ■ 2,9110

8 Vergleiche: <, > oder =?
a) 0,59 ■ 0,8   b) 0,08 ■ 0,08000
c) 0,634 ■ 0,64 d) 0,609 ■ 0,690

DEZIMALZAHLEN — VERMISCHTE ÜBUNGEN

Nachgedacht
Kyra schreibt:
5,379 > 5,6
weil 379 > 6.
Was meinst du dazu?

9 Findet die Fehler und berichtigt sie. Schreibt als Dezimalzahl und als Bruch.

a)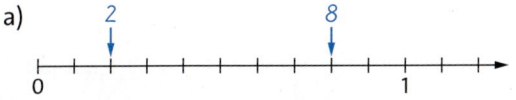

b)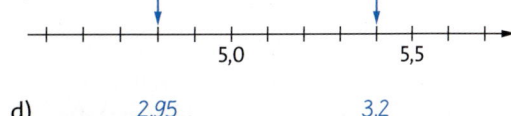

c)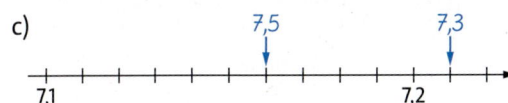

d)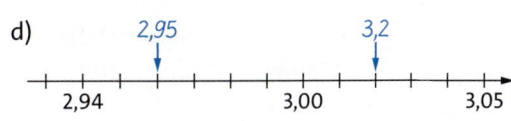

10 Ein Brett ist 12 m lang.
Das Brett wird in 25 gleich lange Teile gesägt.
Wie lang ist ein Teil?
Runde auf Hundertstel.

10 Eine Stoffbahn ist 3 m lang. Der Stoff wird in 16 gleich lange Streifen geschnitten.
Wie lang ist ein Streifen?
Runde auf Hundertstel.

11 Ordne.
Tipp Das ist ein Wasser-Zähler. Er misst, wie viel Kubikmeter (m³) Wasser man verbraucht.

①  ②

③  ④

11 Ordne.
Tipp Das ist ein Gas-Zähler. Er misst, wie viel Kubikmeter (m³) Gas man verbraucht.

①  ②

③  ④

12 Schreibe als Bruch.
So dick ist das Material.
a) Zettel:
   0,1 mm
b) Alufolie:
   0,015 mm
c) Blattgold:
   0,0002 mm

12 Schreibe als Bruch.
a) Ein DIN-A4-Blatt ist 0,1 mm dick.
b) Ein menschliches Haar ist ungefähr 0,05 mm dick.
c) Die Frischhalte-Folie ist ungefähr 0,002 mm dick.
d) Die Lackierung eines Autos ist ungefähr 0,75 mm dick.

13 Welcher Anteil ist größer?
Tipp 8 von $50 = \frac{8}{50} = \frac{16}{100} = 16\%$
a) 85 von 100 oder 58 von 100
b) 15 von 25 oder 30 von 50
c) 7 von 10 oder 4 von 5

13 Welcher Anteil ist größer?
Tipp Rechne in Prozent um und vergleiche.
a) 7 von 10 oder 65 von 100
b) 3 von 4 oder 18 von 20
c) 56 von 200 oder 81 von 300

14 Bilde aus den Kärtchen Dezimalzahlen.

| 8 | 0 | 6 | , |

a) Schreibe alle möglichen Zahlen mit zwei Nachkommastellen ins Heft.
   Tipp ■,■■
b) Ordne die Dezimalzahlen aus a).
   Beginne einmal mit der kleinsten Zahl und einmal der größten Zahl.

14 Bilde aus den Kärtchen Dezimalzahlen.

| 2 | 0 | 9 | 7 | , |

Bilde drei Zahlen, …
a) die kleiner als 0,7 sind.
b) die größer als 920 sind.
c) die zwischen 0 und 1 liegen.
d) Bilde die kleinstmögliche Zahl.
e) Bilde die größtmögliche Zahl.

135

DEZIMALZAHLEN   VERMISCHTE ÜBUNGEN

15 Einwohnerzahlen einiger Länder in Europa
a) Runde die Einwohnerzahlen auf Millionen mit einer Nachkommastelle.
b) 🔍 Sucht im Internet die Einwohnerzahlen anderer Länder in Europa und rundet sie.

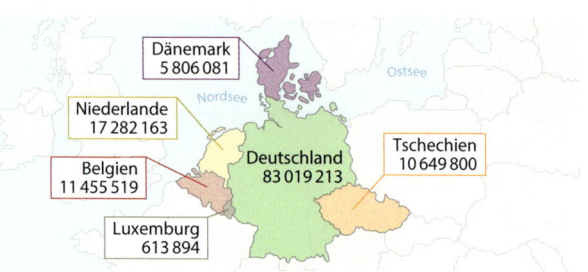

16 Ordne die Dezimalzahlen in die Körbe ein. In jeden Korb kommen zwei Dezimalzahlen.

0,8   2,77   3,29   3,08   1,02   3,4003

kleiner als 1,2 | von 2,5 bis 3,1 | größer als 3,2

16 Ordne die Dezimalzahlen in die Körbe ein.

0,99   1,01   0,300   0,855   3,03   0,6
0,71   0,86   0,07   0,89   0,909

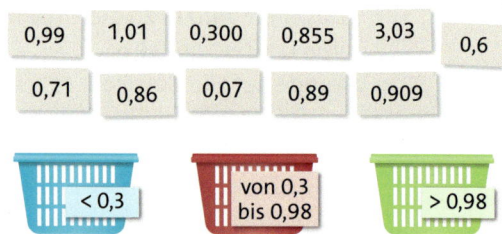

< 0,3 | von 0,3 bis 0,98 | > 0,98

17 Zeichne vier Quadrate mit einer Seitenlänge von 4 cm ins Heft.
a) Male auf unterschiedliche Weise 25 % blau an.
b) 👥 Vergleicht eure Zeichnungen.

17 Zeichne zwei Quadrate mit einer Seitenlänge von 5 cm. Male die Anteile auf unterschiedliche Weise bunt.
a) 10 % rot, 50 % grün, 25 % blau
b) Welcher Anteil ist nicht bunt?

18 Welche Längenangaben gehören zusammen?

5,20 m   0,20 m   2 m 50 cm   20 cm
5,05 m   2 m 505 mm   2,5 m
5 m 5 cm   5 m 2 dm   2,505 m

18 Schreibe die Längen mit der größeren Einheit und Komma.
Tipp 1 m 50 cm = 1,5 m
a) 2 m 30 cm
b) 4 m 5 dm 2 cm
c) 8 m 7 cm

19 Wer wird Teamkapitän? Begründe.
Leo hat $\frac{12}{25}$ der Stimmen bekommen.
Mia hat 32 % der Stimmen bekommen.
Can hat die restlichen Stimmen bekommen.
Tipp Schreibe beide Angaben in Prozent und vergleiche.

19 Wer wird Klassensprecher? Begründe.
a) Klasse 6a: Ali hat $\frac{4}{5}$ der Stimmen bekommen. Luisa hat 20 % bekommen.
b) Klasse 6b: Ira hat $\frac{1}{4}$ der Stimmen bekommen. Tamara hat 13 % bekommen. Luc hat die restlichen Stimmen bekommen.

20 Erkläre die Rechnung.
a)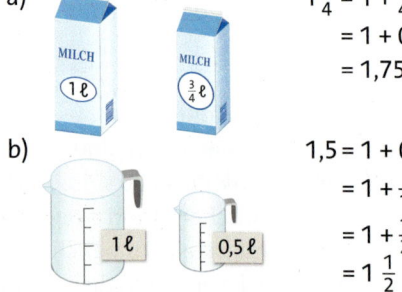

$1\frac{3}{4} = 1 + \frac{3}{4}$
$= 1 + 0,75$
$= 1,75$

b)
$1,5 = 1 + 0,5$
$= 1 + \frac{5}{10}$
$= 1 + \frac{1}{2}$
$= 1\frac{1}{2}$

20 Gemischte Zahlen und Dezimalzahlen
a) Rechne in eine Dezimalzahl um.
Tipp $2\frac{3}{10} = 2 + \frac{3}{10} = 2 + 0,3 = 2,3$
① $4\frac{7}{10}$ ② $1\frac{35}{100}$ ③ $6\frac{9}{100}$
④ $15\frac{1}{2}$ ⑤ $2\frac{3}{5}$ ⑥ $7\frac{3}{4}$

b) Rechne in eine gemischte Zahl um.
Tipp $5,23 = 5 + 0,23 = 5 + \frac{23}{100} = 5\frac{23}{100}$
① 4,79   ② 8,45   ③ 9,08
④ 11,513   ⑤ 3,016   ⑥ 2,009

Vertiefen

21 Welche Angaben kann man runden? Bei welchen Angaben ist das nicht sinnvoll? Begründet eure Antwort.
a) Lotta ist 1,524 cm groß.
b) Der Bus fährt um 11.45 Uhr ab.
c) Herr Kaiser hat für den Urlaub 245,74 € eingeplant.
d) Arnos Schultasche wiegt 4,736 kg.

21 Ist es sinnvoll, die Angabe zu runden? Wenn ja: Wie würdet ihr runden? Begründet eure Antwort.
a) Von Hannover bis Minden sind es 74,7 km.
b) Der Stift kostet 0,38 €.
c) Um das Zimmer zu streichen, braucht Timo 5,1 ℓ Farbe.
d) Der Lkw wiegt 457,951 kg.

22 Vergleiche: < oder >
Tipp Schreibe erst den Bruch als Dezimalzahl.
a) $\frac{1}{2}$ ■ 0,4
b) $\frac{1}{4}$ ■ 0,3
c) $\frac{1}{5}$ ■ 0,5
d) $\frac{3}{4}$ ■ 0,7

22 Vergleiche: < oder >
Tipp Rechne erst in eine gemeinsame Schreibweise um.
a) 0,6 ■ $\frac{1}{2}$
b) $\frac{2}{5}$ ■ 0,5
c) $\frac{12}{20}$ ■ 0,7
d) 0,9 ■ $\frac{7}{8}$

23 Übertrage und ergänze den Bruch.

| 4 | 8 | 5 | 100 | 1 | 2 |

a) $\frac{■}{10} = 0{,}8$
b) $\frac{3}{■} = 0{,}03$
c) $\frac{1}{■} = 0{,}25$
d) $\frac{■}{8} = 0{,}125$

23 Übertrage und ergänze den Bruch. Beschreibe dein Vorgehen.
a) $\frac{3}{■} = 0{,}75$
b) $\frac{■}{30} = 0{,}7$
c) $\frac{1}{■} = 0{,}02$
d) $\frac{■}{8} = 0{,}375$

24 Ordne den Farben die passenden Prozentangaben zu.

20 % 35 % 15 % 30 %

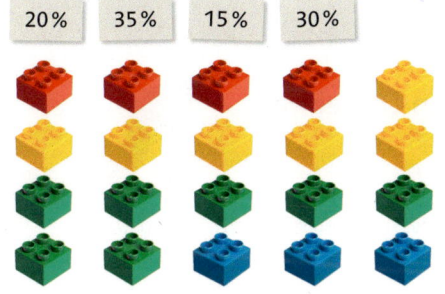

24 Berechne die Anteile der Farben in Prozent.

Nachgedacht
Das ist das Ergebnis beim Runden: 2,37
Gib die größte und die kleinste Ausgangszahl an.

25 Übertrage und ergänze die Beschriftung.
a) Erklärt.
Tipp Welcher Ausschnitt wurde verfeinert? Wie wurde verfeinert?
b) Wie oft muss man verfeinern, damit man 2,378912 eintragen kann?

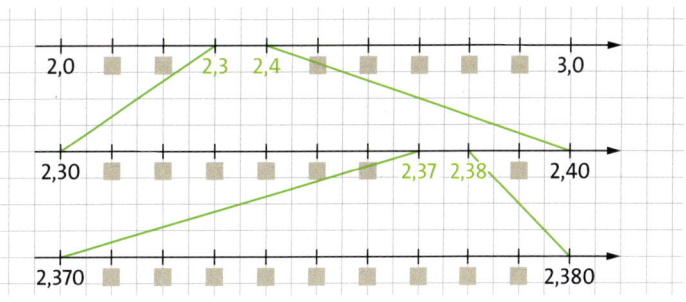

26 Auf welche Dezimalzahlen zeigen die Pfeile ungefähr? Ihr könnt die Dezimalzahlen nicht genau ablesen. Schätzt und begründet eure Antwort.

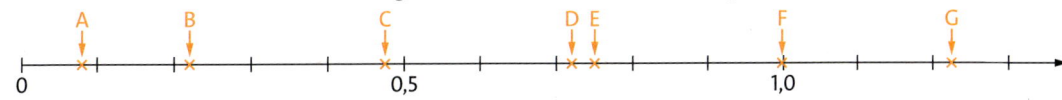

DEZIMALZAHLEN — VERMISCHTE ÜBUNGEN

Hinweis
Zwischen den Zahlen 0,2 und 0,3 liegen z.B. die Zahlen 0,21 und 0,27.

27 Finde jeweils zwei Zahlen, die …
a) größer als 1,8 und kleiner als 2,1 sind.
b) größer als 0,5 und kleiner als 0,6 sind.
c) größer als 4,3 und kleiner als 4,4 sind.

27 Übertrage und ergänze im Heft.
Tipp 1< 2 < 4 heißt 1 < 2 und 2 < 4
a) 4,2 < ■ < 4,7   b) 3,05 < ■ < 3,07
c) 1,8 < ■ < 1,9   d) 0,01 < ■ < 0,02

28 Luca rechnet $\frac{5}{8}$ in eine Dezimalzahl um.
a) Erkläre den Rechenweg.
b) Berechne.
① $\frac{7}{8}$ ② $\frac{3}{20}$ ③ $\frac{11}{25}$

Ich weiß auswendig, dass $\frac{1}{8}$ = 0,125 ist. Dann kann ich schnell berechnen, was $\frac{5}{8}$ sind.

$\frac{1}{8}$ = 0,125
125 · 5 = 625
Also ist $\frac{5}{8}$ = 0,625

29 Der Frosch springt immer gleich weit. Wo landet der Frosch bei den nächsten 3 Sprüngen?

29 Die Heuschrecke springt immer gleich weit. Wo landet die Heuschrecke bei den nächsten 4 Sprüngen?

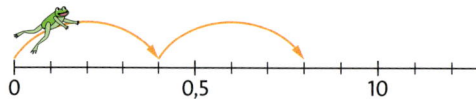
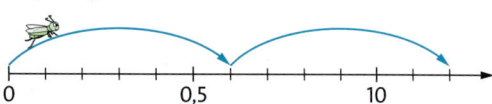

30 Richtig oder falsch? Begründe.
Wenn man das Komma einer Dezimalzahl nach rechts verschiebt, wird die Zahl kleiner.

30 Je mehr Nachkommastellen eine Dezimalzahl hat, desto größer ist sie. Finde ein Gegenbeispiel.

31 Dezimalzahlen mit vielen Nachkommastellen
Rechne in eine Dezimalzahl um und runde das Ergebnis auf Tausendstel.
a) $\frac{1}{7}$ b) $\frac{2}{7}$ c) $\frac{3}{7}$ d) $\frac{4}{7}$

Zum Weiterarbeiten
Sucht im Lexikon oder Internet nach Informationen zu einem Tier. Gestaltet ein Plakat mit Brüchen, Dezimalzahlen und Prozent und stellt es der Klasse vor.

Strategie Informationen aus Texten entnehmen

Die Fledermaus
Die Fledermaus macht von Oktober bis Ende März Winterschlaf.
Um in diesem $\frac{1}{2}$ Jahr nicht zu verhungern, fressen Fledermäuse vorher 20 % mehr.
Im Winterschlaf verliert die Fledermaus ungefähr $\frac{1}{4}$ ihres Körpergewichts.
Ihre Körpertemperatur sinkt auf $\frac{1}{10}$ des normalen Wertes und der Herzschlag wird langsamer:
Das Herz schlägt nur noch ca. 10-mal pro Minute.

Strategie Was ist wichtig?
① Lies die Frage oder Aufgabe.
② Welche Angaben brauchst du?
③ Im Buch: Schreibe wichtige Angaben ins Heft. Auf Arbeitsblättern oder im Heft: Unterstreiche alle wichtigen Angaben.

1 Schreibe die Informationen aus dem Text.
a) Ordne: Welche Information ist als natürliche Zahl, als Bruch, als Dezimalzahl oder in Prozent gegeben?
b) Schreibe die Informationen auch in den anderen Schreibweisen.

2 Erik hat den Text über die Fledermaus umgeschrieben. Was sagt ihr dazu?

> Die Fledermaus macht von Oktober bis Ende März Winterschlaf. Um in diesem 0,5 Jahr nicht zu verhungern, fressen Fledermäuse vorher 20 mehr. Im Winterschlaf verliert die Fledermaus ungefähr 40 % ihres Körpergewichts. Ihre Körpertemperatur sinkt auf $\frac{99}{990}$ des normalen Wertes und der Herzschlag wird langsamer: Das Herz schlägt nur noch ca. 10 % mal pro Minute.

DEZIMALZAHLEN — VERMISCHTE ÜBUNGEN

Weiterdenken

Sportfest

Der Verein SV Rot-Weiß veranstaltet ein Sportfest. Es gibt verschiedene Wettkämpfe:

Zum Weiterarbeiten
Stellt euch gegenseitig sinnvolle Fragen zur Tabelle und beantwortet sie.

32 Weitsprung

a) Erstelle jeweils eine Bestenliste für den 1. Versuch und für den 2. Versuch.
b) Erstelle eine Bestenliste für die Ergebnisse aus dem 1. und 2. Versuch zusammen.
c) Im letzten Jahr war der Schulrekord 3 m. Wer ist am nächsten dran?

Name	1. Versuch	2. Versuch
Thomas	2,60 m	2,53 m
Mira	2,85 m	2,58 m
Olek	3,01 m	2,79 m
Susi	2,78 m	2,99 m

33 50-m-Lauf

a) Erstelle eine Bestenliste. Was fällt dir auf? Warum ist das so?
b) Was hätte man tun müssen, damit alle acht Plätze belegt sind?

Thomas (11 J.) 9,9 s   Mira 9,3 s (12 J.)
Olek (13 J.) 10,1 s   Susi 9,6 s (10 J.)
Peter (11 J.) 9,3 s   Luisa 9,7 s (10 J.)
Tulya (12 J.) 9,4 s   Nicolas 9,2 s (13 J.)

34 Medaillen

a) Erkläre die Tabelle. Was bedeuten die Abkürzungen? Was bedeuten die Zeichen 🥇, 🥈 und 🥉?
b) Welche Medaillen bekommen die Kinder aus Aufgabe 32 und 33?
c) Tim sagt:
„Helene, Kai und Max sind nicht so weit gesprungen wie der beste Teilnehmer. Aber sie bekommen auch eine Gold-Medaille." Wie weit könnten sie gesprungen sein?

	weiblich		männlich	
	10–11 J.	12–13 J.	10–11 J.	12–13 J.
Weit-sprung	🥉 2,30 m 🥈 2,60 m 🥇 2,90 m	🥉 2,80 m 🥈 3,10 m 🥇 3,40 m	🥉 2,60 m 🥈 2,90 m 🥇 3,20 m	🥉 3,20 m 🥈 3,50 m 🥇 3,80 m
50-m-Lauf	🥉 11,0 s 🥈 10,1 s 🥇 9,1 s	🥉 10,6 s 🥈 9,6 s 🥇 8,5 s	🥉 10,3 s 🥈 9,3 s 🥇 8,4 s	🥉 9,7 s 🥈 8,9 s 🥇 8,1 s

35 Theo sagt:
„Team B ist besser, weil es mehr Medaillen bekommen hat."
Was sagt ihr dazu?
Begründet eure Antwort.
Tipp Team ■ hat mehr Mitglieder als Team ■. Deswegen …

Team A
Lea, Konstantin, Klara, Tim, Ole, Samira, Viktor, Rhianna, Ida, Alwina, Ela, Ulf, Cem, Leandro, Steffi, Pam, Tia, Oana, Johnny, Anton

Insgesamt hat Team A 5 Medaillen bekommen.

Team B
Theo, Nasir, Petra, Silas, Lea, Ben, Chloe, Enni, Sonja, Eve, Tino, Regina, Can, Aurora, Neo, Anne, Ayk, Ivo, Kai, Liz, Amy, Khaled, Mia, Alex, Tea

Insgesamt hat Team B 6 Medaillen bekommen.

36 Die Einnahmen des Sportfests werden gespendet. Erkläre das Kreisdiagramm.
Richtig oder falsch?
a) Die Hälfte wird an das Tierheim und an die Partnerstadt in Afrika gespendet.
b) Knapp ein Viertel wird an den Umwelt-Verein gespendet.
c) Der Sportverein spendet mehr an das SOS-Kinderdorf als an die Diakonie und die Musikschule zusammen.
d) Schreibe eigene Sätze zum Diagramm.

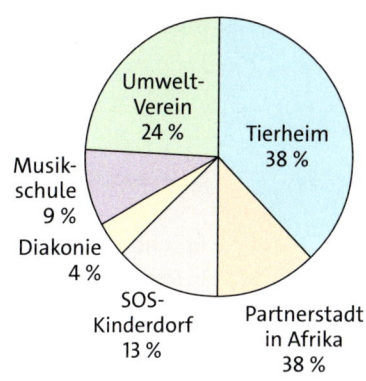

Zusammenfassung

→ Seite 118

Dezimalzahlen

Bei Dezimalzahlen stehen
vor dem Komma die Ganzen und
hinter dem Komma die Nachkommastellen:
Zehntel, Hundertstel, Tausendstel, ...

2,617

Lies einzeln: zwei Komma sechs eins sieben

2 Ganze   drei Nachkommastellen

Die Dezimalzahl ist eine andere Schreibweise für Brüche mit 10; 100; 1000; ... im Nenner.

$2{,}617 = 2\frac{617}{1000}$

3 Nachkommastellen, also **1000** mit 3 Nullen

→ Seite 121

Dezimalzahlen vergleichen und ordnen

Dezimalzahlen sind gleichmäßig auf dem Zahlenstrahl angeordnet:

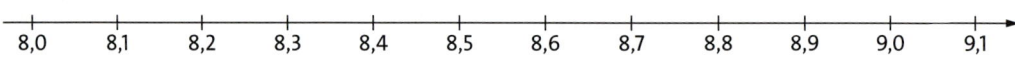

Dezimalzahlen vergleicht man stellenweise von links nach rechts:

a) 8,6 > 8,2   Die Zehntel sind
verschieden: 6 > 2

b) 4,950 < 4,951   Die Tausendstel sind
verschieden: 0 < 1

→ Seite 124

Dezimalzahlen runden

① **Rundungsstelle** festlegen
② Ziffer **rechts** neben der Rundungsstelle:
③ Bei 0; 1; 2; 3; 4 **abrunden**.
   Bei 5; 6; 7; 8; 9 **aufrunden**.

Runde 9,54637 ...   9,54637 ist ungefähr 9,5.

auf Zehntel: 9,54637 ≈ 9,5
auf Hundertstel: 9,54637 ≈ 9,55

→ Seite 126

Brüche in Dezimalzahlen umrechnen

Brüche **auf den Nenner 10; 100; 1000; ...** erweitern und kürzen

$\frac{12}{25} \overset{\cdot 4}{\underset{\cdot 4}{=}} \frac{48}{100} = 0{,}48$ $\frac{20}{40} \overset{:4}{\underset{:4}{=}} \frac{5}{10} = 0{,}5$

Schriftliche Division
   Zähler : Nenner
Wenn man das Komma überschreitet,
muss man ein Komma im Ergebnis setzen.

$\frac{55}{25} = 55 : 25$ Ergänze Komma und Nullen.

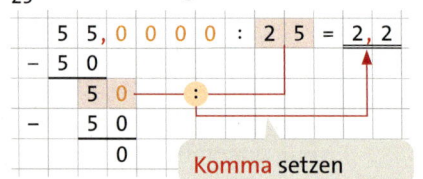

Komma setzen

→ Seite 130

Brüche, Dezimalzahlen und Prozentangaben

Brüche mit dem **Nenner 100** kann man
in Prozent schreiben: $\frac{1}{100} = 1\%$

$0{,}01 = \frac{1}{100} = 1\%$

$\frac{3}{4} \overset{\cdot 25}{\underset{\cdot 25}{=}} \frac{75}{100} = 75\% = 0{,}75$

$4\% = \frac{4}{100} = 0{,}04$

DEZIMALZAHLEN

Teste dich!

1 Auf welche Zahlen zeigen die Pfeile?

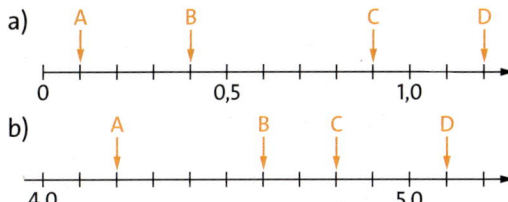

1 Auf welche Zahlen zeigen die Pfeile?

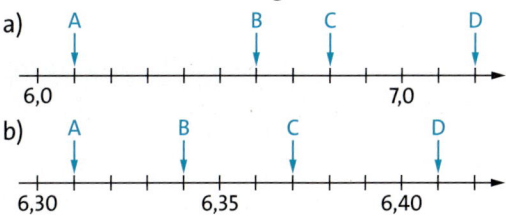

2 Übertrage und ergänze im Heft.
Tipp Erweitere erst auf den Nenner 100.
a) $\frac{3}{4} = \frac{\Box}{100} = 0,\Box = \Box\%$
b) $\frac{1}{20} = \frac{\Box}{100} = 0,\Box = \Box\%$
c) $\frac{1}{50} = \frac{\Box}{100} = 0,\Box = \Box\%$

2 Schreibe als Bruch, als Dezimalzahl und in Prozent.
a) als Bruch: 0,25; 0,65; 50%; 30%
b) als Dezimalzahl: $\frac{3}{10}$; $\frac{9}{20}$; 8%; 70%
c) in Prozent: $\frac{75}{100}$; $\frac{3}{5}$; 0,65; 0,82

3 Was gehört zusammen? Ordne zu und begründe.

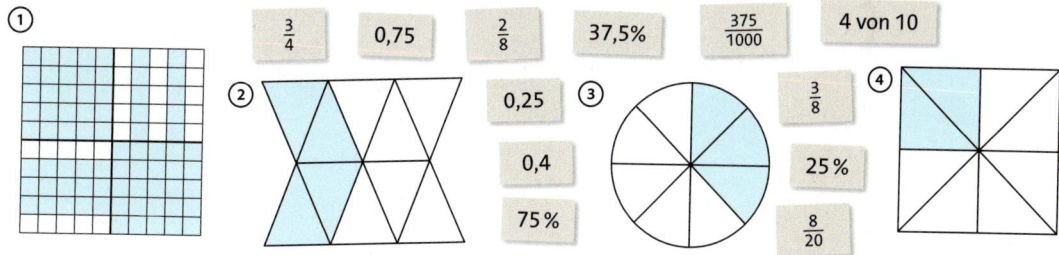

4 Reichen 15 € für den Einkauf? Begründe deine Antwort.
Tipp Runde die Preise einzeln auf ganze Euro. Berechne dann den Gesamtpreis.

Ananas	2,95 €
Brot	3,25 €
Nudeln	1,99 €
Reis	2,15 €

4 Reichen 8 € für den Einkauf? Begründe deine Antwort.
Tipp Runde die Preise sinnvoll und überschlage den Gesamtpreis.

5 Vergleiche: kleiner < oder größer >?
a) 0,4 ▪ 0,8   b) 6,5 ▪ 7,1
c) 5,2 ▪ 5,199   d) 3,798 ▪ 3,987

5 Vergleiche: kleiner oder größer?
a) 0,74 ▪ 0,76   b) 0,807 ▪ 0,088
c) 1,9 ▪ 1,901   d) 5,9 ▪ 5,899

6 Gib zwei Dezimalzahlen an, die zwischen 1,3 und 1,5 liegen.

6 Gib zwei Dezimalzahlen an, die zwischen 2,3 und 2,4 liegen.

7 Wegen einer Straßensperrung kommen 8 von 50 Lehrkräften zu spät zur Schule. An der Nachbarschule kommen 15% der 50 Lehrkräfte zu spät. An welcher Schule kommen mehr Lehrkräfte zu spät? Begründe. Gib die Anteile in Prozent an und vergleiche.

7 In der 1. Klassenarbeit hat Klara 21 von 25 Punkten bekommen. In der 2. Klassenarbeit waren es 17 von 20 Punkten. In welcher Klassenarbeit war sie besser? Begründe. Gib die Anteile in Prozent an und vergleiche.

→ *Lösungen ab S. 229*   → *Lösungen ab S. 230*

Daten

In diesem Kapitel lernst du, …

→ Informationen zu vergleichen.
→ wie man den Durchschnitt berechnet.
→ wie man einen anderen Mittelwert, den Median, berechnet.
→ absolute und relative Häufigkeit kennen.

Daten gibt es überall.
Man kann sie sammeln, vergleichen und auf verschiedene Weise darstellen.
Vergleiche das Alter, das Gewicht und die Größe der Wellensittiche.
Welche Daten kann man für die Wellensittiche außerdem noch sammeln?
Welche Daten gibt es über dich?

Name: Leo
Alter: 5 Jahre
Gewicht: 42 g
Größe: 19,5 cm

Name: Susi
Alter: 3 Jahre
Gewicht: 37 g
Größe: 16 cm

DATEN

Noch fit?

1 Übertrage und ergänze die Tabelle im Heft.

Lieblingstiere	Strichliste	Häufigkeit
Hase	II	
Katze	⊬⊦ I	
Hund	III	
	Gesamtzahl	

Wie viele Kinder wurden insgesamt befragt?

1 Übertrage und ergänze die Tabelle im Heft.

Lieblingsfarbe	Strichliste	Häufigkeit
rot	⊬⊦	
grün	IIII	
blau	⊬⊦ ⊬⊦ II	
lila	III	

Wie viele Kinder wurden insgesamt befragt?

2 Beschreibe das Diagramm und beantworte die Fragen.
a) Wie viele Stimmen hat Rita bekommen?
b) Wer hat die meisten Stimmen bekommen?
c) Wie viele Kinder haben abgestimmt?

3 Berechne.
Tipp Erst Klammern, dann Punkt-vor-Strich.
a) 5 · (8 + 9)
b) 8 + 2 · 7
c) (3 + 5 + 4 + 2) : 7
d) 2 + 12 : (18 − 15)

3 Berechne.
Tipp Achte auf die Klammern und die Punkt-vor-Strich-Regel.
a) 19 + 5 · (13 + 7)
b) (12 + 5 + 9 − 4 + 2) : 8
c) 36 : 6 + 7 · (24 − 15)

4 Welche Zahl liegt in der Mitte?
a) 3 und 7 b) 2 und 5
Beschreibe dein Vorgehen.

4 Welche Zahl liegt in der Mitte?
a) 8 und 14 b) 9 und 16
Beschreibe dein Vorgehen.

5 Übertrage die Tabelle und rechne um.

	Bruch	Dezimalzahl	Prozent
a)	$\frac{36}{100}$		
b)		0,4	
c)			20 %
d)	$\frac{3}{4}$		

5 Übertrage die Tabelle und rechne um.

	Bruch	Dezimalzahl	Prozent
a)	$\frac{7}{10}$		
b)		0,9	
c)			63 %
d)	$\frac{1}{5}$		

→ Lösungen ab S. 231

Trainingsplan

Nr.	Ich kann …	Ich muss noch trainieren:
1	eine Häufigkeitstabelle ergänzen und Fragen dazu beantworten.	→ S. 263, Nr. 55
2	ein Diagramm beschreiben und Daten ablesen.	→ S. 264, Nr. 56, 57
3	Aufgaben berechnen und dabei die Vorrangregeln beachten.	→ S. 265, Nr. 58
4	die Zahl in der Mitte zwischen zwei Zahlen bestimmen.	→ S. 265/266, Nr. 59, 60
5	Brüche, Dezimalzahlen und Prozent umrechnen.	→ S. 266/267, Nr. 61–65

DATEN

Daten und Diagramme

ENTDECKEN

1 Ein neuer Teamkapitän wird gewählt.

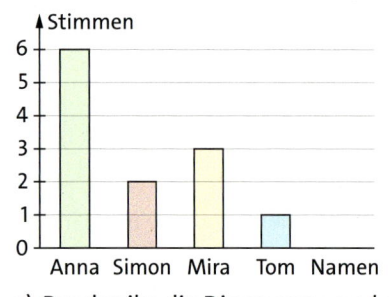 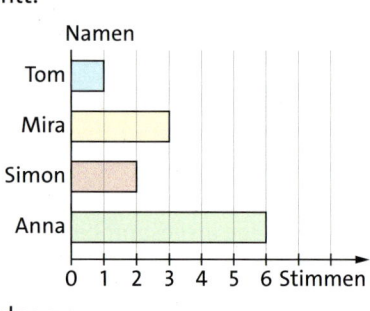 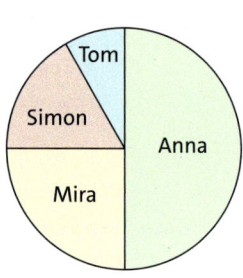

Zum Weiterarbeiten
👥 *Stellt euch gegenseitig sinnvolle Fragen zu den Diagrammen und beantwortet sie.*

a) Beschreibe die Diagramme und ordne zu:
   Kreisdiagramm, Säulendiagramm, Balkendiagramm
b) Beantworte die Fragen.
   An welchem Diagramm hast du das jeweils abgelesen? Begründe.
   – Wer hat die wenigsten Stimmen bekommen?
   – Wie viele Stimmen hat Anna mehr bekommen als Tom?
   – Wer wird Teamkapitän?
   – Mira sagt: „Ich habe die Hälfte aller Stimmen!" Was sagst du dazu?

VERSTEHEN

Max, Eva, Olek und Thea sammeln Spielkarten.

Wer hat die meisten Spielkarten?
Wer hat die wenigsten Spielkarten?
Wie groß ist der Unterschied zwischen den meisten und den wenigsten Spielkarten?

Name	Strichliste	Anzahl
Max	ЖЖ	5
Eva	ЖЖ III	8
Olek	III	3
Thea	II	2

Vokabeln
→ *der Kennwert*
→ *das Minimum*
→ *das Maximum*
→ *die Spannweite*
→ *das Diagramm*

Merke Das **Minimum**, das **Maximum** und die **Spannweite** sind besondere Daten. Diese Daten nennt man auch **Kennwerte**.

Beispiel 1 Kennwerte
kleinster Wert   das **Minimum**:   2
größter Wert   das **Maximum**:   8

Maximum – Minimum = die **Spannweite**
      8   –   2   =   6

Beispiel 2

a) das **Säulendiagramm**

höchste Säule: das Maximum
kürzeste Säule: das Minimum

b) das **Balkendiagramm**

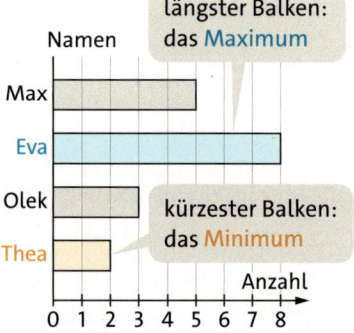

längster Balken: das Maximum
kürzester Balken: das Minimum

c) das **Kreisdiagramm**

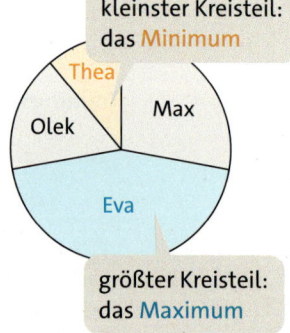

kleinster Kreisteil: das Minimum
größter Kreisteil: das Maximum

DATEN — DATEN UND DIAGRAMME

ANWENDEN

1 Tiere im Tropenhaus

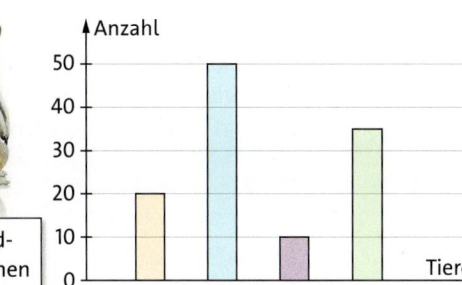

10 Fledermäuse 50 Frösche 35 Schildkröten 20 Erdmännchen

a) Ordne die Tiere den Säulen zu.
b) Welches Tier kommt am häufigsten vor?
c) Welches Tier kommt am seltensten vor?
d) Wie groß ist der Unterschied zwischen den häufigsten und den seltensten Tieren?

2 Lieblingseis der Klasse 6 c:

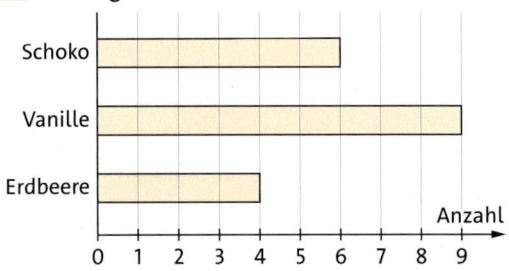

a) Was ist das für ein Diagramm?
   Tipp Säulendiagramm, Balkendiagramm oder Kreisdiagramm?
b) Lies das Maximum ab. → längster Balken
c) Lies das Minimum ab. → kürzester Balken
d) Berechne die Spannweite.

2 Lieblingssport der Klasse 6 b:

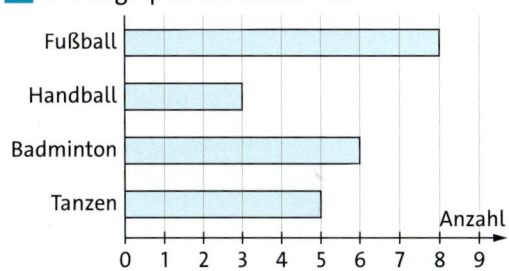

a) Welche Art von Diagramm ist das?
b) Lies Minimum und Maximum ab.
c) Berechne die Spannweite.
d) Luis sagt: „Die Hälfte der Klasse mag Tanzen." Stimmt das? Begründe deine Antwort.

3 Tiere im Zoo
a) Welche Art von Diagramm ist das?
b) Lies Minimum und Maximum ab.
c) Berechne die Spannweite.

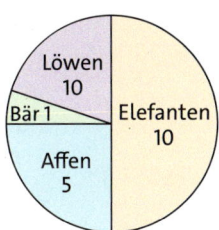

3 Tiere auf dem Bauernhof
Beschreibe das Diagramm.
Tipp Diagrammtyp, Überschrift, Minimum, Maximum, Spannweite

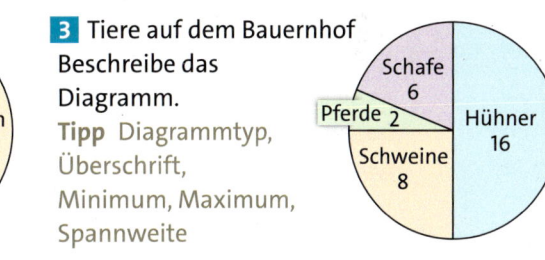

4 So kommen die Schüler zur Schule:

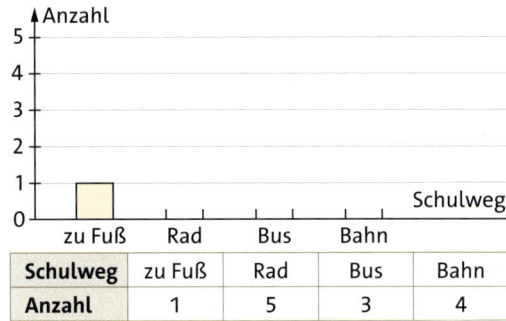

Schulweg	zu Fuß	Rad	Bus	Bahn
Anzahl	1	5	3	4

a) Ergänze die fehlenden Säulen im Heft.
b) Lies Minimum und Maximum ab.
c) Berechne die Spannweite.

4 So lange brauchen die Kinder zum Training:

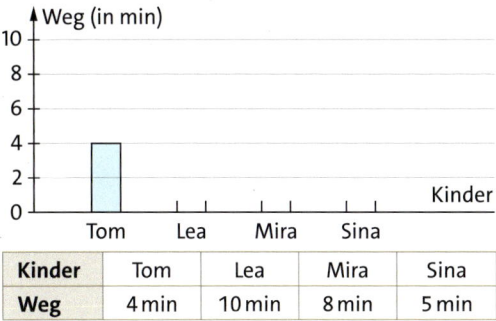

Kinder	Tom	Lea	Mira	Sina
Weg	4 min	10 min	8 min	5 min

a) Ergänze das Säulendiagramm im Heft.
b) Bestimme die Kennwerte.
   Tipp Maximum, Minimum, Spannweite

5 Hobbys der Klasse 6 b:
Lena hat eine Strichliste und ein Säulendiagramm gezeichnet.
Dann hat Lena die Kennwerte bestimmt.

Hobby	Fußball	Turnen	Golf	Reiten	Lesen
Anzahl	IIII	III	III	II	IIIIIIII

Kennwerte   Das Maximum ist Lesen: 8
            Das Minimum ist Fußball: 4
            Die Spannweite ist 8 − 4 = 4.

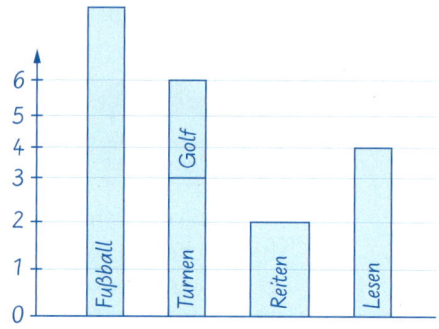

Lena hat einige Fehler gemacht. Beschreibe die Fehler. Berichtige sie im Heft.

6 Abstimmung zum Klassenausflug:

Museum   4 Stimmen
Kletterpark 15 Stimmen
Schwimmbad   1 Stimme
Zoo   10 Stimmen

a) Welche Farbe gehört zu welchem Ausflug?
b) Richtig oder falsch? Begründe.
   ① Die Klasse fährt in den Zoo.
   ② Das Museum hat 4 von 32 Stimmen.
   ③ Die Hälfte möchte ins Schwimmbad.

6 Klassensprecherwahl

Tina   5 Stimmen
Charly 16 Stimmen
Lian   9 Stimmen
Enrico   2 Stimmen

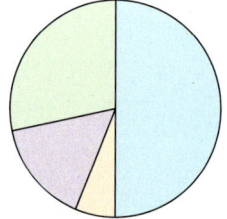

a) Welche Farbe gehört zu welchem Kind?
b) Richtig oder falsch? Begründe.
   ① Tina hat 2 von 32 Stimmen bekommen.
   ② Charly hat die Hälfte der Stimmen.
   ③ Lian hat am wenigsten Stimmen.

Methode Werte im Kreisdiagramm
Mit einem Kreisdiagramm kann man gut Anteile darstellen:
$\frac{3}{4}$ von 100 Befragten haben mit „ja" geantwortet.
Die Anzahl kann man dann berechnen:
$\frac{3}{4}$ von 100 = 75

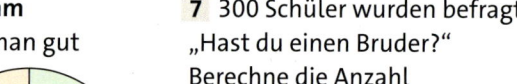

7 300 Schüler wurden befragt: „Hast du einen Bruder?"
Berechne die Anzahl an Antworten.
a) Berechne den grünen Anteil: $\frac{2}{3}$ von 300
b) Berechne den orangen Anteil: $\frac{1}{3}$ von 300

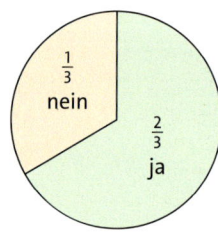

8 12 Personen wurden befragt: „Was ist deine Lieblingsfarbe?"
a) Ordne die Anteile den Farben zu.

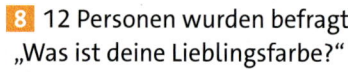

b) Wie viele Personen haben blau als Lieblingsfarbe?
c) Drei Befragte haben als Lieblingsfarbe Grün angegeben. Stimmt das? Begründe.

8 120 Personen wurden befragt: „Wohin fährst du am liebsten in den Urlaub?"
Berechne die Anzahl an Antworten.
a) $\frac{1}{6}$ von 120 Befragten fahren gerne nach Italien.
b) $\frac{1}{3}$ von 120 Befragten fahren gerne nach Spanien.
c) Wie viele der Befragten fahren gerne in die Türkei?

Methode Kreisdiagramme zeichnen

Mit einem Kreisdiagramm kann man gut Anteile darstellen:
50 von 100 Kindern sind die **Hälfte**. Man zeichnet im Kreis die Hälfte ein.
25 von 100 Kindern sind ein **Viertel**. Man zeichnet im Kreis ein Viertel ein.
Aber welchen Anteil zeichnet man für 20 von 120 Kindern in einem Kreisdiagramm?

Beispiel 1 Wer ist der beste Handballer im Verein?

Tobias	Alexander	Maximilian
20 Stimmen	30 Stimmen	70 Stimmen

① Plane ausreichend Platz in deinem Heft ein.
   Markiere den Mittelpunkt M und zeichne um M einen Kreis.
② Berechne die Gesamtzahl: 20 + 30 + 70 = 120
③ Berechne die Winkelgröße für eine Stimme: 360° : 120 = 3°
④ Berechne die Winkelgröße für 20 Stimmen: 3° · 20 = 60°
⑤ Zeichne den Winkel im Kreis ein. Beschrifte den Kreisteil.
   Berechne dann den nächsten Winkel und zeichne den Kreisteil ein.

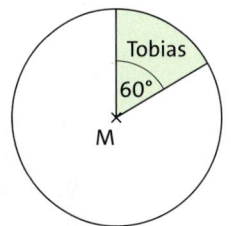

ANWENDEN

1 Übertrage das Kreisdiagramm von Beispiel 1 ins Heft und ergänze die Kreisteile für Maximilian und Alexander. Nimm den Radius r = 4 cm.

2 Lieblingsfrühstück

Müsli	Brot	Obst
10	60	50

Zeichne dazu ein Kreisdiagramm.

2 Lieblingsobst

Orange	Banane	Apfel
70	25	85

Zeichne dazu ein Kreisdiagramm.

Nachgedacht
Mesut sagt:
„Ich berechne den letzten Winkel nie."
Erkläre, was er damit meint.

3 Haustiere:

30 Hunde   80 Kleintiere   70 Katzen

Zeichne dazu ein Kreisdiagramm.
Tipp Berechne erst den Winkel für 30 Hunde.

3 Bestellung des Pausenfrühstücks:

30 Brötchen   26 Bananen   15 Müsli-Riegel   19 Äpfel

Zeichne dazu ein Kreisdiagramm.
Beschreibe dein Vorgehen.

4 Berechne die Winkelgröße für ein Kreisdiagramm: 20 von 120 Kindern

Pia sagt: „Das berechne ich kürzer."
$$\frac{360°}{120} \cdot 20 = 3° \cdot 20 = 60°$$

Thomas sagt: „Das rechne ich anders."
$$\frac{20}{120} \cdot 360° = \frac{1}{6} \cdot 360° = 60°$$

a) Erklärt, wie Pia und Thomas gerechnet haben.
b) Berechne die Winkelgröße einmal wie Pia und einmal wie Thomas.
   ① 60 von 120   ② 30 von 120   ③ 25 von 100   ④ 40 von 50

5 Punkte beim Kartenspiel:

Marvin: 28   Umut: 13   Samira: 24   Petra: 25

Zeichne dazu ein Kreisdiagramm.

5 Treffer beim Elfmeter-Schießen:

Elif: 8   Julia: 18   Timo: 20   Markus: 14

Zeichne dazu ein Kreisdiagramm.

DATEN

📋 Methode Diagramme mit dem Computer zeichnen

Diagramme können auch mit einem Computerprogramm gezeichnet werden.
Dafür gibt es verschiedene Programme zur **Tabellenkalkulation**.
Mit der Tabellenkalkulation kannst du verschiedene Diagramme auswählen und
dein Diagramm einfach verändern.

Zum Weiterarbeiten
Führt eine Umfrage zum Thema Hobbys in eurer Klasse durch. Stellt die Ergebnisse am Computer dar.

① **Daten eintragen**
Übertrage die Daten in eine Tabellenkalkulation.

	A	B	C
1	Lehrer	Stimmen	
2	Herr Richter	48	
3	Frau Müller	21	
4	Frau Taniyan	36	
5	Herr Jahn	11	

② **Daten markieren**
Drücke dazu die linke Maustaste und halte sie gedrückt.
Bewege den Mauszeiger nun über den Bereich, den du markieren möchtest.

	A	B	C
1	Lehrer	Stimmen	
2	Herr Richter	48	
3	Frau Müller	21	
4	Frau Taniyan	36	
5	Herr Jahn	11	

③ **Diagramm auswählen**
Klicke zuerst oben in der Menüleiste auf Einfügen.
Wähle dann bei Diagramme das gewünschte Diagramm aus.

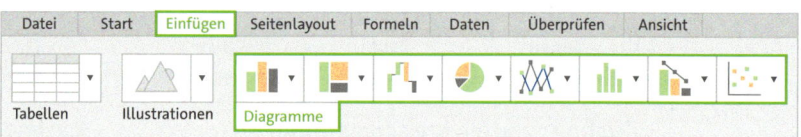

④ **Diagramme bearbeiten**
Man kann das Aussehen der Diagramme bearbeiten, z. B. Farben, Hilfslinien, Beschriftung, …

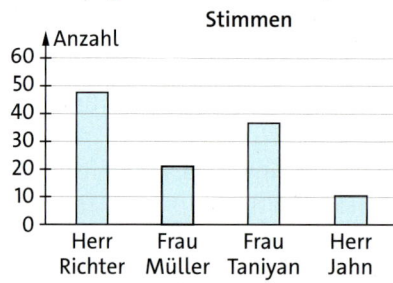
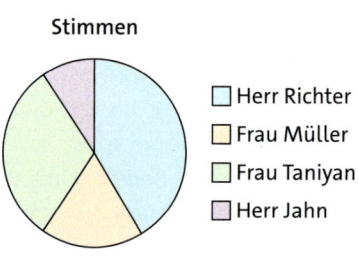

ANWENDEN

1 Besucherzahlen im Museum

Mo: 89   Di: 117   Mi: 224   Do: 36   Fr: 96   Sa: 255   So: 302

a) Zeichne mit einer Tabellenkalkulation ein Kreisdiagramm, ein Säulendiagramm und ein Balkendiagramm.
b) Bearbeite das Aussehen der Diagramme. Beschreibe dein Vorgehen.
c) 👥 Vergleicht eure Diagramme.

Das arithmetische Mittel (Durchschnitt)

ENTDECKEN

1 Eine Runde Tisch-Fußball kostet 1 €.
Jeden Abend wird das Geld aus dem Spielgerät geholt:

Mo	Di	Mi	Do	Fr	Sa	So
6 €	5 €	5 €	4 €	12 €	10 €	7 €

a) An welchem Tag wurde am meisten Geld eingenommen?
An welchem Tag wurde am wenigsten Geld eingenommen?
b) Wie viel Geld wurde insgesamt in der Woche eingenommen?
c) Verteile das Geld gleichmäßig auf die Tage. Wie viel Geld ist das dann pro Tag?

2 Ist die Aussage für alle elfjährigen Kinder richtig? Begründet eure Antwort.
a) Elfjährige Kinder sind im Durchschnitt 1,45 m groß.
b) Durchschnittlich haben elfjährige Kinder die Schuhgröße 37.

VERSTEHEN

Bauer Hansen hat aufgeschrieben,
wie viel Liter Milch das Schaf Berta jeden Tag gegeben hat.

Tag	Mo	Di	Mi	Do	Fr	Sa	So
Liter	2 ℓ	1 ℓ	3 ℓ	1 ℓ	4 ℓ	2 ℓ	1 ℓ

Wie viel Liter Milch hat das Schaf Berta im Durchschnitt gegeben?
Man sagt auch:
Wie viel Liter Milch hat das Schaf Berta **durchschnittlich** gegeben?

Der **Durchschnitt** ist ein wichtiger Kennwert.
Häufig wird der Durchschnitt auch **arithmetisches Mittel** genannt.

Vokabeln
→ *der Durchschnitt*
→ *das arithmetische Mittel*

Merke So berechnet man
das **arithmetische Mittel**:
① Berechne die Summe aller Werte.
② Bestimme die Anzahl der Werte:
Wie viele Werte sind es insgesamt?
③ Dividiere die Summe aller Werte durch
die Anzahl der Werte.

Man kann das arithmetische Mittel auch
kürzer schreiben:
⌀ = Summe aller Werte : Anzahl der Werte

Beispiel 1 Milchmenge vom Schaf Berta
im Durchschnitt
① $2 + 1 + 3 + 1 + 4 + 2 + 1 = 14$
② Anzahl der Werte:
Montag bis Sonntag: 7
③ $14 : 7 = \underline{\underline{2}}$
Das Schaf Berta hat durchschnittlich 2 ℓ
Milch gegeben.

Beispiel 2
⌀ = $(2 + 1 + 3 + 1 + 4 + 2 + 1) : 7$
   = $14 : 7 = \underline{\underline{2}}$

Denke an die Klammern.

DATEN — DAS ARITHMETISCHE MITTEL (DURCHSCHNITT)

ANWENDEN

1 Bauer Pehle hat aufgeschrieben, wie viele Eier seine Hühner jeden Tag gelegt haben.

Mo	Di	Mi	Do	Fr
6	10	11	7	6

Berechne den Durchschnitt:
① Berechne die Summe aller Werte.
② Bestimme die Anzahl der Werte: Wie viele Tage sind es insgesamt?
③ Dividiere.

2 Berechne den Durchschnitt.
Tipp Alle Werte addieren und durch die Anzahl der Werte dividieren.
a) 7; 3; 9; 1 — Anzahl der Werte: ■
b) 15; 12; 16; 23; 24 — Anzahl der Werte: ■
c) 65; 15; 20; 4 — Anzahl der Werte: ■
d) 350; 305; 344 — Anzahl der Werte: ■

1 Leo hat aufgeschrieben, wie viele Comics er in den letzten Monaten gelesen hat:

Jan	Feb	März	April	Mai
14	9	16	4	12

Wie viele Comics hat er im Durchschnitt gelesen? Berechne das arithmetische Mittel:
① Berechne die Summe aller Werte.
② Bestimme die Anzahl der Werte.
③ Dividiere.

2 Berechne das arithmetische Mittel.
Tipp Denke bei deinem Ergebnis zu c) und d) an die Einheit.
a) 28; 49; 17; 53; 3
b) 7,6; 3,8; 6,6
c) 104 m; 95 m; 108 m; 101 m
d) 13 kg; 45 kg; 26 kg; 37 kg; 24 kg

Hinweis
Das arithmetische Mittel ist dasselbe wie der Durchschnitt.

3 Alia hat jeweils das arithmetische Mittel berechnet. Was sagt ihr dazu? Erklärt euch die Fehler und berichtigt sie.

a) 1 4 2 8 5
$1 + 4 + 2 + 8 + 5 : 5$
$= 1 + 4 + 2 + 8 + 1 = \underline{16}$

b) 7 3 7 7
$7 + 3 = 10$
$10 : 2 = \underline{5}$

c) 8 3 0 6 0 7
$8 + 3 + 6 + 7 = 24$
$24 : 4 = \underline{6}$

4 Lukas hat aufgeschrieben, wie viele km Fahrrad er am Tag gefahren ist:

Mo	Di	Mi	Do	Fr	Sa
4 km	4 km	11 km	4 km	0 km	7 km

Berechne die durchschnittliche Strecke.

4 Wer ist der bessere Bogenschütze? Begründe mithilfe des arithmetischen Mittels.

Punkte von Dennis: 21 15 21 23
Punkte von Selma: 19 35 16 0 20

5 Beschreibe das Diagramm.
a) Berechne, wie lange Regina durchschnittlich für ihre Hausaufgaben gebraucht hat.
b) Wo ist das arithmetische Mittel im Diagramm eingezeichnet?

So lange hat Regina für ihre Hausaufgaben gebraucht:

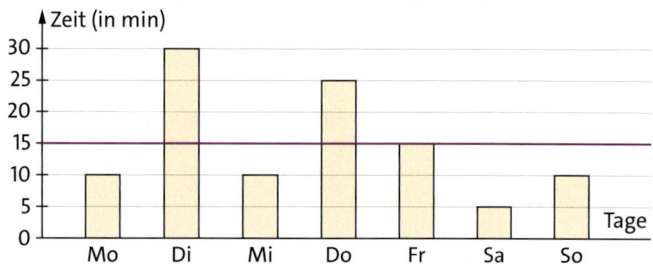

6 Wer ist der bessere Torschütze?
Tipp Berechne jeweils den Durchschnitt.

Tore von Zoey: 7 3 5 9
Tore von Sam: 6 11 4

6 Berechne den Notendurchschnitt der letzten Mathearbeit.

Note	1	2	3	4	5	6
6a	3	6	8	6	3	0

Mia rechnet so: $3 \cdot 1 + 6 \cdot 2 + ...$ Erkläre.

DATEN

Der Median (Zentralwert)

ENTDECKEN

1 Familie Schneider hat sich in Bild ② in einer Reihe aufgestellt.

①

Die eine Hälfte ist kleiner als ich. Die andere Hälfte ist größer als ich.

②
Rita   Max   Nicole   Robert   Leon

a) Wie hat sich die Familie Schneider in Bild ② aufgestellt?
b) Erkläre die Aussagen von Nicole. Was meint Nicole damit?
c) Wo steht Nicole? Beschreibe.

2 Bildet eine Gruppe mit 7 Schülern. Stellt euch der Reihe nach auf: von klein nach groß.
a) Wer steht in der Mitte?
Wie viele Schüler sind kleiner als der Schüler, der in der Mitte steht? Wie viele sind größer?
b) Der jüngste Schüler aus eurer Gruppe geht nun aus der Reihe. Wer steht jetzt in der Mitte?

VERSTEHEN

Juliane fragt nach den Schuhgrößen ihrer Freunde.
Sie schreibt sie ungeordnet auf:

32   29   35   34   31   Das nennt man eine **Urliste**.

Dann ordnet Juliane die Schuhgrößen von klein nach groß:

29;   31;   32;   34;   35   Das nennt man eine **Rangliste**.

Bei der Rangliste kann man einen wichtigen Kennwert bestimmen: der **Median (Zentralwert)**.

Vokabeln
→ *der Zentralwert*
→ *die Urliste*
→ *die Rangliste*
→ *der Median*

Merke So bestimmt man den **Median**:
Zuerst erstellt man eine **Rangliste**: Man ordnet also die Werte von klein nach groß.
Bei einer **ungeraden Anzahl an Werten**: Der Median ist der Wert in der Mitte.
Bei einer **geraden Anzahl an Werten**:   Jetzt sind zwei Werte in der Mitte.
       Berechne dann das arithmetische Mittel aus diesen beiden Werten.

Beispiel 1 bei einer ungeraden Anzahl an Werten

Urliste: 32   29   35   34   31

Rangliste: 29; 31; 32; 34; 35
                   Median

5 Werte

Mitte

Beispiel 2 bei einer geraden Anzahl an Werten

Urliste: 32   29   35   34   31   33

Rangliste: 29; 31; 32; 33; 34; 35

Median (32 + 33) : 2 = 32,5

6 Werte

Mitte

DATEN — DER MEDIAN (ZENTRALWERT)

ANWENDEN

1 Ordne die Werte erst von klein nach groß. Bestimme dann den Median.
Tipp Hier ist die Anzahl der Werte ungerade.
a) 7; 13; 4; 18; 9
b) 23; 21; 19; 24; 25
c) 52; 51; 58; 55; 56; 59; 53

1 Erstelle eine Rangliste. Bestimme dann den Median.
Tipp Hier ist die Anzahl der Werte ungerade.
a) 5; 3; 9; 11; 2; 21; 15
b) 76; 78; 87; 67; 81; 80; 58
c) 2,6; 4,3; 1,9; 3,3; 5,5

2 Ordne die Werte erst von klein nach groß. Bestimme dann den Median.
Tipp Hier ist die Anzahl der Werte gerade.
a) 12; 8; 10; 5
b) 85; 89; 88; 84; 82; 87
c) 42; 46; 48; 41

2 Erstelle eine Rangliste. Bestimme dann den Median.
Tipp Hier ist die Anzahl der Werte gerade.
a) 20; 18; 25; 17
b) 88; 86; 85; 84; 89; 90
c) 37; 32; 25; 14; 26; 12; 38; 17

3 Mia hat den Median berechnet. Was sagt ihr dazu? Erklärt euch die Fehler und berichtigt sie.

> a) 23; 19; 24; 17; 20
> Der Median ist 24.

> b) 36; 40; 41; 45
> Der Median ist 40,41.

> c) Urliste: 2; 3; 5; 3; 5; 6; 5
> Rangliste: 2; 3; 5; 6
> Der Median ist 4.

4 Aida spielt ein Würfelspiel. Bei der ersten Runde bekommt sie 8 Punkte. Danach bekommt sie 4 Punkte und zum Schluss 10 Punkte. Bestimme den Median. Erkläre dein Vorgehen.

4 Bestimme den Median. Ergebnisse des Basketball-Turniers:
a) Punkte der D-Jugend: 203; 177; 134; 164; 189
b) Punkte der E-Jugend: 78; 54; 68; 56

5 Übertrage und ergänze die Sätze im Heft.

6 cm   18 cm   38 cm   46 cm   89 cm

Der Median ist ▢. Das bedeutet:
Die Hälfte der Tiere ist kleiner als ▢.
Die Hälfte der Tiere ist größer als ▢.

5 Übertrage und ergänze die Sätze im Heft.

3560 g   2150 g   2640 g   3100 g   3250 g   2700 g

Der Median ist ▢. Das bedeutet:
Die Hälfte der Taschen ist leichter als ▢.
Die Hälfte der Taschen ist schwerer als ▢.

6 Beschreibe das Diagramm.
a) Bestimme den Median.
b) Erklärt euch, wie ihr vorgegangen seid.
   Tipp Zuerst habe ich ... Danach ...
c) Macht es hier Sinn, den Median zu berechnen? Begründe.

Das machen die Kinder im Internet:

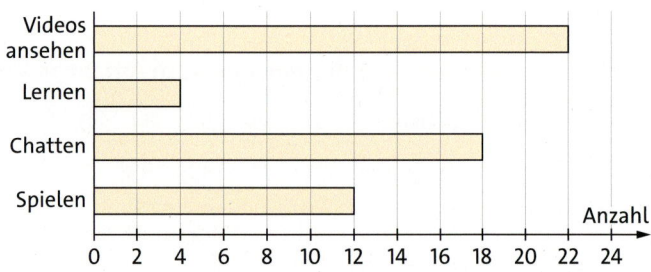

DATEN

Absolute und relative Häufigkeit

ENTDECKEN

1 In der Zoohandlung

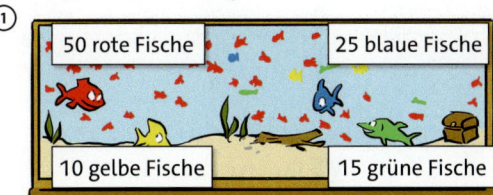
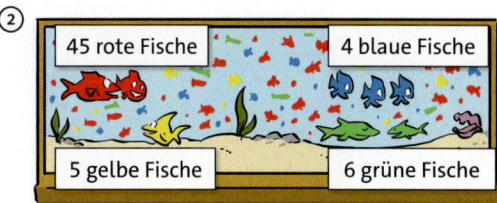

a) Richtig oder falsch? Begründe.
– Im Aquarium ① sind insgesamt 150 Fische.
– Im Aquarium ② sind 5 Fische gelb von 60 Fischen insgesamt.
– Ein Viertel der Fische im Aquarium ① sind blau.

b) 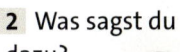 Denke dir eigene richtige und falsche Aussagen aus. Tausche sie mit deinem Partner.

2 Was sagst du dazu?

Im Aquarium ① sind 50 rote Fische, im Aquarium ② nur 45.
Also sind im Aquarium ① mehr rote Fische.

Das stimmt nicht.
Im Aquarium ① sind 50 von 100 Fischen rot, im Aquarium ② sind es 45 von 60 Fischen.
Also sind es im Aquarium ② mehr.

VERSTEHEN

Wer hat die meisten Tore geschossen?
Marie hat 3 Tore geschossen.
Das sind die meisten Tore.

Spielerin	Treffer	Versuche
Marie	3	10
Xenia	1	4
Sofie	2	5

Aber ist sie auch die beste Torschützin?

Um Werte besser miteinander vergleichen zu können, berechnet man den Anteil an der Gesamtzahl:

Marie hat **3 von 10** mal getroffen.
Xenia hat **1 von 4** mal getroffen.
Sofie hat **2 von 5** mal getroffen.

Vokabeln
→ *die absolute Häufigkeit*
→ *die relative Häufigkeit*

Merke Die **Anzahl**, wie oft ein bestimmter Wert vorkommt, heißt **absolute Häufigkeit**.

Der **Anteil** dieser Anzahl von der Gesamtzahl heißt **relative Häufigkeit**:

Wie oft?

relative Häufigkeit = $\frac{\text{absolute Häufigkeit}}{\text{Gesamtzahl}}$

... von der Gesamtzahl?

Die relative Häufigkeit kann man als Bruch, als Dezimalzahl oder in Prozent angeben.

Beispiel 1

	absolute Häufigkeit	Gesamtzahl	relative Häufigkeit
Marie	3	10	$\frac{3}{10} = 0{,}3 = 30\,\%$
Xenia	1	4	$\frac{1}{4} = \frac{25}{100} = 0{,}25 = 25\,\%$
Sofie	2	5	$\frac{2}{5} = \frac{4}{10} = 0{,}4 = 40\,\%$

Wie viele Treffer …?   … von insgesamt ■ Versuchen?

$\frac{2}{5}$ ist die größte relative Häufigkeit. Sofie ist also die beste Torschützin.

ANWENDEN

1 Übertrage und ergänze die Tabelle im Heft.

	absolute Häufigkeit	Gesamtzahl	relative Häufigkeit
a)	7	10	
b)	3	4	
c)	1	5	

1 Übertrage und ergänze die Tabelle im Heft.

	absolute Häufigkeit	Gesamtzahl	relative Häufigkeit
a)	3	4	
b)	12	15	
c)	8	20	

2 Vögel

a) Bestimme die absolute Häufigkeit der gelben Vögel.
b) Wie viele Vögel sind es insgesamt?
c) Bestimme die relative Häufigkeit der gelben Vögel als Bruch.

2 Im Streichelzoo

Hamster	12
Kaninchen	4
Esel	2
Ziegen	8
Hühner	6

a) Wie viele Tiere sind es insgesamt?
b) Bestimme die relativen Häufigkeiten als Bruch.

3 Übertrage und ergänze die Tabelle im Heft.

Lieblings-geschmack	absolute Häufigkeit	relative Häufigkeit
Himbeere	50	
Zitrone	16	
Waldmeister	34	
Gesamtzahl		

3 Übertrage und ergänze die Tabelle im Heft.

Augenfarbe	absolute Häufigkeit	relative Häufigkeit
braun	17	
blau	15	
grün	8	
grau	10	

4 Schreibe die absolute Häufigkeit aus dem Text und bestimme die relative Häufigkeit.
a) Miriam hat 81 von 100 Punkten.
b) Es wurden 200 Fahrräder getestet. 26 der Fahrräder waren kaputt.
c) 6 der 12 Blumen sind Rosen.
d) Bei 20 Versuchen haben nur 4 geklappt.
e) Lars hat 20 Lose gekauft. 19 davon waren Nieten.

5 Vergleiche die Ergebnisse beim Training:
Ben: 3 Treffer von 10 Versuchen
Lina: 1 Treffer von 5 Versuchen
Tipp Bestimme die relativen Häufigkeiten:
3 von 10 und 1 von 5.
Schreibe als Dezimalzahl oder in Prozent.

5 Raja hat im ersten Vokabeltest
4 von 10 Vokabeln richtig.
Beim zweiten Test hat sie 9 von 25 Vokabeln richtig.
Hat sie sich verbessert?
Begründe. Erkläre dein Vorgehen.

6 Wo würdest du mitspielen?

Gewinnspiel A:	Gewinnspiel B:
7 Gewinne von 10 Losen	12 Gewinne von 20 Losen

Begründe mithilfe der relativen Häufigkeiten.

6 Gewinnspiel A: 6 Gewinne von 25 Losen
Gewinnspiel B: 5 Gewinne von 20 Losen
Vergleiche einmal die absoluten Häufigkeiten und dann die relativen Häufigkeiten.
Wo würdest du mitspielen?
Begründe.

Methode Kennwerte mit dem Computer bestimmen

Mit einer Tabellenkalkulation kann man die **Kennwerte** von Daten bestimmen.

① **Daten eintragen und Zelle aktivieren**
Übertrage die Daten in eine Tabellenkalkulation.
Klicke dann auf die Zelle, wo der Kennwert stehen soll.

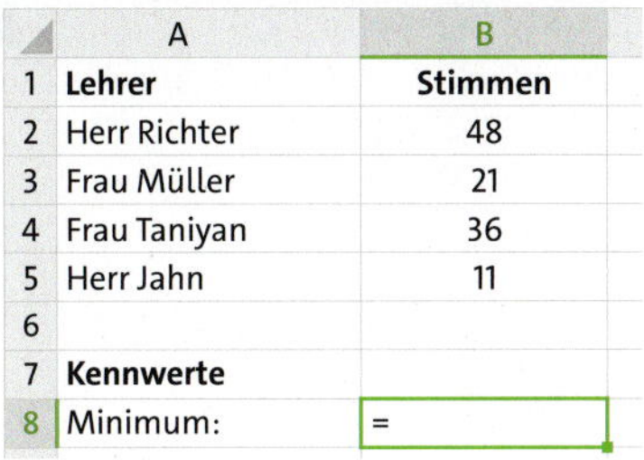

Da sind alles **Kennwerte**:
Minimum
Maximum
Spannweite
arithmetisches Mittel
Median

② **Funktion einfügen**
Klicke oben f_x an.
Es öffnet sich ein neues Fenster.
Wähle eine Funktion aus der Liste aus:

Funktionen
MIN   (Minimum)
MAX   (Maximum)
MITTELWERT (arithmetisches Mittel)
MEDIAN
Klicke dann auf OK.

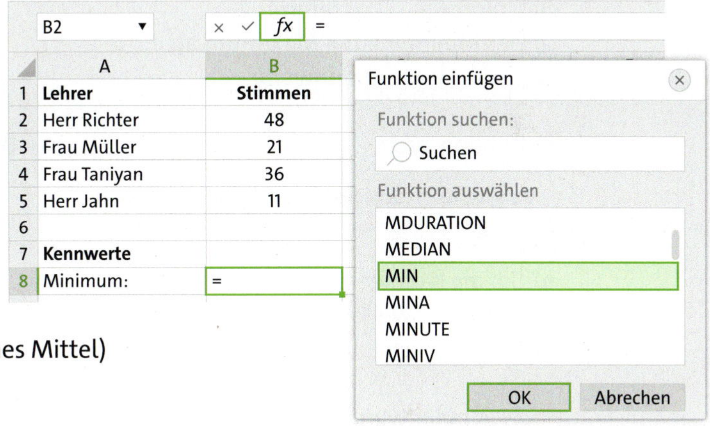

③ **Bereich markieren**
Drücke die linke Maustaste und markiere so die Zahlen, für die du den Kennwert bestimmen willst.
Klicke dann auf OK.

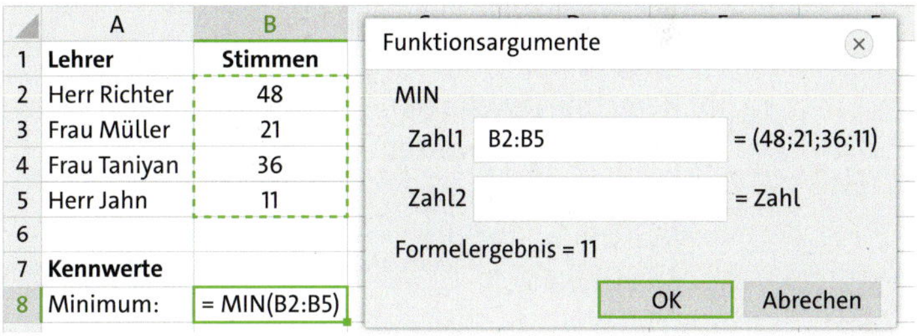

Das Ergebnis **Minimum 11** wird eingetragen.

ANWENDEN

1 Übertragt die Daten von oben in eine Tabellenkalkulation.
a) Bestimmt die Kennwerte Minimum, Maximum, arithmetisches Mittel und Median.
b) Berechne auch die Spannweite. Beschreibt euer Vorgehen.

2 Ergebnis der Bürgermeister-Wahl:

Herr Dudda 1258   Frau Mai 1058   Herr Beste 1108   Frau Sanner 1260   Frau Ülya 1242

Bestimme alle Kennwerte mit einer Tabellenkalkulation.

DATEN

Klar soweit?

→ Seite 144

Daten und Diagramme

1 Liegestütze:

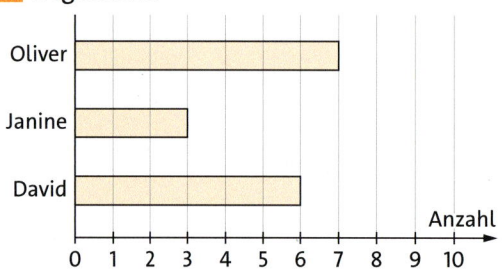

Beschreibe das Diagramm.
a) Lies Minimum und Maximum ab.
b) Berechne die Spannweite.

2 Lieblingspizza

Margherita	Schinken	Salami	Hawaii
ℍℍ ℍℍ	‖	ℍℍ ‖	‖‖‖‖

a) Gib die Kennwerte Minimum, Maximum und Spannweite an.
b) Zeichne ein Säulendiagramm.

3 24 Schüler wurden befragt:
„Was ist dein Hobby?"
a) Beschreibe das Diagramm.
b) Berechne jeweils die Anzahl an Antworten.
c) Bestimme Minimum, Maximum und die Spannweite.

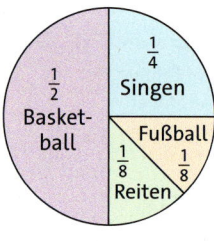

1 Kniebeugen:

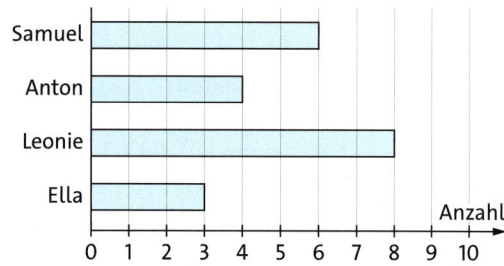

Beschreibe das Diagramm.
Bestimme das Minimum, das Maximum und die Spannweite.

2 Lieblingsessen

Nudeln	Pizza	Pommes	Salat	Milchreis
ℍℍ ℍℍ	ℍℍ ‖	ℍℍ ‖	ℍℍ	‖

a) Gib die Kennwerte Minimum, Maximum und Spannweite an.
b) Zeichne ein Säulendiagramm.

3 120 Schüler wurden befragt:
„In welcher AG bist du?"
a) Beschreibe das Diagramm.
b) Berechne jeweils die Anzahl an Antworten.
c) Bestimme Minimum, Maximum und die Spannweite.

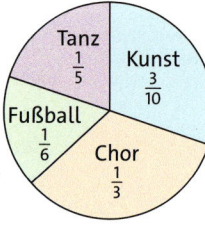

→ Seite 149

Das arithmetische Mittel (Durchschnitt)

4 Berechne den Durchschnitt.
a) 27; 25; 13; 38; 12
b) 5; 7; 7; 11; 12; 12
c) 124 cm; 301 cm; 211 cm
d) 12; 0; 13; 15; 0

5 Anja schwimmt beim Training Bahnen: am Montag 12 Bahnen, am Dienstag 14 Bahnen und am Mittwoch 10 Bahnen. Wie viele Bahnen schwimmt Anja durchschnittlich?

4 Berechne das arithmetische Mittel.
a) 365; 587; 362
b) 75; 76; 76; 81; 77
c) 24; 0; 31; 27; 0; 38
d) 2587 g; 2578 g; 2758 g; 2785 g

5 Simon fährt mit dem Rad.
Montag fährt er 24 km, am Dienstag sind es 29 km und am Mittwoch fährt er 32 km. Donnerstag fährt Simon 25 km.
Wie viel km fährt Simon durchschnittlich?

DATEN KLAR SOWEIT?

6 Wer ist der bessere Hockey-Spieler?
Tipp Berechne jeweils den Durchschnitt.

Tore von Armin:
6   9   15

Tore von Thorsten:
8   9   12
3

6 Wer ist der bessere Darts-Spieler?
Begründe mithilfe des arithmetischen Mittels.

Punkte von Justin:
30   18   24
12

Punkte von Karl:
38   32   1
7   12

→ Seite 151

Der Median (Zentralwert)

7 Bestimme den Median.
a) 40; 35; 45; 38; 59
b) 12; 14; 18; 21
c) 27; 22; 31; 24; 17; 18

7 Bestimme den Median.
a) 23; 8; 66; 32; 17
b) 118; 122; 129; 109
c) 42; 65; 98; 39; 51; 56

8 Bestimme den Median.
So viele Tiere sind im Tierheim:
a) Katzen: Januar: 80
  Februar: 95   März: 83
b) Hunde: April: 30   Mai: 25
  Juni: 22   Juli: 27

8 Bestimme den Median.
So viel Futter brauchen die Tiere im Tierheim:
a) Katzen: April: 550 kg   Mai: 480 kg
  Juni: 600 kg   Juli: 450 kg   August: 520 kg
b) Hunde: Mai: 280 kg   Juni: 320 kg
  Juli: 250 kg   August: 310 kg

9 Übertrage und ergänze die Sätze im Heft.
Der Median ist ▬. Das bedeutet:
Die Hälfte der Hunde ist ▬.
Die andere Hälfte der
Hunde ist ▬.

34 cm   37 cm

→ Seite 153

Absolute und relative Häufigkeit

10 Bestimme die relativen Häufigkeiten.

Paprika	absolute Häufigkeit
rot	8
grün	12
gelb	5
Gesamtzahl	

10 Bestimme die relativen Häufigkeiten.

Obst	absolute Häufigkeit
Banane	9
Ananas	12
Zitrone	25
Melone	4

11 Bestimme die relative Häufigkeit.
Tipp 3 von 4 bedeutet $\frac{3}{4}$.
a) Ozgür hat 2 von 5 Tore geschossen.
b) Von 20 Hasen sind 8 weiß.
c) Kira bekommt 15 der 45 Stimmen.

11 Bestimme die relative Häufigkeit.
a) Till hat 78 von 200 Punkten.
b) Merve hat 16-mal auf das Tor geschossen.
  Sie hat viermal getroffen.
c) 25 der 125 Autos sind kaputt.

12 Bestimme die relativen Häufigkeiten und
vergleiche die Ergebnisse beim Handball.
Angelina: 14 Treffer von 20 Versuchen
Luke: 4 Treffer von 5 Versuchen

12 Bestimme die relativen Häufigkeiten und
vergleiche die Ergebnisse beim Dosenwerfen.
Jerome: 16 von 25 Versuchen
Nena: 28 von 40 Versuchen

→ Lösungen ab S. 231

DATEN

Vermischte Übungen

Anwenden

Zum Weiterarbeiten
🖥 Informiert euch im Internet über Rekorde in der Tierwelt. Gestaltet ein Plakat zu den Kennwerten.

1 Bestimme Minimum, Maximum und Spannweite.
Schreibe Sätze wie im Tipp ins Heft.
Tipp
Länge: Minimum: Das Auto ■ ist das kürzeste.
         Maximum: Das Auto ■ ist das …
         Spannweite: Unterschied zwischen …
Gewicht: Minimum: …
         Maximum: …
         Spannweite: …

	Auto A	Auto B	Auto C	Auto D
Länge	525 cm	410 cm	465 cm	380 cm
Gewicht	1550 kg	750 kg	1075 kg	600 kg
PS	120	105	135	95
Preis	16 500 €	10 000 €	12 000 €	9 500 €

2 Punkte beim Sportfest:

Name	Lena	Emre	Christin
Punkte	|||| ||||	||||	|||| ||

a) Zeichne ein Säulendiagramm.
b) Was bedeuten Minimum und Maximum im Zusammenhang mit dem Sportfest?

2 In diesen Vereinen sind die Schüler der 6 b:

Verein	Turnen	Baseball	Tanzen	Fußball
Anzahl	||||	|||	|||| ||	|||| ||||

a) Zeichne ein Säulendiagramm.
b) Was bedeuten Minimum und Maximum im Zusammenhang mit den Vereinen?

3 Vergleiche die absoluten Häufigkeiten und die relativen Häufigkeiten.
Tipp Wie oft? … von der Gesamtzahl?
① 12 von 30 Bonbons sind gelb.
② 5 von 25 Bonbons sind gelb.

3 Vergleiche jeweils die absoluten Häufigkeiten und die relativen Häufigkeiten.
① 15 von 150 Gummibärchen sind rot.
② 50 von 200 Gummibärchen sind rot.
③ 75 von 250 Gummibärchen sind rot.

4 Bestimme den Median und das arithmetische Mittel.
a) 9; 12; 5; 12; 7
b) 20; 32; 0; 28; 30
c) 3; 2; 6; 2; 5; 6
d) 40; 52; 48; 56

4 Bestimme den Median und das arithmetische Mittel.
a) 12; 24; 18; 27; 19
b) 92; 80; 87; 80; 89; 82
c) 133 m; 114 m; 122 m; 111 m
d) 2 m; 1 m; 3,5 m; 0 m; 1 m; 2,5 m; 2 m; 4 m

5 Lieblingstiere
Beschreibe das Diagramm.
Tipp Diagrammtyp, Überschrift, Minimum, Maximum, Spannweite

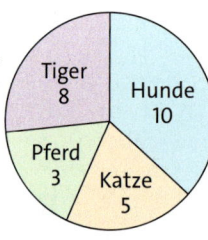

5 Lieblingsfilme
Beschreibe das Diagramm.
Tipp Diagrammtyp, Überschrift, Minimum, Maximum, Spannweite

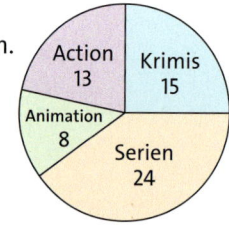

Nachgedacht
Arne sagt: „Ich berechne den Winkel so: relative Häufigkeit in % · 3,6°." Was sagst du dazu?

6 Frau Roth kontrolliert die Hausaufgaben.

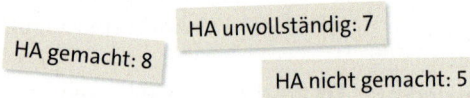

HA gemacht: 8
HA unvollständig: 7
HA nicht gemacht: 5

a) Bestimme die relativen Häufigkeiten.
b) Zeichne ein Kreisdiagramm.
   Was fällt dir auf?

6 Ergebnis einer Verkehrszählung:

30 Autos   6 Motorräder   24 Fahrräder

a) Bestimme die relativen Häufigkeiten.
b) Zeichne ein Kreisdiagramm.
   Was fällt dir auf?

7 Beschreibe das Diagramm. Bestimme den Median.
Tipp Man kann hier nur ungefähre Zahlen ablesen.

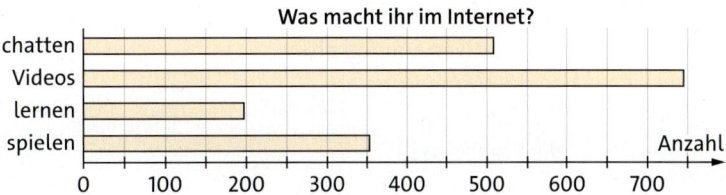

8 Im Lager eines Bekleidungs-Geschäfts:

Größe der T-Shirts	Anzahl
S	100
M	300
L	150
XL	50

a) Zeichne dazu ein Säulendiagramm.
   Tipp Zeichne 2 Kästchen für 100 Schritte.
b) Berechne das arithmetische Mittel.

8 Die Zuschauerzahlen beim Fußball:

Fußballverein	Zuschauerzahl
SV 1. Liga	7000
1. FC Dorf	8500
SV Union	6000
VfB Stadt	4500

a) Zeichne dazu ein Säulendiagramm.
   Tipp Achte auf die Einteilung der Achse.
b) Berechne das arithmetische Mittel.

9 Erklärt das Bild. Richtig oder falsch?
a) Der rote Zwerg ist so groß wie der Median.
b) 3 Zwerge sind größer als der Durchschnitt.
c) 2 Zwerge sind kleiner als der Median.

9 Erklärt das Bild. Richtig oder falsch?
a) Der blaue Zwerg ist so groß wie der Median.
b) Drei Zwerge sind größer als der Durchschnitt.
c) Die Hälfte der Zwerge ist kleiner als der Median.

10 Schreibe eine Datenreihe aus 5 der angegebenen Werte auf.

| 10 | 7 | 20 | 4 | 11 | 1 | 18 | 5 |

a) Maximum: 20
b) Minimum: 4
c) Maximum: 18 und Spannweite: 17

10 Schreibe eine Datenreihe aus mindestens 5 der angegebenen Werte auf.

| 9 | 13 | 8 | 15 | 3 | 18 | 2 | 20 |

a) Median: 13
b) arithmetisches Mittel über 12
c) Maximum: 18 und Median: 2

11 Ordne die Elfmeter-Schützen. Beginne beim besten Elfmeter-Schützen.
Tipp Schreibe erst so: 7 von 10

Elfmeter-Schießen
Bei 10 Versuchen traf Ilkan 7-mal. Melissa hat bei 8 von 25 Versuchen getroffen. Bei Theo war jeder 5. Schuss ein Treffer. Alexander hatte 20 Versuche. Er hat 12-mal getroffen. Sina traf zu 55 %.

12 40 Personen wurden befragt.
a) Zeichne ein Balkendiagramm.
b) Beantworte die Fragen: Wo hast du das abgelesen?
   ① Was ist das Maximum? Was ist das Minimum?
   ② Wie viele Personen mögen den Winter?

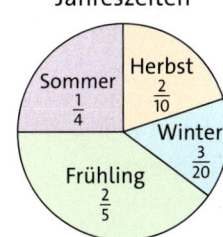

Jahreszeiten

12 60 Personen wurden befragt.
a) Zeichne ein Balkendiagramm.
b) Lena sagt: „Knapp mehr als ein Viertel der Befragten mag den Herbst und den Winter." Stimmt das? Begründe. Wo hast du die Antwort abgelesen?

DATEN — VERMISCHTE ÜBUNGEN

Vertiefen

Hinweis
Das sind alles Kennwerte:
Minimum, Maximum, Spannweite, arithmetisches Mittel und Median.

13 Gib alle Kennwerte und die relativen Häufigkeiten zu der Wanderung an. Was bedeuten die Ergebnisse?

14 Umfrage: Das sind die Hobbys der Klasse 6c.

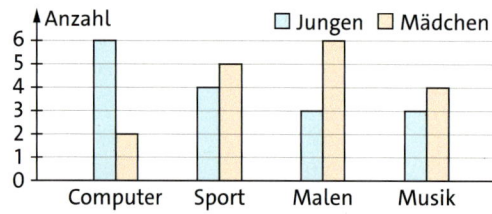

a) Bestimme das Minimum, das Maximum und die Spannweite:
   ① für die Mädchen   ② für die Jungen
b) Bestimme das Minimum, das Maximum und die Spannweite für alle Kinder.

14 Umfrage: Wie viel Zeit verbringen die Kinder am Handy?

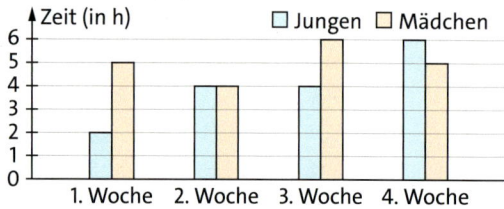

a) Berechne das arithmetische Mittel einmal für die Mädchen und einmal für die Jungen.
b) Berechne das arithmetische Mittel für alle Kinder.
   Vergleiche mit deinen Ergebnissen aus a).

15 Beim Dosenwerfen hat Ali einmal daneben geworfen. Bei welchem Versuch war das?

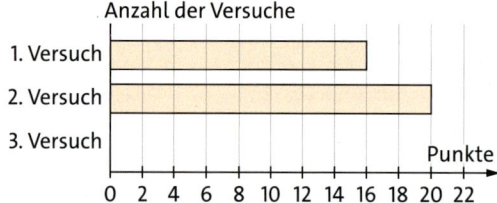

Berechne das arithmetische Mittel und den Median. Vergleiche.

15 Bei einem Wurf war Aljoscha abgelenkt. Bei welchem?

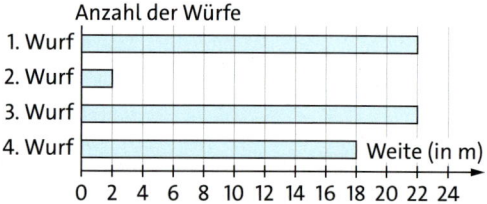

Berechne das arithmetische Mittel und den Median. Vergleiche. Was fällt dir auf?

Methode Daten mit Ausreißern

Ausreißer nennt man einen Wert, der deutlich größer oder kleiner ist als die anderen Werte.
Durch Ausreißer wird das **arithmetische Mittel** zu groß oder zu klein.
Das arithmetische Mittel ist dann nicht mehr aussagekräftig.
Dann ist der **Median** besser geeignet.

16 So lange hat Ronny Gitarre geübt:

vorletzte Woche:				
40 min	30 min	180 min	15 min	35 min

letzte Woche:				
120 min	15 min	20 min	30 min	25 min

Bestimme jeweils das arithmetische Mittel und den Median.
Was ist aussagekräftiger: das arithmetische Mittel oder der Median? Begründe.

17 Jedes Glücksrad wurde 1000-mal gedreht. Das sind die relativen Häufigkeiten für orange: Ordne zu.

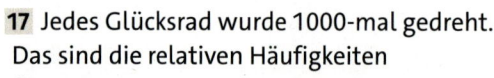

DATEN   VERMISCHTE ÜBUNGEN

Weiterdenken

Gesundes Frühstück

Die Klasse 6 d hat eine Umfrage zum Thema Frühstück gemacht.

Frühstück in der Schule
① Was hast du zum Frühstück dabei?
  ❏ gar nichts ❏ Brot ❏ Obst ❏ Gemüse
② Wie oft hast du in der Woche Frühstück dabei?
  ❏ nie ❏ 1× ❏ 2× ❏ 3× ❏ 4× ❏ immer

18 Wertet die Ergebnisse aus.
– Zeichnet ein Diagramm eurer Wahl.
– Bestimmt alle Kennwerte und die relativen Häufigkeiten.
– Schreibt eine Zusammenfassung zu euren Ergebnissen.
– Gestaltet ein Plakat zu eurer Auswertung.

Antworten zu ①:
Brot, gar nichts, gar nichts, Gemüse, Obst, Obst, Brot, gar nichts, Obst, Brot, Gemüse, Brot, Brot, Brot, Obst, gar nichts, Obst, Obst, Brot, Gemüse
Antworten zu ②:
immer, immer, 4, nie, 2, 3, 2, 5, 3, 2, 4, nie, immer, immer, 4, 3, 2, 1, 1, 4

Zum Weiterarbeiten

Ernährst du dich gesund? Schreibe eine Woche lang auf, was du gegessen hast und vergleiche mit dem Diagramm.

19 Ernährungskreis
a) Erkläre das Diagramm.
b) Zeichne ein Streifendiagramm. Wähle dazu 10 cm Länge und ergänze die anderen Anteile. Beschreibe dein Vorgehen.

Öle und Fette 2 %
Fleisch und Fisch 7 %
Milch und Milchprodukte 18 %
Obst 17 %
Gemüse und Salat 26 %
Getreide und Kartoffeln 30 %

Getreide und Kartoffeln	

20 Vergleiche die Zuckeranteile.
a) Beschreibe dein Vorgehen.
b) In einem kleineren Glas Schokocreme sind 400 g. Wie viel Zucker ist da drin?
c) Informiere dich im Internet über den Zuckeranteil in anderen Lebensmitteln. Vergleiche die Anteile.

So viel Zucker haben diese Lebensmittel

Marmelade 400 g	Schokocreme 600 g	Honig 250 g

Ein Würfelstück steht für 40 g Zucker.

21 Im Internet steht: Die Kinder essen doppelt so viel Obst wie im letzten Jahr.
a) Stimmt die Aussage im Internet?
b) Wie entsteht dieser Eindruck? Erkläre.
c) Zeichne das Diagramm richtig ins Heft. Was könnte jetzt im Internet stehen?

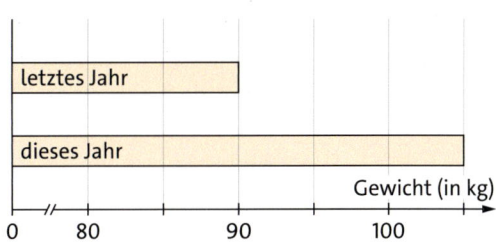

22 Sucht ein Thema aus und führt eine Umfrage durch.

Eine Umfrage durchführen in 6 Schritten
① ein Thema aussuchen
② einen Fragebogen entwerfen
③ Leute befragen
④ Häufigkeitstabelle erstellen
⑤ Diagramm zeichnen
⑥ Daten auswerten, Kennwerte bestimmen

Zusammenfassung

Daten und Diagramme
→ Seite 144

Das **Minimum**, das **Maximum** und die **Spannweite** sind besondere Daten.

| 5 | 8 | 3 | 2 |

Minimum: 2   **Maximum**: 8
die Spannweite = Maximum − Minimum
8 − 2 = 6

Man kann sie auch am Diagramm ablesen.

das **Säulendiagramm**   das **Balkendiagramm**   das **Kreisdiagramm**

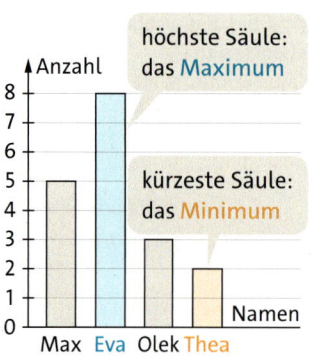
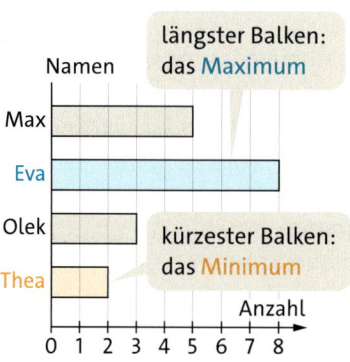
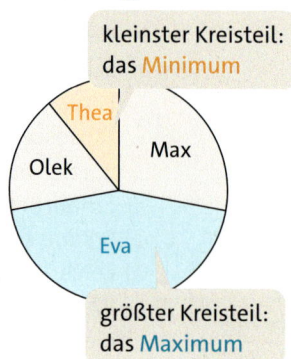

höchste Säule: das Maximum
kürzeste Säule: das Minimum

längster Balken: das Maximum
kürzester Balken: das Minimum

kleinster Kreisteil: das Minimum
größter Kreisteil: das Maximum

Das arithmetische Mittel (Durchschnitt)
→ Seite 149

① Berechne die Summe aller Werte.
② Bestimme die Anzahl der Werte.
③ Dividiere die Summe aller Werte durch die Anzahl der Werte.

Man kann das auch kürzer schreiben:
∅ = Summe aller Werte : Anzahl der Werte

| 2 | 1 | 3 | 1 | 4 | 2 | 1 |

① 2 + 1 + 3 + 1 + 4 + 2 + 1 = 14
② Anzahl der Werte: 7
③ ∅ = 14 : 7 = 2   Der Durchschnitt ist 2.

∅ = (2 + 1 + 3 + 1 + 4 + 2 + 1) : 7 = 2

Der Median (Zentralwert)
→ Seite 151

So bestimmt man den **Median**:
① Ordne die Werte von klein nach groß.
② Welcher Wert steht in der Mitte?
Bei einer **geraden Anzahl an Werten** berechne das arithmetische Mittel aus den beiden Werten in der Mitte.

a) | 32 | 29 | 35 | 34 | 31 |
① 29; 31; 32; 34; 35
② Median

b) | 32 | 29 | 35 | 34 | 31 | 33 |
① 29; 31; 32; 33; 34; 35
② Median (32 + 33) : 2 = 32,5

Absolute und relative Häufigkeit
→ Seite 153

absolute Häufigkeit: die Anzahl

relative Häufigkeit = $\frac{\text{absolute Häufigkeit}}{\text{Gesamtzahl}}$

Ahlam hat bei 1 von 4 Versuchen getroffen.
absolute Häufigkeit: 1
relative Häufigkeit: $\frac{1}{4}$ = 0,25 = 25 %

Teste dich!

1 Welche Farbe hat dein Fahrrad?

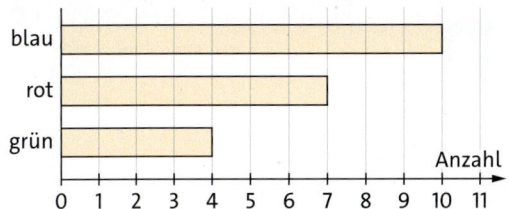

a) Beschreibe das Diagramm.
b) Lies Minimum und Maximum ab.
c) Berechne die Spannweite.

2 Bestimme den Median und das arithmetische Mittel.
Tipp Erstelle bei c) erst eine Rangliste.
a) 6; 7; 11
b) 3; 5; 9; 11
c) 21 m; 18 m; 24 m; 8 m; 29 m

3 60 Schüler wurden befragt: „Was ist dein Lieblingsgetränk?"
a) Beschreibe das Diagramm.
b) Berechne jeweils die Anzahl an Antworten.

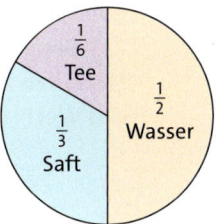

4 Oskar hat 7 von 10 Aufgaben richtig. Linus hat 15 von 25 Aufgaben richtig. Bestimme die relativen Häufigkeiten. Wer von beiden ist besser? Begründe.

5 Leo kauft Sammelkarten

Mo: 6	Di: 4	Mi: 7
Do: 3	Fr: 10	Sa: 2
So: 3		

a) Zeichne ein Säulendiagramm.
b) Bestimme Minimum, Maximum und Spannweite.
c) Zeichne das arithmetische Mittel und den Median in dein Diagramm ein. Welcher Kennwert ist aussagekräftiger?
d) Bestimme die relativen Häufigkeiten.

→ Lösungen ab S. 233

---

1 Lieblingstee

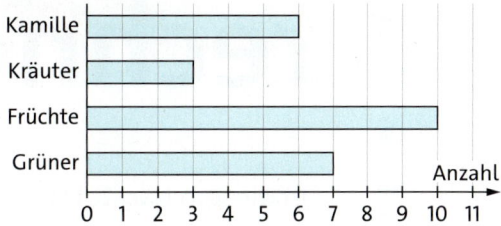

a) Beschreibe das Diagramm.
b) Bestimme Minimum, Maximum und Spannweite.

2 Bestimme den Median und das arithmetische Mittel.
a) 8; 5; 9; 11; 7
b) 24; 16; 32; 8
c) 6,1 m; 7,7 m; 9,2 m; 4,7 m; 7,3 m
d) 124 kg; 107 kg; 144 kg; 153 kg

3 48 Schüler wurden befragt: „Was ist dein Lieblingsfach?"
a) Beschreibe das Diagramm.
b) Berechne jeweils die Anzahl an Antworten.

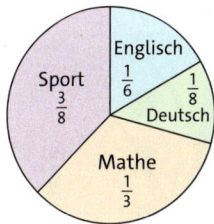

4 Bekim hat 22 von 50 Aufgaben richtig. Linus hat 8 von 20 Aufgaben richtig. Bestimme die relativen Häufigkeiten. Wer von beiden ist besser? Begründe.

5 Entfernung der Fahrradtour

1. Tag: 8 km	2. Tag: 15 km	3. Tag: 11 km
4. Tag: 16 km	5. Tag: 9 km	6. Tag: 10 km
7. Tag: 9 km	8. Tag: 10 km	

a) Zeichne ein Säulendiagramm.
b) Bestimme Minimum, Maximum und Spannweite.
c) Zeichne das arithmetische Mittel und den Median in dein Diagramm ein. Welcher Kennwert ist aussagekräftiger?
d) Bestimme die relativen Häufigkeiten.

→ Lösungen ab S. 234

Mit Dezimalzahlen rechnen

In diesem Kapitel lernst du, …

→ Dezimalzahlen zu addieren und zu subtrahieren.
→ mit Stufenzahlen zu multiplizieren und durch Stufenzahlen zu dividieren.
→ Dezimalzahlen schriftlich zu multiplizieren.
→ Dezimalzahlen schriftlich zu dividieren.
→ die Vorrangregeln bei Dezimalzahlen anzuwenden.

Pia und Luise wollen einen Obstsalat machen.
Sie kaufen ein:
1 Melone	1,80 €
2 Ananas	je 2,69 €
3 Äpfel	je 0,40 €
1 kg Weintrauben	3,90 € pro kg
2 kg Bananen	1,85 € pro kg

Sie haben 20 € dabei.
Das Wechselgeld dürfen sie sich teilen.

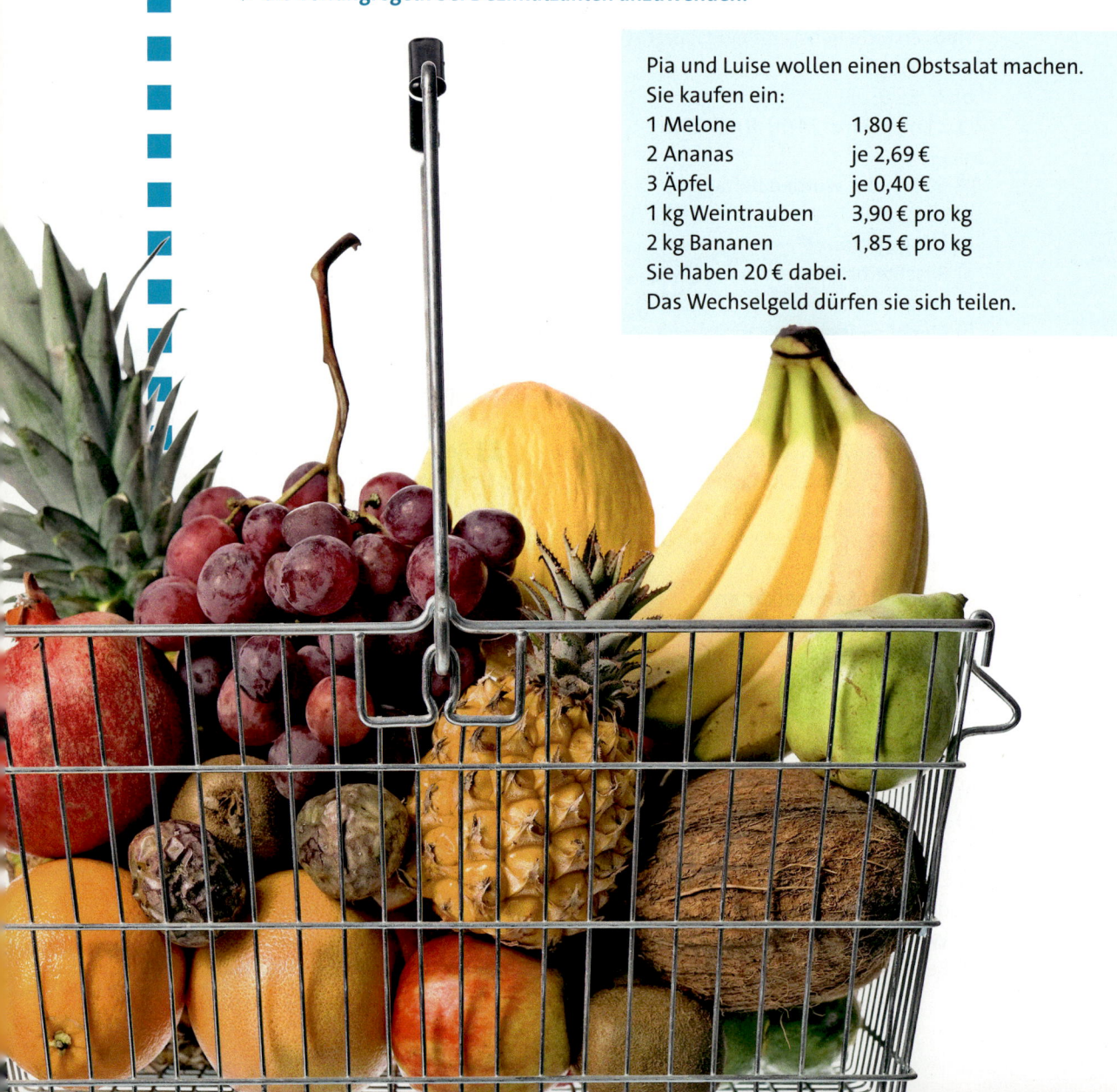

MIT DEZIMALZAHLEN RECHNEN

Noch fit?

1 Welches Ergebnis stimmt?
Prüfe mit einem Überschlag.
a) 26 + 89   218; 115; 325
b) 413 + 296   819; 660; 709

1 Welches Ergebnis stimmt?
Prüfe mit einem Überschlag.
a) 526 + 89   937   608
b) 804 + 296   615   1100   418   732

2 Prüfe das Ergebnis mit der Umkehraufgabe.
a) 37 − 25 = 12
b) 66 − 19 = 45
c) 275 − 43 = 223
d) 477 − 120 = 357

2 Prüfe das Ergebnis mit der Umkehraufgabe.
a) 67 − 25 = 32
b) 234 − 48 = 186
c) 536 − 119 = 417
d) 806 − 267 = 542

3 Hier haben sich Fehler versteckt. Erklärt die Fehler und berichtigt sie.

a) 238 + 26
```
  2 3 8
+   2 6
-------
  4 9 8
```

b) 478 + 326
```
  4 7 8
+ 3 2 6
-------
  7 9 4
```

c) 578 − 46
```
  5 7 8
−   4 6
-------
  1 1 8
```

d) 648 − 449
```
  6 4 8
− 4 4 9
    1
-------
  2 0 9
```

Hinweis
Die Zahlen 10, 100, 1000, ... heißen **Stufenzahlen**.

4 Berechne. Was fällt dir auf?
a) 7 · 10   7 · 100   7 · 1000
b) 2000 : 10 2000 : 100 2000 : 1000

4 Berechne. Was fällt dir auf?
a) 26 · 10   26 · 100   26 · 1000
b) 3000 : 10   3000 : 100   3000 : 1000

5 Multipliziere schriftlich.
a) 3 · 32
b) 4 · 72
c) 5 · 171
d) 25 · 31

5 Multipliziere schriftlich.
a) 5 · 35
b) 76 · 4
c) 3 · 376
d) 95 · 33

6 Dividiere schriftlich.
a) 648 : 2
b) 924 : 4
c) 475 : 5
d) 242 : 11

6 Dividiere schriftlich.
a) 372 : 3
b) 224 : 4
c) 4734 : 6
d) 7296 : 16

7 6 Freunde gehen zusammen ins Kino. Jeder kauft noch Popcorn für 3 €.
Wie viel kostet es insgesamt?

Kinokarte
8 €

7 Tina geht mit ihren Eltern in den Zoo. Sie zahlen mit einem 50-€-Schein. Wie viel Wechselgeld bekommen sie zurück?

Eintrittspreise
Erwachsene 13 €
Kinder 7 €

→ *Lösungen ab S. 235*

Trainingsplan

Nr.	Ich kann ...	Ich muss noch trainieren:
1	das Ergebnis einer Addition mit einem Überschlag prüfen.	→ S. 267, Nr. 66, 67
2	das Ergebnis einer Subtraktion mit der Umkehraufgabe prüfen.	→ S. 268, Nr. 68, 69
3	Fehler in Additions- und Subtraktionsaufgaben erklären und berichtigen.	→ S. 268/269, Nr. 70–72
4	mit Stufenzahlen multiplizieren und dividieren.	→ S. 269, Nr. 73
5	schriftlich multiplizieren.	→ S. 270, Nr. 74
6	schriftlich dividieren.	→ S. 262, Nr. 54
7	Sachaufgaben lösen.	→ S. 271, Nr. 75–77

Dezimalzahlen addieren und subtrahieren

ENTDECKEN

1 Beim Schlagball

a) Wer hat bei den beiden Versuchen zusammen am weitesten geworfen? Begründe deine Antwort.
👥 Vergleicht euer Vorgehen.

	Adrian	Katarina	Niklas
1. Versuch	33,8 m	25,10 m	44,40 m
2. Versuch	32,75 m	33,90 m	45,85 m

b) Wer hatte den kleinsten Unterschied zwischen seinen beiden Versuchen? Wer hat den größten Unterschied? Begründe deine Antwort.
👥 Vergleicht euer Vorgehen.

VERSTEHEN

Nico klebt eine 6,8 cm lange Holzleiste und eine 4,7 cm lange Holzleiste zusammen.

Nico **addiert im Kopf**: 6,8 + 4,7
Dafür zerlegt er die Dezimalzahlen:
6,8 + 4,7 = 6,8 + 4 + 0,7
        = 10,8 + 0,7 = 11,5

Petra hat eine 11,5 cm lange Holzleiste. Sie sägt von der Holzleiste 2,8 cm ab.

Petra **subtrahiert im Kopf**: 11,5 − 2,8
Dafür zerlegt sie die Dezimalzahlen:
11,5 − 2,8 = 11,5 − 2 − 0,8
        = 9,5 − 0,8 = 8,7

Dezimalzahlen kann man auch **schriftlich addieren** und **schriftlich subtrahieren**.

Vokabeln
→ *die schriftliche Addition*
→ *die schriftliche Subtraktion*
→ *der Überschlag*
→ *die Umkehraufgabe*

> **Merke** Schriftlich addieren und schriftlich subtrahieren
> ① Schreibe die Dezimalzahlen **stellengerecht** untereinander: **Komma unter Komma**.
> ② Beginne ganz rechts. Rechne dann schrittweise von rechts nach links. Manchmal entsteht dabei ein **Übertrag**.
> ③ Schreibe das **Komma ins Ergebnis**.

Beispiel 1 14,27 + 8,62

Z	E	z	h
1	4,	2	7
+	8,	6	2
1			
2	2,	8	9

Komma unter Komma

Beispiel 2 25,9 − 14,26

Z	E	z	h
2	5,	9	0
− 1	4,	2	6
	1		
1	1,	6	4

Null am Ende ergänzen

Die Ergebnisse kann man mit einem **Überschlag** oder einer **Umkehraufgabe** prüfen.

Beispiel 3 Probe
a) **Überschlag:** 14,27 + 8,62 = 22,89
               ≈ 14 + 9 = 23
b) **Umkehraufgabe:** 14,27 + 8,62 = 22,89
               22,89 − 8,62 = 14,27

Beispiel 4 Probe
a) **Überschlag:** 25,9 − 14,26 = 11,64
               ≈ 26 − 14 = 12
b) **Umkehraufgabe:** 25,9 − 14,26 = 11,64
               11,64 + 14,26 = 25,9

ANWENDEN

1 Rechne im Kopf.
a) 4,2 + 1,3   b) 1,5 + 1,6
c) 4,8 − 1,6   d) 3,4 − 1,5

1 Rechne im Kopf.
a) 1,3 + 2,6   b) 3,3 + 4,9
c) 0,9 − 0,4   d) 6,1 − 4,5

2 Übertrage ins Heft und addiere schriftlich. Prüfe das Ergebnis mit einem Überschlag.

a)
E	z	h
2,	2	2
+3,	6	1

b)
Z	E	z	h
1	2,	3	4
	+3,	8	1
		1	

2 Übertrage ins Heft und addiere schriftlich. Prüfe das Ergebnis mit einem Überschlag.

a)
E	z	h
3,	2	6
+2,	6	1

b)
Z	E	z	h
	5,	7	0
+5	3,	4	6

3 Übertrage ins Heft. Subtrahiere schriftlich. Prüfe das Ergebnis mit einer Umkehraufgabe.

a)
E	z	h
5,	8	7
−1,	2	3

b)
Z	E	z	h
4	5,	6	4
	−2,	3	7
		1	

3 Übertrage ins Heft. Subtrahiere schriftlich. Prüfe das Ergebnis mit einer Umkehraufgabe.

a)
E	z	h
3,	8	6
−2,	3	0

b)
Z	E	z	h
9	9,	7	5
	−8,	3	9

4 👥 Hier haben sich Fehler versteckt. Erklärt die Fehler und berichtigt sie.

a)
```
  3 2, 7 3
+    4, 6 1
-----------
  7 8, 8 3
```

b)
```
  8 4, 9 9
+ 1 7, 3 5
-----------
  9 1, 2 4
```

c)
```
  2 3, 6 2
−    5, 5 6
     1   1
-----------
  1 8, 0 2
```

d)
```
     0, 9 7 5
−       0, 4
        1  1
-------------
     0, 9 7 1
```

Hinweis
Prüfe dein Ergebnis immer mit einem Überschlag oder einer Umkehraufgabe.

5 Schreibe Komma unter Komma. Rechne dann schriftlich.
Tipp Bei c) und e) am Ende Nullen ergänzen.

```
  1 3, 8 6
−    3, 3 0
-----------
```

a) 12,4 + 7,3
b) 9,5 + 14,6
c) 5,84 + 46,2
d) 26,6 − 6,7
e) 22,5 − 13,47

5 Schreibe stellengerecht untereinander: Komma unter Komma. Rechne schriftlich.
Tipp Ergänze am Ende fehlende Nullen.
a) 18,24 + 27,33   b) 35,16 + 8,36
c) 123,43 + 12,5   d) 8,9 + 143,07
e) 1,74 − 1,33   f) 35,12 − 4,34
g) 46,88 − 24,7   h) 377,5 − 54,62

6 Wie viel kostet das zusammen?
Tipp Schreibe Komma unter Komma.

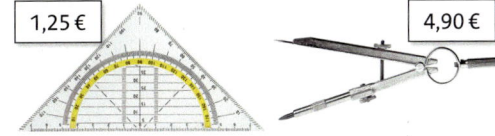

1,25 €   4,90 €

6 Greta zahlt mit einem 10-€-Schein. Wie viel Wechselgeld bekommt sie zurück?

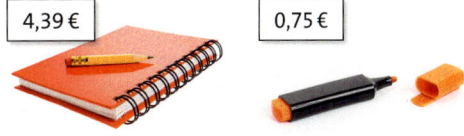

4,39 €   0,75 €

7 Hier fehlt mindestens ein Komma.
a) 12,3 + 3,4 = 157
b) 4,61 + 1213 = 16,74
c) 444 − 333 = 1,11

7 Hier fehlt mindestens ein Komma.
a) 34,142 + 5,555 = 39697
b) 13,456 + 1234 = 25,796
c) 56789 − 1333 = 43,459

MIT DEZIMALZAHLEN RECHNEN — DEZIMALZAHLEN ADDIEREN UND SUBTRAHIEREN

8 Übertrage und ergänze im Heft.
a) $x + 1{,}2 = 4{,}8$ b) $x + 2{,}4 = 4{,}5$
c) $x - 6{,}2 = 8{,}4$ d) $x - 4{,}4 = 8{,}0$

8 Übertrage und ergänze im Heft.
a) $x + 5{,}4 = 12{,}8$ b) $x + 0{,}3 = 7{,}2$
c) $x - 6{,}2 = 18{,}4$ d) $12{,}4 - x = 8{,}1$

9 Wie viel kostet das zusammen?

Ananas	2,49 €
Blumenkohl	2,19 €
Wassermelone	8,95 €

9 Wie schwer ist der gepackte Koffer?

leerer Koffer:	3,9 kg
Kleidung:	12,4 kg
Schuhe:	2,85 kg

10 Addiere schriftlich.
Tipp Schreibe Komma unter Komma
a) $3{,}50 + 4{,}25 + 1{,}65$
b) $12{,}34 + 1{,}52 + 7{,}26$
c) $25{,}13 + 7{,}5 + 14{,}34$

10 Addiere schriftlich.
Tipp Schreibe stellengerecht untereinander
a) $34{,}86 + 0{,}059 + 3{,}9$
b) $82{,}65 + 77{,}777 + 62{,}1$
c) $24{,}9 + 8{,}203 + 66{,}74$

Methode Mehrere Zahlen subtrahieren

```
  7 , 8
- 2 , 4
- 3 , 1
-------
  2 , 3
```

Addiere die unteren Zahlen:
$1z + 4z = 5z$
Ergänze dann bis zur obersten Zahl: $5z$ bis $8z \to 3z$
$3E + 2E = \dots$

11 Übertrage ins Heft und subtrahiere.
a)
```
   6 5 , 9 5
 -   8 , 2 3
 - 1 1 , 5 3
 ------------
```
b) $78{,}9 - 14{,}1 - 22{,}6$
c) $66{,}49 - 11{,}65 - 30{,}53$
d) $739{,}8 - 41 - 222{,}35$
e) $248{,}9 - 8{,}704 - 72{,}31$
f) $3704{,}88 - 0{,}963 - 78$

---

12 Setzt die Ziffern ein und bildet verschiedene Additions- und Subtraktionsaufgaben.
a) mit dem größten Ergebnis
b) mit dem kleinsten Ergebnis
c) mit einer natürlichen Zahl als Ergebnis
d) mit dem Ergebnis 11,11
e) Wie kann man die Ziffern vertauschen, sodass das Ergebnis gleich bleibt?

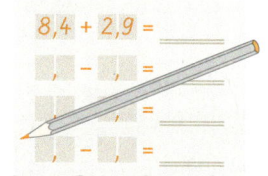

Zum Weiterarbeiten
Denke dir eine passende Sachaufgabe aus.
a) $12{,}50 + 3{,}99$
b) $7{,}6 - 4{,}8$
Tauscht eure Sachaufgaben und berechnet.

Strategie Sachaufgaben lösen
① Gib die Aufgabe mit eigenen Worten wieder.
② Was ist **gegeben**? Was ist **gesucht**?
③ Schreibe den **Rechenterm** auf. Achte auf **Schlüsselwörter**: Musst du addieren oder subtrahieren?
④ **Überprüfe** dein Ergebnis.
⑤ Denke an einen **Antwortsatz**.

13 Pia packt Bücher, Hefte und ihr Etui in ihren Rucksack.
Der Rucksack wiegt gepackt 3,42 kg.
Die Bücher wiegen 1,25 kg, die Hefte 0,51 kg und ihr Etui 0,42 kg.
Wie schwer ist der leere Rucksack?

14 Thomas bekommt neue Möbel:

Bett:	Stuhl:	Schreibtisch:
139,99 €	65,50 €	179,00 €

a) Was kostet das zusammen?
b) Thomas bezahlt mit 400 €. Wie viel Wechselgeld bekommt er zurück?

14 Im Fahrrad-Geschäft.

Helm 32,99 €	Schloss 24,50 €
Pumpe 4,90 €	Fahrrad 119,99 €

a) Lena hat 150 € dabei. Was kann Lena davon kaufen?
b) Wie viel Wechselgeld bekommt sie zurück?

Mit Stufenzahlen multiplizieren und dividieren

ENTDECKEN

1 Lilli verkauft Limonade.
a) Wie viel kosten 10 Becher, 100 und 1000 Becher? Beschreibe dein Vorgehen.
b) 👥 Lilli sagt: „Jetzt weiß ich auch, wie viel 1 000 000 Becher kosten." Was meint Lilli damit? Erklärt.
c) Was fällt dir auf? Erkläre deine Beobachtungen mit der Stellenwerttafel.

Preis
1 Becher 0,25 €

2 👥 Wie hoch ist eine 2-€-Münze?
David sagt: „Das kann man nicht messen. Das ist viel zu klein."
Melike sagt: „Ich habe eine Idee: Wir bauen einen Stapel mit 2-€-Münzen."
a) Was meint Melike damit? Erkläre.
b) Wie viele Münzen sollen sie nehmen? Begründet.

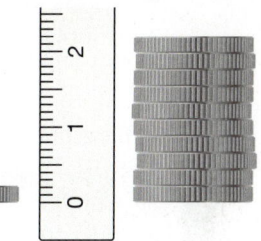

VERSTEHEN

Mohammed ist heute 7,459 km gelaufen.

Wie viele km läuft Mohammed in 10, 100 oder 1000 Tagen?

	T	H	Z	E	z	h
7,459 · 10 =				7	4 , 5	9
7,459 · 100 =			7	4	5 , 9	
7,459 · 1000 =		7	4	5	9	

Wenn man eine Dezimalzahl mit 10, 100, 1000, ... multipliziert, dann verschieben sich die Ziffern in der Stellenwerttafel nach links.

Beispiel 1
7,459 · 10 = 74,59
7,459 · 100 = 745,9
7,459 · 1000 = 7459

· 10 1 Null, also das Komma 1 Stelle nach rechts

Beispiel 2
6974,2 : 10 = 697,42
6974,2 : 100 = 69,742
6974,2 : 1000 = 6,9742

: 10 1 Null, also das Komma 1 Stelle nach links

Hinweis
Stufenzahlen nennt man auch **Zehnerpotenzen**.

Merke Mit Stufenzahlen (10, 100, 1000, …) multiplizieren
Beim Multiplizieren wird die Zahl größer.
① Wie viele **Nullen** hat die Stufenzahl?
② Verschiebe das **Komma** um genauso viele Stellen nach rechts.

Merke Durch Stufenzahlen (10, 100, 1000, …) dividieren
Beim Dividieren wird die Zahl kleiner.
① Wie viele **Nullen** hat die Stufenzahl?
② Verschiebe das **Komma** um genauso viele Stellen nach links.

Vokabeln
→ die Multiplikation
→ die Division
→ die Stufenzahl

Manchmal hat die Dezimalzahl keine Stellen mehr, um das Komma zu verschieben.
Dann muss man **Nullen ergänzen**:
bei der Multiplikation hinten,   bei der Division vorne.

Beispiel 3
2,4 · 100 = 2,40 · 100 = 240
2,4 · 1000 = 2,400 · 1000 = 2400

Hier fällt das Komma weg.

Beispiel 4
7,6 : 100 = 007,6 : 100 = 0,076
7,6 : 1000 = 0007,6 : 1000 = 0,0076

MIT DEZIMALZAHLEN RECHNEN — MIT STUFENZAHLEN MULTIPLIZIEREN UND DIVIDIEREN

ANWENDEN

Hinweis
Eine Stellenwerttafel kann dir helfen.

1 Berechne. Erkläre, wie du das Komma verschiebst.
a) 2,3428 · 10
   2,3428 · 100
   2,3428 · 1000
b) 5,907 · 10
   5,907 · 100
   5,907 · 1000
c) 2962,4 : 10
   2962,4 : 100
   2962,4 : 1000
d) 1305,482 : 10
   1305,482 : 100
   1305,482 : 1000

2 Multipliziere.
a) 2,58 · 10
b) 5,292 · 100
c) 78,652 · 100
d) 1,2769 · 1000

2 Multipliziere.
a) 2,256 · 100
b) 465,29 · 10
c) 7,266 · 100
d) 12,009 · 1000

3 Dividiere.
a) 36,53 : 10
b) 973,5 : 100
c) 7120,29 : 100
d) 4234,81 : 1000

3 Dividiere.
a) 59,44 : 10
b) 973,58 : 100
c) 1202,69 : 1000
d) 3004,8 : 100

4 Beschreibt die Fehler und berichtigt sie im Heft.
a) 83,242 · 10 = 8324,2
b) 4556,267 · 1000 = 4,556267
c) 12,3 · 1000 = 123
d) 85,6 : 100 = ,856

5 Berechne.
Tipp Hier musst du Nullen ergänzen bei : hinten, bei · vorne.
a) 12,5 · 100
b) 169,1 · 1000
c) 5,2 : 10
d) 78,99 : 1000

5 Berechne.
Tipp Hier musst du Nullen ergänzen.
a) 45,7 · 100
b) 256,1 · 1000
c) 3,2 · 1000
d) 25,61 : 100
e) 4,81 : 1000
f) 0,45 : 10

6 Berechne die Preise.
a) Wie viel kosten 100 Hefte?
b) Wie viel kostet eine Patrone?

6 Berechne die Preise. Runde sinnvoll.
a) Wie viel kosten 1000 Flaschen?
b) Wie viel kostet ein Heft?

Stück 1,49 €

100 Stück 3,00 €

0,89 €

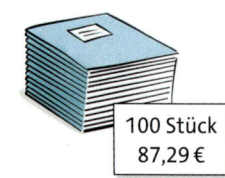
100 Stück 87,29 €

7 Übertrage und ergänze im Heft. Beschreibe dein Vorgehen.
a) 9,32 —·10→ ■
b) 61,8 —:10→ ■
c) 12,778 —·100→ ■
d) 726,25 —:100→ ■
e) 2,45 —·■→ 24,5
f) 80,2 —:■→ 8,02

7 Übertrage und ergänze im Heft. Beschreibe dein Vorgehen.
a) 13,472 —·10→ ■
b) 532,3 —:100→ ■
c) 178,42 —■→ 1,7842
d) 8,4023 —■→ 8402,3
e) ■ —·100→ 414,3
f) ■ —:10→ 0,327

8 Übertrage und ergänze die Tabelle.
Tipp Multiplizieren oder dividieren?

·	10	100	1000
a) 3,2584			
b)	753,74		

:	10	100	1000
c) 448,71			
d)	26,63		

8 Übertrage und ergänze die Tabelle. Beschreibe dein Vorgehen.

·	10	100	1000
a) 64,299			
b)	78,266		
c)		938,17	
d)	4597,6		
e)			500,26

MIT DEZIMALZAHLEN RECHNEN

Dezimalzahlen multiplizieren

ENTDECKEN

1 Wie viel kosten 3 kg Birnen?
a) Schreibe als Multiplikation und berechne.
b) 👥 Vergleiche dein Ergebnis mit deinem Nachbarn. Beschreibt eure Rechenwege.
c) Wie viel kosten 3,5 kg Birnen?
d) 👥 Vergleiche dein Ergebnis mit deinem Nachbarn. Beschreibt eure Rechenwege.
e) Wie könnt ihr euer Ergebnis prüfen?

1 kg Birnen 2,98 €

3 kg

2 👥 Maria bekommt für ihr Zimmer einen neuen Teppichboden.
Ihr Zimmer ist 5,1 m lang und 3,2 m breit.
Wie viel Quadratmeter (m²) Teppich braucht Maria?
Beschreibt euer Vorgehen.
Tipp Den Flächeninhalt eines Rechtecks berechnet man so:
A = Länge · Breite

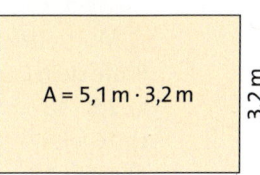

A = 5,1 m · 3,2 m

3,2 m

5,1 m

VERSTEHEN

Peter geht gerne joggen.
Er joggt um den See.
Eine Runde ist 3,1 km lang.
Peter hat 4 Runden geschafft.   4 · 3,1

Er **multipliziert im Kopf**   4 · 31 = 124
und setzt dann das Komma: 4 · 3,1 = 12,4

Vokabeln
→ *die schriftliche Multiplikation*
→ *die Nachkommastelle*

Merke Schriftlich multiplizieren
① Multipliziere, ohne das Komma zu beachten.
② Wie viele **Nachkommastellen** haben beide Dezimalzahlen zusammen?
③ Setze das **Komma im Ergebnis** so, dass das Ergebnis genauso viele Nachkommastellen hat.

Beispiel 1   **1** Nachkommastelle

```
  3,4 · 1 2
      3 4
  +   6 8
      1
    4 0,8
```

... also auch **1** Nachkommastelle im Ergebnis

Probe durch **Überschlag**:
3,4 · 12 ≈ 3 · 12 = 36
Das Ergebnis kann stimmen.

Beispiel 2   **1 + 2** Nachkommastellen

```
  4,5 · 1,8 7
        4 5
  +   3 6 0
  +   3 1 5
      1
    8,4 1 5
```

... also auch **3** Nachkommastellen im Ergebnis

Probe durch **Überschlag**:
4,5 · 1,87 ≈ 4,5 · 2 = 9
Das Ergebnis kann stimmen.

MIT DEZIMALZAHLEN RECHNEN — DEZIMALZAHLEN MULTIPLIZIEREN

ANWENDEN

1 Multipliziere im Kopf.
Tipp ① ohne Komma multiplizieren
② Komma im Ergebnis setzen
a) 2 · 3,4
b) 3 · 2,1
c) 4 · 1,7
d) 6 · 0,9

2 Ergänze das Komma im Ergebnis.
a) 12 · 0,4 = 48
b) 2,5 · 5 = 125
c) 16 · 0,21 = 336
d) 3,467 · 6 = 20802

3 Multipliziere schriftlich.
Prüfe dein Ergebnis mit einem Überschlag.
a) 2,3 · 13
b) 2,1 · 15
c) 16 · 4,8
d) 42,7 · 11
e) 1,43 · 18
f) 3,84 · 21

4 Berechne jeweils den Gesamtpreis.

		Anzahl	Einzelpreis
a)	Schokolade	3	1,15 €
b)	Kekse	5	3,21 €
c)	Lutscher	4	0,59 €

5 Eine Eintrittskarte für das Museum kostet 6,99 €.
Berechne den Preis einmal für die Klasse 6 a und einmal für die Klasse 6 b.
a) 6 a: 32 Schüler
b) 6 b: 29 Schüler

6 Was meint Tina damit? Erkläre.

Aber da fehlt doch die Nachkommastelle.

5 · 0,2 = 1

7 Multipliziere.
Tipp Achte auf die Nachkommastellen.
a) 4 · 0,5
b) 4 · 0,25
c) 5 · 0,4
d) 5 · 0,12

8 Eine Holzleiste ist 2,65 m lang.
Laurin klebt 7 Holzleisten aneinander.
Stelle eine sinnvolle Frage.
Beantworte sie.

---

1 Multipliziere im Kopf.
Tipp ① ohne Komma multiplizieren
② Komma im Ergebnis setzen
a) 4 · 1,2
b) 3 · 7,3
c) 8 · 2,6
d) 12 · 0,3

2 Ergänze das Komma im Ergebnis.
a) 2,4 · 8 = 192
b) 6 · 7,19 = 4314
c) 8,12 · 7 = 5684
d) 12 · 4,2865 = 514380

3 Multipliziere schriftlich.
Prüfe dein Ergebnis mit einem Überschlag.
a) 4,2 · 14
b) 21 · 9,2
c) 19 · 32,8
d) 1,53 · 24
e) 38 · 1,011
f) 4,992 · 19

4 Berechne jeweils den Gesamtpreis.

		Anzahl	Einzelpreis
a)	Ananas	4	3,89 €
b)	Melone	7	2,59 €
c)	Blumenkohl	12	2,28 €

5 Anastasia geht dreimal die Woche joggen.
Eine Strecke ist 8,7 km lang.
Wie viele km läuft sie …
a) in einer Woche?
b) in einem Monat?

6 Was meint Leon damit? Erkläre.

Aber da fehlen doch die 2 Nachkommastellen.

4 · 0,25 = 1

7 Multipliziere.
Hast du schriftlich oder im Kopf multipliziert?
a) 5 · 0,4
b) 8 · 0,5
c) 8 · 0,25
d) 4 · 0,125

8 Ein Stuhl wiegt 6,25 kg.
Thomas stapelt 13 Stühle aufeinander.
Stelle eine sinnvolle Frage.
Beantworte sie.

MIT DEZIMALZAHLEN RECHNEN — DEZIMALZAHLEN MULTIPLIZIEREN

9 Gib die Ergebnisse an. Rechne im Kopf.
Tipp 4 · 3 = 12
4 · 0,3 = 1,2
a) 6 · 2 = 12
6 · 0,2
6 · 0,02
b) 7 · 5 = 35
7 · 0,5
7 · 0,05

9 Berechne zuerst die obere Aufgabe.
Gib die anderen Ergebnisse an,
ohne neu zu rechnen.
a) 8 · 4
8 · 0,4
8 · 0,04
b) 7 · 5
0,7 · 0,5
0,07 · 0,05
c) 3 · 12
0,3 · 1,2
0,03 · 0,12

10 Ergänze das Komma im Ergebnis.
a) 2,1 · 0,5 = 105
b) 4,3 · 2,2 = 946
c) 12,1 · 8,1 = 9801
d) 20,5 · 10,15 = 208075

10 Ergänze das Komma im Ergebnis.
a) 2,6 · 1,9 = 494
b) 3,9 · 5,8 = 2262
c) 2,23 · 1,9 = 4237
d) 6,25 · 5,61 = 350625

11 Multipliziere im Kopf.
a) 0,6 · 0,4
b) 1,1 · 0,3
c) 1,4 · 0,3
d) 0,9 · 1,4

11 Multipliziere im Kopf.
a) 1,4 · 0,6
b) 2,1 · 0,7
c) 0,9 · 1,2
d) 1,5 · 1,5

12 Multipliziere schriftlich.
Prüfe dein Ergebnis mit einem Überschlag.
a) 1,9 · 2,1
b) 3,1 · 1,8
c) 1,1 · 8,9
d) 1,3 · 2,4
e) 9,9 · 1,1
f) 1,6 · 1,63
g) 0,96 · 2,5
h) 2,73 · 10,1

12 Multipliziere schriftlich.
Prüfe dein Ergebnis mit einem Überschlag.
a) 8,4 · 9,1
b) 6,8 · 6,3
c) 4,5 · 3,2
d) 9,1 · 8,7
e) 12,4 · 1,09
f) 29,8 · 2,15
g) 12,04 · 3,11
h) 3,25 · 1,34

13 Hier haben sich Fehler versteckt. Erklärt die Fehler und berichtigt sie.

a)
```
  5,8 · 2,4
    1 1 6
+   2 3 2
─────────
  1 3 9,2
```

b)
```
  6,2 · 3,5
    1 8 6
+   3 1 0
      1
─────────
    2,1 7
```

c)
```
  0,4 1 · 0,7
          0
+     2 8 7
───────────
    ,2 8 7
```

d)
```
  4,1 · 2,0 5
        8 2
+     2 0 5
───────────
    1,0 2 5
```

Methode Achte auf die Nullen.
Manchmal muss man im Ergebnis vorne
Nullen ergänzen:

```
0,5 3 2 · 0,8 9
        4 2 5 6
+     4 7 8 8
        1 1
─────────────
0,4 7 3 4 8
```

5 Nachkomma-
stellen … also
auch im Ergebnis

14 Berechne.
Achte auf die Nullen im Ergebnis.
a) 0,43 · 0,87
b) 1,8 · 0,015
c) 0,6 · 0,347
d) 0,403 · 2,1
e) 0,436 · 0,49
f) 0,56 · 0,537
Hier haben sich die Lösungen versteckt:

0,2082   0,8463   0,30072   0,3741
0,027   0,2109   0,0471   0,21364

15 Multipliziere schriftlich.
Tipp Ergänze im Ergebnis vorne Nullen.
a) 0,2 · 0,17
b) 0,3 · 0,41
c) 0,5 · 0,39
d) 0,18 · 0,3
e) 0,31 · 0,25
f) 0,42 · 0,55

15 Multipliziere schriftlich.
Tipp Achte auf die Nullen.
a) 1,03 · 0,42
b) 0,83 · 1,4
c) 0,46 · 0,03
d) 0,45 · 0,45
e) 0,61 · 1,7
f) 5,5 · 0,26

16 Berechne den Gesamtpreis.
Tipp Gewicht · Preis pro kg

	Gewicht	Preis pro kg	Gesamtpreis
a)	1,5 kg	2,60 €	
b)	10,21 kg	3,00 €	
c)	0,6 kg	1,50 €	

16 Berechne den Gesamtpreis.
Tipp Runde sinnvoll.

	Gewicht	Preis pro kg	Gesamtpreis
a)	8,4 kg	3,98 €	
b)	2,4 kg	0,96 €	
c)	0,593 kg	1,50 €	

17 Alexandra kauft 1,2 kg Blumenkohl.
Wie viel kostet der Blumenkohl insgesamt?
Tipp Runde sinnvoll.

17 Für die Renovierung braucht Familie Schlüter 23,8 m Fußleisten.
Wie viel kosten die Fußleisten insgesamt?

Zum Weiterarbeiten
🔎 Es gibt noch weitere Einheiten, die im Ausland anders sind.
👥 Informiert euch im Internet darüber.

18 Man gibt die Größe von Bildschirmen oft in Zoll an.
1 Zoll ist 2,54 cm lang.
Berechne die Länge in Zentimeter.

18 In Amerika gibt man Längen in foot (ft) an.
1 foot (ft) entspricht 30,48 cm.
Berechne die Längen des Basketballfelds in Metern.

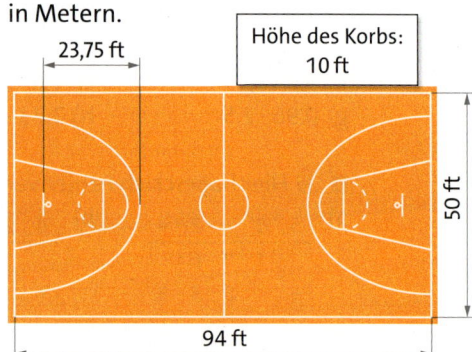

19 Berechne vorteilhaft.
Tipp Tausche vorher zwei Zahlen.
a) 2 · 3,7 · 0,5   b) 2,5 · 0,6 · 2
c) 4 · 4,9 · 0,25   d) 0,2 · 6,3 · 5

19 Berechne vorteilhaft.
Tipp Tausche vorher zwei Zahlen.
a) 2,5 · 0,9 · 2   b) 4 · 3,3 · 2,5
c) 0,2 · 4,8 · 5   d) 8 · 2,7 · 1,25

20 Berechne vorteilhaft.
Tipp 4,2 · 30
　　　= 4,2 · 10 · 3
　　　= 42 · 3
　　　= 126
a) 1,2 · 40
b) 4,2 · 200
c) 0,8 · 500

20 Berechne vorteilhaft.
Tipp 3,25 · 400 = 3,25 · 100 · 4 = 325 · 4 = …
a) 4,3 · 80
b) 7,22 · 500
c) 6,045 · 3000

21 Welche Aufgaben haben das gleiche Ergebnis?
a) 👥 Was fällt euch auf?
b) 👥 Wie darf man bei der Multiplikation das Komma verschieben?

753,6 · 0,144	75,36 · 1,44	3,675 · 41
7,536 · 14,4	36,75 · 4,1	64,13 · 0,73
3367,5 · 0,41	0,6413 · 73	6,413 · 7,3

MIT DEZIMALZAHLEN RECHNEN

Dezimalzahlen dividieren

ENTDECKEN

1 Bauer Heinrich teilt 12,8 kg Mehl gleichmäßig auf 4 Säcke auf.
a) Wie viel kg Mehl sind in jedem Sack?
b) Bauer Paulsen hat 14,7 kg Weizen.
 Er will den Weizen in Säcke
 mit jeweils 2,1 kg aufteilen.
 Wie viele Säcke braucht er dafür?

2 Katharinas Zimmer ist 20,5 m² groß und 5 m lang.
a) Wie breit ist Katharinas Zimmer? Berechne.
b) Niklas' Zimmer ist 21,32 m² groß und 4,1 m lang.
 Wie breit ist Niklas' Zimmer? Berechne.
c) 👥 Prüft eure Ergebnisse.

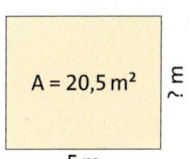

VERSTEHEN

5 Freunde fahren mit dem Bus zum Zoo.
Das Gruppenticket kostet 22,50 €.
Wie viel muss jeder bezahlen?   22,50 € : 5
Leonie **dividiert im Kopf**   2250 : 5 = 450
und setzt dann das Komma: 22,50 : 5 = 4,50

Vokabeln
→ *die schriftliche Division*
→ *die Umkehraufgabe*

Merke Schriftlich dividieren:
durch eine natürliche Zahl
① Dividiere schriftlich.
② Sobald man über das Komma geht, setzt man ein **Komma im Ergebnis**.

Beispiel 1

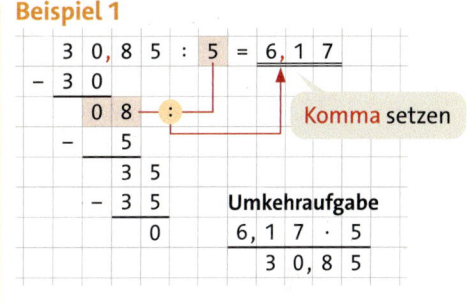

Man kann das Ergebnis
mit einer **Umkehraufgabe** prüfen.

Hinweis
Wenn man beide Zahlen mit 10, 100, 1000, … multipliziert, dann verschieben sich die Zahlen in der Stellenwerttafel nach links. Die Kommas verschieben sich nach rechts.

Haben beiden Zahlen ein Komma, verschiebt man vorher beide Kommas um gleich viele Stellen nach rechts. Das Ergebnis bleibt dabei gleich.

Beispiel 2 3,375 : 2,25
= 337,5 : 225 = 1,5

beide Kommas zwei Stellen verschieben

Merke Schriftlich dividieren:
durch eine Dezimalzahl
① Verschiebe zuerst das **Komma bei beiden Dezimalzahlen** so weit nach rechts, bis das Komma bei der zweiten Zahl wegfällt.
② Dividiere dann schriftlich. Sobald man über das **Komma** geht, setzt man ein **Komma im Ergebnis**.

Beispiel 3

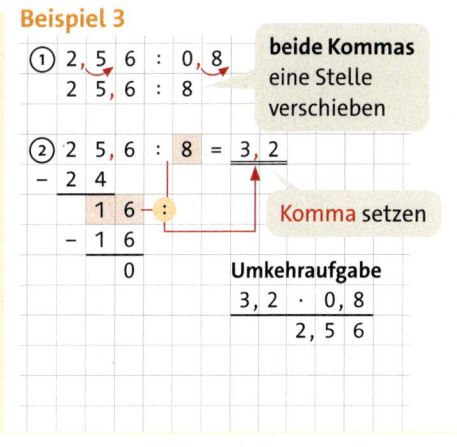

beide Kommas eine Stelle verschieben

175

MIT DEZIMALZAHLEN RECHNEN — DEZIMALZAHLEN DIVIDIEREN

ANWENDEN

1 Dividiere im Kopf.
a) 12,6 : 6
b) 15,5 : 5
c) 36,9 : 9
d) 8,88 : 4

2 Dividiere schriftlich.
a) 14,4 : 4
b) 28,5 : 5
c) 19,2 : 8
d) 16,8 : 3
e) 15,6 : 6
f) 29,4 : 3

3,6   5,7   2,4
5,6   2,6   9,8

3 Dividiere schriftlich.
Prüfe dein Ergebnis mit der Umkehraufgabe.
a) 37,8 : 6
b) 31,2 : 4
c) 76,5 : 9
d) 30,65 : 5
e) 22,75 : 7
f) 39,33 : 9

4 Welches Ergebnis stimmt? Begründe.
Tipp Runde so, dass du einfach rechnen kannst: 22,75 : 7 ≈ 21 : 7 = 3
a) 11,7 : 3   39   3,9   0,39
b) 25,86 : 6   4,31 43,1   431

5 Die Klasse 6a mit 20 Schülern plant einen Klassenausflug in den Kletterpark. An der Kasse zahlen sie für die 20 Eintrittskarten 249,80 €.
Wie viel kostet eine Eintrittskarte?
Tipp Denk beim Antwortsatz an die Einheit.

6 Berechne das Gewicht von einem Sack.

a)	29,2 kg Mehl	aufgeteilt auf 4 Säcke
b)	53,4 kg Mehl	aufgeteilt auf 6 Säcke
c)	83,7 kg Mehl	aufgeteilt auf 9 Säcke
d)	86,8 kg Mehl	aufgeteilt auf 7 Säcke

1 Dividiere im Kopf.
a) 24,6 : 6
b) 4,9 : 7
c) 72,96 : 8
d) 35,84 : 7

2 Dividiere schriftlich.
a) 31,2 : 4
b) 73,6 : 8
c) 44,8 : 7
d) 47,7 : 9
e) 85,5 : 5
f) 52,4 : 4

17,1   5,3   7,8
6,4   13,1 9,2

3 Dividiere schriftlich.
Prüfe dein Ergebnis mit der Umkehraufgabe.
a) 92,8 : 8
b) 69,09 : 7
c) 77,36 : 4
d) 97,38 : 6
e) 284,4 : 12
f) 475,5 : 15

4 Hier fehlt das Komma im Ergebnis.
Tipp Runde so, dass du einfach rechnen kannst: 14,22 : 6 ≈ 12 : 6 = 2
a) 21,2 : 8 = 265
b) 25,92 : 6 = 432
c) 61,7 : 5 = 1234
d) 45,15 : 7 = 645

5 Tina fährt täglich mit dem Rennrad.
a) In dieser Woche ist Tina 121,8 km gefahren. Wie viele km ist sie durchschnittlich am Tag gefahren?
b) Letztes Jahr ist Tina 2150,4 km gefahren. Wie viele km ist sie durchschnittlich im Monat gefahren?

6 Berechne das Gewicht.

a)	63,2 kg Mehl	aufgeteilt auf 8 Säcke
b)	42,3 kg Reis	aufgeteilt auf 9 Schüsseln
c)	19,5 ℓ Milch	aufgeteilt auf 13 Flaschen
d)	170,8 ℓ Wasser	aufgeteilt auf 14 Fässer

7 Hier haben sich Fehler versteckt. Erklärt die Fehler und berichtigt sie.

a)
```
  2 6,2 2 : 6 = 4 3 7
- 2 4
    2 2
  - 1 8
      4 2
    - 4 2
        0
```

b)
```
  4,3 5 : 5 = 8 7
- 0
  4 3
- 4 0
    3 5
  - 3 5
      0
```
5 passt nicht in 4, darum sofort 43

MIT DEZIMALZAHLEN RECHNEN — DEZIMALZAHLEN DIVIDIEREN

8 Dividiere schriftlich.
Tipp Vorsicht beim ersten Rechenschritt.
a) 2,16 : 3   b) 3,22 : 7
c) 0,52 : 4   d) 0,84 : 6

8 Dividiere schriftlich.
a) 5,16 : 6   b) 6,44 : 7
c) 3,06 : 9   d) 0,92 : 4
e) 0,96 : 8   f) 6,45 : 15

Methode Nullen ergänzen
Manchmal reichen die Nachkommastellen bei der ersten Zahl nicht. Dann muss man hinter der letzten Nachkommastelle eine Null ergänzen und weiterrechnen.
Das kann man so oft wiederholen, bis man fertig ist.

8,7 = 8,70

9 Erkläre und ergänze die Division im Heft.

```
8,7 : 6 = 1,4
6
2 7
2 4
  3 0
```
Hier muss man eine Null ergänzen.

10 Dividiere schriftlich.
Tipp Ergänze so viele Nullen hinter dem Komma, wie du brauchst.
a) 5,8 : 4   b) 6,4 : 5
c) 15,8 : 5   d) 17,1 : 6
e) 34,8 : 8   f) 37,1 : 5

10 Dividiere schriftlich.
Tipp Ergänze so viele Nullen hinter dem Komma, wie du brauchst.
a) 11,8 : 4   b) 77,2 : 8
c) 61,7 : 5   d) 140,7 : 6
e) 24,9 : 20 f) 68,6 : 50

Hinweis
Verschiebe das Komma bei beiden Zahlen immer um gleich viele Stellen.

11 Ergänze das Komma bei der orangenen Zahl so, dass das Ergebnis 1,5 gleich bleibt.
1,9815 : 1,321 = 1,5
19815 : 13,21 = 1,5
19815 : 132,1 = 1,5
19815 : 1321 = 1,5

11 Übertrage ins Heft. Ergänze die Zahl so, dass die Ergebnisse alle gleich bleiben.
2,4075 : 0,321 = 7,5
240,75 : ▬ = 7,5
24,075 : ▬ = 7,5
2407,5 : ▬ = 7,5

12 Welche Aufgaben haben das gleiche Ergebnis? Begründe deine Antwort.

0,656 : 0,04   656 : 40   6,56 : 0,4   65,6 : 40
65,6 : 4   0,00656 : 0,004   656 : 400   0,656 : 0,4

13 Dividiere im Kopf.
Tipp Verschiebe vorher das Komma bei beiden Zahlen.
a) 1,8 : 0,3   b) 3,6 : 0,4
c) 2,8 : 0,7   d) 3,2 : 0,2

13 Dividiere im Kopf.
Tipp Verschiebe vorher das Komma bei beiden Zahlen.
a) 2,1 : 0,3   b) 5,6 : 0,7
c) 7,2 : 0,6   d) 0,64 : 0,08

14 Dividiere schriftlich.
Tipp ① Komma verschieben
② schriftlich dividieren
a) 14,6 : 0,2   b) 10,12 : 0,8
c) 21,846 : 0,6 d) 1,589 : 0,07
e) 2,5959 : 0,03 f) 347,48 : 1,4

14 Dividiere schriftlich.
Tipp ① Komma verschieben
② schriftlich dividieren
a) 1,494 : 0,6   b) 2,76 : 0,12
c) 3,6184 : 0,08 d) 20,205 : 1,5
e) 7,53 : 0,003   f) 0,16128 : 0,012

Lösungswort: N 22,7   G 86,53   O 73
R 12,65   E 248,2   A 36,41

Lösungswort: P 23   N 13,47   S 2,49
T 13,44   I 45,23   A 2510

MIT DEZIMALZAHLEN RECHNEN   DEZIMALZAHLEN DIVIDIEREN

15 Bilde eigene Divisionsaufgaben aus den Kärtchen.
Prüfe mit der Umkehraufgabe.

1239,84   4,8384   2392,74   0,06   63   1,2
665,28   274,68   8,4   0,2   0,9

Hinweis
Wenn man beide Zahlen mit 10, 100, 1000, … multipliziert, dann verschieben sich die Zahlen in der Stellenwerttafel nach links. Die Kommas verschieben sich nach rechts.

Methode Nullen ergänzen beim Verschieben des Kommas
Manchmal reichen die Nachkommastellen bei der ersten Zahl nicht, um das Komma zu verschieben.
Dann muss man Nullen ergänzen.

16 Erkläre und ergänze die Division im Heft.

2 4,8 : 0,0 8
24,8 = 24,80
2 4 8 0 : 8 =

17 Dividiere schriftlich.
a) 12,6 : 0,03   b) 86,1 : 0,007
c) 272 : 0,08   d) 8,4 : 0,012

17 Dividiere schriftlich.
a) 413,6 : 0,08   b) 37,8 : 0,009
c) 196,8 : 0,016   d) 9729 : 2,3

18 Übertrage und ergänze im Heft.
Beschreibe dein Vorgehen.
a) x : 0,9 = 3   b) 2,4 : x = 4
c) x : 1,2 = 5   d) 0,72 : x = 0,9

18 Übertrage und ergänze im Heft.
Beschreibe dein Vorgehen.
a) x : 3 = 1,3   b) 28,7 : x = 0,7
c) x : 1,8 = 6   d) 3,2 : x = 0,4

19 Die Klasse 6 d verreist mit dem Zug auf Klassenfahrt.
Ein Zugticket kostet 9,50 €.
Für alle Schüler der Klasse 6 d kostet die Zugfahrt insgesamt 256,50 €.
Wie viele Schüler sind in der Klasse?
Tipp Denke an einen Antwortsatz.

19 Herr Tatus hat 105,6 kg Kies bestellt.
Er teilt den Kies gleichmäßig auf 8 Eimer auf.
a) Wie viel kg Kies sind in jedem Eimer?
b) Frau John teilt 353,5 kg Erde auf Schubkarren auf.
In jede Schubkarre passen 50,5 kg.
Wie viele Schubkarren braucht sie?

20 Frau Lamprecht kauft 4,5 kg Kartoffeln.
Sie bezahlt insgesamt 2,97 €.
Wie viel kostet 1 kg Kartoffeln?
Berechne.

20 Welches Angebot ist günstiger?
Tipp Berechne jeweils den Preis für 1 kg und vergleiche.

4,5 kg
3,24 €

12 kg
2,88 €

21 Rechnet vorteilhaft.
a) 👥 Beschreibt und vergleicht euer Vorgehen.
b) 👥 Wie ändert sich das Ergebnis, wenn man bei der Division das Komma unterschiedlich verschiebt?

① 8,712 : 4
   87,12 : 0,04
   8712 : 40
   0,8712 : 0,4
   871,2 : 4

217,8
2,178
217,8
2178
2,178

② 24,18 : 6   4,03
   241,8 : 0,6
   2418 : 60
   2,418 : 6
   0,2418 : 0,06

4,03

Vorrangregeln

ENTDECKEN

1 Im Kino
Opa Henri geht mit seinen Enkeln ins Kino. Jeder bestellt sich noch eine Portion Popcorn. Wie viel kostet das zusammen?
Schreibe einen Rechenterm auf.
Vergleicht eure Rechenwege.

	Kinder	Erwachsene
Preis	6,40 €	9,40 €
Popcorn 3,60 €		Gummibärchen 1,90 €

2 Herr Kunze geht einmal im Monat ins Kino. Er kauft sich immer eine Portion Gummibärchen. Wie viel zahlt Herr Kunze im Jahr für seine Kinobesuche?
Welcher Rechenbaum passt dazu? Berechne.

a) 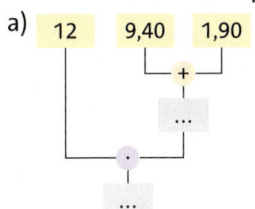   b) 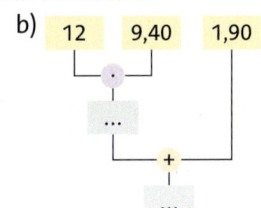   c)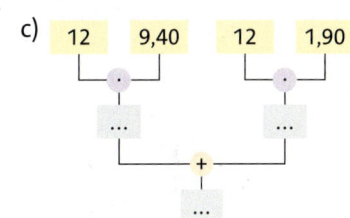

VERSTEHEN

Aufgaben werden immer **von links nach rechts** gerechnet.

Es gibt aber **zwei Ausnahmen**:

Vokabeln
→ *die Vorrangregel*
→ *die Klammer*
→ *die Punkt-vor-Strich-Regel*

Merke Vorrangregeln
① **Klammerregel**:
Was in Klammern steht, wird zuerst gerechnet.

② **Punkt-vor-Strich-Regel**:
erst mal · und geteilt :
dann plus + und minus −

Dann erst **von links nach rechts**.

Beispiel 1
① Klammern zuerst $5{,}1 \cdot (3{,}4 + 2{,}6)$
                      $= 5{,}1 \cdot 6{,}0$
                      $= 30{,}6$

② Punkt-vor Strich-Regel $12{,}3 - 2 \cdot 0{,}9$
                           $= 12{,}3 - 1{,}8$
                           $= 10{,}5$

von links nach rechts $1{,}4 + 1{,}2 - 2{,}5$
                       $= 2{,}6 - 2{,}5$
                       $= 0{,}1$

Auch in Klammern gilt Punkt-vor-Strich.

Auch in Klammern gelten die Vorrangregeln.

Beispiel 2
$5{,}5 \cdot 2{,}2 - (1{,}2 + 4{,}5 \cdot 2{,}2)$
$= 5{,}5 \cdot 2{,}2 - (1{,}2 + 9{,}9)$
$= 5{,}5 \cdot 2{,}2 - 11{,}1$
$12{,}1 - 11{,}1$
$= 1$

Klammern zuerst
① Punkt vor Strich in der Klammer
② Punkt vor Strich
Links nach rechts

ANWENDEN

1 Welche Aufgabe gehört zum Rechenbaum? Begründe. Berechne dann.

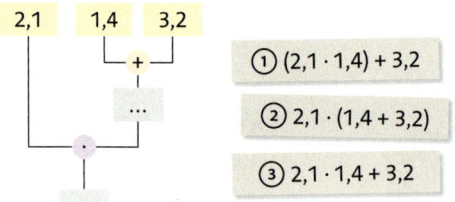

① (2,1 · 1,4) + 3,2
② 2,1 · (1,4 + 3,2)
③ 2,1 · 1,4 + 3,2

1 Schreibe als Aufgabe und berechne dann.
Tipp Du benötigst Klammern.

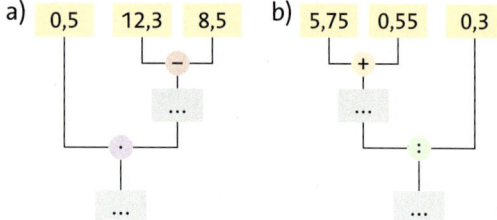

2 Berechne.
Tipp Punkt-vor-Strich-Regel
a) 3,2 + 2,1 · 6
b) 1,8 · 2 + 2,2
c) 7,7 − 1,5 · 3
d) 5,5 · 2,1 − 3,4

2 Berechne.
Tipp Punkt-vor-Strich-Regel
a) 37,6 − 2,5 · 8
b) 4,5 · 1,2 + 5,71
c) 8,5 − 8,4 : 2,1
d) 15,9 : 3 · 0,5 − 0,25

3 Berechne.
Tipp Zuerst Klammern, dann Punkt vor Strich
a) (3,4 + 3,6) : 3,5
b) 6 · (3,7 − 2,6) − 2,2
c) 10 − 2,5 · 3 + 4,5
d) 5 · (1,2 + 3,2) − 5 : 2
Lösungen: 19,5; 4,4; 2; 7

3 Berechne.
Tipp Achte auf alle Vorrangregeln.
a) 0,5 · (3,5 + 4,9)
b) 3,1 + 9,9 : 3,3
c) (3,8 + 3,6 : 3) − 4,8
d) 4,5 + 9,5 : (13,4 − 11,5)
Lösungen: 6,1; 9,5; 4,2; 0,2

4 Vertausche und rechne vorteilhaft.
Tipp 3,7 + 2,6 + 1,3
   2,6 + 3,7 + 1,3
= 2,6 + (3,7 + 1,3)
= 2,6 +   5
=   7,6

a) 1,8 + 4,7 + 2,2
b) 4,6 + 5,9 + 3,4
c) 2,5 · 3 · 4
d) 0,2 · 3,5 · 5

4 Vertausche und rechne vorteilhaft.
Tipp
   4,1 + 6,3 + 2,9
= 6,3 + 4,1 + 2,9
= 6,3 + (4,1 + 2,9)
= …

a) 4,3 + 9,2 + 2,7
b) 2,2 + 8,4 + 1,8 + 3,6
c) 0,25 · 3,9 · 4
d) 8 · 0,2 · 1,25 · 5

5 Zerlege und rechne vorteilhaft.
Tipp 0,3 · 20
= 0,3 · 10 · 2
= (0,3 · 10) · 2
=   3   · 2 = 6

a) 0,8 · 40
b) 1,2 · 70
c) 0,09 · 300
d) 0,006 · 5000

5 Zerlege und rechne vorteilhaft.
Tipp 0,004 · 600
= (0,004 · 100) · 6
= 0,4 · 6
= 2,4

a) 0,007 · 800
b) 3,2 · 400
c) 0,12 · 7000
d) 4,80 : 600

6 Welche Klammern sind nicht notwendig?
a) (4,2 + 1,3) · 3 = 16,5
b) 9,9 − (2 · 3,7) = 2,5
c) 4,8 · (5 − 2,5) = 12

6 Übertrage und ergänze Klammern.
a) 6,5 · 2 + 3,7 = 37,05
b) 5,2 + 2,8 : 0,5 = 16
c) 7 · 9,8 − 3,3 + 4,4 = 49,9

7 Nora geht zum Bäcker.
Sie kauft 3 Brötchen für je 0,25 €,
4 Stück Kuchen für je 1,20 € und
6 Brezel für je 0,70 €.
Sie zahlt mit einem 10-€-Schein.
Wie viel Geld bekommt sie zurück?

7 Tim hat einige Sachen im Internet verkauft.
3 Filme für je 7,50 €, 2 Spiele für je 8,45 € und ein Buch für 0,99 €.
Von dem Geld möchte er sich einen neuen Rucksack für 45,99 € kaufen.
Wie viel Geld fehlt ihm noch?

MIT DEZIMALZAHLEN RECHNEN

Strategie Lösungshilfen zu Sachaufgaben

Ein Güterzug hat insgesamt 8 Waggons.
Jeder Waggon kann mit höchstens 20,5 t beladen werden.
Ein Waggon hat gar keine Ladung.
Drei der Waggons sind nur zur Hälfte beladen.
Die restlichen Waggons sind voll beladen.
Wie viele Tonnen hat der Zug geladen?

Bevor man anfängt zu rechnen, ist es hilfreich, sich einen Überblick über die Sachaufgabe zu verschaffen.
Dabei gibt es verschiedene Lösungshilfen.

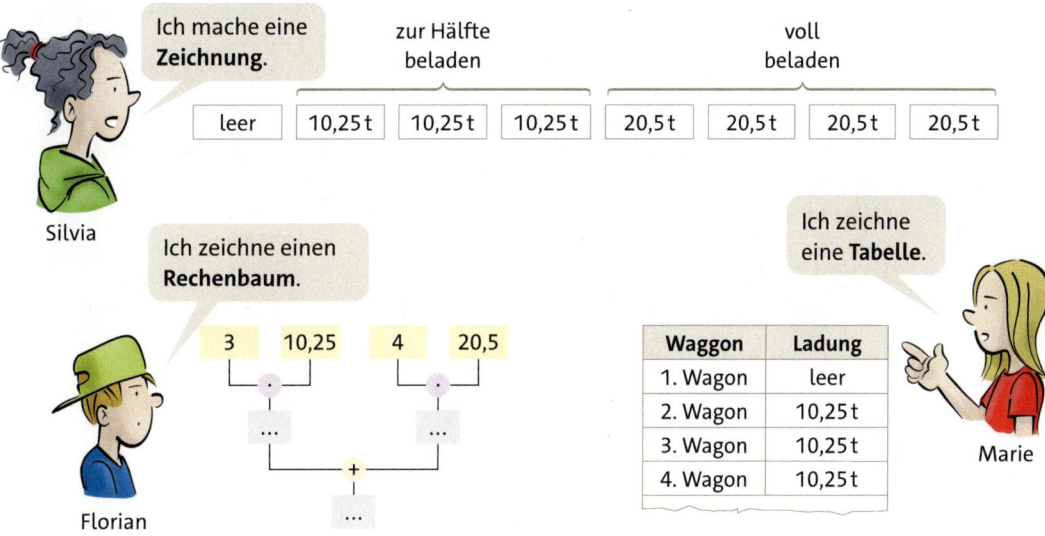

ANWENDEN

1 Silvia, Florian und Marie haben verschiedene Lösungshilfen benutzt.
a) Erklärt euch gegenseitig die Lösungshilfen der Kinder.
b) Suche dir eine Lösungshilfe aus und löse die Aufgabe.

2 Frau Weber kauft insgesamt vier Tüten mit Brötchen:
zwei Tüten mit jeweils 6 Brötchen,
eine Tüte mit 4 Brötchen und
eine Tüte mit 2 Brötchen.
Wie viele Brötchen kauft sie insgesamt?

3 Tina baut für ihre Hasen zwei neue Ställe.
Für den einen Stall braucht sie 15 m Zaun.
Für den anderen Stall braucht sie nur die Hälfte Zaun.
1 m Zaun kostet im Baumarkt 2,40 €.
Zusätzlich kauft Tina Futter für 4,99 €.
Wie viel muss Tina bezahlen?

2 In der Mensa stehen unterschiedlich große Tische:
Sechs Tische sind für fünf Personen,
halb so viele Tische für vier Personen
und zwei Tische für halb so viele Personen.
Wie viele Schüler können in der Mensa sitzen?

3 Leon möchte zwei Wände in seinem Zimmer streichen.
Eine Wand ist 12 m² groß. Die andere Wand ist doppelt so groß. 1 m² Farbe kostet 3,26 €.
Zusätzlich kauft er noch drei Pinsel für jeweils 1,79 € und einen Eimer für 2,50 €.
Wie viel muss Leon bezahlen?

Klar soweit?

Dezimalzahlen addieren und subtrahieren
→ Seite 166

1 Rechne im Kopf.
a) 2,5 + 3,9   b) 25,5 + 31,7   c) 7,8 – 5,3   d) 45,7 – 24,9

2 Addiere schriftlich.
Prüfe das Ergebnis mit einem Überschlag.
a) 13,4 + 32,5   b) 3,25 + 4,21
c) 7,41 + 15,28   d) 25,64 + 17,49

2 Addiere schriftlich.
Prüfe das Ergebnis mit einem Überschlag.
a) 3,25 + 5,64   b) 82,52 + 17,07
c) 34,68 + 112,23   d) 12,97 + 63,214

3 Subtrahiere schriftlich.
Prüfe das Ergebnis mit der Umkehraufgabe.
a) 65,7 – 14,3   b) 2,96 – 1,51
c) 82,47 – 29,18   d) 34,22 – 8,11

3 Subtrahiere schriftlich.
Prüfe das Ergebnis mit der Umkehraufgabe.
a) 7,48 – 3,26   b) 34,98 – 8,06
c) 236,64 – 144,19   d) 232,7 – 100,96

4 Wie viel kostet das zusammen?
Sam bezahlt mit einem 50-€-Schein.
Wie viel Wechselgeld bekommt er zurück?

4 Florian gibt an der Kasse 120 € ab.
Wie viel Wechselgeld bekommt er zurück?

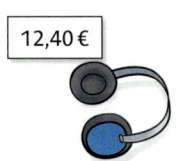
12,40 €

20,25 €

78,99 €

26,49 €

Mit Stufenzahlen multiplizieren und dividieren
→ Seite 169

5 Übertrage und ergänze die Tabelle.

·	10	100	1000
a) 1,245			
b) 4,67			

:	10	100	1000
c) 2534,8			
d) 576,4			

5 Übertrage und ergänze die Tabelle.

·	10	100	1000
a) 3,466			
b) 17,82			

:	10	100	1000
c) 4739,1			
d) 678,2			

Dezimalzahlen multiplizieren
→ Seite 171

6 Multipliziere im Kopf.
a) 4 · 1,4   b) 9,2 · 3   c) 0,5 · 18,4   d) 0,2 · 12,1

7 Multipliziere schriftlich.
Prüfe dein Ergebnis mit einem Überschlag.
a) 3 · 4,6   b) 2,9 · 6
c) 12 · 4,1   d) 3,4 · 18
e) 7,2 · 1,1   f) 5,42 · 2,5

7 Multipliziere schriftlich.
Prüfe dein Ergebnis mit einem Überschlag.
a) 7 · 8,2   b) 3,8 · 9
c) 7,5 · 1,2   d) 6,7 · 2,6
e) 5,21 · 0,5   f) 2,41 · 4,9

MIT DEZIMALZAHLEN RECHNEN   KLAR SOWEIT?

8 Dieter kauft 3,5 kg Brokkoli. Wie viel muss er bezahlen?

1kg 3,70 €

8 Kai kauft 2,5 kg und Lia 0,8 kg Paprika. Wie viel müssen sie jeweils bezahlen?

1kg 3,90 €

→ Seite 175

Dezimalzahlen dividieren

9 Dividiere im Kopf.
a) 24,4 : 4   b) 56,8 : 8   c) 0,66 : 11   d) 125,5 : 5

10 Dividiere schriftlich. Prüfe mit der Umkehraufgabe.
a) 7,23 : 3   b) 224,7 : 7
c) 20,4 : 6   d) 298,8 : 9

10 Dividiere schriftlich. Prüfe mit der Umkehraufgabe.
a) 233,4 : 6   b) 23,30 : 5
c) 9,944 : 8   d) 21,618 : 9

11 Welche Aufgaben haben das gleiche Ergebnis? Begründe deine Antwort.

0,00444 : 0,37   44,4 : 3700   444 000 : 120 000   4,44 : 37   0,00444 : 0,0012

0,444 : 0,00012   4,44 : 12   44,4 : 12   444 : 1200

12 Dividiere schriftlich.
a) 37,17 : 0,9   b) 13,924 : 0,4
c) 0,2365 : 0,05   d) 0,3894 : 0,11

12 Dividiere schriftlich.
a) 2,394 : 0,7   b) 7,7128 : 0,08
c) 0,0403 : 0,13   d) 37,016 : 1,4

13 Im Zoo
6 Tickets kosten 73,80 €.
a) Wie viel kostet ein Ticket?
b) In der Kasse sind 297,60 €. Ein Ticket kostet 6,20 €. Wie viele Tickets sind verkauft worden?

13 Katarina sägt eine 6,48 m lange Holzstange in 9 gleich große Stücke.
a) Wie lang ist ein Stück?
b) Marvin hat eine 29,64 m lange Holzstange. Er sägt die Holzstange in 0,12 m lange Stücke. Wie viele Stücke bekommt er?

→ Seite 179

Vorrangregeln

14 Schreibe zum Rechenbaum eine Aufgabe. Berechne dann.
Tipp Du benötigst Klammern.

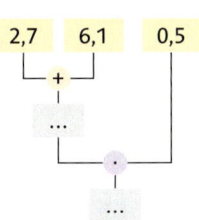

2,7   6,1   0,5

14 Schreibe zum Rechenbaum eine Aufgabe. Berechne dann.

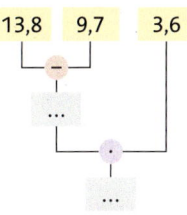

13,8   9,7   3,6

15 Berechne.
Tipp Zuerst Klammern, dann Punkt vor Strich.
a) 5,3 + (8,1 – 3,4)
b) 8,4 – 1,3 · 4
c) (6,9 + 0,1) : 2

15 Berechne.
Tipp Achte auf die Vorrangregeln.
a) 3 · (18,7 – 13,4)
b) 38,4 – 33,6 : 4
c) 16 · 0,5 · (3,5 – 2,25)

→ Lösungen ab S. 236

MIT DEZIMALZAHLEN RECHNEN

Vermischte Übungen

Anwenden

1 Rechne im Kopf.
a) 3,5 + 2,1
b) 7,9 − 1,8
c) 3 · 3,2
d) 12,8 : 4

2 Welches Ergebnis stimmt? Begründe mit einem Überschlag.

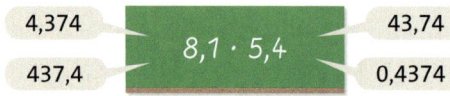

4,374   43,74
8,1 · 5,4
437,4   0,4374

3 Übertrage und ergänze im Heft.
a) 3,1 + **x** = 5,4
b) **x** + 0,2 = 4,2
c) 3,9 + **x** = 6,1
d) **x** + 5,23 = 8,34
e) 9,7 − **x** = 8,5
f) **x** − 4,3 = 7,4
g) 4,2 · **x** = 12,6
h) **x** : 4 = 2,1

4 Berechne schriftlich.
Prüfe dein Ergebnis mit einem Überschlag oder einer Umkehraufgabe.
a) 3,26 + 2,51
b) 12,41 + 5,24
c) 7,28 + 14,09
d) 11,93 + 13,27
e) 9,46 − 2,15
f) 18,57 − 4,22
g) 6,18 − 3,42
h) 26,37 − 17,05

5 Übertrage ins Heft und ergänze.
a) 13,27 —·10→ ... —:100→ 1,327
b) 7,369 —·100→ ... —:10→ ...
c) 329,4 —:...→ 32,94 —·...→ 3294
d) ... —·100→ 6,041 —·10→ ...

6 Berechne schriftlich. Prüfe dein Ergebnis.
a) 4,7 · 13
b) 8,24 · 21
c) 3,4 · 8,2
d) 1,6 · 4,62
e) 16,8 : 7
f) 25,2 : 4
g) 19,15 : 5
h) 38,52 : 9

7 Welche Aufgaben haben das gleiche Ergebnis? Begründe deine Antwort.

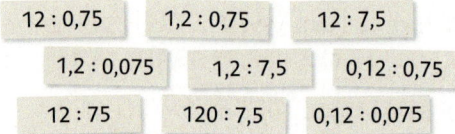

12 : 0,75   1,2 : 0,75   12 : 7,5
1,2 : 0,075   1,2 : 7,5   0,12 : 0,75
12 : 75   120 : 7,5   0,12 : 0,075

---

1 Rechne im Kopf.
a) 6,5 + 2,6
b) 9,2 − 3,4
c) 4 · 3,5
d) 35,7 : 7

2 Welches Ergebnis stimmt? Begründe mit einem Überschlag.

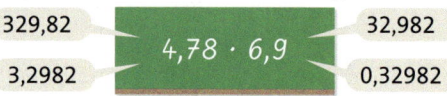

329,82   32,982
4,78 · 6,9
3,2982   0,32982

3 Übertrage und ergänze im Heft.
a) **x** + 4,2 = 13,6
b) 3,07 + **x** = 6,19
c) **x** − 4,3 = 8,1
d) 6,27 − **x** = 3,44
e) **x** · 3,2 = 9,6
f) 4,8 · **x** = 38,4
g) **x** : 6,7 = 4
h) 20,25 : **x** = 2,25

4 Berechne schriftlich.
Prüfe dein Ergebnis mit einem Überschlag oder einer Umkehraufgabe.
a) 17,48 + 2,51
b) 32,09 + 19,3
c) 57,8 + 9,56
d) 142,4 + 76,92
e) 76,33 − 14,12
f) 45,7 − 18,33
g) 62,43 − 22,7
h) 118,8 − 92,91

5 Übertrage ins Heft und ergänze.

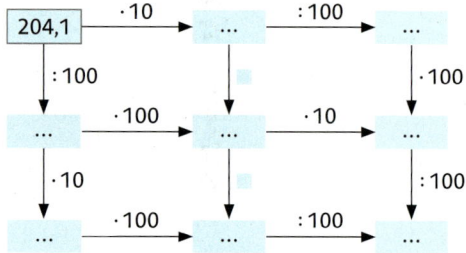

6 Berechne schriftlich. Prüfe dein Ergebnis.
a) 62,7 · 16
b) 9,872 · 23
c) 5,3 · 8,72
d) 13,79 · 9,3
e) 23,4 : 6
f) 65,6 : 8
g) 43,26 : 7
h) 45,36 : 12

7 Das Ergebnis von 368 : 8 ist 46.
Löse damit die anderen Aufgaben.
Erkläre dein Vorgehen.

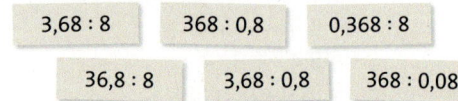

3,68 : 8   368 : 0,8   0,368 : 8
36,8 : 8   3,68 : 0,8   368 : 0,08

MIT DEZIMALZAHLEN RECHNEN — VERMISCHTE ÜBUNGEN

Hinweis
Vorsicht beim Überschlag:
2,05 : 0,02
≈ 2 : 0
Durch null darf man nicht teilen. Verschiebe vorher das Komma.

8 Dividiere schriftlich. Prüfe dein Ergebnis.
a) 18,9 : 0,3   b) 7,44 : 0,6
c) 21,85 : 0,5   d) 1,642 : 0,02
e) 1,596 : 0,07 f) 7,304 : 0,08

8 Dividiere schriftlich. Prüfe dein Ergebnis.
a) 34,02 : 0,9   b) 0,4938 : 0,06
c) 1,704 : 1,2   d) 0,3395 : 0,007
e) 0,462 : 0,15   f) 0,656 : 0,016

9 So hoch ist eine 2-€-Münze:

 2,2 mm

a) Wie hoch ist ein Stapel mit zehn 2-€-Münzen?
b) Wie hoch ist ein Stapel mit hundert 2-€-Münzen?
c) Wie hoch ist ein Stapel mit tausend 2-€-Münzen?

9 So hoch und schwer sind diese Münzen:

 2,33 mm 7,5 g   1,67 mm 2,3 g

a) Wie hoch und schwer ist ein Stapel mit zehn, hundert und tausend 1-€-Münzen?
b) Wie hoch und schwer ist ein Stapel mit zehn, hundert und tausend 1-ct-Münzen?
c) Wie hoch und wie schwer ist ein Stapel aus 1-€-Münzen im Wert von 10 000 €?

10 Rechne die Längen um.
Tipp Die Umrechnungszahl bei Längen ist 10.
a) 5,49 m = ■ dm
b) 17,6 dm = ■ m
c) 36,9 cm = ■ dm
d) 262,9 cm = ■ mm

10 Rechne die Längen um.
Tipp Die Umrechnungszahl bei Längen ist 10.
a) 30,48 m = ■ dm
b) 27,6 dm = ■ m
c) 26,9 dm = ■ cm
d) 76,9 cm = ■ m

11 Hier haben sich Fehler versteckt. Erkläre und berichtige die Fehler im Heft.
a) 7,94 + 2,18 = 9,02   b) 983,25 − 18,34 = 1001,59   c) 2,3 · 1,4 = 32,2
d) 0,99 − 0,4 = 0,95   e) 9,5 − (4,7 + 2,1) = 6,9   f) 14,8 − 1,3 · 3 = 40,5

12 Rechne vorteilhaft.
Tipp Bei + und · darf man Zahlen tauschen.
a) 2,7 + 1,9 + 4,3
b) 5,4 + 3,2 + 0,8 + 2,6
c) 2,5 · 12 · 4

12 Rechne vorteilhaft.
a) 12,3 + 4,9 + 0,7 + 9,1
b) 2,5 · 7,3 · 4
c) 8 · 40 · 1,25 · 0,25
d) 14,4 + 8,7 − 2,4 − 5,7

Methode **Rechnen mit einer Tabellenkalkulation**
So gibt man Aufgaben in eine Zelle ein.

=5,6+3,9
=5,6-3,9
=5,6*3,9
=5,6/3,9

Drücke dann **Enter**.

13 Übertrage in eine Tabellenkalkulation und berechne.
a) 4,238 + 7,2903   b) 13,4343 − 9,2357
c) 81,462 · 5,0836   d) 45,763732 : 9,572
e) 5,201376 + 64,283 · 0,351
f) 6,267 · (7,49274 − 3,18374)
g) Beachtet die Tabellenkalkulation die Vorrangregeln? Prüfe nach.

14 Schreibe als Aufgabe und berechne.
Tipp + − · :
a) Addiere 2,1 und 3,1 und 4,7.
b) Subtrahiere von 8,2 die Dezimalzahl 3,9.
c) Multipliziere 2,5 mit 5,6.
d) Dividiere 19,8 durch 9.

14 Schreibe als Aufgabe und berechne.
Tipp Bei c) brauchst du Klammern.
a) Dividiere 22,2 durch 6.
b) Bilde die Differenz aus 4,8 mit 1,5.
c) Addiere 3,2 und 5,9 und multipliziere das Ergebnis mit 2,4.

MIT DEZIMALZAHLEN RECHNEN — VERMISCHTE ÜBUNGEN

Strategie Sachaufgaben lösen
① Gib die Aufgabe mit eigenen Worten wieder.
② Was ist **gegeben**? Was ist **gesucht**?
③ Schreibe den **Rechenterm** auf. Achte auf **Schlüsselwörter**.
④ **Überprüfe** dein Ergebnis.
⑤ Schreibe einen **Antwortsatz** auf. Oft musst du an eine Einheit denken.

15 Löse die Sachaufgaben.
a) Jo kauft Bücher für 24,19 € und Stifte für 12,80 €. Was kostet das zusammen?
b) Lea möchte sich Stiefel für 34,95 € kaufen. Sie hat 25,39 € gespart. Wie viel Geld fehlt noch?
c) Der Weg zur Schule ist 3,8 km lang. Der Weg zum Spielplatz ist doppelt so lang. Wie weit ist der Spielplatz entfernt?
d) 6 Freunde kaufen sich einen Fußball für 32,58 €. Wie viel muss jeder bezahlen?

16 Punkte beim Schwimmwettbewerb

Namen	Turmspringen	Tieftauchen
Sina	14,25	9,40
Marco	11,5	10,35
Tobias	16,75	7,05

a) Wie viele Punkte haben Sina, Marco und Tobias jeweils insgesamt?
b) Bei 25 Punkten bekommt man eine Goldmedaille. Wie viele Punkte fehlen Marco noch?

16 Familie Koch macht am Wochenende eine Radtour zum Stausee. Sie lesen jeden Abend bei ihrer Ankunft den Kilometerstand ab:

Fr 9.00 Uhr (Start)	418,2 km
Fr 18.00 Uhr	455,4 km
Sa 18.00 Uhr	511,6 km

a) Wie viele km sind sie jeweils am Tag gefahren?
b) Insgesamt sind es zum Stausee 118,2 km. Wie viel km müssen sie noch fahren?

Zum Weiterarbeiten
Informiere dich über die aktuellen Benzinpreise und berechne die Kosten.

17 An der Tankstelle: Was fällt dir auf? Was passiert an der Kasse?
Berechne die Kosten:
a) 38,2 ℓ Diesel
b) 56,3 ℓ Super
c) 66,5 ℓ Erdgas
d) Herr Wirt hat Diesel getankt und 76,14 € bezahlt. Wie viel ℓ hat er getankt?
e) Frau Höfer hat 25,2 ℓ getankt und 35,25 € bezahlt. Was hat sie getankt?

Benzin	$1,39^9$ €
Diesel	$1,26^9$ €
Super	$1,43^9$ €
Erdgas	$1,09^9$ €

18 Auf einer Rolle Schleifenband sind 2,60 m. Um eine Schleife daraus zu binden, braucht man 0,42 m. Für wie viele Schleifen reicht eine Rolle? Runde sinnvoll.

18 Celina geht mit ihrem Vater wandern. Die Wanderung ist 5,4 km lang. Celinas Schritte sind ungefähr 0,65 m lang. Die Schritte des Vaters sind ca. 0,80 m lang. Wie viele Schritte muss jeder gehen? Runde sinnvoll.

19 Welche Lösungshilfe und welcher Rechenterm gehört zur Aufgabe? Begründe und berechne.
a) Ein Garten ist 11,25 m lang und 20,30 m breit. Das Gartentor ist 2 m breit. Wie viel m Zaun braucht man für den Garten?
b) Tom hat zwei Schnüre: eine ist 14,8 m und die andere ist 28,3 m lang. Er knotet sie zusammen und schneidet sie dann in 2 gleich lange Stücke. Wie lang ist jedes Stück?
c) In einem Eimer sind 12,26 kg Sand und in einem zweiten Eimer sind 15,7 kg. Im dritten Eimer ist doppelt so viel wie im ersten Eimer. Wie schwer sind alle Eimer zusammen?

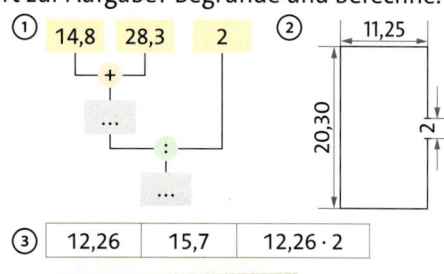

Ⓐ 12,26 + 15,7 + 12,26 · 2
Ⓑ 11,25 + 11,25 + 20,30 + (20,30 − 2)
Ⓒ (14,8 + 28,3) : 2

MIT DEZIMALZAHLEN RECHNEN — VERMISCHTE ÜBUNGEN

Vertiefen

20 Das Feld von Bauer Bernhard ist 56,22 m lang und 23,45 m breit. Wie groß ist das Feld? Übertrage und beschrifte die Zeichnung.
Tipp Denke beim Antwortsatz an die Einheit m².

20 Bauer Heinz baut einen Auslauf für seine Hühner. Der Auslauf soll 9,7 m lang und 12,4 m breit werden. Mache eine Zeichnung.
a) Wie groß wird der Auslauf?
b) Wie viel m Zaun braucht er für den Auslauf?

21 Am Freitag sind so viele Plätze belegt:
1. Rang: 35 Plätze
2. Rang: 64 Plätze
Berechne die Einnahmen.
Tipp Zeichne einen Rechenbaum.

Im Kino
1. Rang (42 Plätze) 6,45 €
2. Rang (108 Plätze) 8,20 €
3. Rang (90 Plätze) 9,95 €

21 Am Samstag sind im 1. Rang 26 Plätze im Kino belegt, im 2. Rang 53 Plätze und im 3. Rang die Hälfte der Plätze. Berechne die Einnahmen des Kinos.

22 Lisa braucht neue Shirts. Im Geschäft gibt es gerade ein besonderes Angebot:

Nimm 3, zahle 2!   14,99 €

a) Erkläre das Angebot. Zeichne eine Tabelle mit den Preisen für 1, 2 und 3 Shirts.
b) Was kosten die 3 Shirts ohne das Angebot? Wie viel hat Lisa gespart?

22 Frau Rabia braucht einen neuen Laptop. Sie hat aber nicht so viel Geld und überlegt, ob sie den Laptop in Raten bezahlen soll.

349,99 €

Ratenkauf
12 Monate je 29,90 €
18 Monate je 20,50 €
24 Monate je 17,99 €

a) Erkläre das Angebot.
b) Berechne die Preise für den Laptop, wenn Frau Rabia in 12, 18 oder 24 Monatsraten bezahlt.
c) Vergleiche die Preise beim Ratenkauf mit dem Preis, wenn sie sofort alles bezahlt.

23 Der Zaun im Schulgarten ist 15 m lang. Die Schüler pflanzen am Zaun insgesamt 25 Blumen im gleichen Abstand. Wie groß muss der Abstand zwischen den Blumen sein? Erkläre dein Vorgehen.

23 Der Weg um ein Beet ist 30 m lang.
a) Es sollen am Weg 12 Bäume im gleichen Abstand gepflanzt werden. Wie groß muss der Abstand zwischen den Bäumen sein?
b) Es sind aber nur 8 Bäume da. In welchem Abstand wird dann gepflanzt?

Nachgedacht
Wie schwer können die Dinge sein, die du mit diesen Gewichten abwiegen kannst?

24 Erfinde jeweils eine Sachaufgabe zu den Ergebnissen.
a) eine Addition
b) eine Subtraktion
c) eine Multiplikation
d) eine Division
👥 Tausche deine Aufgaben mit einem Partner und rechne die Aufgaben.

14,90   82,35   1,46   30,60

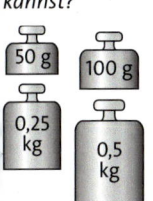

25 Wie schwer ist eine Melone in g?

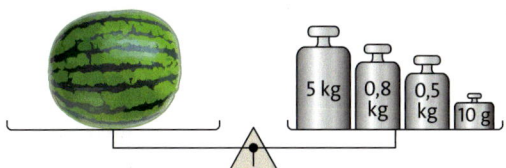

25 Wie schwer ist eine Ananas in g?

26 Setzt die Ziffern ein und bildet verschiedene Multiplikationsaufgaben.
a) mit dem größten Ergebnis
b) mit dem kleinsten Ergebnis
c) mit dem Ergebnis 17,92
d) mit einer natürlichen Zahl als Ergebnis
e) mit einem Ergebnis, das 1 Nachkommastelle hat
f) mit einem Ergebnis, das kleiner als die Faktoren ist

27 Beschreibe die Aufgabenreihe.
$$0{,}2 + 0{,}8 = 1$$
$$0{,}22 + 0{,}88 = 1{,}1$$
$$0{,}222 + 0{,}888 = 1{,}11$$
$$0{,}2222 + 0{,}8888 = 1{,}111$$
...
a) Berechne die nächsten beiden Aufgaben.
b) Was fällt euch auf?
c) Wie heißt die Aufgabe mit dem Ergebnis 1,1111111?

27 Beschreibe die Aufgabenreihe.
$$1 + 2 \cdot 0{,}1 = 1{,}2$$
$$1{,}2 + 3 \cdot 0{,}01 = 1{,}23$$
$$1{,}23 + 4 \cdot 0{,}001 = \blacksquare$$
$$1{,}234 + 5 \cdot 0{,}0001 = \blacksquare$$
...
a) Berechne die nächsten zwei Aufgaben.
b) Was fällt euch auf?
c) Wie heißt die Aufgabe mit dem Ergebnis 1,2345678?

28 Oft denkt man, dass größere Packungen günstiger sind.
Überprüft, ob man beim Kauf der größeren Packungen Geld sparen kann.

a)  b)   c)

1,50 €   3,30 €   1,79 €   6,99 €   0,79 €   1,19 €

29 Ordne die Nudeln nach ihrem Preis. Beginne beim günstigsten.
Tipp Berechne erst jeweils den Preis für 1 kg.

①	0,25 kg	0,35 €
②	0,5 kg	0,63 €
③	2 kg	2,64 €

29 Ordne die Kartoffeln nach ihrem Preis.
Tipp Die Verpackungen sind unterschiedlich groß. So kannst du die Preise noch nicht vergleichen.

①	1,5 kg	2,67 €
②	2,5 kg	4,55 €
③	4,0 kg	6,99 €

30 Berechne.
Tipp Rechne den Bruch erst in eine Dezimalzahl um.
a) $2{,}7 + \frac{3}{10}$ b) $\frac{72}{100} + 4{,}12$
c) $3{,}15 + \frac{1}{4}$ d) $\frac{3}{4} + 0{,}18$
e) $2{,}35 - \frac{15}{100}$ f) $\frac{8}{10} - 0{,}2$
g) $\frac{1}{4} - 0{,}15$ h) $\frac{3}{4} - 0{,}22$

30 Berechne.
Tipp Rechne den Bruch erst in eine Dezimalzahl um.
a) $3{,}4 + \frac{9}{10}$ b) $\frac{41}{100} + 7{,}38$
c) $4{,}72 - \frac{81}{100}$ d) $\frac{3}{4} - 0{,}21$
e) $2{,}7 \cdot \frac{3}{10}$ f) $\frac{1}{2} \cdot 6{,}8$
g) $1{,}75 : \frac{1}{4}$ h) $\frac{3}{4} : 0{,}25$

31 Erklärt die Aussagen.

Wenn man multipliziert, wird das Ergebnis größer.
Wenn man dividiert, wird das Ergebnis kleiner.

Bist du dir sicher, dass das immer so ist?

MIT DEZIMALZAHLEN RECHNEN — VERMISCHTE ÜBUNGEN

Weiterdenken **Proportionale Zuordnungen**

32 Jeder Anzahl von Kerzen wird ein Preis zugeordnet.
Übertrage und ergänze die Tabelle im Heft.

Ausgangswert	Anzahl	2	3	5	6	10
Zugeordneter Wert	Preis					

Eine **Zuordnung** heißt **proportional**, wenn sich die Werte gleichmäßig verändern:
Zum **Doppelten** des Ausgangswertes gehört das **Doppelte** des zugeordneten Wertes.
Zum **Dreifachen** des Ausgangswertes gehört das **Dreifache** des zugeordneten Wertes.
Zum **Vierfachen** …

Zur **Hälfte** des Ausgangswertes gehört die **Hälfte** des zugeordneten Wertes.
Zum **Drittel** des Ausgangswertes gehört das **Drittel** des zugeordneten Wertes.
Zum **Viertel** …

33 Auf beiden Seiten wird das Gleiche gerechnet. Übertrage und ergänze die Tabelle im Heft.

a)
Anzahl	Preis in €
4	5
8	■
12	■

b)
Anzahl	Preis in €
18	6
■	■
■	■

34 200 g Vogelfutter kosten 0,50 €.
Zeichne eine Tabelle ins Heft.
a) Berechne die Preise für 400 g, 600 g, 800 g und 1 kg Vogelfutter.
b) Wie viel kosten 100 g und 300 g?
c) Übertrage das Koordinatensystem ins Heft.
Ergänze die weiteren Werte und verbinde sie zu einem Strahl.

Hinweis
Dieses Rechenverfahren nennt man **Dreisatz**.

35 3 kg Äpfel kosten 4,80 €. Frau Schneider braucht 5 kg Äpfel. Wie viel muss sie bezahlen?
a) Erklärt, wie Frau Schneider gerechnet hat.
b) 4 l Blumenerde kosten 3,60 €. Wie viel kosten 7 l? Berechne.

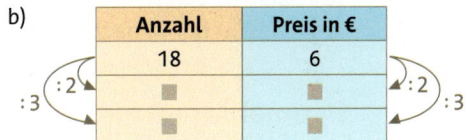

36 Übertrage und ergänze die Tabelle im Heft.

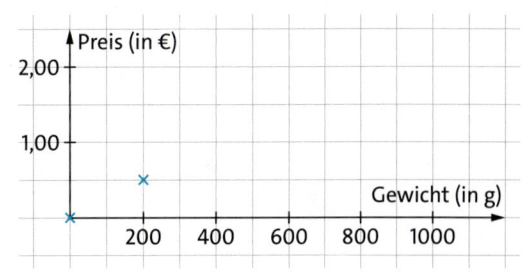

37 Berechne mit dem Dreisatz.
a) 5 Kisten Wasser kosten 33,75 €. Wie viel kosten 4 Kisten?
b) Für 4 Käfige braucht Herr Müller 98 l Einstreu. Wie viel l braucht er für 11 Käfige?

MIT DEZIMALZAHLEN RECHNEN

Zusammenfassung

→ Seite 166

Dezimalzahlen addieren und subtrahieren

① Schreibe die Dezimalzahlen **Komma unter Komma**.
② Berechne stellenweise. Beginne ganz rechts. Manchmal entsteht ein **Übertrag**.
③ Schreibe das **Komma ins Ergebnis**.

Prüfe das Ergebnis mit einem **Überschlag** oder mit der **Umkehraufgabe**.

```
   1 4,2 7            2 5,9 0
 + 	 8,6 2          − 1 4,2 6
     1                    1
   2 2,8 9            1 1,6 4
```

Überschlag:
14,27 + 8,62 = 22,89
≈ 14 + 9 = 23

Umkehraufgabe:
25,9 − 14,26 = 11,64
11,64 + 14,26 = 25,9

→ Seite 169

Hinweis
Wenn man mit 10, 100, ... multipliziert, dann verschieben sich die Zahlen in der Stellenwerttafel nach links.

Mit Stufenzahlen multiplizieren und dividieren

① Wie viele **Nullen** hat die Stufenzahl?
② Verschiebe das **Komma** um genauso viele Stellen ... bei · nach rechts,
... bei : nach links.

· 100   das Komma
2 Stellen nach rechts

7,459 · 100 = 745,9
2,4   · 100 = 240

: 1000   das Komma
3 Stellen nach links

6974,2 : 1000 = 6,9742
7,6 : 1000 = 0,0076

→ Seite 171

Dezimalzahlen multiplizieren

① Multipliziere ohne Komma.
② Setze das **Komma im Ergebnis** so, dass es genauso viele Nachkommastellen hat wie beide Dezimalzahlen zusammen.

Prüfe das Ergebnis mit einem **Überschlag**.

```
  3,4 · 1,2
      3 4
  +   6 8
      1
    4,0 8
```

Überschlag:
3,4 · 1,2
≈ 3,5 · 1 = 3,5

→ Seite 175

Dezimalzahlen dividieren

Division durch eine natürliche Zahl
Dividiere schriftlich.
Sobald man über das Komma geht, setzt man ein **Komma im Ergebnis**.

Division durch eine Dezimalzahl
① Verschiebe das **Komma bei beiden Dezimalzahlen** soweit nach rechts, bis das Komma bei der zweiten Zahl wegfällt.
② Dividiere dann schriftlich.

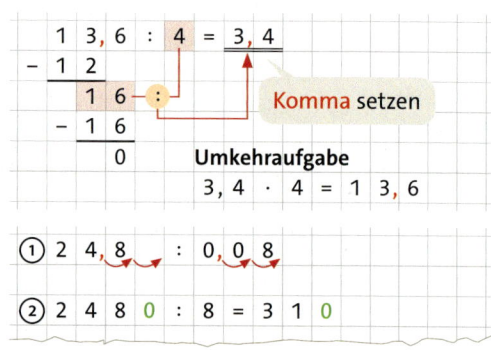

```
  1 3,6 : 4 = 3,4
− 1 2
    1 6  :
  − 1 6       Komma setzen
      0
          Umkehraufgabe
          3,4 · 4 = 1 3,6
```

① 2 4,8 : 0,0 8
② 2 4 8 0 : 8 = 3 1 0

→ Seite 179

Vorrangregeln

① **Klammerregel:** Klammern zuerst
② **Punkt-vor-Strich-Regel:**
erst mal · und geteilt :
dann plus + und minus −

= 5,5 · 2,2 − (1,2 + 9,9)
= 5,5 · 2,2 −   11,1
=   12,1   −   11,1
=   1

① Klammern zuerst
② Punkt vor Strich
von links nach rechts

Teste dich!

1 Rechne im Kopf.
a) 2,7 + 6,6   b) 15,4 − 7,8   c) 3 · 2,5   d) 4,2 : 0,7

2 Berechne schriftlich.
Prüfe dein Ergebnis mit einem Überschlag oder einer Umkehraufgabe.
a) 23,4 + 52,3   b) 46,06 + 56,19
c) 27,8 − 11,3   d) 34,56 − 12,89

2 Berechne schriftlich.
Prüfe dein Ergebnis mit einem Überschlag oder einer Umkehraufgabe.
a) 66,48 + 12,73   b) 317,5 + 48,32
c) 56,49 − 31,99   d) 346,8 − 256,59

3 Reichen 35 €? Begründe.
Überschlage erst den Gesamtpreis und berechne dann genau.

 32,95 €
 0,64 €   1,26 €

3 Melek hat 105 € dabei.
Wie viel Wechselgeld bekommt sie zurück? Überschlage und berechne dann genau.

 12,99 €
 24,90 €
 65,70 €

4 Übertrage und ergänze die Tabelle.

·	10	100	1000
a) 5,2963			
b) 48,23			
c)	39,763		

4 Übertrage und ergänze die Tabelle.

·	10	100	1000
a) 7,9281			
b)		12,523	
c)	88,03		

5 Multipliziere schriftlich.
Prüfe dein Ergebnis.
a) 24,8 · 13   b) 51,2 · 23
c) 14,3 · 4,1   d) 5,9 · 8,7

5 Multipliziere schriftlich.
Prüfe dein Ergebnis.
a) 16,52 · 14   b) 204,75 · 27
c) 0,47 · 3,2   d) 14,3 · 16,4

6 Dividiere schriftlich. Prüfe dein Ergebnis.
a) 76,5 : 3   b) 28,68 : 6
c) 11,25 : 0,5   d) 0,2443 : 0,07

6 Dividiere schriftlich. Prüfe dein Ergebnis.
a) 305,2 : 7   b) 13,524 : 0,4
c) 22,32 : 1,2   d) 74,4 : 0,06

7 Berechne. Achte auf die Vorrangregeln.
a) 4,2 + 2 · 3,5
b) 9,4 − 8,8 : 4
c) (3,4 − 0,9) · 5
d) 3 : (1,7 − 1,2)

7 Berechne. Achte auf die Vorrangregeln.
a) 14,6 + 3 · 5,8
b) 2,8 : 0,7 − 0,2
c) (4,7 + 3 · 1,5) − 0,7
d) 5 · (20 − 4,2 · 4) + 3,1

8 Letzten Samstag waren 67 Autos in der Waschanlage.

Autowäsche 8,50 €

a) Berechne die Einnahmen.
b) Am Sonntag hat die Waschanlage 212,50 € eingenommen. Wie viele Autos waren da?

8 Letzte Woche waren 230 Kinder und 320 Erwachsene im Zoo.

Kinder 4,50 €
Erwachsene 9,80 €

Die Hälfte der Einnahmen werden für das Futter gebraucht. Wie viel Geld ist das?

→ Lösungen ab S. 237   → Lösungen ab S. 239

Ganze Zahlen

In diesem Kapitel lernst du, …

→ negative und positive Zahlen zu erkennen.
→ ganze Zahlen zu ordnen und dabei die Zahlengerade zu nutzen.
→ ganze Zahlen zu addieren und subtrahieren.
→ mit ganzen Zahlen im Koordinatensystem zu arbeiten.

Die höchste in Deutschland gemessene Temperatur lag bei über 42 °C.
Die niedrigste in Deutschland gemessene Temperatur lag bei unter −37 °C.
Wasser gefriert bei 0 °C.
Warum gibt es eigentlich bei Temperaturen die Vorzeichen + und −?
Welche Temperatur zeigt das Thermometer an?

GANZE ZAHLEN

Noch fit?

1 Ordne die Zahlen der Größe nach. Beginne mit der kleinsten Zahl.
Tipp 1 < 8 < …

1 Ordne die Zahlen der Größe nach. Beginne mit der kleinsten Zahl. Verwende das Zeichen <.

2 Auf welche Zahlen zeigen die Pfeile?

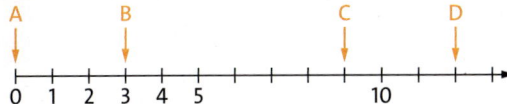

2 Auf welche Zahlen zeigen die Pfeile?

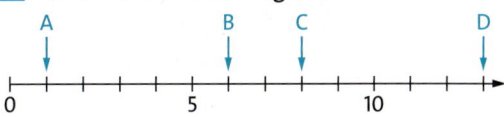

3 Welche Rechnung ist hier dargestellt?
a)

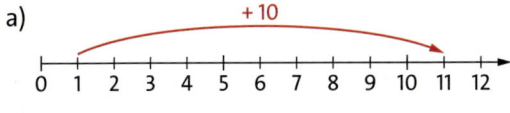

b)

3 Welche Rechnung ist hier dargestellt?
a)

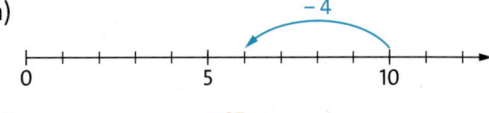

b)

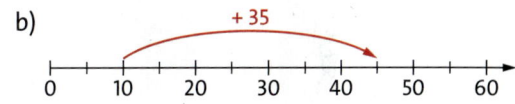

4 Beschreibe den Temperaturverlauf.

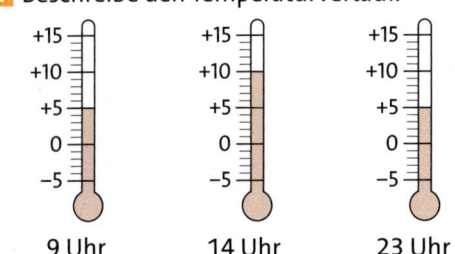

9 Uhr — 14 Uhr — 23 Uhr

4 Beschreibe den Temperaturverlauf.

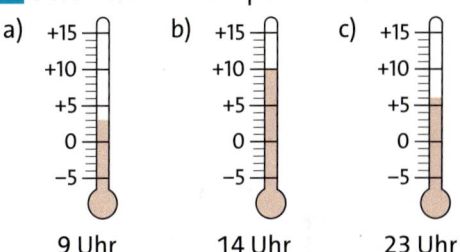

a) 9 Uhr b) 14 Uhr c) 23 Uhr

5 Koordinatensystem
a) Welche Koordinaten haben die Punkte?
Tipp A(1|4): 1 nach rechts | 4 nach oben
b) Zeichne ein Koordinatensystem.
Trage die Punkte ein:
A(1|1); B(3|4); C(4|3); D(0|3);
E(8|5); F(5|6); G(3|6); H(5|0)

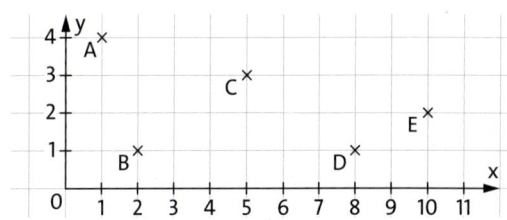

→ Lösungen ab S. 240

Trainingsplan

Nr.	Ich kann …	Ich muss noch trainieren:
1	Zahlen der Größe nach ordnen.	→ S. 261, Nr. 50, 51
2	Zahlen am Zahlenstrahl ablesen.	→ S. 261, Nr. 52, 53
3	mit dem Zahlenstrahl rechnen.	→ S. 271, Nr. 78
4	Temperaturen am Thermometer ablesen.	→ S. 272, Nr. 79, 80
5	Punkte im Koordinatensystem ablesen und zeichnen.	→ S. 273, Nr. 81, 82

Positive und negative Zahlen

ENTDECKEN

1 Wer hat recht? Begründe.

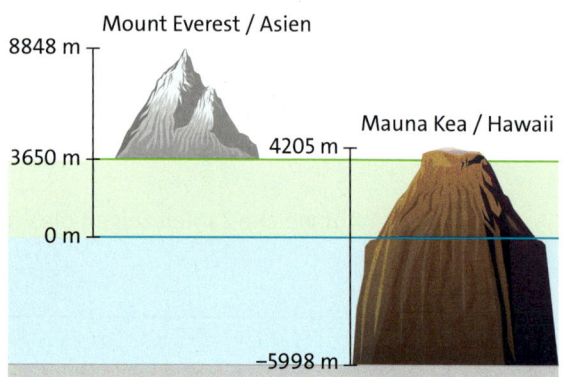

2 Ordne jede Temperatur einem Bild zu.

−30 °C   −2 °C
+30 °C   +20 °C
+12 °C

VERSTEHEN

Im Herbst waren es +12 °C.
Im Winter waren es −2 °C.

Um Temperaturen anzugeben, die kälter als 0 °C sind, reichen die natürlichen Zahlen ℕ = {0; 1; 2; 3; ...} nicht aus.
Dazu braucht man die **negativen Zahlen**.

Vokabeln
→ *die negative Zahl*
→ *die positive Zahl*
→ *das Vorzeichen*
→ *die ganze Zahl*

Merke **Negative Zahlen** sind kleiner als null und haben das **Vorzeichen** −.

Positive Zahlen sind größer als null und haben das **Vorzeichen** +.

Beispiel 1

Bei −10 °C ist es kälter als 0 °C.
Die Temperatur ist negativ: minus 10 Grad Celsius

Beispiel 2

Das „+" kann man weglassen: 8°C.

Bei +8 °C ist es wärmer als 0 °C.
Die Temperatur ist positiv: plus 8 Grad Celsius

Zusammen mit der Null bilden die negativen und die positiven Zahlen die **ganzen Zahlen**:
ℤ = {...; −2; −1; 0; +1; +2; ...}

0 ist weder negativ noch positiv.

GANZE ZAHLEN — POSITIVE UND NEGATIVE ZAHLEN

ANWENDEN

1 Warum braucht man negative Zahlen? Erkläre mithilfe der Bilder.

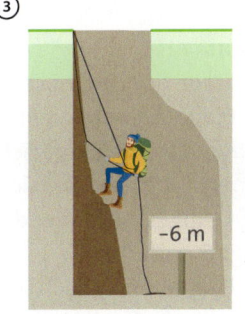

2 Positiv oder negativ? Ordne zu.

2 Positiv oder negativ? Ordne zu.

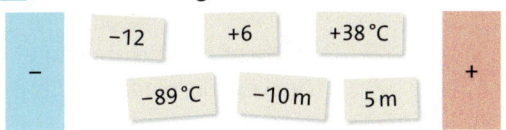

Strategie Schlüsselwörter für Vorzeichen

Es gibt wichtige Wörter, an denen du erkennen kannst, ob eine Zahl ein positives oder negatives Vorzeichen hat. Schlüsselwörter sind z. B.

positiv: plus, über, hoch, Guthaben
negativ: minus, unter, tief, Schulden

3 Setze im Heft das richtige Vorzeichen ein.
a) 15 °C unter null   ■ 15 °C
b) 123 € Guthaben   ■ 123 €
c) 3. Untergeschoss   ■ 3
d) 45 m tief   ■ 45 m
e) 22 °C über null   ■ 22 °C
f) 50 € Schulden   ■ 50 €
g) minus 7 °C   ■ 7 °C

4 Positiv oder negativ?
Schreibe mit dem richtigen Vorzeichen.
a) Am Nordpol waren es heute 50 °C unter Null.
b) Im letzten Juli war es 40 °C heiß.
c) Das Wrack der Titanic liegt 3800 m tief.
d) Die Zugspitze ist 2962 m hoch.

4 Positiv oder negativ?
Schreibe mit dem richtigen Vorzeichen.
a) Wale können bis 3000 m tief tauchen.
b) Wasser kocht bei 100 °C.
c) Der Fahrstuhl befindet sich im 2. Untergeschoss.
d) Der Kölner Dom ist 157 m hoch.

5 Beschreibe das Bild.
Wo findest du positive Zahlen, wo negative?

5 Beschreibe das Bild.
Wo findest du positive Zahlen, wo negative?

Ganze Zahlen vergleichen und ordnen

ENTDECKEN

1. Im Kaufhaus
   a) Welche Etage liegt am höchsten?
      Welche Etage liegt am niedrigsten?
   b) In welcher Etage befindet sich das Schuhgeschäft?
      In welcher Etage befindet sich die Tiefgarage?
   c) Ist das Schuhgeschäft oder die Tiefgarage weiter von Etage 0 entfernt?
   d) Welche Etagen sind gleich weit von Etage 0 entfernt?
   e) Übertrage ins Heft und trage die Etagen ein:

   Wo liegt die höchste Etage?
   Wo liegt die niedrigste Etage?

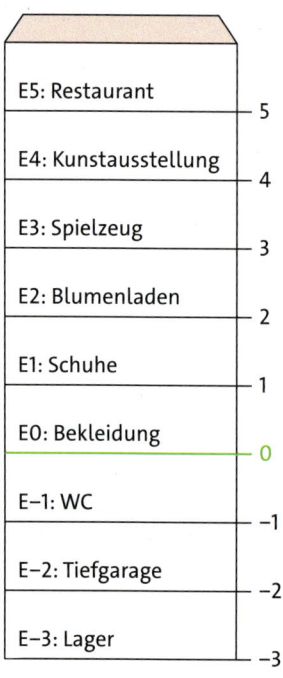

VERSTEHEN

Wo findet man im Kaufhaus die Etage −2?
Welche Etage liegt tiefer: −3 oder 2?

Um negative Zahlen darzustellen, erweitert man den Zahlenstrahl nach links zu einer Zahlengeraden.

Vokabeln
→ *die Zahlengerade*
→ *die Gegenzahl*

Merke **Negative Zahlen** liegen auf der **Zahlengeraden links** von der Null.

Positive Zahlen liegen auf der **Zahlengeraden rechts** von der Null.

Beispiel 1   negative Zahlen   positive Zahlen

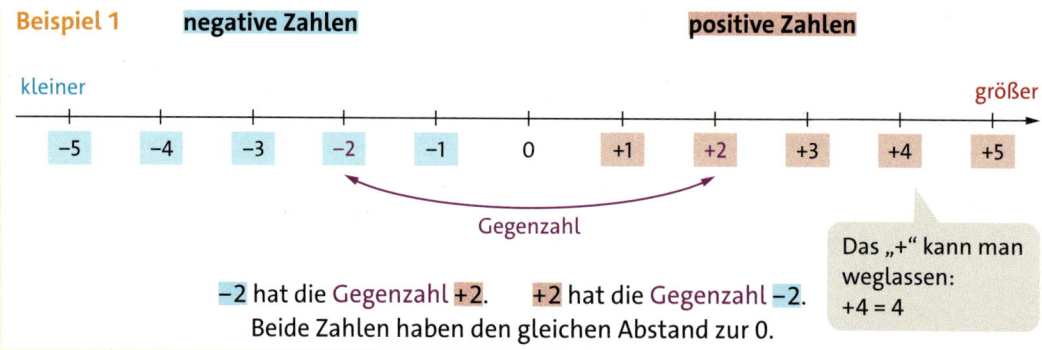

−2 hat die Gegenzahl +2.   +2 hat die Gegenzahl −2.
Beide Zahlen haben den gleichen Abstand zur 0.

Das „+" kann man weglassen:
+4 = 4

Merke Je weiter **links** eine Zahl auf der Zahlengeraden liegt, desto **kleiner** ist sie.

Je weiter **rechts** eine Zahl auf der Zahlengeraden liegt, desto **größer** ist sie.

Beispiel 2
Welche Zahl ist kleiner (<)?
a) −3 liegt links von +2.
   Also gilt: −3 < +2
b) −3 liegt links von −1.
   Also gilt: −3 < −1

Beispiel 3
Welche Zahl ist größer (>)?
a) +4 liegt rechts von −6.
   Also gilt: +4 > −6
b) −3 liegt rechts von −5.
   Also gilt: −3 > −5

GANZE ZAHLEN — GANZE ZAHLEN VERGLEICHEN UND ORDNEN

ANWENDEN

1 Lies die Zahlen vom Thermometer ab.
a) b) c)

1 Lies die Zahlen vom Thermometer ab.
a) 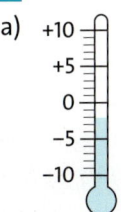 b) 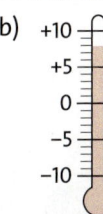 c)

2 Auf welche Zahlen zeigen die Pfeile?
a)
b)
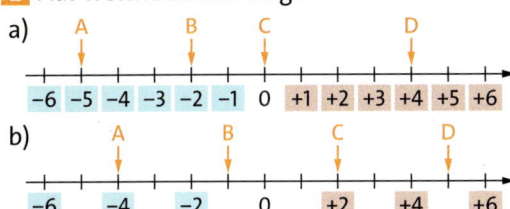

2 Auf welche Zahlen zeigen die Pfeile?
a)
b)
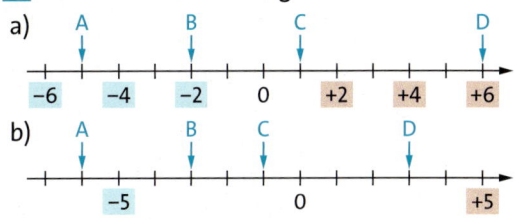

3 Ergänze die Beschriftung im Heft.
a)
b)
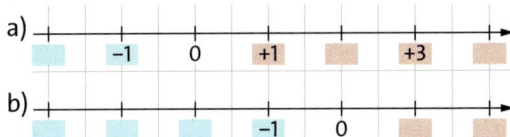

3 Ergänze die Beschriftung im Heft.
a)
b)
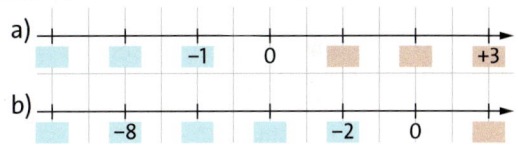

4 Daniela hat zwei Zahlengeraden gezeichnet, dabei sind ihr Fehler unterlaufen. Beschreibe, welche Fehler Daniela gemacht hat. Berichtige im Heft.
a)  b)

5 Ordne die Zahlen an einer Zahlengeraden.
−4 +4 +1 +2 −1 0

5 Ordne die Zahlen an einer Zahlengeraden.

6 Schreibe die Zahl und ihre Gegenzahl auf.
+5; −8; −16; +100

6 Schreibe die Zahl und ihre Gegenzahl auf.
+8; −56; −156; +1002

Info Der Betrag
Der Abstand zur Null heißt Betrag.

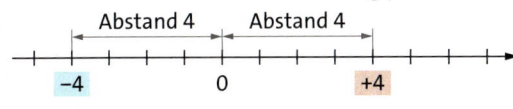

Der Betrag von −4 ist 4.
Man schreibt: |−4| = 4

7 Notiere den Betrag der Zahl.
Tipp |+4| = 4
a) −42   b) +72   c) +54
d) −122 e) −89   f) −7

8 Welche Zahlen haben den Betrag?
a) 78   b) 5   c) 135

Hinweis
Das „+" kann man auch weglassen.

9 Vergleiche. Setze ein: <, > oder =.
a) +9 −9   b) 0 +4
c) +10 −10   d) −10 −2
e) +2 +10   f) +5 0

9 Vergleiche. Setze ein: <, > oder =.
a) +5 −5   b) 0 −4
c) +1 −10   d) −16 −8
e) 9 +9   f) 5 −5

197

GANZE ZAHLEN

Zunahme und Abnahme

ENTDECKEN

1 Miriam und Felix fahren mit dem Fahrstuhl.

Ich steige in Etage 5 ein.
Ich fahre 6 Etagen nach unten.

Ich steige in Etage −2 ein und fahre 5 Etagen nach oben.

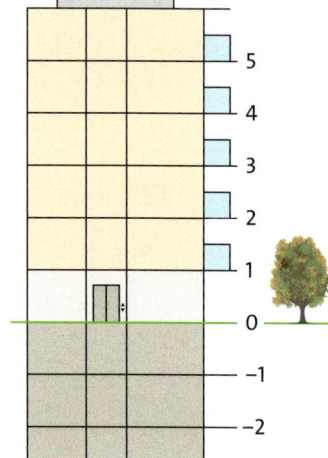

a) Wo steigen Miriam und Felix aus?
b) Miriam steigt in der Etage −3 ein und steigt in der Etage −1 wieder aus.
Wie viele Etagen ist sie gefahren?
Ist sie nach oben oder nach unten gefahren?
c) 👥 Erfindet eigene Fahrstuhl-Aufgaben. Stellt sie euch gegenseitig.

2 Ergänze den Lückentext zu jedem Thermometer im Heft.

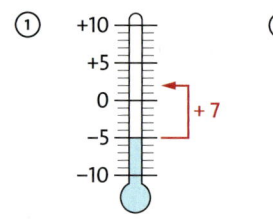

Es sind ■ °C.
Dann wird es ■
Die Temperatur nimmt ■: um ■ °C.
Jetzt sind es ■ °C.

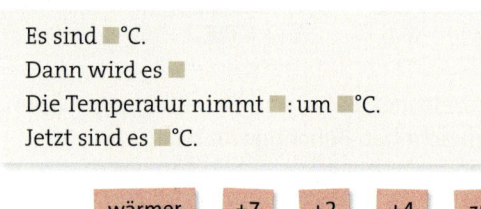

VERSTEHEN

Mit positiven und negativen Zahlen kann man angeben, wie warm oder kalt es ist.
Die Temperatur kann sich ändern: sie nimmt zu oder ab.
Zunahmen und Abnahmen werden durch **Rechenzeichen** beschrieben.

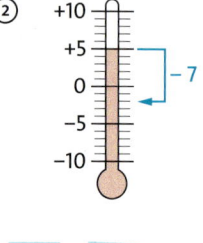

Vokabeln
→ *die Zunahme*
→ *die Abnahme*
→ *das Rechenzeichen*

Merke Bei einer **Zunahme** geht man auf der Zahlengeraden nach **rechts**.
Rechenzeichen: +

Bei einer **Abnahme** geht man auf der Zahlengeraden nach **links**.
Rechenzeichen: −

Beispiel 1
Eine Zunahme um 4 bedeutet eine Veränderung um +4:
Gehe 4 Schritte nach rechts.

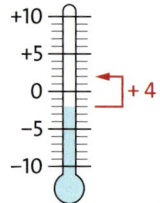

Beispiel 2
Eine Abnahme um 5 bedeutet eine Veränderung um −5:
Gehe 5 Schritte nach links.

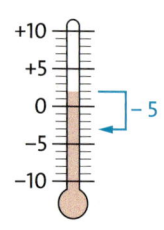

198

GANZE ZAHLEN — ZUNAHME UND ABNAHME

ANWENDEN

1 Zunahme oder Abnahme? Begründe.
Tipp Wird es mehr oder wird es weniger?
a) Der Fahrstuhl fährt 5 Etagen nach oben.
b) Der Fahrstuhl fährt 2 Etagen nach unten.
c) Die Temperatur nimmt um 2 °C ab.
d) Die Temperatur nimmt um 5 °C zu.

2 Nimmt die Temperatur zu oder ab? Schreibe die neue Temperatur auf.

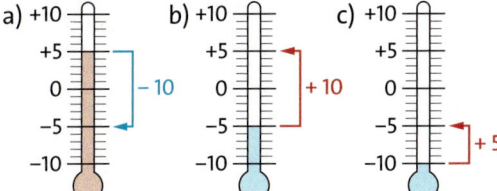

3 Schreibe die Rechnung als Pfeilbild.
Tipp $-5 \xrightarrow{+7} +2$ $-2 \xleftarrow{-8} +6$

a)
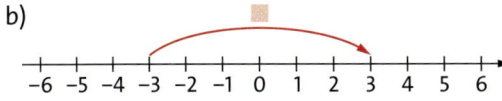

b)
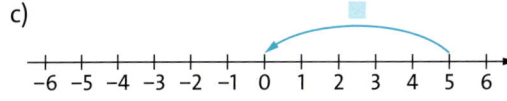

c)
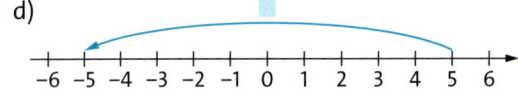

d)

1 Zunahme oder Abnahme? Begründe.
Tipp Wird es mehr oder wird es weniger?
a) Die Temperatur steigt um 5 °C.
b) Es wird 3 °C kälter.
c) Jana macht 5 € Schulden.
d) Sven taucht 2 m tief.

2 Nimmt die Temperatur zu oder ab? Schreibe die neue Temperatur auf.

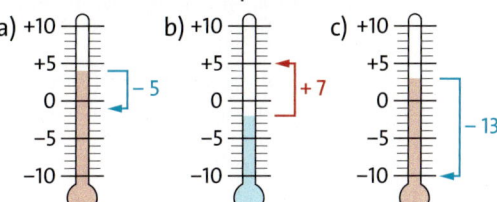

3 Schreibe die Rechnung als Pfeilbild.
Tipp $-5 \xrightarrow{+7} +2$ $-2 \xleftarrow{-8} +6$

a)
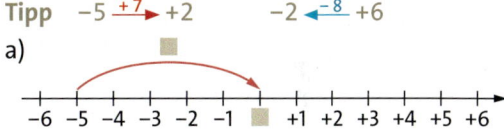

b)
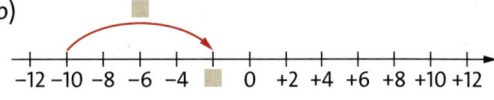

c)
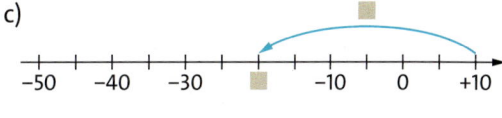

d)
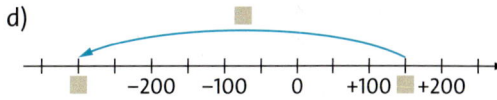

Strategie Vor- und Rechenzeichen
Das **Vorzeichen** gibt an, ob eine Zahl positiv oder negativ ist: Es ist **+1 °C**.
Das **Rechenzeichen** gibt eine Veränderung an: Die Temperatur ändert sich um **–5 °C**.

4 Wo findest du Vorzeichen? Wo Rechenzeichen? Erkläre.

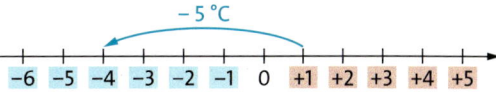

Hinweis
Nicht immer steht das Rechenzeichen im Text. Achte auf Schlüsselwörter.

5 Ordne zu. Wo findest du jeweils Vorzeichen, wo Rechenzeichen?
a) Es sind +4 °C.
   Die Temperatur ändert sich um –6 °C.
   Jetzt sind es –2 °C.
b) Es ist 6 °C wärmer geworden.
   Vorher waren es –4 °C, jetzt sind es +2 °C.
c) Die Temperatur sinkt von 6 °C um 4 °C auf 2 °C.

①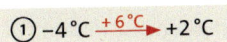
②
③

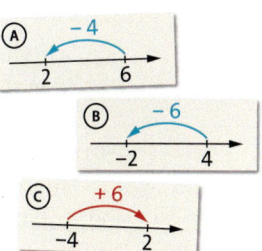

GANZE ZAHLEN — ZUNAHME UND ABNAHME

6 Stelle die Rechengeschichte an einer Zahlengeraden dar.
Der Fahrstuhl ist in der Etage –1.
Er fährt 4 Etagen nach oben.
Der Fahrstuhl ist jetzt in der Etage 3.

6 Stelle die Rechengeschichte an einer Zahlengeraden dar.
Am Abend sind es +5 °C.
Die Temperatur fällt über Nacht um 13 °C.
Am Morgen sind es –8 °C.

7 Schreibe jeweils eine Rechengeschichte.
a)

7 Schreibe jeweils eine Rechengeschichte.
a)

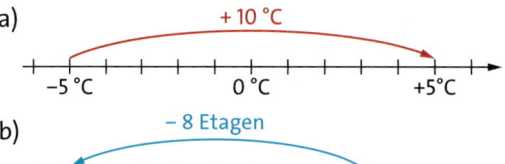

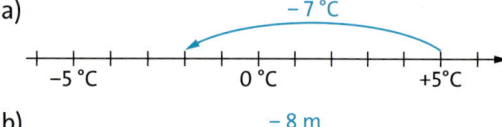

b)

b)

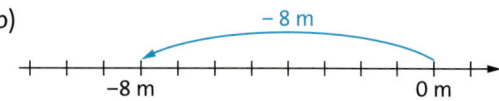

c) 👥 Erfindet eigene Rechengeschichten und löst sie gegenseitig.

c) 👥 Erfindet eigene Rechengeschichten und löst sie gegenseitig.

8 Ergänze die Lücken im Heft.
a) –3 °C +5 °C wärmer ▸ ▯
b) –5 °C +2 °C wärmer ▸ ▯
c) ▯ ◂ –10 °C kälter +6 °C
d) ▯ ◂ –3 °C kälter –1 °C

8 Ergänze die Lücken im Heft.
a) –5 °C +8 °C ▸ ▯
b) –9 °C +4 °C ▸ ▯
c) ▯ ◂ –12 °C +5 °C
d) ▯ ◂ –14 °C –5 °C

9 Ergänze die Tabelle im Heft.

alter Wert	Änderung	neuer Wert
–5 m	+5 m	
–3 °C	+8 °C	
5 Punkte	–6 Punkte	
–3 m	–4 m	

9 Ergänze die Tabelle im Heft.

alter Wert	Änderung	neuer Wert
7 °C	–7 °C	
Etage 3	–5 Etagen	
–9 Punkte	+12 Punkte	
–8 m	–8 m	

Hinweis
Vorzeichen
$-2 + 4{,}5 = +2{,}5$
Rechenzeichen

10 Welche Rechnung gehört zur Zahlengeraden?
① $-4 - 3 = -7$
② $-3 + 7 = +4$
③ $+4 - 7 = -3$
④ $-4 + 3 = -1$
a)
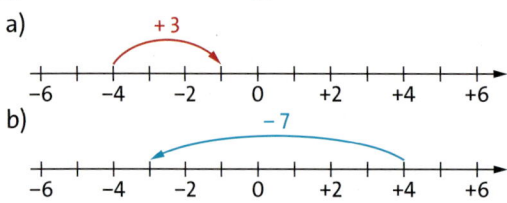
b)

10 Schreibe als Rechnung.
Tipp: –2 → +3, –5
Rechnung: $+3 - 5 = -2$
a)
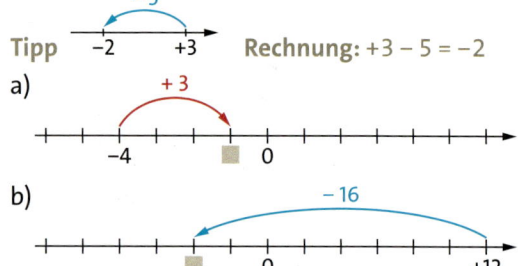
b)

11 Schreibe einen Rechenterm und löse.
a) Arne steigt in Etage –2 in den Fahrstuhl. Er fährt 4 Etagen nach oben.
b) Es sind 5 °C. Über Nacht wird es 9 °C kälter.
c) Auf dem Konto sind –20 €. Es werden 50 € eingezahlt.

11 Schreibe einen Rechenterm und löse.
a) Ein Taucher taucht in 12 m Tiefe. Er schwimmt 5 m nach oben.
b) Morgens sind es –15 °C. Bis zum Mittag steigt die Temperatur um 9 °C.
c) Auf dem Konto sind 50 €. Es werden 200 € abgehoben.

GANZE ZAHLEN

Koordinatensystem

ENTDECKEN

1 Im Irrgarten
a) Beschreibe die Lage des Starts und des Ausgangs.
b) Beschreibe den Weg aus dem Irrgarten heraus. Verwende dazu die Begriffe:

   links   rechts   hoch   runter

c) An welchen Stellen muss man aufpassen, dass man nicht falsch abbiegt?
d) Beschreibe, wo man im Irrgarten den Springbrunnen, die Rosen, die Statue und den Flamingo findet.

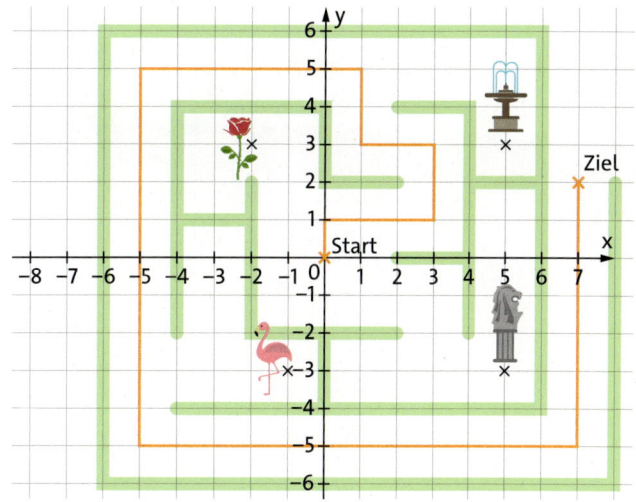

VERSTEHEN

Den Zahlenstrahl kann man zur Zahlengerade erweitern, um negative Zahlen darzustellen. Ebenso kann man das Koordinatensystem vom **Ursprung (0|0)** aus erweitern:
— Die x-Achse wird nach links verlängert.
— Die y-Achse wird nach unten verlängert.
Es entstehen 4 Bereiche: I. Quadrant, II. Quadrant, III. Quadrant und IV. Quadrant.

Vokabeln
→ das Koordinatensystem
→ die x-Koordinate
→ die y-Koordinate
→ der Ursprung

Merke Im **Koordinatensystem** wird die Lage eines Punktes P(x|y) mit zwei Zahlen angegeben:

Die x-Koordinate gibt die Lage bezogen auf die x-Achse an:
  Vorzeichen „+": gehe vom Ursprung nach rechts.
  Vorzeichen „−": gehe vom Ursprung nach links.

Die y-Koordinate gibt die Lage bezogen auf die y-Achse an:
  Vorzeichen „+": gehe nach oben.
  Vorzeichen „−": gehe nach unten.

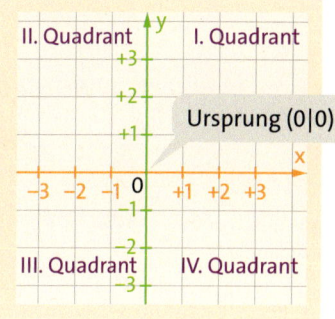

Beispiel 1
a) Punkt A(+2|+3):
   gehe 2 Einheiten nach rechts und 3 Einheiten nach oben.
b) Punkt B(−3|+4):
   gehe 3 Einheiten nach links und 4 Einheiten nach oben.
c) Punkt C(−5|−3):
   gehe 5 Einheiten nach links und 3 Einheiten nach unten.
d) Punkt D(+5|−2):
   gehe 5 Einheiten nach rechts und 2 Einheiten nach unten.

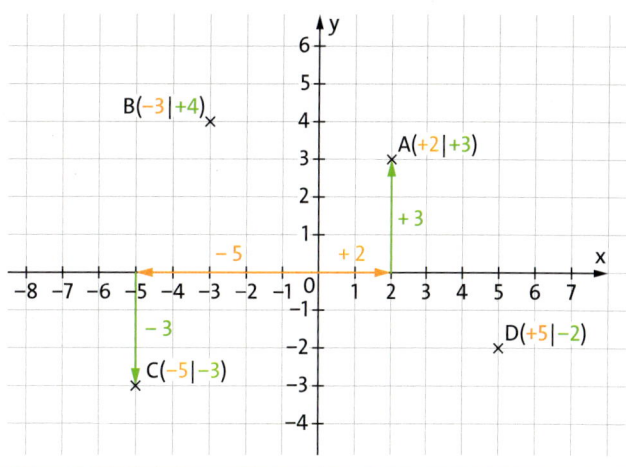

GANZE ZAHLEN — KOORDINATENSYSTEM

ANWENDEN

1 Welcher Punkt gehört zu den Koordinaten?
① (+3|+1) ② (+3|−1) ③ (+5|−4)
④ (−2|−2) ⑤ (−2|+2) ⑥ (−5|+4)

1 Welcher Punkt gehört zu den Koordinaten?
① (+2|−3) ② (−4|+3) ③ (−3|0)
④ (−3|−2) ⑤ (0|−1)   ⑥ (+4|+3)

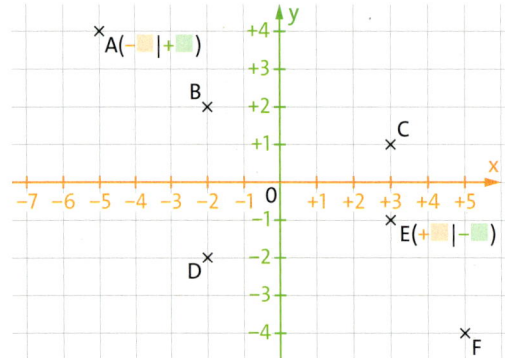

2 Welche Koordinaten haben die Punkte?
Tipp A(+3|■): 3 nach rechts und +■ nach oben

2 Welche Koordinaten haben die Punkte?
Beschreibe dein Vorgehen.

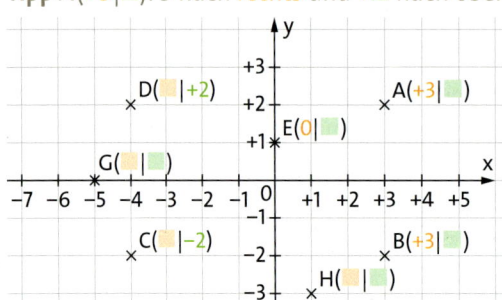

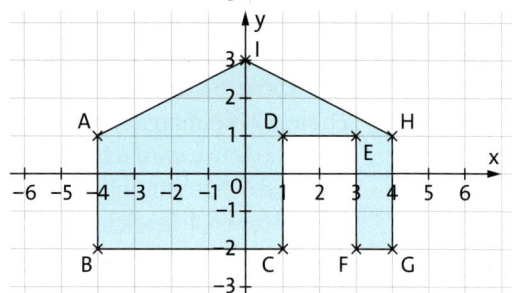

3 Welche Fehler wurden gemacht? Erklärt sie euch gegenseitig.

a) 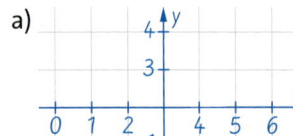   b) 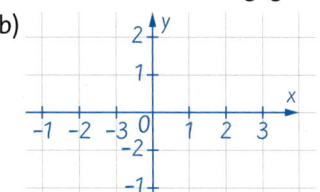   c)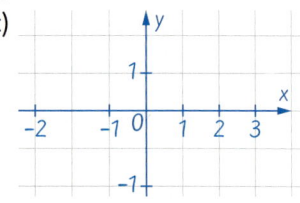

4 Zeichne ein Koordinatensystem mit den Achsen von −6 bis +6.
Trage die Punkte ein.
A(+1|+3); B(+5|+1); C(+6|−2); D(0|−5);
E(−3|−4); F(−5|−2); G(−4|+2); H(−1|+3)

4 Zeichne ein Koordinatensystem mit den Achsen von −8 bis +8.
Trage die Punkte ein.
A(+1|+4); B(+7|−3); C(−5|+5); D(+4|−7);
E(−3|−1); F(−8|0); G(−1|+8); H(−4|−6)

Hinweis
Das „+" kann man auch weglassen.

5 Zeichne ein Koordinatensystem.
Trage die Punkte ein und verbinde sie.
Tipp Zeichne die Achsen von −5 bis +5.
a) A(+3|+1); B(+3|+5); C(−1|+5); D(−1|+1)
b) E(0|0); F(+2|−2); G(0|−4); H(−2|−2)

5 Zeichne ein Koordinatensystem.
Trage die Punkte ein und verbinde sie.
Welche Figur entsteht?
a) A(−5|3); B(6|3); C(6|−5); D(−5|−5)
b) E(3|1); F(4|−2); G(−4|−2); H(−3|1)

6 Denke dir Vierecke aus und zeichne sie in ein Koordinatensystem.
Diktiere die Eckpunkte deinem Partner. Vergleicht eure Vierecke.

GANZE ZAHLEN

Methode Ganze Zahlen in einer Tabellenkalkulation

Mit einer Tabellenkalkulation kann man positive und negative Zahlen anschaulich darstellen. Dazu kann man zum Beispiel ein Säulendiagramm zeichnen.

ANWENDEN

1 Ein Säulendiagramm zeichnen
a) Übertrage die Werte in eine Tabellenkalkulation.
   Tipp Denke an die Vorzeichen.
b) Markiere alle Daten in deiner Tabelle und füge ein Säulendiagramm ein.
c) Beschreibe das Säulendiagramm. Wie werden positive und negative Zahlen dargestellt?

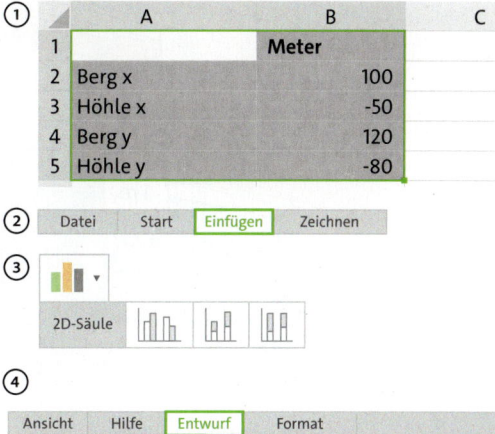

2 Das Säulendiagramm verändern
a) Verändere die Werte in deiner Tabelle. Wie verändert sich das Diagramm?
b) Ändere die Überschrift des Diagramms.
c) Füge Achsenbeschriftungen ein.
d) Verändere die Farbe des Diagramms.
e) Markiere die Werte erneut und füge andere Diagrammarten ein.
   Beurteile die Diagramme:
   Bei welchen Diagrammarten sind die negativen Zahlen gut erkennbar?

3 Werte der Größe nach sortieren
a) Markiere alle Daten in deiner Tabelle aus Aufgabe 1.
   Klicke auf „Einfügen" und auf „Tabelle".
b) Jetzt kannst du die Werte sortieren.
   Klicke dazu auf das kleine Dreieck neben „Meter".
c) Probiere die Sortierungen aus.
   Wie verändern sich die Daten?
   Wie verändert sich dein Diagramm?

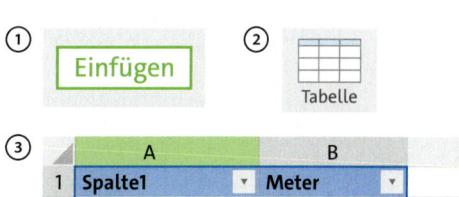

4 Nike und Addi wollen im Internet nach der tiefsten Stelle im Meer suchen.

Die tiefste Stelle im Meer ist der „Marianengraben".

Das stimmt nicht. Hier steht, dass es das „Witjastief 1" ist.

a) Sucht selbst im Internet nach „Marianengraben" und „Witjastief 1".
b) Wieso ergibt die Suche von Nike und Addi unterschiedliche Ergebnisse?
c) Erstellt eine Tabelle und ein Diagramm zu den fünf tiefsten Stellen im Meer und den 5 höchsten Bergen.
   Gestaltet das Diagramm farbig.

GANZE ZAHLEN

Klar soweit?

→ Seite 194

Positive und negative Zahlen

1 Was sind hier negative und was sind positive Zahlen? Erkläre mithilfe der Bilder.

a) b)

2 Positiv oder negativ?
Setze im Heft das richtige Vorzeichen ein.
a) 10 °C unter null ■ 10 °C
b) 100 € Guthaben ■ 100 €
c) 200 € Schulden ■ 200 €
d) 25 m tief ■ 25 m
e) 30 °C über null ■ 30 °C
f) 5000 m hoch ■ 5000 m

2 Schreibe mit dem richtigen Vorzeichen.
Denke an die Einheiten.
a) 62 m unter dem Meeresspiegel
b) 300 € Guthaben auf der Bank
c) 50 °C unter null am Nordpol
d) 36 °C Körpertemperatur
e) 10 € Schulden bei der Schwester
f) im dritten Stockwerk

→ Seite 196

Ganze Zahlen vergleichen und ordnen

3 Auf welche Zahlen zeigen die Pfeile?

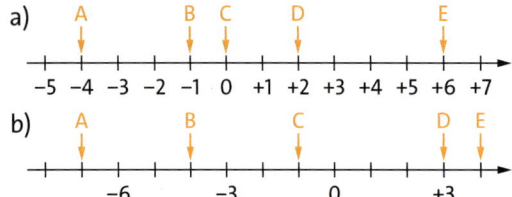

3 Auf welche Zahlen zeigen die Pfeile?

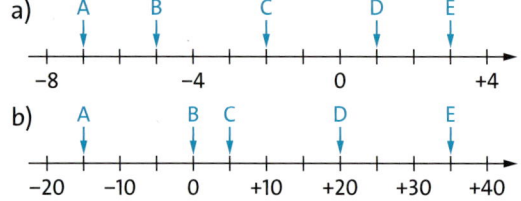

4 Übertrage die Zahlengerade.
Ergänze die Beschriftung.

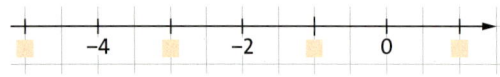

4 Übertrage die Zahlengerade.
Ergänze die Beschriftung.

5 Kleiner oder größer?
Setze im Heft kleiner < oder größer > ein.
a) +4 ■ −4   b) 0 ■ +7
c) +11 ■ −1   d) −10 ■ −5
e) +12 ■ +10   f) −5 ■ 0

5 Vergleiche.
Setze im Heft < oder > ein.
a) +5 ■ −6   b) 0 ■ −9
c) +1 ■ −1   d) −12 ■ −8
e) +19 ■ +9   f) +4 ■ 0

GANZE ZAHLEN   KLAR SOWEIT?

→ Seite 198

Zunahme und Abnahme

6 Zunahme oder Abnahme? Begründe. Schreibe als Rechnung.

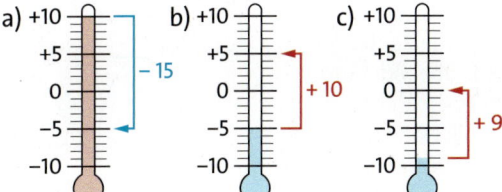

6 Zunahme oder Abnahme? Begründe. Schreibe als Rechnung.

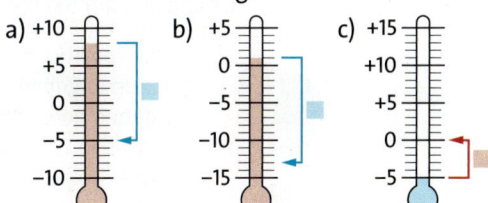

7 Zunahme oder Abnahme? Begründe. Schreibe die Zahl mit „+" oder „–".
a) Es ist 5 °C **kälter**.
b) Ich **bekomme** 10 €.
c) Ich wandere 230 m den Berg **abwärts**.
d) Das Flugzeug steigt 3500 m **hoch**.

7 Zunahme oder Abnahme? Begründe. Schreibe die Zahl mit „+" oder „–".
a) Es ist 7 °C wärmer.
b) Anna bezahlt 30 €.
c) Jan wandert 360 m den Berg aufwärts.
d) Der Wal taucht 2500 m tief.

8 Schreibe als Rechnung.

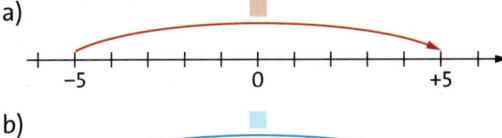
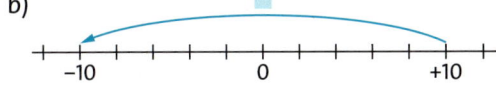

8 Schreibe als Rechnung.

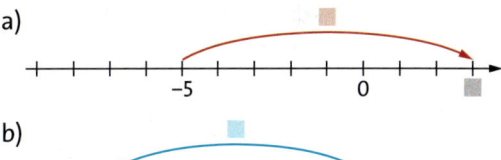
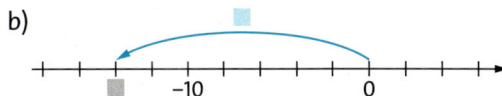

→ Seite 201

Koordinatensystem

9 Gib die Koordinaten der Punkte an.

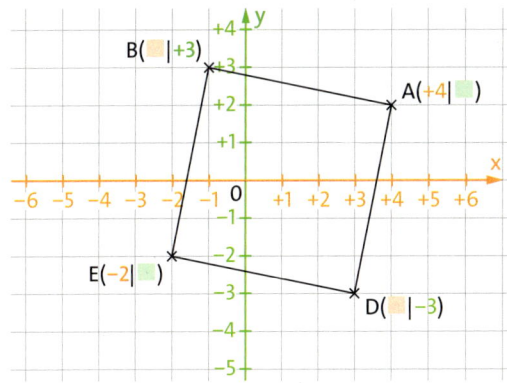

9 Gib die Koordinaten der Punkte an.

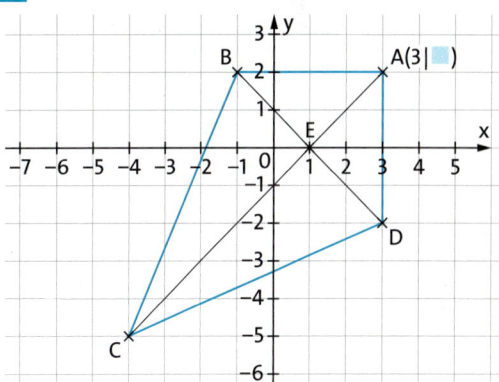

10 Zeichne ein Koordinatensystem mit den Achsen von –5 bis +5. Trage die Punkte ein.
A(+3|+4)   B(+5|–2)
C(+1|–5)   D(–3|–4)
E(–5|–1)   F(–4|+4)
G(0|+5)   H(0|0)

10 Zeichne ein Koordinatensystem mit den Achsen von –5 bis +5.
Trage die Punkte ein und verbinde sie. Welche Figuren entstehen?
a) A(5|–1); B(1|4); C(–4|0); D(0|–5)
b) E(–2|3); F(–3|–3); G(3|–4); H(4|2)

→ Lösungen ab S. 241

GANZE ZAHLEN

Vermischte Übungen

Anwenden

1 Erkläre den Text von Lisa.
Nenne Beispiele aus der Skizze zu positiven und negativen Zahlen.

Mit positiven und negativen Zahlen kann man angeben, ob etwas über oder unter dem Meeresspiegel liegt:
Positive Zahlen geben die Höhe über dem Meeresspiegel an. Negative Zahlen geben die Tiefe unter dem Meeresspiegel an.

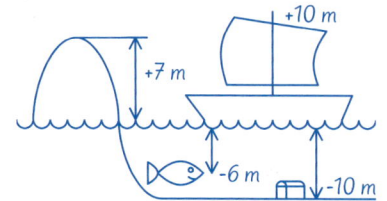

a) Welche Angaben passen zusammen? Begründe.
   Obergeschoss   positive Zahlen   Temperatur im Sommer   Schulden
   Guthaben   Temperaturen im Eisfach   negative Zahlen   Untergeschoss

b) Schreibt einen eigenen Text zu positiven und negativen Zahlen.

2 Welche Temperatur wird angezeigt?

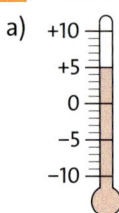

2 Welche Temperatur wird angezeigt?

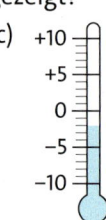

3 Ergänze die Zahlengerade im Heft.

3 Ergänze die Zahlengerade im Heft.

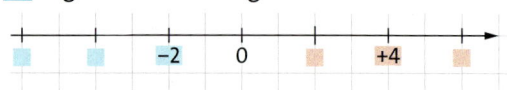

4 Begründe, warum die Erklärung falsch ist.

$-9 < 1$ Das kann doch gar nicht sein. 9 ist doch größer als 1.

4 Was sagst du dazu?

$-800 < 1$ Das kann doch gar nicht sein. 800 ist viel größer als 1.

5 Vergleiche. Setze im Heft < oder > ein.
a) +3 ☐ +4   b) +4 ☐ 0   c) 0 ☐ −1
d) −1 ☐ −5   e) −5 ☐ +9   f) +9 ☐ −10

5 Vergleiche. Setze im Heft < oder > ein.
a) 0 ☐ −10   b) −10 ☐ −6   c) −6 ☐ +8
d) +8 ☐ −12 e) −12 ☐ −21 f) −21 ☐ 0

6 Schreibe als Pfeilbild.
Tipp $-3 \xrightarrow{+4} +1$ $-3 \xleftarrow{-4} +1$

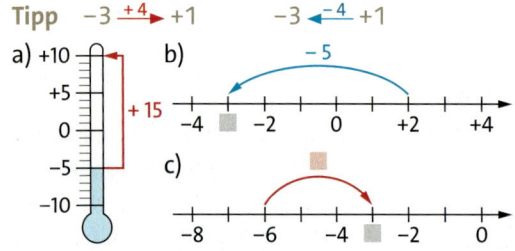

6 Schreibe als Pfeilbild.
Tipp $-3 \xrightarrow{+4} +1$ $-3 \xleftarrow{-4} +1$

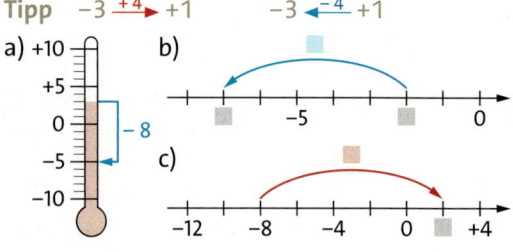

GANZE ZAHLEN — VERMISCHTE ÜBUNGEN

7 Ergänze die Lücken im Heft.
a) −3 °C +4 °C wärmer→ ☐
b) ☐ ←−3 °C kälter 0 °C
c) Schreibe zu dem Text ein Pfeilbild:
Um 9 Uhr sind es −2 °C.
Bis zum Mittag wird es 8 °C wärmer.
Mittags sind es +6 °C.

7 Ergänze die Lücken im Heft.
a) −5 °C +8 °C→ ☐
b) ☐ ←−4 °C +1 °C
c) Schreibe zu dem Text ein Pfeilbild:
Um 20 Uhr sind es −2 °C.
Bis 24 Uhr sinkt die Temperatur um 6 °C.
Wie warm ist es um 24 Uhr?

8 Welcher Text und welche Rechnung passen zur Zahlengeraden?
Schreibe zur übrig gebliebenen Zahlengeraden einen Text und eine Rechnung.

a)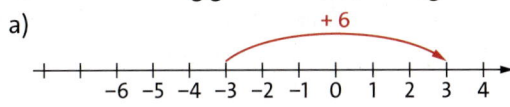

b)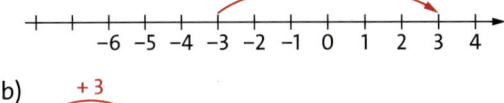

c)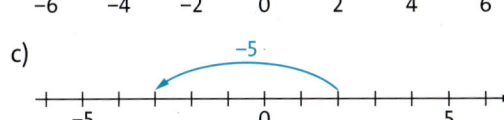

① Es sind −3 °C.
Die Temperatur steigt um 6 °C.
Jetzt sind es +3 °C.

② Mittags waren es 2 °C.
Bis zum Abend ist die Temperatur um 5 °C gefallen.

③ −3 °C + 6 °C = +3 °C

④ 2 °C − 5 °C = −3 °C

Zum Weiterarbeiten
Schreibe zu jeder Zeile einen kleinen Text.

9 Ergänze die Tabelle im Heft.

alter Wert	Änderung	neuer Wert
+3	5 Etagen tiefer	
	4 °C kälter	0 °C
+4	− 9	
−2		+2

9 Ergänze die Tabelle im Heft.

alter Wert	Änderung	neuer Wert
7 °C	8 Grad kälter	
	20 € mehr	15 €
−20	+14	
+10		−10

10 Zeichne ein Koordinatensystem von −6 bis +6. Trage die Punkte ein.
A(+3|+5) B(+6|−1) C(+4|−3)
D(−4|+5) E(0|+6)   F(−5|−4)

10 Zeichne ein Koordinatensystem von −8 bis +8. Trage die Punkte ein.
A(2|6)   B(7|−2)   C(0|−3)
D(−2|4) E(−8|0)   F(−6|−4)

11 Welche dieser Zahlen
a) sind größer als −6?
b) sind kleiner als −3?
c) ist die größte?
d) liegen zwischen −14 und +14?

−11 2 −9 −99 15 0

11 Schreibe 4 passende Zahlen ins Heft.
a) Zahlen, die kleiner als 3 sind.
b) Zahlen, die größer als −2 sind.
c) Zahlen, die zwischen −3 und 3 liegen.
d) Zahlen, die zwischen −10 und −2 liegen.

Nachgedacht
Überlegt euch eigene Fragen zur Wetterkarte und beantwortet sie gegenseitig.

12 Wetterkarte
a) In welcher Stadt ist es am kältesten?
In welcher Stadt ist es am wärmsten?
b) In welcher Stadt sind es −3 °C?
Wo ist es 3 °C kälter? Wo ist es 4 °C wärmer?
c) Ordne die Städte nach ihren Temperaturen.
Beginne mit der kältesten.
d) Gib den Temperaturunterschied zwischen der kältesten und der wärmsten Stadt an.

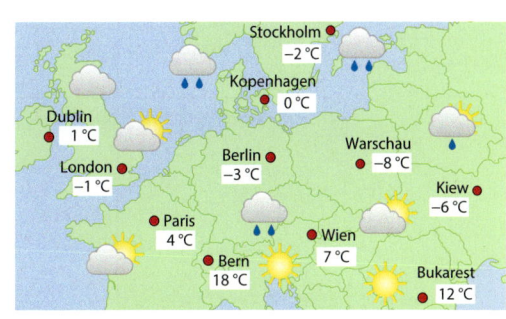

Vertiefen

13 Ordne die Zahlen von klein nach groß.

−10   +5   +12   −4

a) Notiere die Gegenzahlen und ordne sie.
   Tipp Die Gegenzahl von −10 ist +10.
         Die Gegenzahl von +5 ist −5.
b) Notiere die Beträge und ordne sie.
   Tipp |−10| = 10 |+5| = 5

14 Welche Zahl ist gesucht?
Tipp Bei e) sind zwei Zahlen gesucht.
a) Die Zahl ist um 2 kleiner als 0.
b) Die Zahl ist um 10 größer als −7.
c) Die Gegenzahl ist −4.
d) Die Gegenzahl ist 6.
e) Der Betrag ist 8.

15 Durchschnittstemperaturen in Grönland
a) Beschreibe das Diagramm.
   Wo sind positive und negative Zahlen?
b) Wie warm ist es im Dezember?
c) Welcher Monat ist der wärmste Monat?
   Welcher ist der kälteste Monat?
d) In welchen Monaten liegen die
   Temperaturen zwischen −4 °C und 4 °C?
e) Gib den Temperaturunterschied zwischen
   den Monaten Januar und Juli an.
f) Recherchiere die Durchschnittstemperaturen in deinem Wohnort.
   Vergleiche mit Grönland.

16 Übertrage ins Heft.
a) Ergänze die Figur achsensymmetrisch zur
   y-Achse.
b) Gib die Koordinaten der neuen Punkte
   A' und B' an.
   Was fällt dir auf?

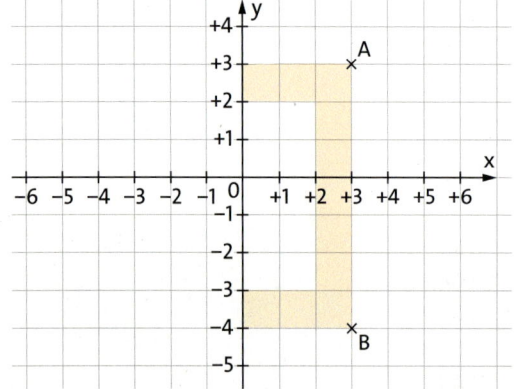

13 Ordne die Zahlen von klein nach groß.

100   −42   0   23   −4

a) Notiere die Gegenzahlen und ordne sie.
   Tipp −5 und +5 sind Gegenzahlen
b) Notiere die Beträge und ordne sie.
   Tipp |−5| = 5 |+5| = 5
c) Wie verändert sich jeweils die Reihenfolge?

14 Welche Zahl ist gesucht?
Tipp Es können mehrere Zahlen passen.
a) Die Zahl ist um 5 kleiner als 3.
b) Die Zahl ist um 7 größer als −4.
c) Die Gegenzahl ist 9.
d) Der Betrag ist 16.
e) Die Zahl liegt genau zwischen −8 und 4.

Durchschnittstemperaturen in Nuuk (Grönland)

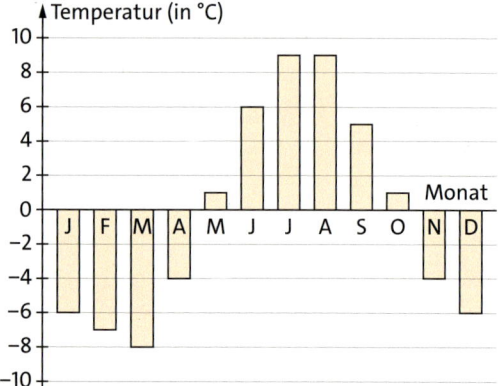

16 Übertrage ins Heft.
a) Ergänze die Figur achsensymmetrisch
   zur y-Achse.
b) Gib die Koordinaten der neuen Punkte
   A', B', C', D' und E' an.
   Was fällt dir auf?

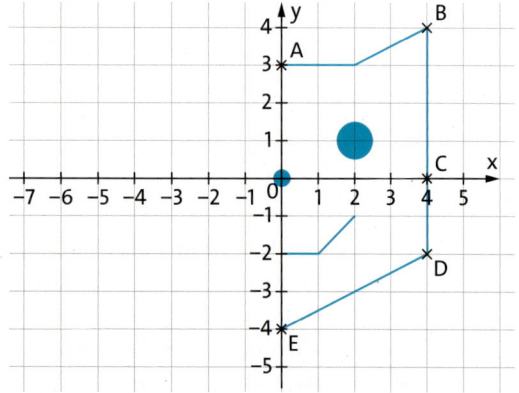

Weiterdenken

Im Atlantischen Ozean

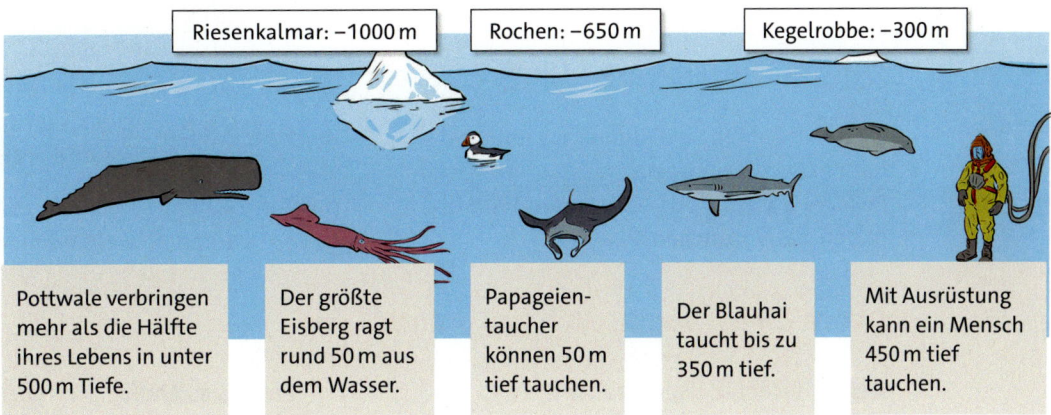

Riesenkalmar: –1000 m   Rochen: –650 m   Kegelrobbe: –300 m

Pottwale verbringen mehr als die Hälfte ihres Lebens in unter 500 m Tiefe.

Der größte Eisberg ragt rund 50 m aus dem Wasser.

Papageientaucher können 50 m tief tauchen.

Der Blauhai taucht bis zu 350 m tief.

Mit Ausrüstung kann ein Mensch 450 m tief tauchen.

17 Übertrage die Zahlengerade in dein Heft.
Trage die Höhen und Tiefen zum Atlantischen Ozean ein.

```
|----|----|----|----|----|----|----|----|----|----|----|----|----|→
-1200 -1100 -1000 -900 -800 -700 -600 -500 -400 -300 -200 -100  0   100
```

a) Bestimme die Höhenunterschiede mithilfe der Zahlengeraden.
   ① Blauhai – Papageientaucher   ② Riesenkalmar – Kegelrobbe
   ③ Mensch – Rochen   ④ Blauhai – Spitze des Eisbergs
b) Sind die Antworten positive oder negative Zahlen?
   Schätze, wo sie auf deiner Zahlengeraden liegen.
   ① Wie tief ist die tiefste Stelle des Atlantischen Ozeans?
   ② Wie hoch kann ein Delfin aus dem Wasser springen?
   ③ Wie tief kann ein Pottwal tauchen?
   ④ Wie tief kann ein Mensch ohne Ausrüstung tauchen?
   Recherchiere. Wie genau war deine Schätzung?

18 Lars-Philipp und Olivia tauchen im Atlantischen Ozean.
a) Wie lange hat der Tauchgang gedauert?
b) Wie tief sind sie getaucht?
c) Wie tief waren sie nach 10 min?
d) Wie lange waren sie unter 50 m?
e) Nach wie vielen Minuten haben sie einen Delfin entdeckt?
f) Schreibe eine Geschichte zum Tauchgang.

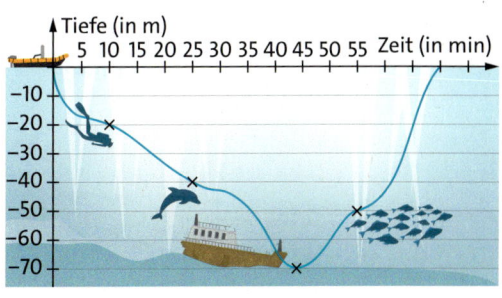

19 Beantworte die Fragen mithilfe des Textes.
a) Wo findest du positive, wo negative Zahlen im Text?
b) Um wie viel Uhr sank die Titanic?
c) Wie hoch ragte die Titanic aus dem Wasser?
d) Von einem Eisberg liegt nur rund $\frac{1}{7}$ der Höhe über dem Wasser.
   Wie tief reicht der Eisberg unter Wasser?

Die **RMS Titanic** war eins der größten Schiffe der Welt. Sie war 53,33 m hoch. Davon lagen 10,54 m unter dem Wasser. Bei ihrer ersten Fahrt stieß sie am 14.4.1912 gegen 23:40 Uhr gegen einen Eisberg. Sie sank 2 h und 40 min später 300 Meilen südöstlich von Neufundland. Überlebende berichteten, dass der Eisberg 30 m aus dem Wasser ragte. Das Wrack liegt noch heute in 3800 m Tiefe.

GANZE ZAHLEN

Zusammenfassung

→ Seite 194

Positive und negative Zahlen

Negative Zahlen sind kleiner als null und haben das **Vorzeichen** −.
Positive Zahlen sind größer als null und haben das **Vorzeichen** +.

negative Zahlen: −5; −12 °C; −6 m

positive Zahlen: +8; +24 °C; +54 m
Das „+" kann man weglassen: 8; 24 °C; 54 m

→ Seite 196

Ganze Zahlen vergleichen und ordnen

Negative Zahlen liegen auf der **Zahlengeraden links** von der Null.

Positive Zahlen liegen auf der **Zahlengeraden rechts** von der Null.

Je weiter **links** eine Zahl auf der Zahlengeraden liegt, umso **kleiner** ist sie.
Je weiter **rechts** eine Zahl auf der Zahlengeraden liegt, umso **größer** ist sie.

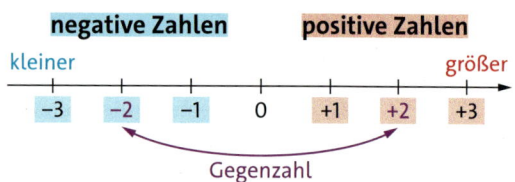

−2 und +2 sind zueinander Gegenzahlen.
Sie haben den gleichen Abstand zur 0.

−3 liegt links von +2.   −1 liegt rechts von −3
Also gilt: −3 < +2   Also gilt: −1 > −3

→ Seite 198

Zunahme und Abnahme

Bei einer **Zunahme** geht man auf der Zahlengeraden nach **rechts**.
Rechenzeichen: +

Zunahme um 4:   −2 + 4 = +2

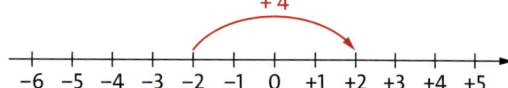

Bei einer **Abnahme** geht man auf der Zahlengeraden nach **links**.
Rechenzeichen: −

Abnahme um 5:   +2 − 5 = −3

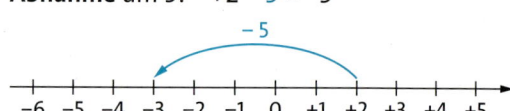

→ Seite 201

Koordinatensystem

Im **Koordinatensystem** wird die Lage eines Punktes P(x|y) mit zwei Zahlen angegeben:
Die x-Koordinate gibt die Lage auf der x-Achse an:
− „+": gehe vom Ursprung nach rechts
− „−": gehe vom Ursprung nach links
Die y-Koordinate gibt die Lage auf der y-Achse an:
− „+": gehe vom Ursprung nach oben
− „−": gehe vom Ursprung nach unten

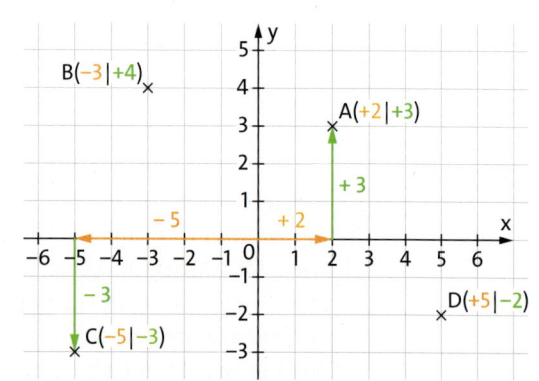

210

GANZE ZAHLEN

Teste dich!

1 Positiv oder negativ? Begründe.

① 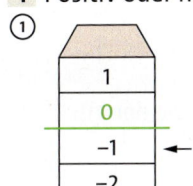 ② Im Januar waren es 20 °C unter null. ③ 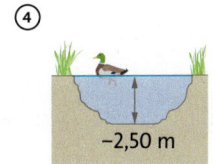 ④ −2,50 m ⑤ Arne hat noch 3 € Schulden. ⑥ Marlis klettert den 5-m-Turm hoch.

2 Auf welche Zahlen zeigen die Pfeile?

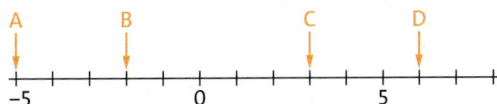

2 Auf welche Zahlen zeigen die Pfeile?

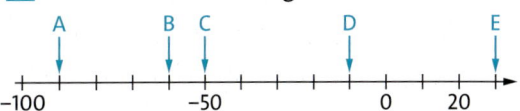

3 Kleiner oder größer?
Setze im Heft < oder > ein.
a) −15 ■ 15   b) −8 ■ −1
c) 14 ■ −5   d) 1 ■ −1000
e) −170 ■ −100   f) −998 ■ −999

3 Ordne die Zahlen der Größe nach. Beginne mit der kleinsten.

101   −87   0   15   −88
−3   −12   −68

4 Vorzeichen oder Rechenzeichen? Begründe.
a) Die Temperatur steigt um 10 °C.
b) Es sind jetzt +12 °C.
c) Klaus hat 50 € Schulden.

4 Vorzeichen oder Rechenzeichen? Begründe.
a) Die Temperatur sinkt um 15 °C.
b) Der Berg ist 1658 m hoch.
c) Vom Konto werden 89 € abgehoben.

5 Schreibe als Rechnung.

a)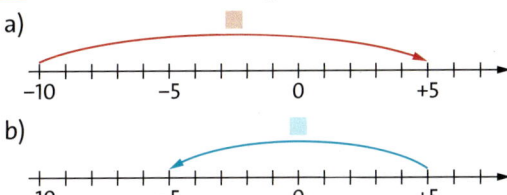
b)

5 Schreibe als Rechnung.

a)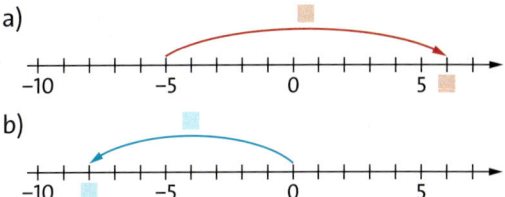
b)

6 Zeichne ein Koordinatensystem.
Tipp Zeichne die Achsen von −3 bis +3.
a) Trage die Punkte ein.
   A(3|2); B(−1|2); C(−1|−1); D(3|−1)
b) Verbinde die Punkte zu einem Rechteck.

6 Zeichne ein Koordinatensystem.
Tipp Zeichne die Achsen von −3 bis +3.
a) Trage die Punkte ein und verbinde sie.
   A(2|1); B(−3|1); C(−1|−1); D(2|−1); E(0|0)
b) Wo schneidet die Strecke $\overline{AB}$ die y-Achse?

7 Stelle die Rechengeschichte an einer Zahlengeraden dar.
Susanne steigt in der 3. Etage in den Fahrstuhl ein. Ihr Fahrrad steht im Fahrradkeller. Dafür fährt sie 5 Etagen nach unten. In welcher Etage steht das Fahrrad?

7 Stelle die Rechengeschichte an einer Zahlengeraden dar.
Als Ben aufstand, waren es draußen −8 °C. Als er sich mittags mit einem Freund traf, waren es 2 °C. Bis zum Abend ist die Temperatur wieder um 7 °C gefallen.

→ Lösungen ab S. 242

→ Lösungen ab S. 243

Teilbarkeit und Brüche   Noch fit?   *Seite 7*

1 a) 40   b) 21   c) 4   d) 8

1 a) 56   b) 150   c) 3   d) 7

2 a) Multiplikationsreihe der 3:
0; 3; 6; 9; 12; 15
b) Multiplikationsreihe der 5:
0; 5; 10; 15; 20; 25

2 a) Multiplikationsreihe der 4:
0; 4; 8; 12; 16; 20
b) Multiplikationsreihe der 10:
0; 10; 20; 30; 40; 50

3 Mögliche Aufgaben:
1 · 20 = 20
20 · 1 = 20
2 · 10 = 20
10 · 2 = 20
4 · 5 = 20
5 · 4 = 20

3 a) 1 · 16 = 16   2 · 8 = 16   4 · 4 = 16
8 · 2 = 16   16 · 1 = 16
b) 1 · 27 = 27   3 · 9 = 27   9 · 3 = 27
27 · 1 = 27
c) 1 · 18 = 18   2 · 9 = 18   3 · 6 = 18
6 · 3 = 18   9 · 2 = 18   18 · 1 = 18

4 9 Bonbons können nicht gerecht auf 2 Kinder aufgeteilt werden, denn: 9 : 2 = 4 Rest 1
Man kann aber 9 Bonbons auf 1; 3 oder 9 Kinder gerecht aufteilen: 9 : 1 = 9; 9 : 3 = 3; 9 : 9 = 1

4 12 Luftballons können nicht gerecht auf 5 Kinder aufgeteilt werden, denn: 12 : 5 = 2 Rest 2
Man kann aber 12 Luftballons auf 1; 2; 3; 4; 6 oder 12 Kinder gerecht aufteilen.

5 a) 6 Rest 1   b) 2 Rest 4   c) 6 Rest 2

5 a) 5 Rest 2   b) 3 Rest 3   c) 7 Rest 6

6 Es gibt mehrere Möglichkeiten. Beispiele:

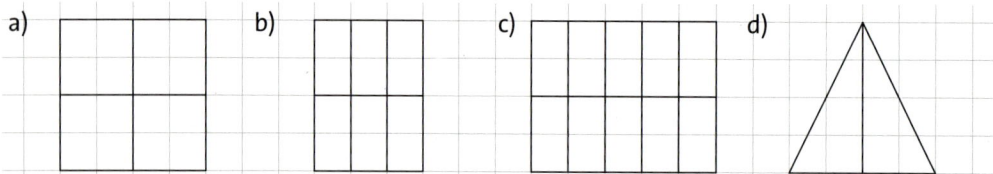

Teilbarkeit und Brüche   Klar soweit?   *Seite 26/27*

1 12

1 a) 24   b) 28

2 a) 4 ist ein Teiler von 24, weil 24 : 4 = 6.
b) 5 ist kein Teiler von 36. Mögliche Begründungen:
 • Die Division 36 : 5 ist nicht ohne Rest ausführbar: 36 : 5 = 7 Rest 1.
 • Die Zahl 36 ist nicht durch 5 teilbar, weil ihre letzte Ziffer keine 0 oder 5 ist.

2 a) 7 ist ein Teiler von 84, weil 84 : 7 = 12
b) 9 ist kein Teiler von 172.
172 : 9 = 19 Rest 1

3 a) Die letzte Ziffer ist gerade: 10; 22
b) Die letzte Ziffer ist 0 oder 5: 10; 15
c) Die letzte Ziffer ist 0: 10
d) Die Quersumme ist durch 3 teilbar: 3; 15

3 a) Die letzte Ziffer ist gerade: 36; 550; 720; 2698
b) Die letzte Ziffer ist 0 oder 5: 125; 550; 720
c) Die letzte Ziffer ist 0: 550; 720
d) Die Quersumme ist durch 3 teilbar: 36; 720

4 a) $\frac{5}{6}$ b) $\frac{2}{5}$ b) $\frac{3}{10}$ d) $\frac{6}{8}$

4 a) $\frac{4}{7}$ b) $\frac{9}{10}$ c) $\frac{2}{6}$ d) $\frac{3}{7}$

LÖSUNGEN TEILBARKEIT UND BRÜCHE

5 Beispiel:
a)
b)
c)

5 Beispiele:
a)
b)
c)

6 a) 2 b) $1\frac{2}{4}$

6 a) 4 b) 4 c) $5\frac{1}{2}$ d) $5\frac{3}{4}$

7 a) $\frac{3}{4}$ b) $\frac{3}{11}$ c) $\frac{2}{7}$ d) $\frac{2}{12}$

7 a) $\frac{2}{30}$ b) $\frac{5}{30}$ c) $\frac{6}{8}$ d) $\frac{9}{19}$

8 a) $\frac{9}{12}$ b) $\frac{15}{25}$ c) $\frac{16}{24}$ d) $\frac{36}{63}$

8 a) $\frac{8}{72}$ b) $\frac{18}{45}$ c) $\frac{48}{96}$ d) $\frac{49}{91}$

9 $\frac{2}{6} = \frac{1}{3}$, denn $\frac{2}{6}$ lässt sich mit 2 zu $\frac{1}{3}$ kürzen.
$\frac{4}{5} = \frac{20}{25}$, denn $\frac{4}{5}$ lässt sich mit 5 zu $\frac{20}{25}$ erweitern.

$\frac{1}{2} = \frac{5}{10}$, denn $\frac{1}{2}$ lässt sich mit 5 zu $\frac{5}{10}$ erweitern.
$\frac{1}{10} = \frac{10}{100}$, denn $\frac{1}{10}$ lässt sich mit 10 zu $\frac{10}{100}$ erweitern.

10 a) $\frac{3}{8} < \frac{5}{8}$ b) $\frac{6}{7} > \frac{2}{7}$
c) $\frac{4}{6} < \frac{5}{6}$ d) $\frac{11}{15} > \frac{6}{15}$

10 a) $\frac{2}{7} < \frac{3}{7}$ b) $\frac{8}{9} > \frac{4}{9}$
c) $\frac{10}{15} > \frac{6}{15}$ d) $\frac{61}{81} < \frac{62}{81}$

11 Finde zuerst einen gemeinsamen Nenner und erweitere beide Brüche auf den gemeinsamen Nenner. Vergleiche jetzt die Zähler. Der Bruch ist größer, der den größeren Zähler hat.

12 a) $\frac{7}{15} \leq \frac{3}{5}$ b) $\frac{2}{6} > \frac{3}{12}$
c) $\frac{2}{4} = \frac{3}{6}$ d) $\frac{5}{7} > \frac{2}{3}$

12 a) $\frac{3}{4} > \frac{8}{12}$ b) $\frac{3}{7} > \frac{11}{28}$
c) $\frac{4}{6} < \frac{6}{8}$ d) $\frac{2}{7} > \frac{5}{20}$

13 a)

13 a) $A = \frac{1}{9}$ $B = \frac{4}{9}$ $C = \frac{5}{9}$ $D = \frac{8}{9}$
b) $A = \frac{1}{3}$ $B = \frac{4}{3}$ $C = \frac{5}{3}$ $D = \frac{10}{3}$
$E = 4$

b)

Teilbarkeit und Brüche Teste dich!

Seite 35

1 Teiler von 12: {1; 2; 3; 4; 6; 12}

$12 : 1 = 12$; $12 : 2 = 6$; $12 : 3 = 4$;
$12 : 4 \rightarrow$ Abbruch, 4 kam schon vor.

$V_{12} = \{12; 24; 36; 48; 60; ...\}$

$1 \cdot 12 = 12$; $2 \cdot 12 = 24$; $3 \cdot 12 = 36$; $4 \cdot 12 = 48$; ...

213

2 a) 10; 22; 3260 und 36 360 sind durch 2 teilbar, weil die letzte Ziffer eine gerade Zahl ist.
b) 10; 15; 3260; 36 360 und 77 885 sind durch 5 teilbar, weil die Endziffer eine 0 oder 5 ist.
c) 3; 15; 1059 und 36 360 sind durch 3 teilbar, weil deren Quersummen durch 3 teilbar sind.
d) Die Zahl 36 360 ist durch 6 teilbar, weil sie durch 2 und durch 3 teilbar ist.

3 a) $\frac{1}{6}$ b) $\frac{2}{4}$ c) $\frac{7}{15}$ d) $\frac{6}{14}$

a) Es sind 6 gleich große Teildreiecke.   ⇒ Nenner 6
   Davon ist eines gefärbt.   ⇒ Zähler 1
b) Es sind 4 gleich große Teildreiecke.   ⇒ Nenner 4
   Davon sind 2 gefärbt.   ⇒ Zähler 2
c) Es sind 15 gleich große Kreise.   ⇒ Nenner 15
   Davon sind 7 gefärbt.   ⇒ Zähler 7
d) Es sind 14 gleich große Sektoren.   ⇒ Nenner 14
   Davon sind 6 gefärbt.   ⇒ Zähler 6

4 a) $\frac{4}{7} < \frac{5}{7}$ b) $\frac{5}{8} < \frac{3}{4}$ c) $\frac{3}{7} > \frac{2}{8}$ d) $\frac{2}{6} < \frac{4}{9}$

a) $\frac{4}{7} < \frac{5}{7}$
b) $\frac{3}{4} = \frac{6}{8}$; $\frac{5}{8} < \frac{6}{8}$
c) $\frac{3}{7} = \frac{24}{56}$; $\frac{2}{8} = \frac{14}{56}$; $\frac{24}{56} > \frac{14}{56}$
d) $\frac{2}{6} = \frac{6}{18}$; $\frac{4}{9} = \frac{8}{18}$; $\frac{6}{18} < \frac{8}{18}$

> Ungleichnamige Brüche musst du erst gleichnamig machen.

5 Beispiele:

a) $\frac{3}{4}$    b) $\frac{1}{2}$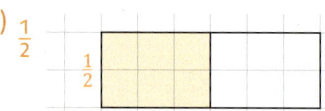

a) 3 Teilquadrate sind gefärbt.
   Das passt zum Zähler 3.
   Da der Nenner 4 ist, muss die Figur aus 4 Teilquadraten bestehen.
b) 1 Teilrechteck ist gefärbt.
   Das passt zum Zähler 1.
   Da der Nenner 2 ist, muss die Figur aus 2 Teilrechtecken bestehen.

6 a), b)

Von der 0 bis zur 1 sind es 16 Teilstrecken. Der Zahlenstrahl wurde also in Sechzehntel eingeteilt.

7 Der Zaun ist $\frac{5}{4}$ m = $1\frac{1}{4}$ m = 1,25 m lang.

$\frac{1}{2} = \frac{2}{4}$; $\frac{2}{4} + \frac{3}{4} = \frac{5}{4}$

Teilbarkeit und Brüche Teste dich!

Seite 35

1 $T_{28} = \{1; 2; 4; 7; 14; 28\}$

$V_{28} = \{28; 56; 84; 112; 140; 168; ...\}$

28 : 1 = 28;   28 : 2 = 14;   28 : 3 geht nicht;
28 : 4 = 7;   28 : 5 und 28 : 6 geht nicht;
28 : 7 = 4   → Die Teiler wiederholen sich.
1 · 28 = 28;   2 · 28 = 56;   3 · 28 = 84;
4 · 28 = 112   5 · 28 = 140   6 · 28 = 168 ...

2 a) 10; 22; 3260 und 36 360 sind durch 2 teilbar, weil die letzte Ziffer eine gerade Zahl ist.
b) 10; 15; 3260; 36 360 und 77 885 sind durch 5 teilbar, weil die Endziffer eine 0 oder 5 ist.
c) 3; 15; 1059 und 36 360 sind durch 3 teilbar, weil deren Quersummen durch 3 teilbar sind.
d) Die Zahl 36 360 ist durch 6 teilbar, weil sie durch 2 und durch 3 teilbar ist.

3 a) $\frac{1}{4}$ b) $\frac{4}{8}$ c) $\frac{9}{15}$ d) $\frac{2}{3}$

a) Es sind 4 gleich große Teile. Davon ist eins gefärbt.
b) Es sind 8 gleich große Teile. Davon sind 4 gefärbt.
c) Es sind 15 gleich große Kreise. Davon sind 9 gefärbt.
d) Es sind 3 gleich große Teile. Davon sind 2 gefärbt.

4 a) $\frac{3}{5} > \frac{8}{15}$ b) $\frac{8}{9} < \frac{9}{10}$ c) $\frac{9}{12} > \frac{5}{8}$ d) $1\frac{1}{2} < 1\frac{2}{3}$

Die Brüche werden gleichnamig gemacht:
a) $\frac{9}{15} > \frac{8}{15}$ b) $\frac{80}{90} < \frac{81}{90}$ c) $\frac{18}{24} > \frac{15}{24}$ d) $\frac{9}{6} < \frac{10}{6}$

5 Beispiele:
a) 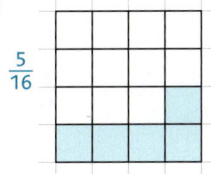 $\frac{5}{16}$

b) 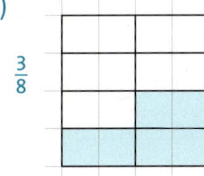 $\frac{3}{8}$

a) 5 Quadrate sind gefärbt. Das ist der Zähler. Da der Nenner 16 ist, muss die Figur aus 16 Quadraten bestehen.
b) 3 Rechtecke sind gefärbt. Das ist der Zähler. Da der Nenner 8 ist, muss die Figur aus 8 Rechtecken bestehen.

6 a), b)

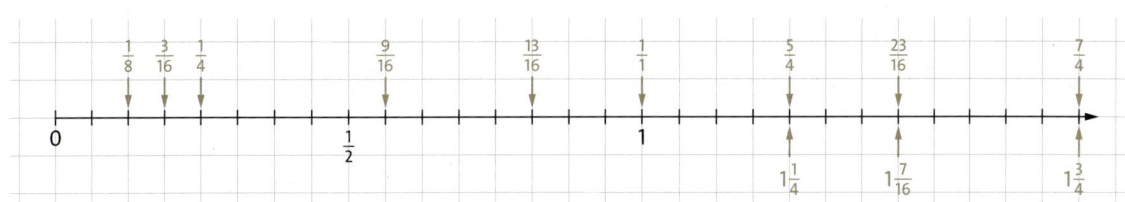

Von der 0 bis zur 1 sind es 16 Teilstrecken. Der Zahlenstrahl wurde also in Sechzehntel eingeteilt.

7 Die Klasse ist mit Hin- und Rückfahrt 3 Stunden unterwegs.

Gegeben: Fahrtzeit: $\frac{3}{4}$ h und $\frac{3}{4}$ h; Besuchszeit: $1\frac{1}{2}$ h
Gesucht: Gesamte Zeit
Rechnung: $\frac{3}{4}$ h + $1\frac{1}{2}$ h + $\frac{3}{4}$ h = $\frac{3}{4}$ h + $\frac{6}{4}$ h + $\frac{3}{4}$ h = $\frac{12}{4}$ h = 3 h

Kreise und Winkel Noch fit? Seite 37

1 $\overline{AB}$ = 2 cm; $\overline{CD}$ = 4 cm; $\overline{EF}$ = 5 cm

1 a = 1 cm   b = 6 cm   c = 4,5 cm
Da 9 cm zu lang ist, legt man das Geodreieck an und muss zweimal ablesen:
links und rechts vom Nullpunkt.
Dann addiert man die Längen,
z. B. 2 cm + 7 cm = 9 cm.

2

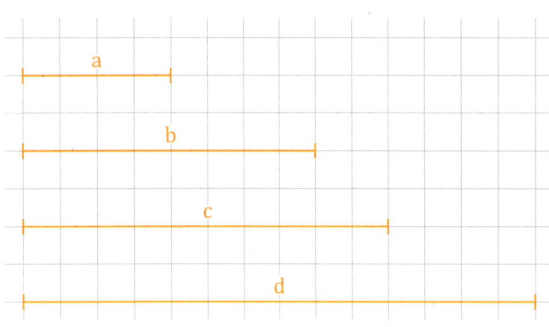

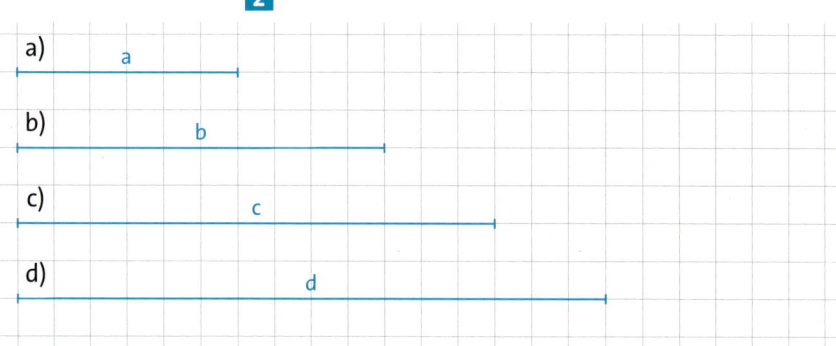

3 Vergleiche deine Zeichnung Punkt für Punkt mit der aus dem Buch. Sie muss genauso aussehen.

3 Vergleiche deine Zeichnung Punkt für Punkt mit der aus dem Buch. Sie muss genauso aussehen.

4

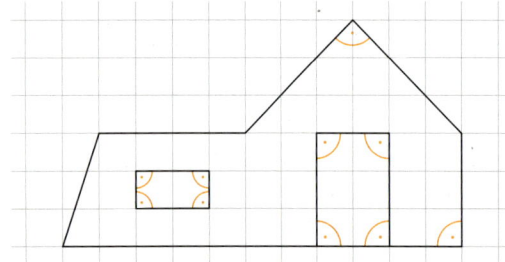

4

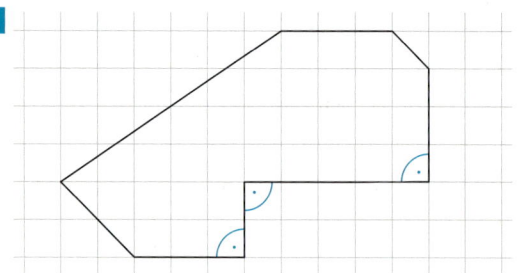

5 Zeichenübung mit dem Zirkel

Kreise und Winkel Klar soweit? — Seite 52/53

1 Der Durchmesser ist doppelt so lang wie der Radius.
a) r = 1 cm, d = 2 cm
b) r = 15 mm, d = 30 mm

1 Der Durchmesser ist doppelt so lang wie der Radius.
a) r = 0,5 cm, d = 1 cm
b) r = 1,3 cm, d = 2,6 cm

LÖSUNGEN   KREISE UND WINKEL

2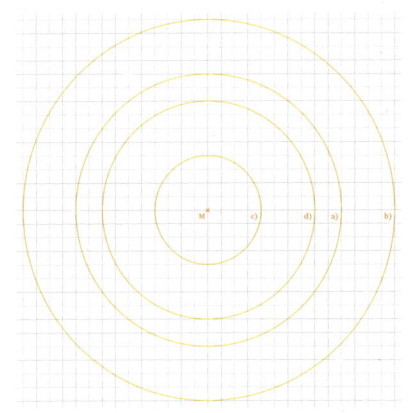

2 Deine Kreise müssen doppelt so groß sein. Sie können auch nebeneinander sein.

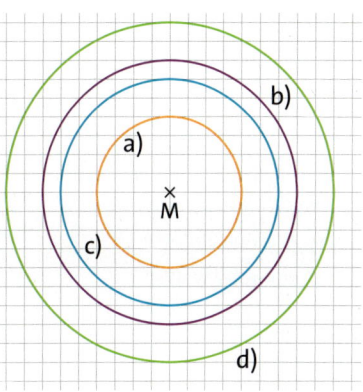

3 ① Schenkel   ② Winkelname   ③ Scheitelpunkt   ④ Winkelbogen

4 a), b)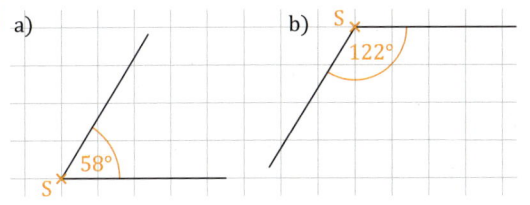

4 a), b) (Abbildung rechts)

5
a) 45°   spitzer Winkel
b) 110°   stumpfer Winkel
c) 160°   stumpfer Winkel
d) 90°   rechter Winkel

5 Deine Schätzung sollte in diesem Bereich liegen:
a) 95° bis 115° (genau 100°)   stumpfer Winkel;
b) 5° bis 25° (genau 15°)   spitzer Winkel;
c) 125° bis 145° (genau 135°) stumpfer Winkel;
d) 30° bis 50° (genau 40°)   spitzer Winkel

6
a) α ist ein rechter Winkel, da er 90° groß ist.
b) β ist ein spitzer Winkel, da er kleiner als 90° ist.
c) γ ist ein stumpfer Winkel, da er größer als 90° und kleiner als 180° groß ist.
d) δ ist ein spitzer Winkel, da er kleiner als 90° groß ist.

6
a) α ist ein stumpfer Winkel, da er größer als 90° und kleiner als 180° ist
b) β ist ein spitzer Winkel, da er kleiner als 90° groß ist.
c) γ ist ein rechter Winkel, da er 90° ist.
d) δ ist ein gestreckter Winkel, da er 180° groß ist.

7 α = 30°   β = 80°   γ = 65°   δ = 25°   ε = 40°

> Es ist okay, wenn du die Winkel jeweils 10° kleiner oder 10° größer geschätzt hast.

8 α ≈ 53°; β = 45°;
γ = 82°

8 α ≈ 79°   β = 45°
γ = 135°   δ ≈ 101°

9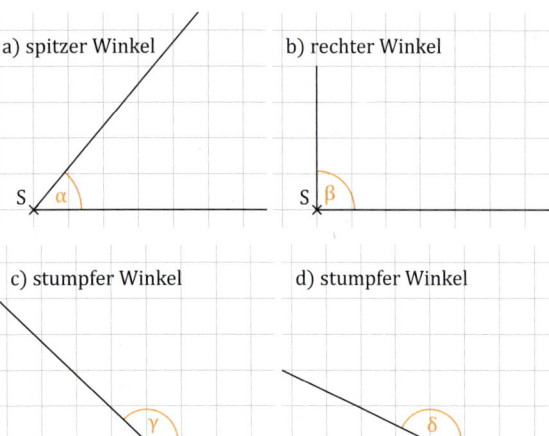

9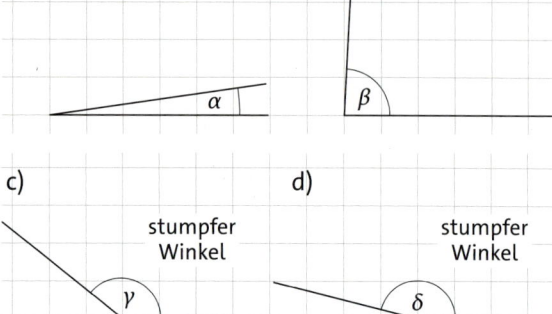

10 Zeichenübung. Vergleiche deine Krone Punkt für Punkt mit dem aus dem Buch.

10 Zeichenübung. Vergleiche dein Schiff Punkt für Punkt mit dem aus dem Buch.

Kreise und Winkel Teste dich! Seite 59

1 Radius r = 2 cm
Durchmesser d = 4 cm

Man muss jeweils vier Halbkreise zeichnen.

> Zeichne zuerst die Mittelpunkte.

2 größter Winkel: γ
kleinster Winkel: δ
a) α 85° bis 95°   β 40 bis 50°
  γ 85° bis 110° δ 20 bis 40°
b) α = 90°   β = 45°
  γ = 100° δ = 30°

Der größte Winkel muss γ sein, da es ein stumpfer Winkel ist. Der kleinste Winkel muss δ sein, weil es ein spitzer Winkel ist und auch kleiner als β ist.
a) α ist ein rechter Winkel (90°)
  β ist die Hälfte eines rechten Winkels (90° : 2)
  γ ist ein stumpfer Winkel (90° bis 180°), aber näher an 90°
  δ ist ein spitzer Winkel (0° bis 90°) und etwa ein Drittel von 90°

> Schätze mithilfe der Winkelarten.

3 a)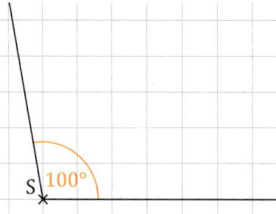
b)
c)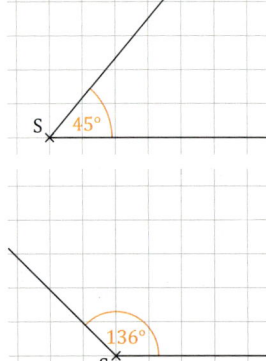

Der untere Schenkel muss nicht unbedingt auf dem Kästchenraster vom Heft liegen. Du kannst die Winkel auch drehen.

4 a) α = 70°
b) α = 180°; β = 120°
c) α = 60°
d) α = 50°

a) α + 20° = 90°, also α = 70°
b) α = 180° (gestreckter Winkel); β + 60° = 180°, also β = 120°
c) α = 35° + 25° = 60°
d) α + 20° = 70°, also α = 50°

5 Der Winkel α ist etwa 14° groß.   Zeichne das Dreieck mit den Seiten 8 cm und 2 cm ins Heft. Miss dann den Winkel.

Kreise und Winkel Teste dich! — Seite 59

1 kleine Kreise: r = 1 cm, d = 2 cm
   großer Kreis: r = 2 cm, d = 4 cm

Den kleinen Kreis muss man zweimal zeichnen, aber jeweils nur halb. Den großen Kreis muss man einmal zeichnen.

2 größter Winkel: γ
   kleinster Winkel: δ
   a) α 85° bis 95°   β 40 bis 50°
      γ 85° bis 110° δ 20 bis 40°
   b) α = 90°   β = 45°
      γ = 100° δ = 30°

Der größte Winkel muss γ sein, da es ein stumpfer Winkel ist. Der kleinste Winkel muss δ sein, weil es ein spitzer Winkel ist und auch kleiner als β ist.
a) α ist ein rechter Winkel (90°)
   β ist die Hälfte eines rechten Winkels (90° : 2)
   γ ist ein stumpfer Winkel (90° bis 180°), aber näher an 90°
   δ ist ein spitzer Winkel (0° bis 90°) und etwa ein Drittel von 90°

> Schätze mithilfe der Winkelarten.

3
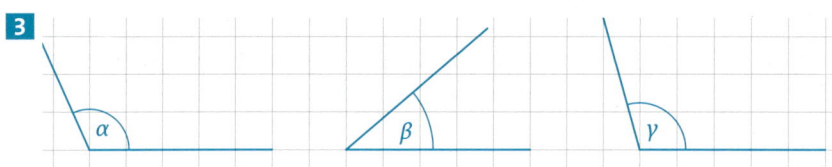

Der Schenkel muss nicht unbedingt auf dem Kästchenraster vom Heft liegen. Du kannst die Winkel auch drehen.

4 a) α = 54°
   b) β = 180°   α = 108°
   c) α = 115°
   d) α = 22°

a) α + 36° = 90°; also α = 54°
b) β = 180° (gestreckter Winkel)   α + 72° = 180°, also α = 108°
c) α = 75° + 40° = 115°
d) α + 38° = 60°, also α = 22°

5 Der Winkel α ist etwa 58° groß.   Zeichne das Dreieck mit den Seiten 12 cm und 7,5 cm ins Heft. Miss dann den Winkel.

Mit Brüchen rechnen Noch fit? — Seite 61

1 $\frac{1}{5}$ (blau); $\frac{1}{4}$ (gelb); $\frac{1}{3}$ (rot)

a) Die blauen Brüche $\left(\frac{1}{5}\right)$ ergeben zusammen einen ganzen Kreis.

b) Die gelben Brüche $\left(\frac{1}{4}\right)$ ergeben zusammen 2. Die roten Brüche $\left(\frac{1}{3}\right)$ ergeben zusammen $1\frac{1}{3}$.

2 a) 50 mm   b) 30 cm   c) 100 mm
   d) 120 dm e) 2000 g f) 5000 kg

2 a) 80 mm   b) 30 dm   c) 15 000 m
   d) 7000 g   e) 10 000 kg   f) 2500 g

3 a) $\frac{2}{3} \overset{\cdot 3}{\underset{\cdot 3}{=}} \frac{6}{9}$

b) $\frac{6}{8} \overset{:2}{\underset{:2}{=}} \frac{3}{4}$

Zähler und Nenner wurden mit 3 multipliziert.   Zähler und Nenner wurden durch 2 dividiert.

4 a) $\frac{4}{5}$ b) $\frac{2}{3}$

4 a) $\frac{1}{5}$ b) $\frac{3}{4}$ c) $\frac{2}{3}$ d) $\frac{1}{1} = 1$

5 a) $\frac{9}{15}$ und $\frac{2}{15}$ b) $\frac{8}{14}$ und $\frac{7}{14}$
c) $\frac{9}{12}$ und $\frac{9}{12}$ d) $\frac{11}{20}$ und $\frac{14}{20}$

6 a) $1\frac{3}{4} = \frac{7}{4}$;   b) $1\frac{2}{3} = \frac{5}{3}$
c) $\frac{11}{5} = 2\frac{1}{5}$;   d) $\frac{7}{6} = 1\frac{1}{6}$

5 a) $\frac{27}{36}$ und $\frac{2}{36}$ b) $\frac{14}{60}$ und $\frac{54}{60}$
c) $\frac{12}{30}$ und $\frac{25}{30}$ d) $\frac{16}{36}$ und $\frac{27}{36}$

6 a) $1\frac{1}{19} = \frac{28}{19}$; $4\frac{6}{7} = \frac{34}{7}$
b) $\frac{23}{4} = 5\frac{3}{4}$; $\frac{17}{3} = 5\frac{2}{3}$

Mit Brüchen rechnen   Klar soweit?   Seite 72/73

1 a) $\frac{2}{4} + \frac{1}{4} = \frac{3}{4}$ b) $\frac{4}{5} - \frac{2}{5} = \frac{2}{5}$

2 a) $\frac{2}{4} = \frac{3}{4} = 1\frac{1}{4}$ b) $\frac{5}{6} - \frac{8}{6} = 2\frac{1}{6}$

3 a) $\frac{1}{4} + \frac{1}{3} = \frac{1 \cdot 3}{4 \cdot 3} + \frac{1 \cdot 4}{3 \cdot 4} = \frac{3}{12} + \frac{4}{12} = \frac{3+4}{12} = \frac{7}{12}$

Beide Brüche werden erst gleichnamig gemacht und dann werden die Zähler addiert.

4 a) $\frac{3}{4}$ c) $\frac{7}{10}$ c) $\frac{4}{14}$ a) $\frac{1}{9}$

5 Die Milch passt zusammen in eine 1-Liter-Flasche, da $\frac{3}{4}$ und $\frac{1}{3}$ zusammen weniger als 1 sind.

6 a) 9 cm   b) 6 cm

7 a) 80 g   b) 150 ml

8 a) 0,4 cm   b) 0,75 €
c) 0,5 m   d) 1,6 kg

9 Lukas isst 4 mal $\frac{2}{8}$ Pizza: $4 \cdot \frac{2}{8} = 1$ Lukas isst also eine ganze Pizza.

10 a) $\frac{6}{7}$ b) $\frac{8}{15}$
c) $\frac{8}{9}$ d) $\frac{6}{7}$
e) $\frac{4}{5}$ f) $\frac{1}{2}$

11 a) $3\frac{3}{5}$ b) $7\frac{1}{3}$
c) $4\frac{1}{2}$ d) $4\frac{4}{7}$

1 a) $\frac{3}{8} + \frac{4}{8} = \frac{7}{8}$ b) $\frac{8}{9} - \frac{4}{9} = \frac{4}{9}$

2 a) $\frac{14}{9} = 1\frac{5}{9}$ b) $\frac{13}{8} = 1\frac{5}{8}$
c) $\frac{18}{17} = 1\frac{1}{17}$ d) $\frac{26}{25} = 1\frac{1}{25}$

3 b) $\frac{3}{5} - \frac{1}{2} = \frac{3 \cdot 2}{5 \cdot 2} - \frac{1 \cdot 5}{2 \cdot 5} = \frac{6}{10} - \frac{5}{10} = \frac{6-5}{10} = \frac{1}{10}$

Beide Brüche werden erst gleichnamig gemacht und dann werden die Zähler subtrahiert.

4 a) $\frac{17}{18}$ b) $\frac{5}{6}$ c) $\frac{1}{40}$ d) $\frac{3}{10}$

5 Tamara braucht $\frac{9}{40}$ Liter Mineralwasser.

6 a) 10 kg   b) 28 cm

7 a) 150 g   b) 150 ml

8 a) 15 min   b) 8 mm
c) 12 mm   d) 750 g

10 a) $\frac{12}{17}$ b) $\frac{10}{13}$
c) $\frac{45}{81} = \frac{5}{9}$ d) $\frac{12}{9} = \frac{4}{3}$
e) $\frac{27}{18} = \frac{3}{2}$ f) $\frac{24}{35}$

11 a) $\frac{33}{4} = 8\frac{1}{4}$ b) $\frac{65}{4} = 16\frac{1}{4}$
c) $\frac{68}{7} = 9\frac{5}{7}$ d) $\frac{63}{8} = 7\frac{7}{8}$

Mit Brüchen rechnen Teste dich!   *Seite 81*

1 a) $\frac{5}{7}$ b) $\frac{9}{10}$
c) $\frac{7}{11}$ d) $\frac{7}{12}$

a) $\frac{3}{7} + \frac{2}{7} = \frac{3+2}{7} = \frac{5}{7}$ b) $\frac{7}{10} + \frac{2}{10} = \frac{7+2}{10} = \frac{9}{10}$
c) $\frac{10}{11} - \frac{3}{11} = \frac{10-3}{11} = \frac{7}{11}$ d) $\frac{10}{12} - \frac{3}{12} = \frac{10-3}{12} = \frac{7}{12}$

2 $\frac{2}{4} + \frac{3}{8} = \frac{4}{8} + \frac{3}{8} = \frac{7}{8}$

Zuerst wird der Bruch $\frac{2}{4}$ mit 2 zu $\frac{4}{8}$ erweitert. Anschließend werden die Zähler der Brüche addiert. Der gemeinsame Nenner 8 wird beibehalten.

3 a) $\frac{5}{9}$ b) $\frac{1}{14}$
c) $\frac{3}{8}$ d) $\frac{4}{9}$

a) $\frac{2}{9} + \frac{1}{3} = \frac{2}{9} + \frac{1 \cdot 3}{3 \cdot 3} = \frac{2}{9} + \frac{3}{9} = \frac{2+3}{9} = \frac{5}{9}$
b) $\frac{3}{7} + \frac{5}{14} = \frac{3 \cdot 2}{7 \cdot 2} + \frac{5}{14} = \frac{6}{14} + \frac{5}{14} = \frac{6+5}{14} = \frac{1}{14}$
c) $\frac{7}{8} - \frac{2}{4} = \frac{7}{8} - \frac{2 \cdot 2}{4 \cdot 2} = \frac{7}{8} - \frac{4}{8} = \frac{7-4}{8} = \frac{3}{8}$
d) $\frac{5}{6} - \frac{7}{18} = \frac{5 \cdot 3}{6 \cdot 3} - \frac{7}{18} = \frac{15}{18} - \frac{7}{18} = \frac{15-7}{18} = \frac{8}{18} = \frac{4}{9}$

> Ungleichnamige Brüche müssen zuerst gleichnamig gemacht werden.

4 a) $\frac{15}{17}$ b) $\frac{24}{25}$
c) $\frac{5}{7}$ d) $\frac{24}{31}$
e) $\frac{2}{5}$ f) $\frac{6}{5}$

a) $5 \cdot \frac{3}{17} = \frac{5 \cdot 3}{17} = \frac{15}{17}$ b) $6 \cdot \frac{4}{25} = \frac{6 \cdot 4}{25} = \frac{24}{25}$
c) $\frac{5}{14} \cdot 2 = \frac{5 \cdot 2}{14} = \frac{5 \cdot 2^1}{7 \cdot 14} = \frac{5}{7}$ d) $\frac{8}{31} \cdot 3 = \frac{8 \cdot 3}{31} = \frac{24}{31}$
e) $3 \cdot \frac{2}{15} = \frac{3 \cdot 2}{15} = \frac{1 \cdot 3 \cdot 2}{15 \cdot 5} = \frac{2}{5}$ f) $\frac{3}{20} \cdot 8 = \frac{3 \cdot 8}{20} = \frac{3 \cdot 8^2}{5 \cdot 20} = \frac{6}{5}$

5 a) $9\frac{7}{9}$
b) $11\frac{2}{15}$
c) $\frac{3}{5}$
d) $\frac{7}{4}$
e) $\frac{15}{4}$
f) $\frac{24}{5}$

a) $3\frac{4}{9} + 6\frac{3}{9} = 3 + 6 + \frac{4}{9} + \frac{3}{9} = 9 + \frac{4+3}{9} = 9\frac{7}{9}$
b) $6\frac{3}{5} + 4\frac{8}{15} = 6 + 4 + \frac{3 \cdot 3}{5 \cdot 3} + \frac{8}{15} = 10 + \frac{9+8}{15} = 10\frac{17}{15} = 11\frac{2}{15}$
c) $2\frac{1}{5} - 1\frac{3}{5} = \frac{11}{5} - \frac{8}{5} = \frac{11-8}{5} = \frac{3}{5}$
d) $3\frac{1}{2} - 1\frac{3}{4} = \frac{7}{2} - \frac{7}{4} = \frac{7 \cdot 2}{2 \cdot 2} - \frac{7}{4} = \frac{14}{4} - \frac{7}{4} = \frac{14-7}{4} = \frac{7}{4}$
e) $3 \cdot 1\frac{1}{4} = 3 \cdot \frac{5}{4} = \frac{3 \cdot 5}{4} = \frac{15}{4}$
f) $2 \cdot 2\frac{2}{5} = 2 \cdot \frac{12}{5} = \frac{2 \cdot 12}{5} = \frac{24}{5}$

6 a) 16 t b) 9 kg
c) 6 m d) 16 €
e) 25 cm f) 1500 g

a) 24 t $\xrightarrow{:3}$ 8 t $\xrightarrow{\cdot 2}$ 16 t b) 36 kg $\xrightarrow{:4}$ 9 kg $\xrightarrow{\cdot 1}$ 9 kg
c) 15 m $\xrightarrow{:5}$ 3 m $\xrightarrow{\cdot 2}$ 6 m d) 72 € $\xrightarrow{:9}$ 8 € $\xrightarrow{\cdot 2}$ 16 €
e) 1 m $\xrightarrow{\cdot 4}$ 100 cm $\xrightarrow{\cdot 4}$ 25 cm $\xrightarrow{\cdot 1}$ 25 cm
f) 2 kg $\xrightarrow{\cdot 4}$ 2000 g $\xrightarrow{:4}$ 500 g $\xrightarrow{\cdot 3}$ 1500 g

7 Beide Bretter zusammen sind $1\frac{3}{10}$ m lang.
Das grüne Brett ist noch $\frac{1}{10}$ m lang.

Länge von beiden Brettern zusammen:
$\frac{3}{5}$ m + $\frac{7}{10}$ m = $\frac{3 \cdot 2}{5 \cdot 2}$ m + $\frac{7}{10}$ m = $\frac{6}{10}$ m + $\frac{7}{10}$ m = $\frac{6+7}{10}$ m = $\frac{13}{10}$ m = $1\frac{3}{10}$ m
Länge des grünen Bretts:
$\frac{3}{5}$ m − $\frac{1}{2}$ m = $\frac{3 \cdot 2}{5 \cdot 2}$ m − $\frac{1 \cdot 5}{2 \cdot 5}$ m = $\frac{6}{10}$ m − $\frac{5}{10}$ m = $\frac{1}{10}$ m

Mit Brüchen rechnen Teste dich!
Seite 81

1 a) $\frac{11}{11} = 1$ b) $\frac{22}{31}$ c) $\frac{7}{17}$ d) $\frac{3}{5}$

    a) $\frac{6}{11} + \frac{5}{11} = \frac{6+5}{11} = \frac{11}{11} = 1$ b) $\frac{17}{31} + \frac{5}{31} = \frac{17+5}{31} = \frac{22}{31}$

    c) $\frac{12}{17} - \frac{5}{17} = \frac{12-5}{17} = \frac{7}{17}$ d) $\frac{23}{25} - \frac{8}{25} = \frac{23-8}{25} = \frac{15}{25} \stackrel{:5}{=} \frac{3}{5}$

2 $\frac{2}{5} + \frac{3}{10} = \frac{4}{10} + \frac{3}{10} = \frac{7}{10}$

Zuerst wird der Bruch $\frac{2}{5}$ mit 2 zu $\frac{4}{10}$ erweitert. Anschließend werden die Zähler der Brüche addiert. Der gemeinsame Nenner 10 wird beibehalten.

3 a) $\frac{23}{27}$ b) $\frac{17}{30}$ c) $\frac{2}{35}$ d) $\frac{1}{12}$

    a) $\frac{4 \cdot 3}{9 \cdot 3} + \frac{11}{27} = \frac{12}{27} + \frac{11}{27} = \frac{12+11}{27} = \frac{23}{27}$ b) $\frac{2 \cdot 6}{5 \cdot 6} + \frac{1 \cdot 5}{6 \cdot 5} = \frac{12}{30} + \frac{5}{30} = \frac{12+5}{30} = \frac{17}{30}$

    c) $\frac{27}{35} - \frac{5 \cdot 5}{7 \cdot 5} = \frac{27}{35} - \frac{25}{35} = \frac{27-25}{35} = \frac{2}{35}$ d) $\frac{5 \cdot 2}{6 \cdot 2} - \frac{3 \cdot 3}{4 \cdot 3} = \frac{10}{12} - \frac{9}{12} = \frac{10-9}{12} = \frac{1}{12}$

4 a) $\frac{15}{17}$ b) $\frac{24}{25}$ c) $\frac{5}{7}$ d) $\frac{24}{31}$ e) $\frac{2}{5}$ f) $\frac{6}{5}$

    a) $5 \cdot \frac{3}{17} = \frac{5 \cdot 3}{17} = \frac{15}{17}$ b) $6 \cdot \frac{4}{24} = \frac{6 \cdot 4}{24} = \frac{24}{25}$

    c) $\frac{5}{14} \cdot 2 = \frac{5 \cdot 2^1}{7\,14} = \frac{5}{7}$ d) $\frac{8}{31} \cdot 3 = \frac{8 \cdot 3}{31} = \frac{24}{31}$

    e) $3 \cdot \frac{2}{15} = \frac{{}^1 3 \cdot 2}{15_5} = \frac{2}{5}$ f) $\frac{3}{20} \cdot 8 = \frac{3 \cdot 8^2}{{}_5 20} = \frac{6}{5} = 1\frac{1}{5}$

5 a) $18\frac{1}{5}$ b) $14\frac{31}{32}$ c) $\frac{6}{7}$ d) $\frac{8}{15}$ e) $\frac{3}{5}$ f) $15\frac{5}{7}$

    a) $9\frac{4}{5} + 8\frac{2}{5} = 9 + 8 + \frac{4}{5} + \frac{2}{5} = 17 + \frac{4+2}{5} = 17\frac{6}{5} = 18\frac{1}{5}$

    b) $8\frac{3}{32} + 6\frac{7}{8} = 8 + 6 + \frac{3}{32} + \frac{7 \cdot 4}{8 \cdot 4} = 14 + \frac{3+28}{32} = 14\frac{31}{32}$

    c) $2\frac{3}{7} - 1\frac{4}{7} = \frac{17}{7} - \frac{11}{7} = \frac{17-11}{7} = \frac{6}{7}$

    d) $2\frac{1}{5} - 1\frac{2}{3} = \frac{11}{5} - \frac{5}{3} = \frac{11 \cdot 3}{5 \cdot 3} - \frac{5 \cdot 5}{3 \cdot 5} = \frac{33}{15} - \frac{25}{15} = \frac{33-25}{15} = \frac{8}{15}$

    e) $2 \cdot 1\frac{4}{5} = 2 \cdot \frac{9}{5} = \frac{2 \cdot 9}{5} = \frac{18}{5} = 3\frac{3}{5}$

    f) $5 \cdot 3\frac{1}{7} = 5 \cdot \frac{22}{7} = \frac{5 \cdot 22}{7} = \frac{110}{7} = 15\frac{5}{7}$

6 a) 10 cm b) 18 km c) 15 g d) 48 € e) 75 cm f) 1200 m

    a) 15 cm $\xrightarrow{:3}$ 5 cm $\xrightarrow{\cdot 2}$ 10 cm b) 30 km $\xrightarrow{:5}$ 6 km $\xrightarrow{\cdot 3}$ 18 km

    c) 40 g $\xrightarrow{:8}$ 5 g $\xrightarrow{\cdot 3}$ 15 g d) 56 € $\xrightarrow{:7}$ 8 € $\xrightarrow{\cdot 6}$ 48 €

    e) 100 cm $\xrightarrow{:4}$ 25 cm $\xrightarrow{\cdot 3}$ 75 cm f) 2000 m $\xrightarrow{:5}$ 400 m $\xrightarrow{\cdot 3}$ 1200 m

7 Am Ende sind noch 6 t übrig.

Gegeben: Gesamte Erde: $9\frac{1}{2}$ t; Verkaufte Erde: $3\frac{1}{4}$ t und $\frac{1}{4}$ t
Gesucht: Restliche Erde
Rechnung: $9\frac{1}{2} - 3\frac{1}{4} - \frac{1}{4} = 9\frac{1}{2} - 3\frac{1}{2} = 9 - 3 + \frac{1}{2} - \frac{1}{2} = 6 + 0 = 6$

Körper Noch fit?
Seite 83

1 ② und ④ sind Quadrate.
Ein Quadrat hat vier gleich lange Seiten und vier rechte Winkel.
Gegenüberliegende Seiten sind parallel.
① und ③ sind Rechtecke.
Ein Rechteck hat vier rechte Winkel. Gegenüberliegende Seiten sind gleich lang und parallel.

1 ① und ③ sind Quadrate.
Ein Quadrat hat vier gleich lange Seiten und vier rechte Winkel.
Gegenüberliegende Seiten sind parallel.
② und ④ sind Rechtecke.
Ein Rechteck hat vier rechte Winkel. Gegenüberliegende Seiten sind gleich lang und parallel.

2 a)

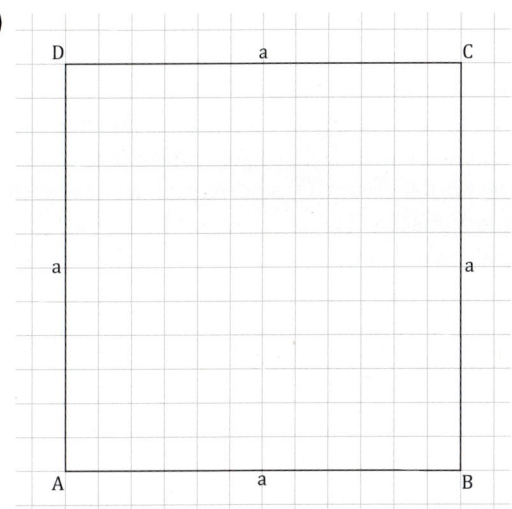

2 a)

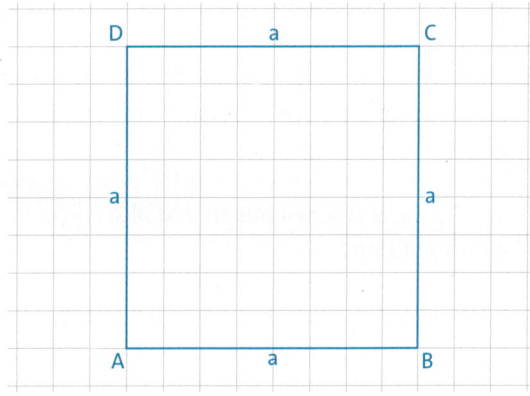

2 b)

2 b)

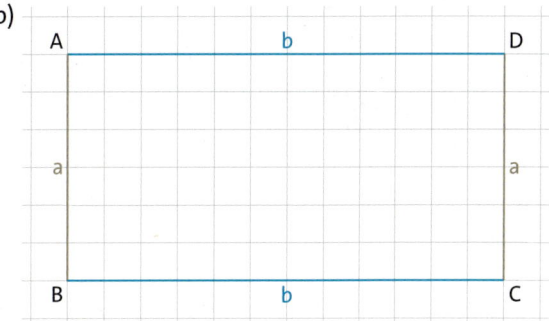

3 a) ① ist eine Ecke.
② ist eine Fläche.
③ ist eine Kante.
b) Man sieht 7 Ecken, 9 Kanten und 3 Flächen.

3 a) ① ist eine Fläche.
② ist eine Kante.
③ ist eine Fläche.
④ ist eine Kante.
⑤ ist eine Ecke
b) Ein Würfel hat 8 Ecken, 12 Kanten und 6 Flächen.

4 a) $7 \text{ cm}^2 = 700 \text{ mm}^2$
b) $900 \text{ dm}^2 = 9 \text{ m}^2$
c) $900 \text{ dm}^2 = 90\,000 \text{ cm}^2$

4 a) $5 \text{ m}^2 = 500 \text{ dm}^2 = 50\,000 \text{ cm}^2$
b) $450\,000 \text{ mm}^2 = 4500 \text{ cm}^2 = 45 \text{ dm}^2$
c) $5900 \text{ dm}^2 = 590\,000 \text{ cm}^2 = 59\,000\,000 \text{ mm}^2$

5 a) $A = 25 \text{ cm}^2$ b) $A = 12 \text{ cm}^2$

5 a) $A = 64 \text{ cm}^2$ b) $A = 400 \text{ mm}^2$
c) $A = 99 \text{ cm}^2$ d) $A = 50 \text{ cm}^2$

6 a) $2^2 = 2 \cdot 2 = 4$ b) $2^3 = 2 \cdot 2 \cdot 2 = 8$
c) $3^2 = 3 \cdot 3 = 9$ d) $3^3 = 3 \cdot 3 \cdot 3 = 27$
e) $4^2 = 4 \cdot 4 = 16$ f) $4^3 = 4 \cdot 4 \cdot 4 = 64$

6 a) $5^2 = 5 \cdot 5 = 25$ b) $4^3 = 4 \cdot 4 \cdot 4 = 64$
c) $7^2 = 7 \cdot 7 = 49$ d) $6^3 = 6 \cdot 6 \cdot 6 = 216$
e) $10^3 = 10 \cdot 10 \cdot 10 = 1000$
f) $12^2 = 12 \cdot 12 = 144$

Körper   Klar soweit?

Seite 106/107

1 Alle abgebildeten Körper sind Quader, weil sie sechs rechteckige Flächen haben und gegenüberliegende Flächen gleich groß sind.
Die Körper ② und ③ sind Würfel, weil sie sechs quadratische Flächen haben und alle Flächen gleich groß sind.

1 Alle abgebildeten Körper sind Quader, weil sie sechs rechteckige Flächen haben und gegenüberliegende Flächen gleich groß sind.
Die Körper ① und ⑤ sind Würfel, weil sie sechs quadratische Flächen haben und alle Flächen gleich groß sind.

2 ① Würfelnetz: 6 quadratische gleichgroße Flächen
② Quadernetz: 6 rechteckige Flächen; gegenüberliegende Flächen sind gleich groß
③ kein Würfel: 6 quadratische Flächen, aber zusammengefaltet ergibt sich kein Würfel
④ kein Quader: 6 rechteckige Flächen, aber gegenüberliegende Flächen sind nicht gleich groß

3 a) Beispiele:

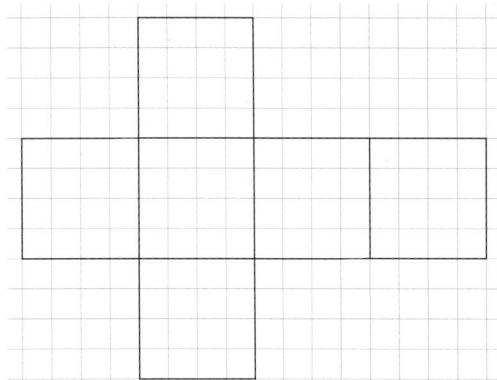

3 a) Beispiel:

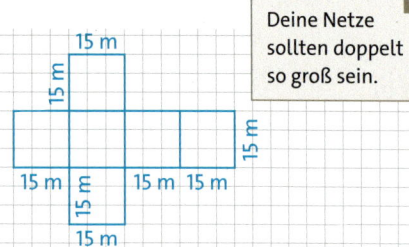

> Deine Netze sollten doppelt so groß sein.

b) Beispiele:

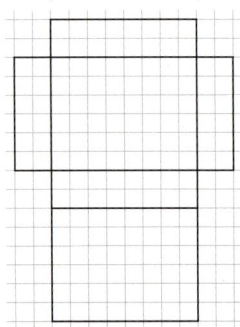

b) Beispiel:

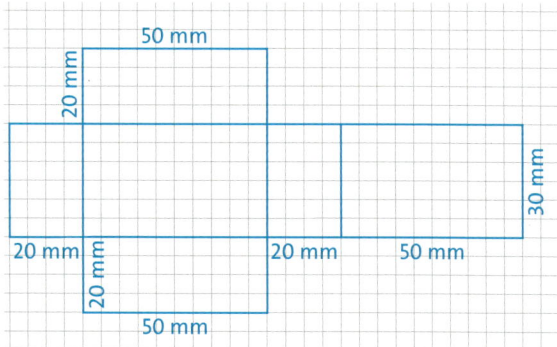

4 a) O = 54 cm²   b) O = 112 cm²

4 a) O = 15 000 mm² = 150 cm²   b) O = 148 cm²

5 a) O = 96 cm²   b) O = 88 cm²

5 a) O = 96 cm²   b) O = 122 cm²

6 ③ < ② < ①

6 ① = ③ < ②

7 a) 4 dm³ = 4 000 cm³
   12 m³ = 12 000 dm³
b) 5 000 cm³ = 5 dm³
   240 000 mm³ = 240 cm³

7 Bei a), d), e) wird multipliziert, bei b, c) dividiert.
a) 60 000 mm³   b) 80 cm³
c) 44 m³   d) 2 300 000 cm³
e) 77 000 000 dm³

LÖSUNGEN KÖRPER

8 a) 5 000 cm³ = 5 000 000 mm³
b) 10 000 dm³ = 10 000 000 cm³
c) 8 000 cm³ = 8 dm³

9 a) V = 125 cm³   b) V = 30 cm³

10 a) V = 8000 cm³   b) V = 10 cm³
c) V = 180 cm³

11 In das Schwimmbecken passen 48 m³ Wasser.

8 a) 71 000 dm³ = 71 m³
b) 18 000 cm³ = 18 000 000 mm³
c) 80 000 cm³ = 80 dm

9 a) V = 105 cm³   b) V = 729 cm³

10 a) V = 729 cm³   b) V = 280 cm³
c) V = 168 cm³

11 In das Schwimmbecken passen 500 m³ Wasser.

Körper Teste dich! *Seite 115*

1 Links ist ein Würfel, rechts ein Quader abgebildet.
Gemeinsamkeiten (Beispiele): 6 Flächen, 8 Ecken, 12 Kanten, gegenüberliegende Flächen gleich groß
Unterschiede (Beispiele): ein Würfel hat nur quadratische Flächen, ein Würfel hat 12 gleich lange Kanten

2 a)
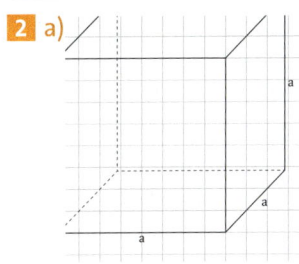

b)
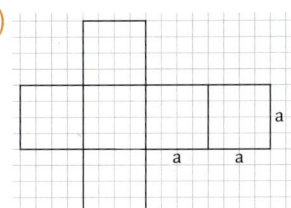

Das Netz des Würfels wurde aus Platzgründen im Maßstab 1 : 2 verkleinert dargestellt.

c)
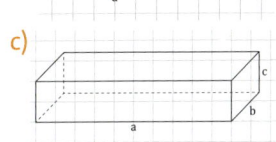

d)

Das Netz des Quaders wurde aus Platzgründen im Maßstab 1 : 2 verkleinert dargestellt.

> Faltet man einen Körper an den Kanten auseinander, so erhält man das Netz des Körpers.

3 a) 5 cm³ = 5 000 mm³
b) 62 dm³ = 65 000 cm³
c) 5 000 mm³ = 5 cm³
d) 28 000 dm³ = 28 m³

a) Es wird in die nächstkleinere Einheit umgerechnet. Multipliziere deshalb mit der Umrechnungszahl 1000.
b) Es wird in die nächstkleinere Einheit umgerechnet. Multipliziere deshalb mit der Umrechnungszahl 1000.
c) Es wird in die nächstgrößere Einheit umgerechnet. Dividiere deshalb durch die Umrechnungszahl 1000.
d) Es wird in die nächstgrößere Einheit umgerechnet. Dividiere deshalb durch die Umrechnungszahl 1000.

4 Die Figur ② ist größer. Figur 1 besteht nur aus 28 gleich großen Würfeln und Figur 2 aus 32.

LÖSUNGEN KÖRPER

5 a) V = 50 cm³
O = 130 cm²
b) V = 125 cm³
O = 150 cm²

a) V = a · b · c = 10 cm · 5 cm · 1 cm = 50 cm³
O = 2 · a · b + 2 · a · c + 2 · b · c
O = 2 · 10 cm · 5 cm + 2 · 10 cm · 1 cm + 2 · 5 cm · 1 cm
O = 2 · 50 cm² + 2 · 10 cm² + 2 · 5 cm²
O = 100 cm² + 20 cm² + 10 cm² = 130 cm²
b) V = a · a · a = 5 cm · 5 cm · 5 cm = 125 cm³
O = 6 · a · a = 6 · 5 cm · 5 cm = 6 · 25 cm² = 150 cm²

6 In die Kiste passen 30 000 cm³.
V = a · b · c = 30 cm · 50 cm · 20 cm = 30 000 cm³

> Berechne das Volumen.

7 Zum Bau der Treppe werden 144 dm³ Beton benötigt.
Zerlegung in 2 große Quader:
V = 6 dm · 8 dm · 2 dm + 3 dm · 8 dm · 2 dm
V = 96 dm³ + 48 dm³
V = 144 dm³
Ergänzungsmethode:
V = 6 dm · 8 dm · 4 dm − 3 dm · 8 dm · 2 dm
V = 192 dm³ − 48 dm³
V = 144 dm³

> Volumen eines Quaders:
> Länge mal Breite mal Höhe

Körper Teste dich! *Seite 115*

1 Links ist ein Würfel, rechts ein Quader abgebildet.
Gemeinsamkeiten (Beispiele): 6 Flächen, 8 Ecken, 12 Kanten, gegenüberliegende Flächen gleich groß
Unterschiede (Beispiele): ein Würfel hat nur quadratische Flächen, ein Würfel hat 12 gleich lange Kanten

2 a) Schrägbild:

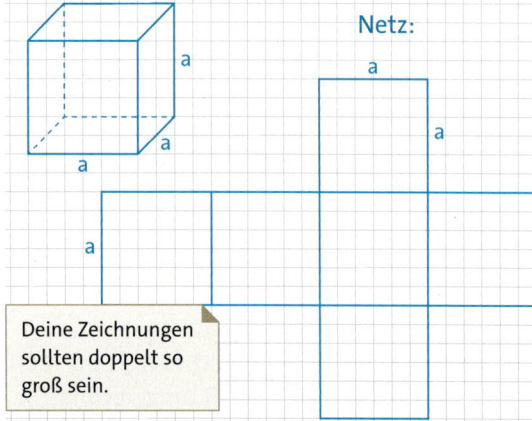

> Deine Zeichnungen sollten doppelt so groß sein.

b) Schrägbild:

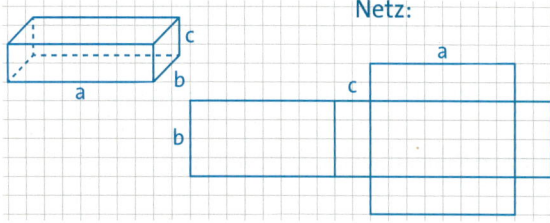

a) Schrägbild:
① Vorderfläche zeichnen:
  Quadrat mit der Seitenlänge a
② nach hinten verlaufende Kanten zeichnen:
  im 45°-Winkel und mit halber Kantenlänge
③ Endpunkte verbinden:
  Nicht sichtbare Kanten zeichnet man gestrichelt.
  Würfel beschriften
  Faltet man einen Körper auseinander, entsteht das Körpernetz. Das Körpernetz besteht aus den zusammenhängenden Seitenflächen des Körpers.

b) Schrägbild:
① Vorderfläche zeichnen:
  Rechteck mit der Seitenlänge a und c
② nach hinten verlaufende Kanten zeichnen:
  im 45°-Winkel und mit halber Kantenlänge b
③ Endpunkte verbinden: Nicht sichtbare Kanten zeichnet man gestrichelt. Quader beschriften
  Faltet man einen Körper auseinander, entsteht das Körpernetz. Das Körpernetz besteht aus den zusammenhängenden Seitenflächen des Körpers.

LÖSUNGEN   KÖRPER | DEZIMALZAHLEN

3 a) 70 cm³ = 70 000 mm³   a) multipliziere mit 1000
    b) 26 000 mm³ = 26 cm³   b) dividiere durch 1000
    c) 80 000 dm³ = 80 m³   c) dividiere durch 1000
    d) 45 000 dm³ = 45 000 000 cm³   d) multipliziere mit 1000

4 Figur ① ist größer.   Figur 1 besteht aus 32 gleich großen Würfeln und Figur 2 nur aus 28.

5 a) V = 168 cm³   a) V = 2 cm · 12 cm · 7 cm = 168 cm³
    O = 244 cm²   O = 2 · 12 cm · 2 cm + 2 · 12 cm · 7 cm + 2 · 7 cm · 2 cm = 244 cm²
    b) V = 729 cm³   b) V = 9 cm · 9 cm · 9 cm = 729 cm³
    O = 486 cm²   O = 6 · 9 cm · 9 cm = 486 cm²

6 Man benötigt 1050 cm² Papier.   O = 2 · 15 cm · 15 cm + 2 · 15 cm · 10 cm + 2 · 10 cm · 15 cm = 1050 cm²

7 V = 157,5 dm³   Man zerlegt die Treppe in 3 Quader:
    Quader ① a = 25 cm, b = 45 cm, c = 70 cm
    Quader ② a = 25 cm, b = 30 cm, c = 70 cm
    Quader ③ a = 25 cm, b = 15 cm, c = 70 cm
    V_{Gesamt} = 25 · 45 · 70 + 25 · 30 · 70 + 25 · 15 · 70 = 157 500
    157 500 cm³ = 157,5 dm³

Dezimalzahlen   Noch fit?   *Seite 117*

1

	HT	ZT	T	H	Z	E
a) 143 765	1	4	3	7	6	5
b) 530 280	5	3	0	2	8	0
c) 75 014	0	7	5	0	1	4

1

	M	HT	ZT	T	H	Z	E
a)	4	5	6	1	3	0	7
b)	6	8	9	2	0	7	3
c)		9	5	1	6	2	5

2
a) 3 549 ≈ 3 550;   3 549 ≈ 3 500;   3 549 ≈ 4 000
b) 35 749 ≈ 35 750;   35 749 ≈ 35 700;   35 749 ≈ 36 000
a) 1 234 ≈ 1 230;   1 234 ≈ 1 200;   1 234 ≈ 1 000
b) 823 ≈ 820;   823 ≈ 800;   823 ≈ 1 000

2   auf Zehner   auf Hunderter   auf Tausender
a) ≈ 8360   ≈ 8400   ≈ 8000
b) ≈ 7430   ≈ 7400   ≈ 7000
c) ≈ 400   ≈ 400   ≈ 0
d) ≈ 100 000   ≈ 100 000   ≈ 100 000

3 a) 16 < 26   b) 491 > 419
    c) 6496 > 6495   d) 208 < 2080

3 a) 3456 = 3456   b) 2589 < 2598
    c) 2050 < 20 050   d) 9020 > 9002

4 a) A = 1; B = 4; C = 6; D = 11
    b) A = 11; B = 13; C = 18; D = 22

4 a) A = 2; B = 7; C = 9; D = 11
    b) A = 12; B = 14; C = 17; D = 22

5 a) ① $\frac{50}{100}$ ② $\frac{75}{100}$ b) ① $\frac{3}{10}$ ② $\frac{6}{10}$
    mit 50   mit 25   durch 5   durch 3
    erweitert   erweitert   gekürzt   gekürzt

5 a) $\frac{9}{10}$ b) $\frac{65}{100}$ c) $\frac{4}{100}$ d) $\frac{64}{1000}$
    durch 5   mit 5   durch 7   mit 8
    gekürzt   erweitert   gekürzt   erweitert

6 a) 24   b) 12   c) 16   d) 15

6 a) 32   b) 49   c) 54   d) 193

Dezimalzahlen Klar soweit?

Seite 132/133

1 Übertrage die Tabelle ins Heft und ergänze sie.

	Z	E	z	h	t	Dezimalzahl	Sprechweise	Bruch
a)		3	6	2	5	3,625	drei Komma sechs zwei fünf	$3\frac{625}{1000}$
b)	1	6	9	0	2	16,902	sechzehn Komma neun null zwei	$16\frac{902}{1000}$
c)		0	3	1		0,31	null Komma drei eins	$\frac{31}{100}$
d)		0	4	5	8	0,458	null Komma vier fünf acht	$\frac{458}{1000}$
e)	3	4	0	7		34,07	vierunddreißig Komma null sieben	$34\frac{7}{100}$

2 a) $\frac{1}{2}$ b) $\frac{3}{20}$ c) $\frac{1}{8}$ d) $1\frac{1}{20}$

3 a) 0,2 b) 0,35 c) 0,123 d) 0,05

4 a) A = 0,1; B = 0,4; C = 0,7; D = 0,8
b) A = 0,9; B = 1,1; C = 1,4; D = 1,7

5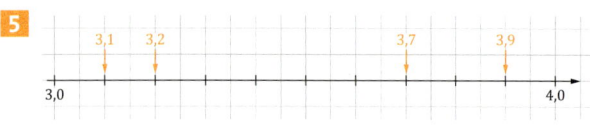

6 a) 5,7 < 7,5 b) 6,51 > 6,49
c) 0,309 < 0,409 d) 8,25 > 8,196
e) 9,8787 > 9,878 f) 11,2 < 11,2001
Vergleiche stellenweise: von links nach rechts

7 5,5; 5,58; 5,01

8 a) 1,2 ≈ 1; 8,71 ≈ 9; 5,53 ≈ 6; 39,6 ≈ 40;
b) 0,68 ≈ 0,7; 2,09 ≈ 2,1; 3,01 ≈ 3,0; 6,173 ≈ 6,2
c) 2,721 ≈ 2,72; 13,800 ≈ 13,80; 50,098 ≈ 50,10

9 4,21 ≈ 4,2; 4,18 ≈ 4,2;
Alle Dezimalzahlen von 4,15 bis unterhalb von 4,25 (aber nicht 4,25 selbst) sind Lösungen.

10 a) 0,8 b) 0,28 c) 0,084 d) 0,3

---

2 a) $\frac{9}{10}$ b) $\frac{125}{1000}$ c) $\frac{45}{100}$ d) $\frac{1078}{1000}$

3 a) 0,5 b) 0,15 c) 0,04 d) 0,046

4 a) A = 9,1; B = 9,4; C = 9,7; D = 10,2
b) A = 0,12; B = 0,16; C = 0,19; D = 0,21

5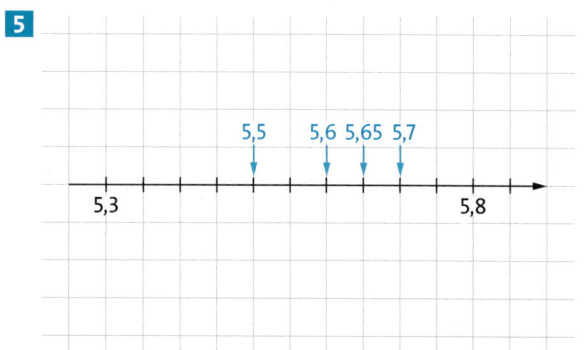

6 a) 6,99 < 7,01 b) 27,123 < 27,132
c) 2,57 < 2,571 d) 0,011 > 0,002
e) 2,372 > 2,371 f) 44,18 > 44,0888
Vergleiche stellenweise: von links nach rechts

7 z. B. 3,21; 3,25; 3,28; 3,29
Lösungen sind Dezimalzahlen, die mit 3,2... beginnen.

8 a) ≈ 2; ≈ 13; ≈ 6; ≈ 7; ≈ 1
b) ≈ 9,2; ≈ 6,5; ≈ 47,0; ≈ 8,3
c) ≈ 3,56; ≈ 7,11; ≈ 11,01

9 a) z. B. 9,91; 9,85
b) z. B. 27,672; 27,667

10 a) 0,4 b) 0,7 c) 0,09 d) 0,022

11 a) 0,6 b) 0,25 c) 0,375 d) 0,6s

11 a) 0,75 b) 0,625 c) 0,85 d) 0,175

12 a) 0,5 kg b) 0,6 m c) 0,875 ℓ

12 a) 0,25 kg b) 15,125 m c) 4,6 ℓ

13 a) $\frac{10}{100} = 0{,}1 = 10\,\%$ b) $\frac{12}{100} = 0{,}12 = 12\,\%$ c) $\frac{3}{10} = 0{,}3 = 30\,\%$ d) $\frac{3}{10} = 0{,}3 = 30\,\%$

14

	Prozent	Bruch	Dezimalzahl
a)	10 %	$\frac{10}{100} = \frac{1}{10}$	0,10
b)	25 %	$\frac{25}{100} = \frac{1}{4}$	0,25
c)	75 %	$\frac{75}{100} = \frac{3}{4}$	0,75

14

	Prozent	Bruch	Dezimalzahl
a)	75 %	$\frac{15}{20}$	0,75
b)	48 %	$\frac{48}{100}$	0,48
c)	3 %	$\frac{3}{100}$	0,03

Dezimalzahlen Teste dich!   Seite 141

1 a)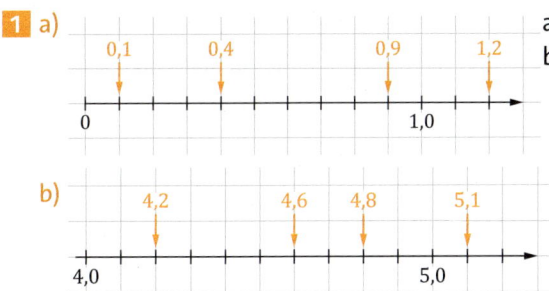

a) Der Abstand aufeinanderfolgender Teilstriche beträgt 0,1.
b) Der Abstand aufeinanderfolgender Teilstriche beträgt 0,1.

b)

2 a) $\frac{3}{4} \overset{\cdot 25}{\underset{\cdot 25}{=}} \frac{75}{100} = 0{,}75 = 75\,\%$

b) $\frac{1}{20} \overset{\cdot 5}{\underset{\cdot 5}{=}} \frac{5}{100} = 0{,}05 = 5\,\%$

c) $\frac{1}{50} \overset{\cdot 2}{\underset{\cdot 2}{=}} \frac{2}{100} = 0{,}02 = 2\,\%$

> Brüche mit Nenner 100 kann man leicht als Prozent schreiben.

3 ① $\frac{3}{4}$; 0,75; 75 %   75 der 100 Teile sind farbig. $\frac{75}{100} = 0{,}75 = 75\,\% = \frac{3}{4}$

② $\frac{8}{20}$; 0,4; 4 von 10   4 von 10 Teilen sind farbig. $\frac{4}{10} = \frac{8}{20} = 0{,}4$

③ $\frac{3}{8}$; 37,5 %; $\frac{375}{1000}$ 3 der 8 Teile sind farbig. $\frac{3}{8} = \frac{375}{1000} = 0{,}375 = 37{,}5\,\%$

④ $\frac{2}{8}$; 25 %; 0,25   2 der 8 Teile sind farbig. $\frac{2}{8} = \frac{25}{100} = 0{,}25 = 25\,\%$

4 15 € reichen für den Einkauf.

Überschlag:
3 € + 3 € + 2 € + 2 € = 10 €

> Rechne mit gerundeten Zahlen.

5 a) 0,4 < 0,8
b) 6,5 < 7,1
c) 5,2 < 5,199
d) 3,798 < 3,987

a) Die Ganzen sind gleich (0 = 0), die Zehner sind verschieden (4 < 8).
b) Die Ganzen sind verschieden (6 < 7).
c) Die Ganzen sind gleich (5 = 5), die Zehner sind verschieden (2 > 1).
d) Die Ganzen sind gleich (3 = 3), die Zehner sind verschieden (7 < 9).

> Dezimalzahlen vergleicht man stellenweise von links nach rechts.

LÖSUNGEN DEZIMALZAHLEN

6 z. B. 1,31; 1,49; …

Lösungen sind Dezimalzahlen, die mit 1,3… oder 1,4… beginnen.
Diese liegen auf dem Zahlenstrahl zwischen 1,3 und 1,5.

7 An der ersten Schule kommen 16 % der Lehrer zu spät und in der Nachbarschule nur 15 %.
Also kommen an der ersten Schule mehr Lehrer zu spät.

1. Schule: 8 von 50 = $\frac{8}{50}$ $\stackrel{\cdot 2}{=}_{\cdot 2}$ $\frac{16}{100}$ = 16 %

2. Schule: 15 %

Vergleich: 16 % > 15 %

Dezimalzahlen Teste dich!

Seite 141

1 a) A = 6,1; B = 6,6; C = 6,8, D = 7,2
b) A = 6,31; B = 6,34; C = 6,37, D = 6,41

Man zählt von den Markierungen die Schritte.
a) Der Zahlenstrahl zählt in 0,1-Schritten.
b) Der Zahlenstrahl zählt in 0,01-Schritten.

> Zeichne den Zahlenstrahl ins Heft. Ergänze die Beschriftung und lies ab.

2 a) $\frac{1}{4}$; $\frac{13}{20}$; $\frac{1}{2}$; $\frac{3}{10}$
b) 0,3; 0,45; 0,08; 0,7
c) 75 %; 60 %; 65 %; 82 %

a) 0,25 = $\frac{25}{100}$ = $\frac{1}{4}$; 0,65 = $\frac{65}{100}$ = $\frac{13}{20}$; 50 % = $\frac{50}{100}$ = $\frac{1}{2}$; 30 % = $\frac{30}{100}$ = $\frac{3}{10}$

b) $\frac{3}{10}$ = 0,3; $\frac{9}{20}$ = $\frac{45}{100}$ = 0,45; 8 % = $\frac{8}{100}$ = 0,08; 70 % = $\frac{70}{100}$ = $\frac{7}{10}$ = 0,7

c) $\frac{75}{100}$ = 75 %; $\frac{3}{5}$ = $\frac{60}{100}$ = 60 %; 0,65 = $\frac{65}{100}$ = 65 %; 0,82 = $\frac{82}{100}$ = 82 %

3 ① $\frac{3}{4}$; 0,75; 75 %
② $\frac{8}{20}$; 0,4; 4 von 10
③ $\frac{3}{8}$; 37,5 %; $\frac{375}{1000}$
④ $\frac{2}{8}$; 25 %; 0,25

75 der 100 Teile sind farbig. $\frac{75}{100}$ = 0,75 = 75 % = $\frac{3}{4}$

4 von 10 Teilen sind farbig. $\frac{4}{10}$ = $\frac{8}{20}$ = 0,4

3 der 8 Teile sind farbig. $\frac{3}{8}$ = $\frac{375}{1000}$ = 0,375 = 37,5 %

2 der 8 Teile sind farbig. $\frac{2}{8}$ = $\frac{25}{100}$ = 0,25 = 25 %

4 8 € reichen nicht für den Einkauf.

Überschlag:
3 € + 3 € + 2 € + 2 € = 10 €

> Rechne mit gerundeten Zahlen.

5 a) 0,74 < 0,76
b) 0,807 > 0,088
c) 1,9 < 1,901
d) 5,9 > 5,899

a) 0,74 < 0,76, weil 4 < 6
b) 0,807 > 0,088; weil 8 > 0
c) 1,900 < 1,901, weil 0 < 1
d) 5,9 > 5,899, weil 9 > 8

> Vergleiche stellenweise: von links nach rechts: erst die Ganzen und dann die Nachkommastellen (Zehntel, Hundertstel, Tausendstel …)

6 z. B. 2,31; 2,32; …

Lösungen sind Dezimalzahlen, die mit 2,3… beginnen.
Diese liegen auf dem Zahlenstrahl zwischen 2,3 und 2,4.

7 Klara war in der zweiten Klassenarbeit besser.

$\frac{21}{25}$ = $\frac{84}{100}$ = 84 %

$\frac{17}{20}$ = $\frac{85}{100}$ = 85 %   84 % < 85 %

> Schreibe in Prozent. Mit Prozentangaben kann man gut vergleichen.

Daten Noch fit?

Seite 143

1

Lieblingsfarbe	Strichliste	Häufigkeit
Hase	II	2
Katze	ΙΙΙΙ II	6
Hund	III	3

Es wurden insgesamt 11 Kinder befragt.

1

Lieblingsfarbe	Strichliste	Häufigkeit
rot	ΙΙΙΙ	5
grün	IIII	4
blau	ΙΙΙΙ ΙΙΙΙ II	12
lila	III	3

Es wurden insgesamt 24 Kinder befragt.

2 Das Diagramm ist ein Säulendiagramm.
Auf der x-Achse sind die Namen eingetragen und auf der y-Achse die Anzahl der Stimmen.
a) Rita hat 3 Stimmen bekommen.
b) Claire hat die meisten Stimmen bekommen
c) Insgesamt haben 25 Kinder abgestimmt.

3 a) 85   b) 22   c) 2   d) 6

3 a) 119   b) 3   c) 69

4 a) In der Mitte zwischen 3 und 7 liegt die Zahl 5.
b) In der Mitte zwischen 2 und 5 liegt die Zahl 3,5.

4 a) 11   b) 12,5
Zeichnerische Begründung:

a)
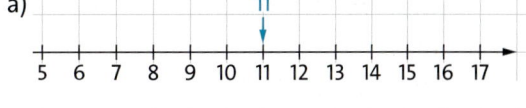

b)
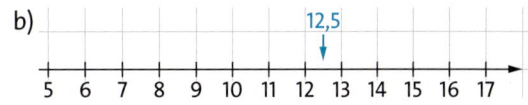

Rechnerische Begründung:
a) (14 − 8) : 2 = 3   b) (16 − 9) : 2 = 3,5
   8 + 3 = 11   9 + 3,5 = 12,5

5

	Bruch	Dezimalzahl	Prozent
a)	$\frac{36}{100}$	0,36	36 %
b)	$\frac{4}{10}$	0,4	40 %
c)	$\frac{2}{10}$	0,2	20 %
d)	$\frac{3}{4}$	0,75	75 %

5

	Bruch	Dezimalzahl	Prozent
a)	$\frac{7}{10}$	0,7	70 %
b)	$\frac{9}{10}$	0,9	90 %
c)	$\frac{63}{100}$	0,63	63 %
d)	$\frac{1}{5}$	0,2	20 %

Daten Klar soweit?

Seite 156/157

1 In einem Balkendiagramm wurde dargestellt, wie viele Liegestütze drei Schülerinnen und Schüler geschafft haben.
Minimum: 3   Maximum: 7
Spannweite: 7 − 3 = 4   Die Spannweite ist 4.

1 Das Diagramm ist ein Balkendiagramm.
Auf der x-Achse ist die Anzahl der Kniebeugen eingetragen und auf der y-Achse die Namen.
Minimum: 3   Maximum: 8
Spannweite: 8 − 3 = 5   Die Spannweite ist 5.

LÖSUNGEN DATEN

2

Margherita	Schinken	Salami	Hawaii
10	2	6	4

a) Minimum: 2   Maximum: 10
   Spannweite: 10 − 2 = 8
b)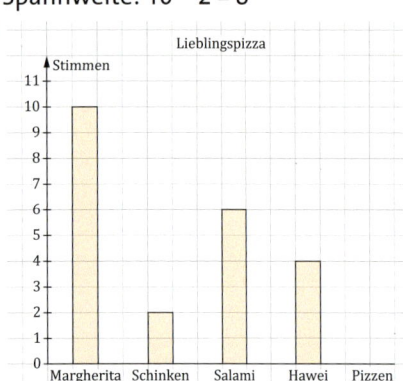

2 a) Minimum: 2   Maximum: 10
   Spannweite: 10 − 2 = 8
b)

3 a) In einem Kreisdiagramm wurde die Verteilung der Hobbys (Basketball, Singen, Reiten und Fußball) von 24 Schülern dargestellt.
b) Basketball: 12   Singen: 6
   Fußball: 3   Reiten: 3
c) Minimum: 3   Maximum: 12
   Spannweite: 12 − 3 = 9

3 a) Das Diagramm ist ein Kreisdiagramm. Es zeigt zu welchem Anteil die befragten Schüler in den AGs der Schule sind.
b) Tanz AG: 24   Fußball AG: 20
   Kunst AG: 36   Chor AG: 40
c) Minimum: 20   Maximum: 40
   Spannweite: 40 − 20 = 20

4 a) 23   b) 9   c) 212 cm   d) 8

4 a) 438   b) 77   c) 20   d) 2677 g

5 Anja schwimmt durchschnittlich 12 Bahnen pro Tag.

5 Simon fährt durchschnittlich 27,5 km.

6 Armin ist der bessere Hockey-Spieler.
Armin: (6 + 9 + 15) : 3 = 30 : 3 = 10
Thorsten: (8 + 9 + 12 + 3) : 4 = 32 : 4 = 8

6 Justin: ⌀ = 21   Karl: ⌀ = 18
Justin ist der bessere Darts-Spieler. Er hat durchschnittlich mehr Punkte.

7 a) 40   b) 16   c) 23

7 a) 23   b) 120   c) 53,5

8 a) Rangliste: 80; **83**; 95   Median: 83
b) Rangliste: 22; **25**; 27; 30   Median: 26

8 a) 520 kg   b) 295 kg

9 Der Median ist 35,5 cm. Das bedeutet:
Die Hälfte der Hunde ist kleiner als 35,5 cm. Die andere Hälfte der Hunde ist größer als 35,5 cm.

10

Paprika	relative Häufigkeit
rot	$\frac{8}{25} = \frac{32}{100} = 0{,}32 = 32\,\%$
grün	$\frac{12}{25} = \frac{48}{100} = 0{,}48 = 48\,\%$
gelb	$\frac{5}{25} = \frac{20}{100} = 0{,}20 = 20\,\%$

10

Obst	relative Häufigkeit
Banane	$\frac{9}{50} = \frac{18}{100} = 0{,}18 = 18\,\%$
Ananas	$\frac{12}{50} = \frac{24}{100} = 0{,}24 = 24\,\%$
Zitrone	$\frac{25}{50} = \frac{50}{100} = 0{,}50 = 50\,\%$
Melone	$\frac{4}{50} = \frac{8}{100} = 0{,}08 = 8\,\%$

LÖSUNGEN   DATEN

11 a) 2 von 5 → $\frac{2}{5}$

b) 8 von 20 → $\frac{8}{20}$

c) 15 von 45 → $\frac{15}{45}$

11 a) $\frac{78}{200} = \frac{39}{100} = 0{,}39 = 39\,\%$

b) $\frac{4}{16} = \frac{1}{4} = \frac{25}{100} = 0{,}25 = 25\,\%$

c) $\frac{25}{125} = \frac{1}{5} = \frac{20}{100} = 0{,}2 = 20\,\%$

12 Angelina: $\frac{14}{20} \stackrel{\cdot 5}{=}_{\cdot 5} \frac{70}{100} = 0{,}70 = 70\,\%$

Luke: $\frac{4}{5} \stackrel{\cdot 20}{=}_{\cdot 20} \frac{80}{100} = 0{,}80 = 80\,\%$

0,70 < 0,80;   70 % < 80 %

Luke erzielte das bessere Ergebnis.

12 Jerome: $\frac{16}{25} = \frac{64}{100} = 0{,}64 = 64\,\%$

Nena: $\frac{28}{40} = \frac{7}{10} = 0{,}7 = 70\,\%$

Nena trifft öfter als Jerome.
Sie hat eine höhere Trefferquote.

Daten Teste dich!   *Seite 163*

1 a) Es wurden 4 + 7 + 10 = 21 Personen darüber befragt, welche Farbe ihr Fahrrad hat. Die Ergebnisse wurden in einem Balkendiagramm dargestellt. Auf der Rechtsachse des Diagramms wurden die Anzahlen abgetragen, auf der Hochachse die Farben.
b) Maximum: 10   Minimum: 4
c) Spannweite: 10 − 4 = 6

Das Maximum ist am längsten Balken ablesbar.
Das Minimum ist am kürzesten Balken ablesbar.
Abstand zwischen Minimum und Maximum

2 a) Median: 7
arithmetisches Mittel: 8

b) Median: 7
arithmetisches Mittel: 7

c) Median: 21 m
arithmetisches Mittel: 20 m

a) Rangliste: 6; 7; 11
Median: 7 (Wert in der Mitte der Rangliste)
arithmetisches Mittel: (6 + 7 + 11) : 3 = 24 : 3 = 8

b) Rangliste: 3; 5; 9; 11
Median: (5 + 9) : 2 = 14 : 2 = 7
arithmetisches Mittel: (3 + 5 + 9 + 11) : 4 = 28 : 4 = 7

c) Rangliste: 8 m; 18 m; **21 m**; 24 m; 29 m
Median: 21 m
arithmetisches Mittel:
(8 m + 18 m + 21 m + 24 m + 29 m) : 5 = 100 m : 5 = 20 m

3 a) In einem Kreisdiagramm wurden die Lieblingsgetränke von 60 Schülern dargestellt. Es kamen Wasser, Saft und Tee vor. Wasser wurde am häufigsten genannt. Am seltensten wurde Tee genannt.
b) Wasser: 30   Saft: 20   Tee: 10

b) Wasser: $\frac{1}{2} \cdot 60 = 30$ Saft: $\frac{1}{3} \cdot 60 = 20$
Tee: $\frac{1}{6} \cdot 60 = 10$

4 Oskar: $\frac{7}{10} \stackrel{\cdot 10}{=}_{\cdot 10} \frac{70}{100} = 0{,}70 = 70\,\%$

Linus: $\frac{15}{25} \stackrel{\cdot 4}{=}_{\cdot 4} \frac{60}{100} = 0{,}60 = 60\,\%$

0,70 > 0,60;   70 % > 60 %
Oskar erzielte das bessere Ergebnis.

> auf den Nenner 100 erweitern, um besser vergleichen zu können mit den Prozentangaben

5

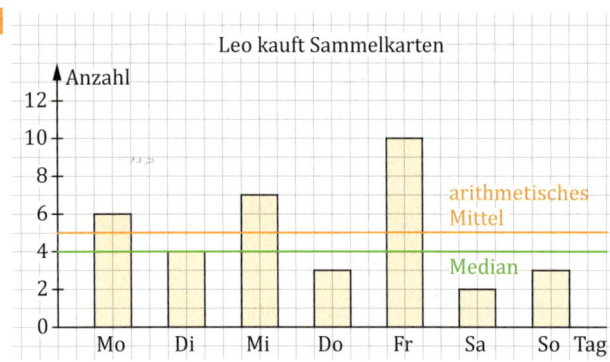

b) Minimum: 2   Maximum: 10
   Spannweite: 8
c) Das arithmetische Mittel ist 5, der Median ist 4.
   Der Median ist aussagekräftiger, da er die Ausreißer nicht berücksichtigt.
d) Leo kauft insgesamt 35 Sammelkarten.
   Mo: $\frac{6}{35}$ Di: $\frac{4}{35}$ Mi: $\frac{7}{35} = \frac{1}{5}$ Do: $\frac{3}{35}$
   Fr: $\frac{10}{35} = \frac{2}{7}$ Sa: $\frac{2}{35}$ So: $\frac{3}{35}$

a) Die Anzahl kommt an die Hochachse.
   Die Tage kommen an die Rechtsachse.
   Der größte Wert ist 10.
   Die Hochachse muss also mindestens bis 10 gehen.
   Es gibt 7 Tage.
   Zeichne also auf der Rechtsachse 7 Säulen.

b) Minimum = kürzeste Säule
   Maximum = höchste Säule
   Spannweite = Maximum − Minimum
c) Ø = Summe aller Werte : Anzahl der Werte
   Der Median liegt bei einer Rangliste genau in der Mitte.
d) Gesamtzahl:
   6 + 4 + 7 + 3 + 10 + 2 + 3 = 35
   relative Häufigkeit = $\frac{\text{absolute Häufigkeit}}{\text{Gesamtzahl}}$

Daten Teste dich! Seite 163

1 a) Das Diagramm ist ein Balkendiagramm.
   Es zeigt die Beliebtheit von 4 verschiedenen Teesorten.
   b) Minimum: 3   Maximum: 10
   Spannweite: 7

b) Der Tee mit den meisten Stimmen hat 10.
   Der Tee mit den wenigsten Stimmen hat 3.
   Spannweite: 10 − 3 = 7

> Minimum = kürzester Balken
> Maximum = längster Balken
> Spannweite = Maximum − Minimum

2 a) Der Median ist 8.
   Der Durchschnitt ist 8.
   b) Der Median ist 20.
   Der Durchschnitt ist 20.
   c) Der Median ist 7,3 m.
   Der Durchschnitt ist 7 m.
   d) Der Median ist 134 kg.
   Der Durchschnitt ist 132 kg.

a) geordnet: 5; 7; 8; 9; 11
   Ø = (8 + 5 + 9 + 11 + 7) : 5 = 8
b) geordnet: 8; 16; 24; 32 und (16 + 24) : 2 = 20
   Ø = (24 + 16 + 32 + 8) : 4 = 20
c) geordnet: 4,7 m; 6,1 m; 7,3 m; 7,7 m; 9,2 m
   Ø = (6,1 + 7,7 + 9,2 + 4,7 + 7,3) : 5 = 7
d) geordnet: 107 kg; 124 kg; 144 kg; 153 kg und (124 + 144) : 2 = 134
   Ø = (124 + 107 + 144 + 153) : 4 = 132

3 a) Das Diagramm ist ein Kreisdiagramm.
   Es zeigt die 4 Lieblingsfächer der befragten Schüler und wie beliebt diese jeweils sind.
   b) Sport: 18   Englisch: 8
   Mathe: 16   Deutsch: 6

b) Sport: $\frac{3}{8}$ von 48 = 18
   Englisch: $\frac{1}{6}$ von 48 = 8
   Mathe: $\frac{1}{3}$ von 48 = 16
   Deutsch: $\frac{1}{8}$ von 48 = 6

4 Bekim: $\frac{22}{50} = \frac{44}{100} = 0{,}44 = 44\,\%$

Linus: $\frac{8}{20} = \frac{40}{100} = 0{,}4 = 40\,\%$

40 % < 44 %
Bekim hat mehr Aufgaben richtig.

> relative Häufigkeit = $\frac{\text{absolute Häufigkeit}}{\text{Gesamtzahl}}$

Schreibe in Prozent.
Mit Prozentangaben kann man gut vergleichen.

5

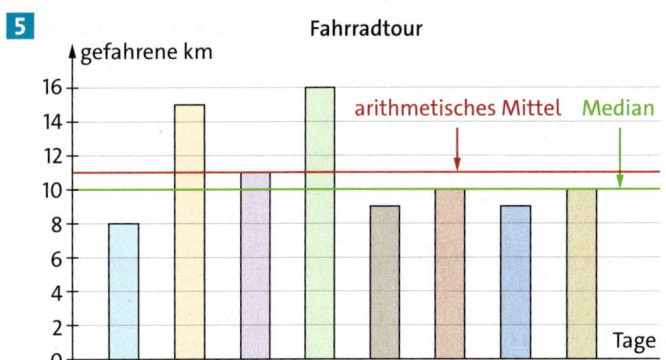

a) Die Kilometerzahlen kommen an die Hochachse.
Die Tage kommen an die Rechtsachse.

Der größte Wert ist 16.
Die Hochachse muss also 16 Schritte hoch sein.

Die Tour ging 8 Tage lang.
Zeichne auf der Rechtsachse 8 Säulen.

b) Minimum: 8 km   Maximum: 16 km
Spannweite: 8 km

c) Der Durchschnitt ist 11. Der Median ist 10.
Der Median ist aussagekräftiger, da er die Ausreißer nicht berücksichtigt.

d) Insgesamt ist die Fahrradtour 88 km lang.

1. Tag: $\frac{8}{88} = \frac{1}{11}$ 2. Tag: $\frac{15}{88}$

3. Tag: $\frac{11}{88} = \frac{1}{8}$ 4. Tag: $\frac{16}{88} = \frac{2}{11}$

5. Tag: $\frac{9}{88}$ 6. Tag: $\frac{10}{88} = \frac{5}{44}$

7. Tag: $\frac{9}{88}$ 8. Tag: $\frac{10}{88} = \frac{5}{44}$

b) Minimum = kürzeste Säule
Maximum = höchste Säule

c) Ø = (8 + 15 + 11 + 16 + 9 + 10 + 9 + 10) : 2 = <u>11</u>
geordnet: 8; 9; 9; 10; 10; 11; 15; 16
und (10 + 10) : 2 = <u>10</u>

d) Gesamtzahl:
8 + 15 + 11 + 16 + 9 + 10 + 9 + 10 = 88

relative Häufigkeit = $\frac{\text{absolute Häufigkeit}}{\text{Gesamtzahl}}$

Mit Dezimalzahlen rechnen   Noch fit?   Seite 165

1 a) 26 + 89 = <u>115</u>, da ≈ 30 + 90 = 120
b) 413 + 296 = <u>709</u>, da ≈ 400 + 300 = 700

2 a) 37 − 25 = 12 ✓, da 12 + 25 = 37
b) 66 − 19 = 45 ✗, da 45 + 19 = 64
c) 275 − 43 = 223 ✗, da 223 + 43 = 266
d) 477 − 120 = 357 ✓, da 357 + 120 = 477

1 a) 526 + 89 = <u>615</u>, da ≈ 530 + 90 = 620
b) 804 + 296 = <u>1100</u>, da ≈ 800 + 300 = 1100

2 a) 67 − 25 = 32 ✗, da 32 + 25 = 57
b) 234 − 48 = 186 ✓, da 186 + 48 = 234
c) 536 − 119 = 417 ✓, da 417 + 119 = 536
d) 806 − 267 = 542 ✗, da 542 + 267 = 809

3 a) nicht stellengerecht   b) Übertrag vergessen   c) nicht stellengerecht   d) Übertrag falsch

```
    2 3 8           4 7 8             5 7 8           6 4 8
  +   2 6         + 3 2 6           −   4 6         − 4 4 9
        1             1 1                             1 1
    2 6 4           8 0 4             5 3 2           1 9 9
```

4 a) 7 · 10 = 70;   7 · 100 = 700;   7 · 1000 = 7000
Im Ergebnis werden immer nur Nullen ergänzt.
b) 2000 : 10 = 200; 2000 : 100 = 20; 2000 : 1000 = 2
Im Ergebnis werden immer nur Nullen gestrichen.

5 a) 96   b) 288   c) 855   d) 775

6 a) 324   b) 231   c) 95   d) 22

7 Der Kinobesuch kostet insgesamt 66 €.

4 a) 260; 2600; 26 000 Im Ergebnis werden immer nur Nullen ergänzt.
b) 300; 30; 3 Im Ergebnis werden immer nur Nullen gestrichen.

5 a) 175   b) 304   c) 1128   d) 3135

6 a) 124   b) 56   c) 789   d) 456

7 50 − 13 − 13 − 7 = 17
Sie bekommen 17 € zurück.

Mit Dezimalzahlen rechnen   Klar soweit?   Seite 182/183

1 a) 6,4   b) 57,2   c) 2,5   d) 20,8

2 a) 45,9, da ≈ 13 + 32 = 45
b) 7,46, da ≈ 3 + 4 = 7
c) 22,69, da ≈ 7 + 15 = 22
d) 43,13, da ≈ 25 + 17 = 42

2 a) 8,89, da ≈ 3 + 6 = 9
b) 99,59, da ≈ 83 + 17 = 100
c) 146,91, da ≈ 35 + 112 = 147
d) 76,184, da ≈ 13 + 63 = 76

3 a) 51,4, da 51,4 + 14,3 = 65,7
b) 1,45, da 1,45 + 1,51 = 2,96
c) 53,29, da 53,29 + 29,18 = 82,47
d) 26,11, da 26,11 + 8,11 = 34,22

3 a) 4,22, da 4,22 + 3,26 = 7,48
b) 26,92, da 26,92 + 8,06 = 34,98
c) 92,45, da 92,45 + 144,19 = 236,64
d) 131,74, da 131,74 + 100,96 = 232,7

4 Sam muss 32,65 € bezahlen und erhält deshalb 17,35 € Wechselgeld zurück.

4 120 − 78,99 − 26,49 = 14,52
Florian bekommt 14,52 € zurück.

5

·	10	100	1000
a) **1,245**	12,45	124,5	1245
b) **4,67**	46,7	467	4670

:	10	100	1000
c) **2534,8**	253,48	25,348	2,5348
d) **576,4**	57,64	5,764	0,5764

5

·	10	100	1000
a) **3,466**	34,66	346,6	3466
b) **17,82**	178,2	1782	17 820

:	10	100	1000
c) **4739,1**	473,91	47,391	4,7391
d) **678,2**	67,82	6,782	0,6782

6 a) 5,6   b) 27,6   c) 9,2   d) 2,42

7 a) 13,8, da ≈ 3 · 5 = 15
b) 17,4, da ≈ 3 · 6 = 18
c) 49,2, da ≈ 12 · 4 = 48
d) 61,2, da ≈ 3,5 · 18 = 63
e) 7,92, da ≈ 7 · 1,1 = 7,7
f) 13,550, da ≈ 2,5 · 5 = 12,5

7 a) 57,4, da ≈ 7 · 8 = 56
b) 34,2, da ≈ 4 · 9 = 36
c) 9, da ≈ 7,5 · 1 = 7,5
d) 17,42, da ≈ 7 · 2,5 = 17,5
e) 2,605, da ≈ 5 · 0,5 = 2,5
f) 11,809, da ≈ 2,5 · 5 = 12,5

8 Dieter muss 12,95 € bezahlen.

8 Kai: 9,75 €   Lia: 3,12 €

LÖSUNGEN — MIT DEZIMALZAHLEN RECHNEN

9 a) 6,1   b) 7,1   c) 0,06   d) 25,1

10 a) 2,41, da 2,41 · 3 = 7,23
b) 32,1, da 32,1 · 7 = 224,7
c) 3,4, da 3,4 · 6 = 20,4
d) 33,2, da 33,2 · 9 = 298,8

10 a) 38,9, da 38,9 · 6 = 233,4
b) 4,66, da 4,66 · 5 = 23,3
c) 1,243, da 1,243 · 8 = 9,944
d) 2,402, da 2,402 · 9 = 21,618

11 0,00444 : 0,37 = 44,4 : 3700 = 0,012
444000 : 120000 = 0,00444 : 0,0012 = 44,4 : 12 = 3,7
4,44 : 12 = 444 : 1200 = 0,37

Verschiebt man das Komma bei den Aufgaben gleichmäßig nach rechts oder nach links, so erhält man die gleichen Ergebnisse.

12 a) 41,3   b) 34,81   c) 4,73   d) 3,54

12 a) 3,42   b) 96,41   c) 0,31   d) 26,44

13 a) Ein Ticket kostet 12,30 €.
b) Es sind 48 Tickets verkauft worden.

13 a) Ein Stück ist 0,72 m lang.
b) Marvin bekommt 247 Stücke.

14 (2,7 + 6,1) · 0,5 = 8,8 · 0,5 = 4,4

14 (13,8 − 9,7) · 3,6 = 4,1 · 3,6 = 14,76

15 a) 10   b) 3,2   c) 3,5

15 a) 15,9   b) 30   c) 10

Mit Dezimalzahlen rechnen — Teste dich!
Seite 191

1 a) 9,3
b) 7,6
c) 7,5
d) 6

a) 2,7 + 6,6 = 2,7 + 6 + 0,6 = 8,7 + 0,6 = 9,3
b) 15,4 − 7,8 = 15,4 − 7 − 0,8 = 8,4 − 0,8 = 7,6
c) 3 · 2,5 = 7,5, da 3 · 25 = 75
d) 4,2 : 0,7 = 6, da 42 : 7 = 6

Zerlege bei a) und b) die zweite Dezimalzahl.
Rechne bei c) und d) erst ohne Komma.

2 a) 75,7
b) 102,25
c) 16,5
d) 21,67

a) 23,4
  + 52,3
  ─────
    75,7

b) 46,06
  + 56,19
    1 1 1
  ──────
   102,25

c) 27,8
  − 11,3
  ─────
    16,5

d) 34,56
  − 12,89
     1 1
  ──────
    21,67

Überschlag:
23 + 52 = 75 ✓

Überschlag:
45 + 45 = 100 ✓

Überschlag:
27 − 11 = 16 ✓

Überschlag:
35 + 13 = 22 ✓

Umkehraufgabe:
  75,7
− 52,3
─────
  23,4 ✓

Umkehraufgabe:
  102,25
− 56,19
  1 1 1
───────
   46,06 ✓

Umkehraufgabe:
  16,5
+ 11,3
─────
  27,8 ✓

Umkehraufgabe:
  21,67
+ 12,89
   1 1
──────
  34,56 ✓

3 Überschlag: 35 € − 33 € − 0,5 € − 1 € = 1,5 € − 1 € = 0,5 €
Rechnung: 32,95 € + 0,64 € + 1,26 € = 34,85 €
   35,00 € − 34,85 € = 0,15 €
35 € reichen aus.

   32,95
+   0,64
    1,26
    1 1
  ──────
   34,85

   35,00
 − 34,85
    1 1
  ──────
    0,15

LÖSUNGEN — MIT DEZIMALZAHLEN RECHNEN

4

·	10	100	1000
a) **5,2963**	52,963	529,63	5296,3
b) **48,23**	482,3	4823	48230
c) **3,9763**	39,763	397,63	3976,3

Der Wert in der linken Spalte wird wie folgt mithilfe der Umkehraufgabe berechnet:
c) $39,763 : 10 = 3,9763$

5
a) 322,4
b) 1177,6
c) 58,63
d) 51,33

a) $24,8 \cdot 13$; Überschlag: $25 \cdot 13 = 325$ ✓ Ergebnis: 322,4
b) $51,2 \cdot 23$; Überschlag: $50 \cdot 23 = 1150$ ✓ Ergebnis: 1177,6
c) $14,3 \cdot 4,1$; Überschlag: $14 \cdot 4 = 56$ ✓ Ergebnis: 58,63
d) $5,9 \cdot 8,7$; Überschlag: $6 \cdot 9 = 54$ ✓ Ergebnis: 51,33

6
a) 25,5
b) 4,78
c) 22,5
d) 34,9

a) $76,5 : 3 = 25,5$; Umkehraufgabe: $25,5 \cdot 3 = 76,5$ ✓; Überschlag: $75 : 3 = 25$ ✓
b) $28,68 : 6 = 4,78$; Umkehraufgabe: $4,78 \cdot 6 = 28,68$ ✓; Überschlag: $30 : 6 = 5$ ✓
c) $11,25 : 0,5 = 112,5 : 5 = 22,5$; Umkehraufgabe: $22,5 \cdot 0,5 = 11,25$ ✓; Überschlag: $11 : 0,5 = 110 : 5 = 22$ ✓
d) $0,2443 : 0,07 = 24,43 : 7 = 3,49$; Umkehraufgabe: $3,49 \cdot 0,07 = 0,2443$ ✓; Überschlag: $0,21 : 0,07 = 21 : 7 = 3$ ✓

7
a) 11,2
b) 7,2
c) 12,5
d) 6

a) $4,2 + 2 \cdot 3,5 = 4,2 + 7 = 11,2$
b) $9,4 - 8,8 : 4 = 9,4 - 2,2 = 7,2$
c) $(3,4 - 0,9) \cdot 5 = 2,5 \cdot 5 = 12,5$
d) $3 : (1,7 - 1,2) = 3 : 0,5 = 6$

> Beachte die Vorrangregeln.

8
a) Die Einnahmen betragen 569,50 €.
b) Am Sonntag waren 25 Autos da.

$67 \cdot 8,5 = 569,5$

$212,5 : 85 = 2125 : 85 = 25$

Mit Dezimalzahlen rechnen Teste dich!   Seite 191

1
a) 9,3
b) 7,6
c) 7,5
d) 6

a) 2,7 + 6,6 = 2,7 + 6 + 0,6 = 8,7 + 0,6 = 9,3
b) 15,4 − 7,8 = 15,4 − 7 − 0,8 = 8,4 − 0,8 = 7,6
c) 3 · 2,5 = 7,5, da 3 · 25 = 75
d) 4,2 : 0,7 = 6, da 42 : 7 = 6

> Zerlege bei a) und b) die zweite Dezimalzahl.
> Rechne bei c) und d) erst ohne Komma.

2
a) 79,21
b) 365,82
c) 24,50
d) 90,21

a)
```
   6 6, 4 8
+  1 2, 7 3
      1 1
   7 9, 2 1
```
Überschlag ≈ 70 + 10 = 80 ✓

b)
```
   3 1 7, 5 0
+    4 8, 3 2
        1
   3 6 5, 8 2
```
Überschlag ≈ 320 + 50 = 370 ✓

c)
```
   5 6, 4 9
−  3 1, 9 9
      1
   2 4, 5 0
```
Überschlag ≈ 55 − 30 = 25 ✓

d)
```
   3 4 6, 8 0
−  2 5 6, 5 9
      1   1
     9 0, 2 1
```
Überschlag ≈ 350 − 250 = 100 ✓

3 1,41 €

Überschlag ≈ 105 − 13 − 25 − 66 = 1

```
   1 0 5, 0 0
−     1 2, 9 9
−     2 4, 9 0
−     6 5, 7 0
      1 1 3
         1, 4 1
```

> Wenn du mehrere Zahlen subtrahierst, addiere erst die unteren Zahlen und ergänze bis zur obersten Zahl.

Melek bekommt 1,41 € zurück.

4

·	10	100	1000
a) **7,9281**	79,281	792,81	7928,1
b) **0,12523**	1,2523	12,523	125,23
c) **8,803**	88,03	880,3	8803

> Wenn du mit Stufenzahlen multiplizierst, verschiebe das Komma nach rechts.
> Wenn du durch Stufenzahlen dividierst, verschiebe das Komma nach links.

5
a) 231,28
b) 5528,25
c) 1,504
d) 234,52

a)
```
  1 6, 5 2 · 1 4
  1 6 5 2 0
    6 6 0 8
    1 1
  2 3 1, 2 8
```
Überschlag ≈ 17 · 14 = 238 ✓

b)
```
  2 0 4, 7 5 · 2 7
  4 0 9 5 0 0
  1 4 3 3 2 5
        1
  5 5 2 8, 2 5
```
Überschlag ≈ 2050 · 57 = 5535 ✓

c)
```
  0, 4 7 · 3, 2
    1 4 1 0
        9 4
        1
    1, 5 0 4
```
Überschlag ≈ 0,5 · 3 = 1,5 ✓

d)
```
  1 4, 3 · 1 6, 4
  1 4 3 0 0
    8 5 8 0
      5 7 2
    1 1 1
  2 3 4, 5 2
```
Überschlag ≈ 14 · 16 = 224 ✓

LÖSUNGEN   MIT DEZIMALZAHLEN RECHNEN | GANZE ZAHLEN

6 a) 43,6
b) 33,81
c) 18,6
d) 1240

a) 305,2 : 7 = 43,6
−28
25
−21
42
−42
0

Umkehraufgabe:
43,6 · 7
305,2 ✓

b) 13,524 : 0,4 =
135,24 : 4 = 33,81
−12
15
−12
32
−32
04
−4
0

Umkehraufgabe:
33,81 · 4
13,524 ✓

c) 22,32 : 1,2
223,2 : 12 = 18,6
−12
103
−96
72
−72
0

Umkehraufgabe:
18,6 · 12
1860
372
11
22,32 ✓

d) 74,4 : 0,06
7440 : 6 = 1240
−6
14
−12
24
−24
00
−00
0

Umkehraufgabe:
1240 · 6
7440 ✓

7 a) 32
b) 3,8
c) 8,5
d) 19,1

a) 14,6 + 3 · 5,8 = 14,6 + 17,4 = 32
b) 2,8 : 0,7 − 0,2 = 4 − 0,2 = 3,8
c) (4,7 + 3 · 1,5) − 0,7 = (4,7 + 4,5) − 0,7 = 9,2 − 0,7 = 8,5
d) 5 · (20 − 4,2 · 4) + 3,1 = 5 · (20 − 16,8) + 3,1 = 5 · 3,2 + 3,1 = 16 + 3,1 = 19,1

① Klammer zuerst
② Punkt-vor-Strich
③ von links nach rechts

8 2085,50 €

Gegeben: Anzahl Erwachsener: 320; Anzahl Kinder: 230; Preis Erwachsener: 9,80€;
Preis Kinder: 4,50€
Gesucht: Hälfte der Gesamteinnahmen
Rechnung: (230 · 4,5 + 320 · 9,8) : 2 = (1035 + 3136) : 2 = 4171 : 2 = 2085,5

Ganze Zahlen   Noch fit?   *Seite 193*

1 1 < 8 < 12 < 16 < 20 < 25

1 41 < 56 < 89 < 98 < 122 < 211

2 A = 0; B = 3; C = 9; D = 12

2 A = 1; B = 6; C = 8; D = 13

3 a) 1 + 10 = 11   b) 10 − 7 = 3

3 a) 10 − 4 = 6   b) 10 + 35 = 45

4 Um 9 Uhr beträgt die Temperatur + 5 °C.
Von 9 bis 14 Uhr steigt die Temperatur
um 5 °C auf + 10 °C.
Von 14 bis 23 Uhr fällt die Temperatur
um 5 °C auf + 5 °C.

4 Um 9 Uhr waren es +3 °C.
Dann ist die Temperatur um 7 °C gestiegen.
Um 14 Uhr waren es +10 °C.
Dann ist die Temperatur um 4 °C gesunken.
Um 23 Uhr waren es +6 °C.

5 a) A(1|4); B(2|1); C(5|3); D(8|1);
E(10|2); F(5|6); G(3|6); H(5|0)

b)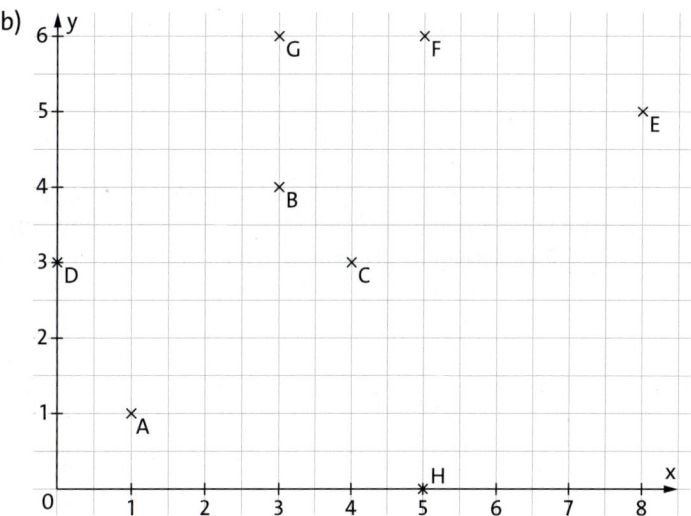

Ganze Zahlen   Klar soweit?
Seite 204/205

1 a) Mit positiven und negativen Zahlen werden Höhen und Tiefen angegeben.
Die Tiefen unter Wasser werden mit negativen Zahlen angegeben: −2 m (Tauchtiefe); −4 m (Beckentiefe).
Die Höhen über Wasser werden mit positiven Zahlen angegeben: 1 m; 3 m; 5 m (Höhe der Sprungtürme)
b) Mit positiven und negativen Zahlen kann man Temperaturen über und unter 0 °C angeben.
Im Gefrierfach ist es kälter als 0 °C: −6 °C bis −8 °C.
Im Rest des Kühlschranks ist es wärmer als 0 °C: z. B. 8 °C bis 10 °C im Gemüsefach; 9 °C in der Tür

2 a) −10 °C b) +100 € c) −200 €
d) −25 m e) +30 °C f) +5000 m

2 a) −62 m b) +300 € c) −50 °C
d) +36 °C e) −10 € f) +3. Stockwerk

3 a) A = −4; B = −1; C = 0; D = +2; E = +6
b) A = −7; B = −4; C = −1; D = +3; E = +4

3 a) A = −7; B = −5; C = −2; D = +1; E = +3
b) A = −15; B = 0; C = +5; D = +20; E = +35

4
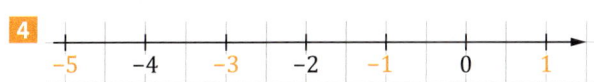

4

| −20 | −15 | −10 | −5 | 0 | 5 | +10 |

5 a) +4 > −4   b) 0 < +7
c) +11 > −1   d) −10 < −5
e) +12 > +10   f) −5 < 0

5 a) +5 > −6   b) 0 > −9
c) +1 > −1   d) −12 < −8
e) +19 > +9   f) +4 > 0

6 a) Es ist eine Abnahme, weil die Temperatur sinkt.
+10 °C − 15 °C = −5 °C
b) Es ist eine Zunahme, weil die Temperatur steigt.
−5 °C + 10 °C = +5 °C
c) Es ist eine Zunahme, weil die Temperatur steigt.
−9 °C + 9 °C = 0 °C

6 a) Es ist eine Abnahme, weil die Temperatur sinkt.
+7 − 12 = −5
b) Es ist eine Abnahme, weil die Temperatur sinkt.
+1 − 14 = −13
c) Es ist eine Zunahme, weil die Temperatur steigt.
−5 + 5 = 0

7 a) Abnahme: –5 °C
   Wenn es kälter wird, sinkt die Temperatur.
   b) Zunahme: +10 €
   Wenn man bekommt, wird das Geld mehr.
   c) Abnahme: –230 m
   Wandert man abwärts, nimmt die Höhe ab.
   d) Zunahme: +3500 m
   Beim Fliegen steigt das Flugzeug in die Höhe.

7 a) Zunahme: + 7 °C
   Wenn es wärmer wird, steigt die Temperatur.
   b) Abnahme: – 30 €
   Wenn man bezahlt, wird das Geld weniger.
   c) Zunahme: + 360 m
   Wandert man aufwärts, nimmt die Höhe zu.
   d) Abnahme: – 2500 m
   Beim Tauchen in die Tiefe nimmt die Höhe ab.

8 a) –5 + 10 = +5   b) +10 – 20 = –10

8 a) –5 + 8 = +3   b) 0 – 12 = –12

9 A(4|2); B(–1|3); D(3|–3); E(–2|–2)

9 A(3|2); B(–1|2); C(–4|–5); D(3|–2); E(1|0)

10 Es entstehen zwei Quadrate.

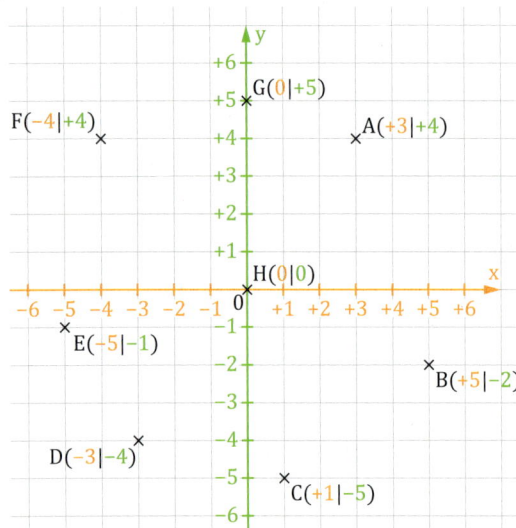

10 Es entstehen zwei Quadrate.

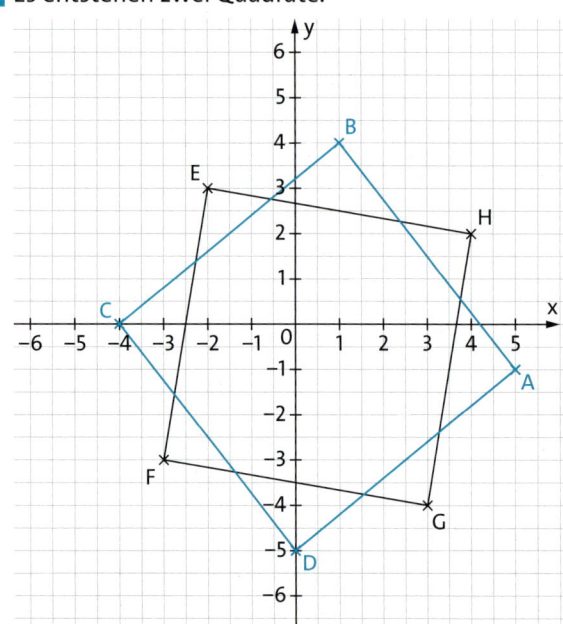

Ganze Zahlen Teste dich!   Seite 211

1 ① negativ   ① Etage –1. Die Etage befindet sich **unter** der Etage 0.
   ② negativ   ② –20 °C: Die Temperatur liegt **unter** 0 °C.
   ③ positiv   ③ +36,5 °C: Mit dem Fieberthermometer misst man Temperaturen **über** 0 °C.
   ④ negativ   ④ –2,50 m: Die Tiefe **unter** der Seeoberfläche wird angegeben.
   ⑤ negativ   ⑤ –3 €: Arne hat **Schulden**, er muss die 3 € noch zurückzahlen.
   ⑥ positiv   ⑥ +5 m: Der Turm ist 5 m **hoch**.

2 A = –5; B = –2; C = 3; D = 6   Die Teilstriche haben den Abstand 1.

LÖSUNGEN GANZE ZAHLEN

3
a) −15 < 15
b) −8 < −1
c) 14 > −5
d) 1 > −1000
e) −170 < −100
f) −998 > −999

a) Eine negative Zahl ist immer kleiner als eine positive Zahl.
b) −8 liegt auf der Zahlengeraden links von −1.
c) Eine positive Zahl ist immer größer als eine negative Zahl.
d) Eine positive Zahl ist immer größer als eine negative Zahl.
e) −170 liegt auf der Zahlengeraden links von −100.
f) −998 liegt auf der Zahlengeraden rechts von −999.

4
a) Rechenzeichen
b) Vorzeichen
c) Vorzeichen

a) Die Temperatur ändert sich, sie steigt.
b) Es wird ein Zustand beschrieben: Temperatur +12 °C.
c) Es wird ein Zustand beschrieben: Schulden 50 €.

5
a) −10 + 15 = 5
b) +5 − 10 = −5

6
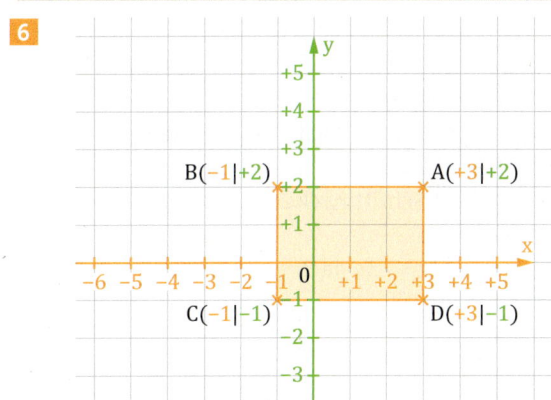

7 −2

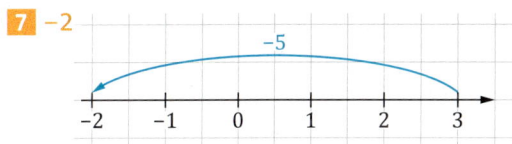

3 − 5 = −2

Ganze Zahlen Teste dich! Seite 211

1
① negativ
② negativ
③ positiv
④ negativ
⑤ negativ
⑥ positiv

① Etage −1. Die Etage befindet sich **unter** der Etage 0.
② −20 °C: Die Temperatur liegt **unter** 0 °C.
③ +36,5 °C: Mit dem Fieberthermometer misst man Temperaturen **über** 0 °C.
④ −2,50 m: Die Tiefe **unter** der Seeoberfläche wird angegeben.
⑤ −3 €: Arne hat **Schulden**, er muss die 3 € noch zurückzahlen.
⑥ +5 m: Der Turm ist 5 m **hoch**.

2 A = −90; B = −60; C = −50; D = −10; E = +30

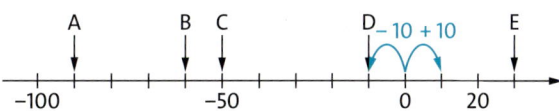

Das „+" kann man weglassen: +30 = 30

3 −88 < −87 < −68 < −12 < −3 < 0 < 15 < 101

Je weiter rechts eine Zahl auf der Zahlengeraden liegt, desto größer ist sie.

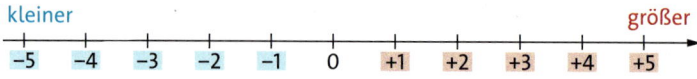

4 a) Rechenzeichen
b) Vorzeichen
c) Rechenzeichen

a) Die Temperatur verändert sich, sie sinkt.
b) Es wird ein Zustand beschrieben: Höhe +1658 m.
c) Der Kontostand verändert sich, es werden 89 € weniger.

5 a) −5 + 11 = 6
b) 0 − 8 = −8

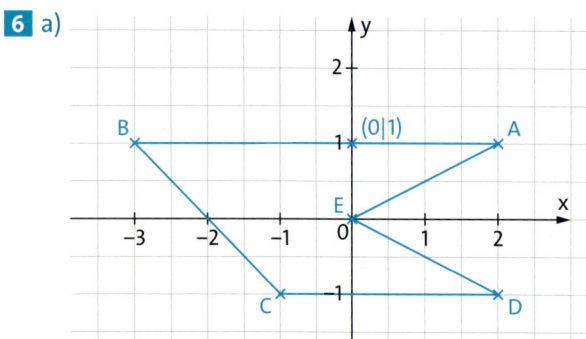

6 a)

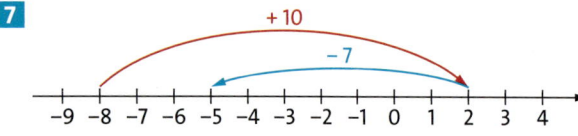

A(2|1): gehe 2 Schritte nach rechts (+) und 1 Schritt nach oben (+).
B(−3|1): gehe 3 Schritte nach links (−) und 1 Schritt nach oben (+).
C(−1|−1): gehe 1 Schritt nach links (−) und 1 Schritt nach unten (−).
D(2|−1): gehe 2 Schritte nach rechts (+) und 1 Schritt nach unten (−).
E(0|0): Ursprung

x-Achse nach rechts, y-Achse nach oben. Beide Achsen treffen sich im Ursprung (0|0).

b) Die Strecke schneidet die y-Achse im Punkt (0|1).

7

Als Ben aufstand, waren es draußen −8 °C. Als er sich mittags mit einem Freund traf, waren es 2 °C. Bis zum Abend sind die Temperaturen wieder um 7 °C gefallen.

Vorzeichen: −8 °C   Vorzeichen: +2 °C   Rechenzeichen: −7 °C

Grundlagen

Teilbarkeit und Brüche

Lösungen ab S. 274

Kernaufgaben zur Multiplikation
→ S. 7, Nr. 1

Lerne die Kernaufgaben des 1×1 auswendig:
1er-, 2er-, 5er-, 10er-Reihe
und die Quadratzahlen

·	1	2	3	4	5	6	7	8	9	10
1	1	2	3							
2	2									
5	5									
10	10									

Die Kernaufgaben helfen dir, schwierige Mal-Aufgaben zu berechnen.

7	·	8	=		
5	·	8	=	4	0
2	·	8	=	1	6
			=	5	6

		9	·	6	=		
1	0	·	6	=	6	0	
	1	·	6	=		6	
				=	5	4	

1 Ergänze die Tabelle zu den Kernaufgaben im Heft.

2 Rechne wie im Beispiel im Heft.

a)
7	·	6	=	
5	·	6	=	
2	·	6	=	
			=	

b)
4	·	7	=	
5	·	7	=	
1	·	7	=	
			=	

c)
	9	·	4	=	
1	0	·	4	=	
		·		=	
				=	

3 Multipliziere.
a) 8 · 8   b) 6 · 3   c) 3 · 7   d) 8 · 3

Im Kopf dividieren mit Kernaufgaben
→ S. 7, Nr. 1

Beim Dividieren (:) kann dir die Umkehraufgabe helfen. Wie oft passt …?

Überlege mithilfe der Kernaufgaben.
1 · ■   2 · ■   5 · ■   10 · ■

Setze die Multiplikations-Reihe fort.

63 : 9 = ■   Umkehraufgabe: ■ · 9 = 63
Wie oft passt die 9 in die 63?

Ich weiß: 5 · 9 = 45

45 + 9 = 54
54 + 9 = 63

6 · 9 = 54
7 · 9 = 63   also 63 : 9 = 7

4 Dividiere im Kopf.
a) 35 : 5   b) 21 : 7   c) 32 : 4   d) 56 : 8
e) 48 : 6   f) 27 : 3   g) 36 : 9   h) 28 : 4

GRUNDLAGEN — TEILBARKEIT UND BRÜCHE

Multiplikationsreihen am Zahlenstrahl
→ S. 7, Nr. 2

Eine Multiplikationsreihe ist nach der Länge der Sprünge benannt.

Wie lang ist ein Sprung?
Lies ab oder zähle ab: Auf welche Zahl zeigt der Pfeil, der bei der Null beginnt?

Wie geht die Reihe weiter?
Addiere (+):

Zahl am letzten Sprung + Länge eines Sprungs

Welche Multiplikationsreihe ist das?

Das ist die 4er-Reihe, jeder Sprung hat die Länge 4.

4. Sprung: 12 + 4 = 16; kurz: 4 · 4 = 16
5. Sprung: 16 + 4 = 20; kurz: 5 · 4 = 20
6. Sprung: 20 + 4 = 24; kurz: 6 · 4 = 24

5 Welche Multiplikationsreihe ist das?

a)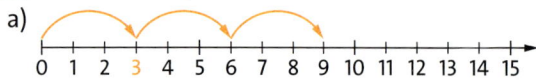

b)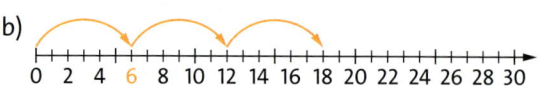

c)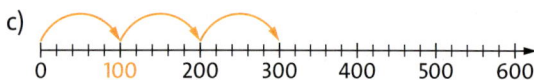

d)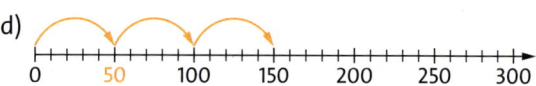

6 Wie heißen die nächsten drei Sprünge auf den Zahlenstrahlen aus Aufgabe 5?
Rechne wie im Beispiel.

Multiplikationsaufgaben bilden
→ S. 7, Nr. 3

Jede Zahl lässt sich als eine Multiplikationsaufgabe schreiben.

① Du kannst jede Zahl mit 1 multiplizieren (·).
Bilde die beiden Multiplikationsaufgaben mit 1:
1 · ▪ und ▪ · 1

② Bilde die Umkehraufgabe und dividiere (:) systematisch:
Teile so, dass kein Rest bleibt. Beginne bei der 2.

Finde Multiplikationsaufgaben mit dem Ergebnis 24, also ▪ · ▪ = 24

1 · 24 = 24
und
24 · 1 = 24

Denk an die Tauschaufgabe!

24 : ▪ = ▪

24 : 2 = 12, also 2 · 12 = 24   und   12 · 2 = 24
24 : 3 = 8,   also 3 · 8 = 24   und   8 · 3 = 24
24 : 4 = 6,   also 4 · 6 = 24   und   6 · 4 = 24
24 : 5̸ = hier bleibt ein Rest
24 : 6 = 4,   die Aufgabe gab es schon, also bist du fertig

7 Ordne dem Ergebnis die richtigen Aufgaben zu. Ergänze die Tauschaufgabe.

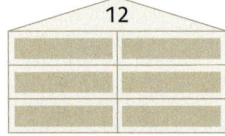 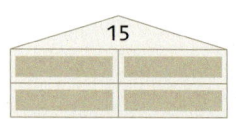 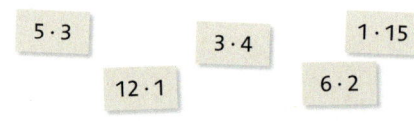

8 Finde *alle* Multiplikationsaufgaben mit dem Ergebnis.
a) 9   b) 11   c) 20   d) 64

GRUNDLAGEN — TEILBARKEIT UND BRÜCHE

Gerecht teilen
→ S. 7, Nr. 4

Gerecht teilen heißt:
Jeder bekommt gleich viel.

3 Kinder teilen sich die Tafel Schokolade.

Jeder bekommt 6 Stücke:

9 Wurde gerecht geteilt? Begründe.

a)    b) 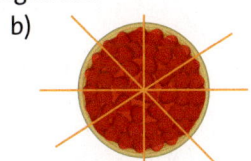   c)    d)

10 Teile gerecht. Wie viel bekommt jeder?

a) auf 3 Kinder   b) auf 6 Kinder   c) auf 2 Kinder   d) auf 4 Kinder

   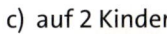    

Schriftlich dividieren mit Rest
→ S. 7, Nr. 5

Manchmal kann man eine Zahl nicht vollständig aufteilen.
Es bleibt ein Rest übrig.

10 Äpfel sollen gerecht auf 3 Netze verteilt werden.

     Rest 1

Wenn am Ende der Division keine 0 steht, gibt es einen Rest.

Schreibe den Rest hinter das Ergebnis.

```
  2 9 0 : 4 = 7 2    Rest 2
– 2 8
    1 0
  –   8         4 passt
      2         nicht in 2.
```

11 Rechne wie im Beispiel.

a)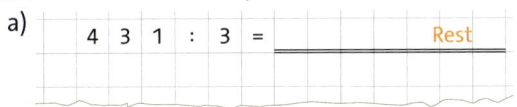

b)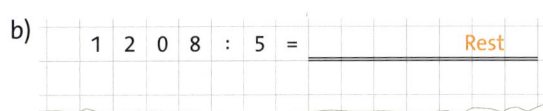

c) 367 : 2

d) 1067 : 8

247

Figuren übertragen → S. 7, Nr. 6   → S. 37, Nr. 3

① Suche dir einen Startpunkt.
② Zähle die Schritte bis zum nächsten Punkt.
③ Verbinde die Punkte.

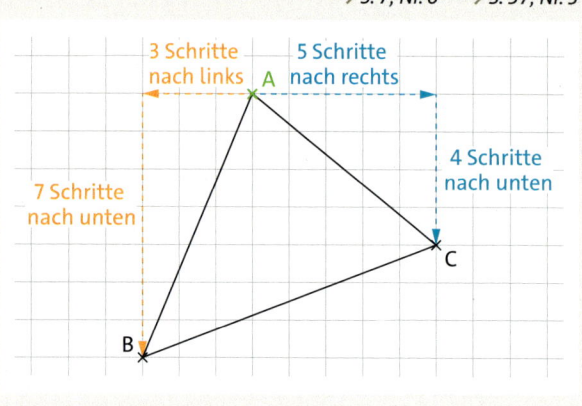

12 Übertrage die Figur ins Heft.

a)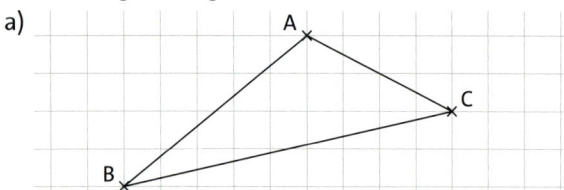

b)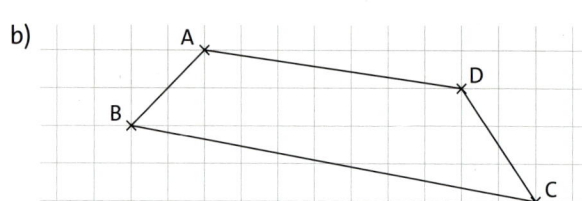

Rechtecke teilen   → S. 7, Nr. 6

Ein Rechteck mit 24 Kästchen kannst du leicht in gleich große Teile teilen.

① Zeichne ein Rechteck:
Länge 4 cm und Breite 1,5 cm

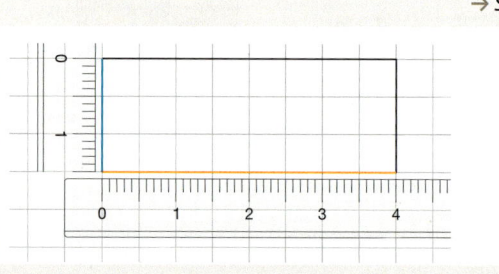

② Teile das Rechteck:
a) in 2 Teile   b) in 4 Teile   c) in 3 Teile

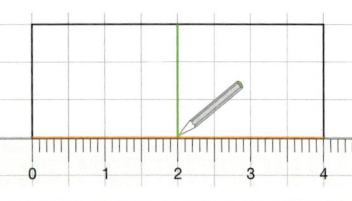 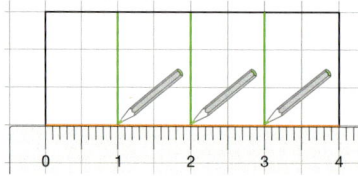 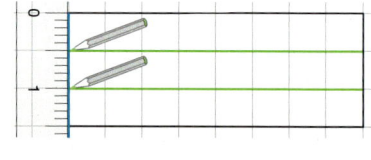

13 Teile das Rechteck in gleich große Teile.
a) in 4 Teile   b) in 3 Teile   c) in 4 Teile

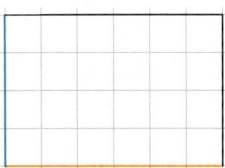  

Kreise und Winkel

Lösungen ab S. 274

Strecken messen

→ S. 37, Nr. 1

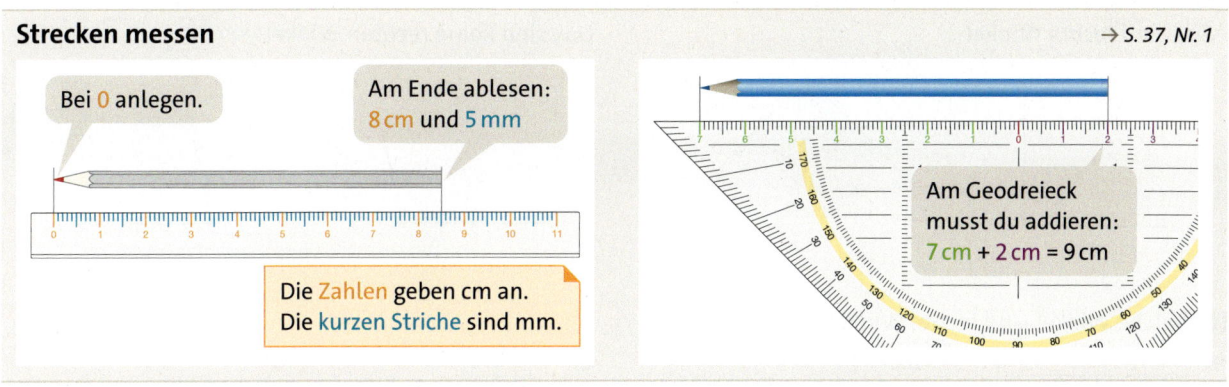

14 Miss die Längen der Buntstifte bis zur Spitze.

15 Wie lang sind die Strecken?

Strecken zeichnen

→ S. 37, Nr. 2

So zeichnet man eine **Strecke von 6 cm** mit einem **Lineal** oder **Geodreieck**:

① Punkt A   ② 6 cm am Lineal oder Geodreieck ablesen   ③ Strecke beschriften

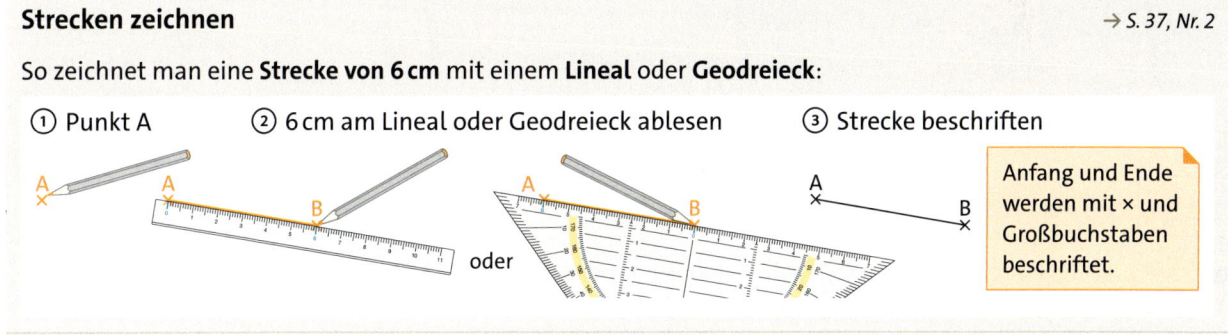

Anfang und Ende werden mit × und Großbuchstaben beschriftet.

16 Zeichne die Strecke.
a) 4 cm   b) 2,5 cm   c) 3 cm   d) 6,5 cm

Rechte Winkel erkennen

→ S. 37, Nr. 4

Rechte Winkel kannst du mit einem Buch oder einem Heft erkennen.

Das sind **rechte Winkel**:   Das sind **keine** rechten Winkel:

17 Welche Winkel sind rechte Winkel?

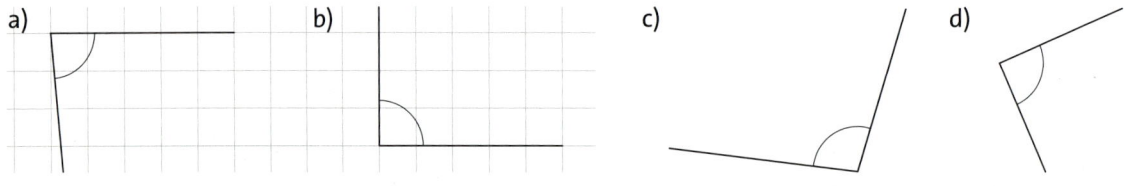

Kreise mit einem Zirkel zeichnen

→ S. 37, Nr. 5

So zeichnet man Kreise mit einem Zirkel:

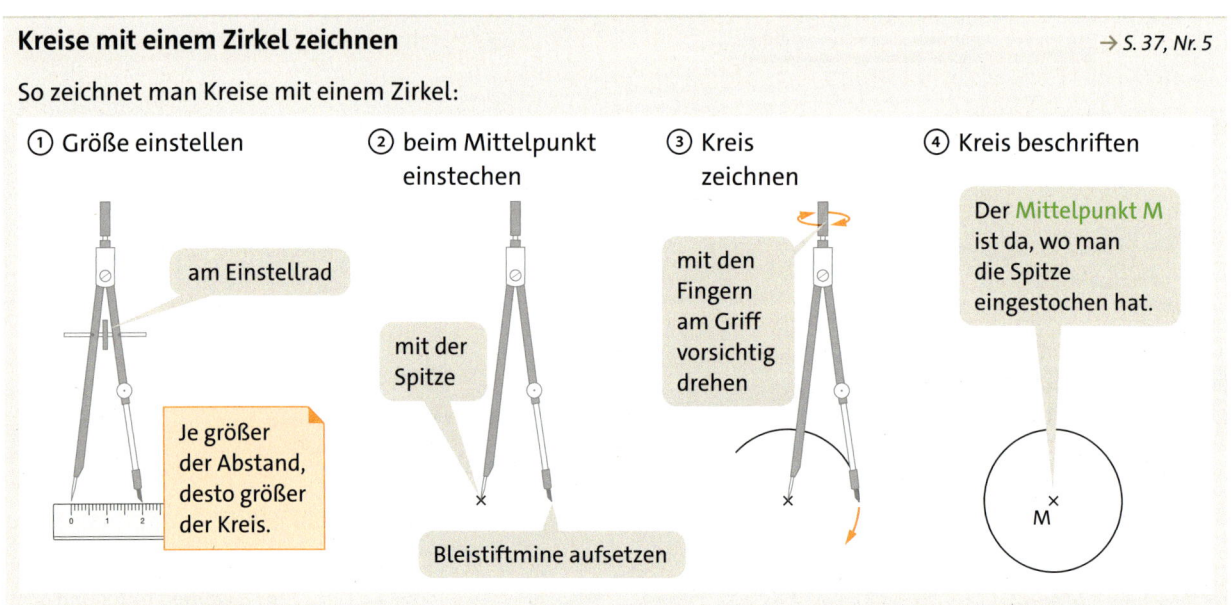

18 Übertrage die Punkte ins Heft. Stelle den Zirkel auf 2 cm Abstand ein. Zeichne um jeden Punkt einen Kreis.
Tipp Denke daran, für deine Kreise oben genug Platz im Heft zu lassen.

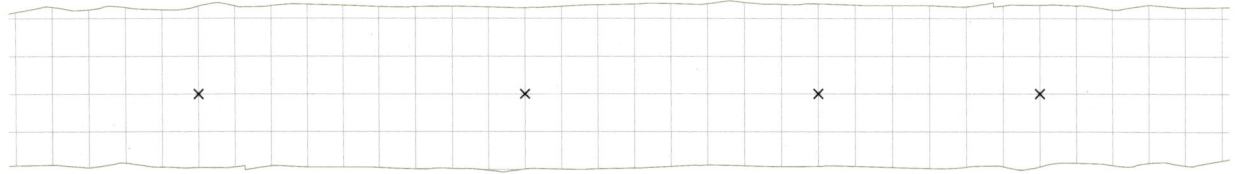

GRUNDLAGEN   KREISE UND WINKEL

Winkel mit dem Drehverfahren zeichnen
→ S. 49

α = 60°

① Zeichne den Scheitelpunkt S und den ersten Schenkel.

② Lege das Geodreieck mit dem Nullpunkt an den Scheitelpunkt und die Kante an den Schenkel.

③ Drehe das Geodreieck gegen den Uhrzeigersinn bis zur Winkelgröße.

Zeichne dann den zweiten Schenkel.

Achte darauf, dass der Nullpunkt am Scheitelpunkt bleibt.

An der Skala ablesen, bei der die Zahlen beim Drehen größer werden.

④ Beschrifte den Winkel.

---

19 Zeichne die Winkel mit dem Drehverfahren.
a) 80°   b) 35°   c) 110°   d) 125°

20 Du kannst auch das Geodreieck mit dem Uhrzeigersinn drehen. Dann musst du die Winkelgröße an der anderen Skala ablesen. Probiere es aus.

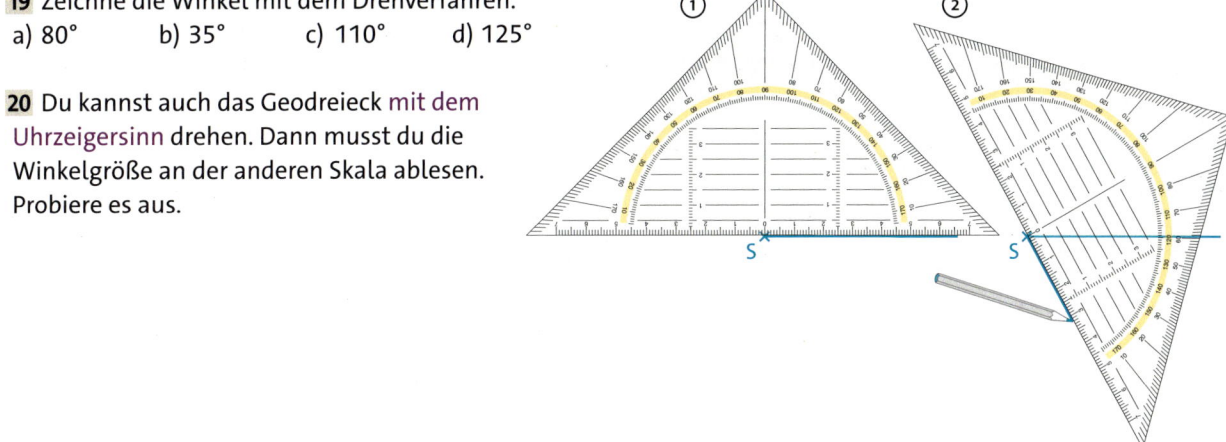

GRUNDLAGEN — MIT BRÜCHEN RECHNEN

Mit Brüchen rechnen

Lösungen ab S. 275

Brüche erkennen

→ S. 61, Nr. 1

Ein Bruch besteht aus **Zähler**, **Bruchstrich** und **Nenner**.

① Wie viele Teile sind gemeint? Schreibe die Zahl in den **Zähler**.

② Wie viele gleich große Teile gibt es? Schreibe die Zahl in den **Nenner**.

Der Nenner nennt, in wie viele Teile geteilt wurde.

$$\frac{\text{Zähler}}{\text{Nenner}}$$

Der Zähler zählt, wie viele Teile gemeint sind.

Es sind 3 Teile gemeint.

Es gibt 4 gleich große Teile.

$$\frac{3}{4}$$

Der Bruch heißt drei Viertel.

21 Wie viele gleich große Teile gibt es? Wie viele Teile sind gemeint?
a) 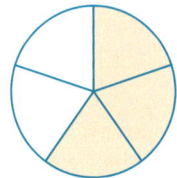   b) 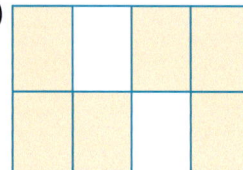   c) 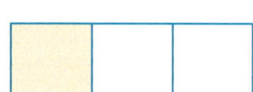   d)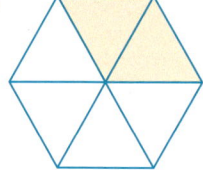

22 Wie heißt der Bruch?
a) 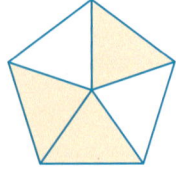   b) 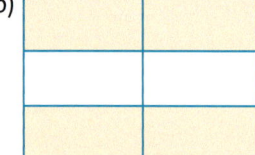   c) 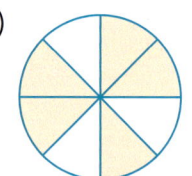   d)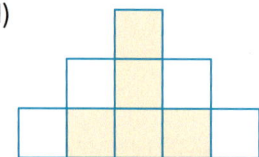

Größen in die nächste Einheit umrechnen

→ S. 61, Nr. 2   → S. 83, Nr. 4

① Welche Einheit ist gegeben?

Die **nächstkleinere** Einheit ist gesucht.

Die **nächstgrößere** Einheit ist gesucht.

② · Umrechnungszahl   : Umrechnungszahl

③ Ergebnis und Einheit aufschreiben

a) 5 cm = ■ mm
① gegeben: cm
   gesucht: mm

Das ist die **nächstkleinere** Einheit.

Umrechnungszahl 10

② 5 · 10 = 50
③ 5 cm = <u>50 mm</u>

b) 63 000 kg = ■ t
① gegeben: kg
   gesucht: t

Das ist die **nächstgrößere** Einheit.

Umrechnungszahl 1000

② 63 000 : 1000 = 63
③ 63 000 kg = <u>63 t</u>

GRUNDLAGEN   MIT BRÜCHEN RECHNEN

23 Rechne in die nächstkleinere Einheit um.
Tipp Achte auf die unterschiedlichen Umrechnungszahlen.
a) 7 kg = ■ g
b) 17 m² = ■ dm²
c) 38 € = ■ ct
d) 4 h = ■ min

24 Rechne in die nächstgrößere Einheit um.
Tipp Achte auf die unterschiedlichen Umrechnungszahlen.
a) 80 mm = ■ cm
b) 490 000 g = ■ kg
c) 600 mm² = ■ cm²
d) 120 s = ■ min

25 Rechne um. Ist die nächstkleinere oder die nächstgrößere Einheit gesucht?
a) 270 dm² = ■ cm²
b) 50 € = ■ ct
c) 600 min = ■ h
d) 303 000 m = ■ km

Größe	Einheiten	Umrechnungs-zahl
	← Einheiten werden kleiner	
Geld	ct €	100
Länge	mm cm dm m ↔ km	10 ↔ : 1000
Flächen-inhalt	mm² cm² dm² m² a ha km²	100
Gewicht	g kg t	1000
Zeit	s min h	60
	Einheiten werden größer →	

Brüche erweitern

→ S. 61, Nr. 3   → S. 117, Nr. 5

So erweitert man einen Bruch:
Multipliziere (·) den Zähler und den Nenner mit *derselben* Zahl.

Der Wert des Bruches bleibt dabei gleich.

Erweitere $\frac{2}{3}$ mit 4.

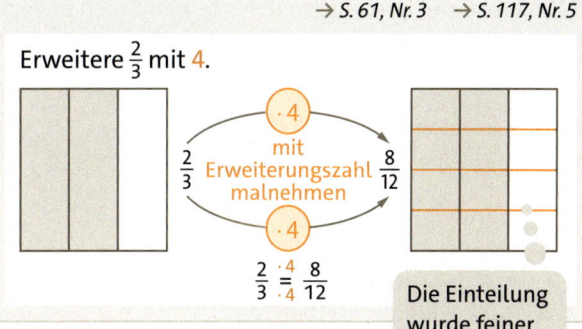

$\frac{2}{3} \begin{smallmatrix}\cdot 4\\ \cdot 4\end{smallmatrix} \frac{8}{12}$

Die Einteilung wurde feiner.

26 Mit welcher Zahl wurde erweitert?
a)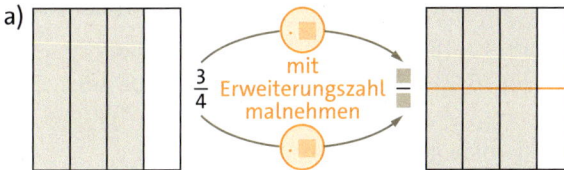

b)

27 Erweitere mit der Erweiterungszahl: Zeichne und rechne die Aufgabe im Heft.
a) $\frac{1}{2} \begin{smallmatrix}\cdot 3\\ \cdot 3\end{smallmatrix} =$
b) $\frac{1}{4} \begin{smallmatrix}\cdot 5\\ \cdot 5\end{smallmatrix} =$
c) $\frac{3}{5} \begin{smallmatrix}\cdot 4\\ \cdot 4\end{smallmatrix} =$
d) $\frac{7}{10} \begin{smallmatrix}\cdot 4\\ \cdot 4\end{smallmatrix} =$

28 Erweitere auf den Nenner 10, 100 oder 1000.
a) $\frac{2}{5} \begin{smallmatrix}\cdot 2\\ \cdot 2\end{smallmatrix} = \frac{■}{10}$
b) $\frac{27}{50} = \frac{■}{100}$
c) $\frac{11}{20} = \frac{■}{100}$
d) $\frac{110}{125} = \frac{■}{1000}$

GRUNDLAGEN   MIT BRÜCHEN RECHNEN

Brüche kürzen

→ S. 61, Nr. 3 + 4   → S. 117, Nr. 5

So kürzt man einen Bruch:
Dividiere (:) den Zähler und den Nenner durch *dieselbe* Zahl.

Der Wert des Bruches bleibt gleich.

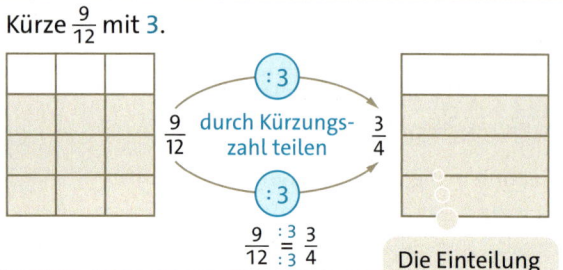

Kürze $\frac{9}{12}$ mit 3.

$\frac{9}{12} \stackrel{:3}{=} \frac{3}{4}$

Die Einteilung wurde gröber.

29 Mit welcher Zahl wurde gekürzt?

a)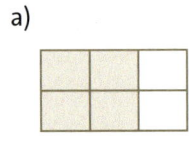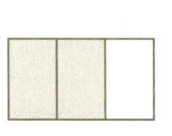

b)

30 Kürze mit der Kürzungszahl: Färbe den Bruch im Heft und teile gröber ein.

a) $\frac{5}{10} \begin{smallmatrix}:5\\:5\end{smallmatrix}$ b) $\frac{8}{12} \begin{smallmatrix}:4\\:4\end{smallmatrix}$ c) $\frac{20}{30} \begin{smallmatrix}:10\\:10\end{smallmatrix}$ d) $\frac{6}{18} \begin{smallmatrix}:6\\:6\end{smallmatrix}$

31 Kürze auf den Nenner 10, 100 oder 1000.

a) $\frac{48}{60} \begin{smallmatrix}:6\\:6\end{smallmatrix} = \frac{\blacksquare}{10}$ b) $\frac{32}{400} = \frac{\blacksquare}{100}$ c) $\frac{168}{800} = \frac{\blacksquare}{100}$ d) $\frac{810}{9000} = \frac{\blacksquare}{1000}$

Brüche gleichnamig machen

→ S. 61, Nr. 5

Zwei Brüche mit **demselben Nenner** heißen gleichnamig.

Zähler
Nenner

$\frac{3}{4}$ und $\frac{1}{4}$ sind gleichnamig.

$\frac{3}{4}$ und $\frac{3}{5}$ sind *nicht* gleichnamig.

So machst du zwei Brüche gleichnamig:

① Finde einen gemeinsamen Nenner:
  • Schreibe für beide Zahlen einige Vielfache auf.
  • Markiere die kleinste Zahl, die in beiden Vielfachen-Mengen vorkommt.

② Bestimme die **Erweiterungszahl** für jeden Bruch.

kleinstes gemeinsames Vielfaches (kgV)

③ Erweitere jeden Bruch mit der **Erweiterungszahl**.

Mach die Brüche $\frac{5}{6}$ und $\frac{3}{8}$ gleichnamig.

$V_6 = \{6; 12; 18; \boxed{24}; 30; 36; 42; \boxed{48}; 54; 60; 66; \boxed{72}; ...\}$
$V_8 = \{8; 16; \boxed{24}; 32; 40; \boxed{48}; 56; 64; \boxed{72}; 80; 88; 96; ...\}$

Der kleinste gemeinsame Nenner ist 24.

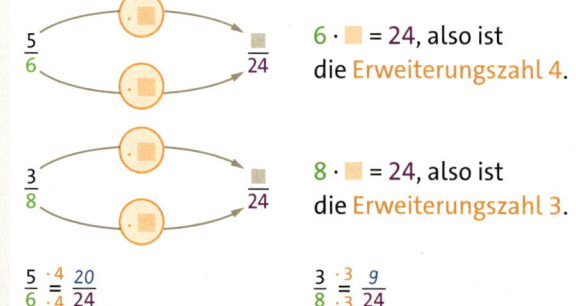

$6 \cdot \blacksquare = 24$, also ist die **Erweiterungszahl 4**.

$8 \cdot \blacksquare = 24$, also ist die **Erweiterungszahl 3**.

$\frac{5}{6} \stackrel{\cdot 4}{=} \frac{20}{24}$ $\frac{3}{8} \stackrel{\cdot 3}{=} \frac{9}{24}$

32 Mach die Brüche gleichnamig.

a) $\frac{1}{2}$ und $\frac{3}{4}$ b) $\frac{4}{5}$ und $\frac{2}{15}$ c) $\frac{1}{4}$ und $\frac{2}{3}$ d) $\frac{3}{8}$ und $\frac{5}{6}$

GRUNDLAGEN MIT BRÜCHEN RECHNEN

Gemischte Zahlen und unechte Brüche

→ S. 61, Nr. 6

Wenn der Zähler größer ist als der Nenner, dann ist es **mehr als ein Ganzes**.
Diese Brüche heißen **unechte Brüche**. Sie können als **gemischte Zahl** geschrieben werden.

$\frac{7}{4}$ unechter Bruch, da 7 > 4

$1\frac{3}{4}$ gemischte Zahl: Ganze und Bruch

So schreibst du einen unechten Bruch als gemischte Zahl:

① Bestimme die Ganzen:
Wie oft passt der Nenner in den Zähler?
Bleibt ein Rest?

② Bestimme den Bruch:
Schreibe den Rest in den Zähler, der Nenner bleibt.

③ Schreibe Ganze und Bruch als gemischten Zahl.

a) Schreibe $\frac{5}{2}$ als gemischte Zahl.

① 2 passt 2-mal in 5.
Es sind also 2 Ganze.
Rest: 1

② $\frac{1}{2}$

③ $2\frac{1}{2}$

So schreibst du eine gemischte Zahl als unechten Bruch:

① Bestimme den Zähler:
Multipliziere (·) die Ganzen mit dem Nenner und addiere (+) zum Ergebnis den Zähler.

② Der Nenner bleibt gleich.

③ Schreibe als Bruch.

b) Schreibe $2\frac{4}{5}$ als unechten Bruch.

① Zähler: 2 · 5 + 4 = 10 + 4 = 14

Punktrechnung vor Strichrechnung!

② Nenner: 5

③ $\frac{14}{5}$

33 Schreibe als Bruch und als gemischte Zahl.

a)  = __
 = __

b) = __
 = __

c)  = __
  = __

d)  = __
  = __

34 Schreibe als gemischte Zahl.
Tipp Male im Heft die gemeinten Anteile aus.
Tipp Schreibe die 1×1-Reihe vom Nenner auf.

a) $\frac{6}{4}$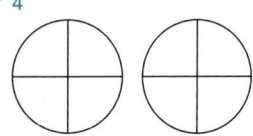

b) $\frac{13}{8}$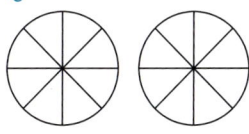

c) $\frac{14}{6}$

d) $\frac{35}{10}$

35 Schreibe als unechten Bruch.
Tipp Zähle die Bruchteile zusammen.
Tipp Rechne wie im Beispiel.

a)

b)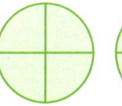

c) $3\frac{4}{7}$

d) $5\frac{3}{10}$

Körper

Lösungen ab S. 276

Checkliste Rechteck und Quadrat

→ S. 83, Nr. 1

Prüfe die Eigenschaften:

1. Alle Winkel rechte Winkel?
   Prüfe alle 4 Ecken.

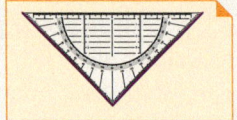

a) Ist das ein Rechteck?

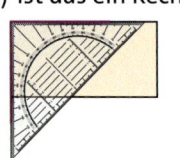 ☑

b) Ist das ein Quadrat?

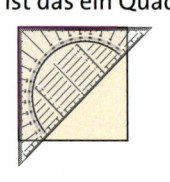 ☑

2. Gegenüberliegende Seiten parallel?
   Prüfe 2-mal.

 ☑

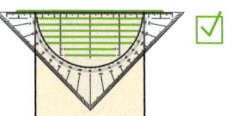 ☑

3. Gegenüberliegende Seiten gleich lang?
   Prüfe 2-mal.

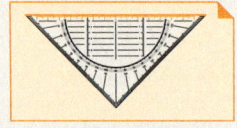

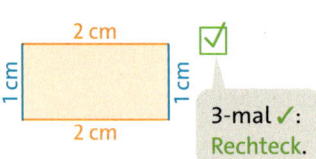 ☑

3-mal ✓: Rechteck.

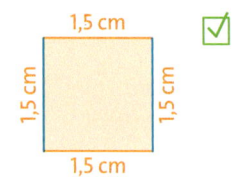 ☑

4. *Alle* Seiten gleich lang?
   Prüfe 4-mal.

 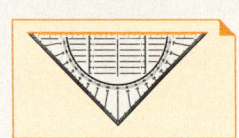

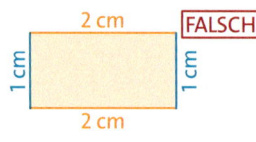 FALSCH

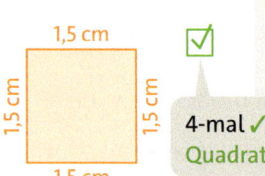 ☑

4-mal ✓: Quadrat.

36 Ist das ein Rechteck?

a)    b)    c)    d)

37 Ist das ein Quadrat?

a)    b)    c)    d)

Rechecke zeichnen

→ S. 83, Nr. 2

So zeichnest du ein Rechteck mit dem Geodreieck:
① Zeichne eine Skizze.
   Trage die Seitenlängen ein.

Zeichne ein Rechteck:
a = 5 cm und b = 2 cm

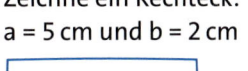

Ein Quadrat ist ein besonderes Rechteck: Alle Seiten sind gleich lang.

② Zeichne die Seite a.

Achte auf ausreichend Platz.

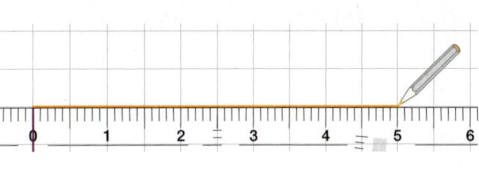

③ Zeichne 2-mal die Breite b.

Lege das Geodreieck so an:
Die senkrechte Hilfslinie liegt auf a.
Der Nullpunkt liegt genau am Ende von a.

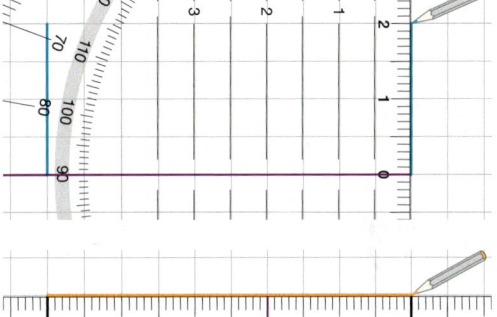

④ Verbinde die Endpunkte.

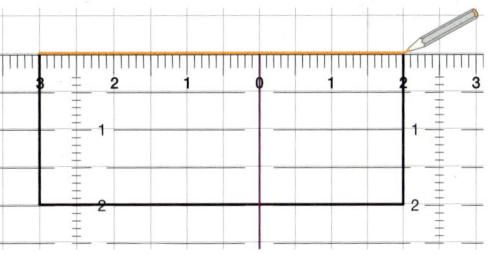

38 Zeichne das Rechteck.
a) Länge a = 4 cm, Breite b = 3 cm
b) a = 6,5 cm, b = 2,5 cm

39 Zeichne das Quadrat.
a) Länge a = 3 cm
b) a = 1,5 cm

Fachbegriffe bei Körpern

→ S. 83, Nr. 3

Körper werden von **Flächen** begrenzt.
Wenn zwei Flächen zusammentreffen, entsteht eine **Kante**.
Wenn drei oder mehr Kanten zusammentreffen, entsteht eine **Ecke**.

Kante — Folge der Kante mit deinem Finger.
Fläche — Stelle den Körper auf eine Fläche.
Ecke — Piekst die Ecke deinen Finger?

Flächen, Ecken und Kanten eines Körpers kann man zählen.

Wie viele **Flächen** hat der Körper?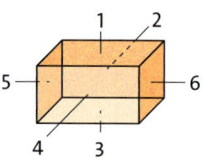

Hast du den Körper in der Hand, dann drehe ihn zum Zählen.

Wie viele **Ecken** hat der Körper?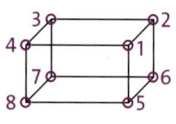

Wenn du nur ein Bild siehst, musst du dir den Körper vorstellen.

Wie viele **Kanten** hat der Körper?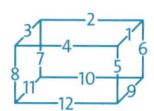

40 Was ist markiert? Benenne mit den Fachbegriffen.

a) 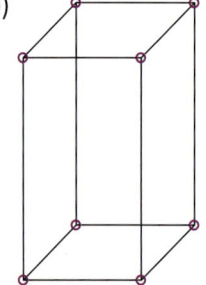   b) 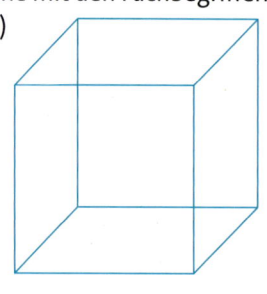   c) 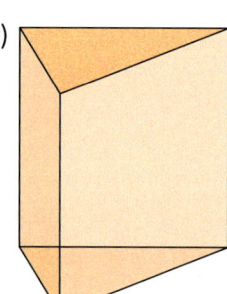   d)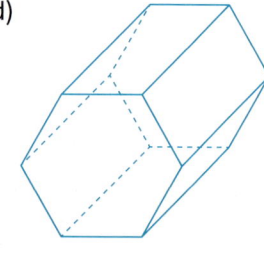

41 Zähle die Flächen, Ecken und Kanten in Aufgabe 40.

GRUNDLAGEN — KÖRPER

Flächeninhalt berechnen: Quadrat und Rechteck
→ S. 83, Nr. 5

① Schreibe die Formel auf.

② Setze die Zahlen ein und multipliziere (·).

> Sind a und b nicht in derselben Einheit angegeben, rechne in die kleinere Einheit um.

③ Ergänze die Einheit:
A = Zahl und Einheit

a) Quadrat mit
a = 5 dm

Länge a

① A = a · a
② A = 5 · 5
A = 25
③ A = 25 dm²

b) Rechteck mit
a = 4 cm und b = 6 cm

Länge a, Breite b

① A = a · b
② A = 4 · 6
A = 24
③ A = 24 cm²

42 Wie groß ist der Flächeninhalt des Quadrats? Berechne mit der Formel.
a) a = 2 cm   b) a = 6 cm   c) a = 20 cm   d) a = 12 cm

43 Wie groß ist der Flächeninhalt des Rechtecks? Berechne mit der Formel.
a) a = 2 cm; b = 8 cm   b) a = 5 cm; b = 4 cm   c) a = 13 cm; b = 3 cm   d) a = 9 cm; b = 12 cm

44 Berechne den Flächeninhalt.

a) 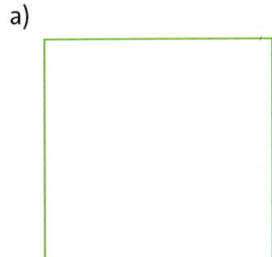 30 cm

b)  9 cm, 5 cm

c)  6 cm, 12 cm

Tipp Rechne zuerst in die kleinere Einheit um.

d) 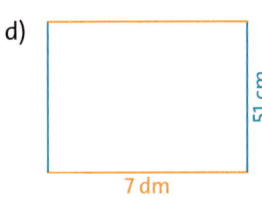 7 dm, 51 cm

Potenzen
→ S. 83, Nr. 6

Man kann Zahlen *mit sich selbst malnehmen*. Dafür gibt es eine besondere Schreibweise: die Potenz.

$5 \cdot 5 \cdot 5$
5^3 5 hoch 3

> Potenz: kurze Schreibweise für eine wiederholte Multiplikation (·)

So berechnest du eine Potenz:

① Welche Zahl wird mit sich selbst malgenommen?
Die Grundzahl gibt es an.

② Schreibe als Multiplikationsaufgabe:
Wie oft wird die Grundzahl aufgeschrieben?
Die kleine Hochzahl gibt es an.

a) 5^3

$5^3 = \underline{5 \cdot 5 \cdot 5} = 125$
3-mal

b) 7^2 7 hoch 2
7 (zum) Quadrat

$7^2 = \underline{7 \cdot 7} = 49$
2-mal

45 Schreibe als Multiplikationsaufgabe und berechne.
a) 4^2 b) 9^2 c) 3^3 d) 10^3

46 Schreibe als Aufgabe. Berechne das Ergebnis, wenn du kannst.
a) 7^4 b) 8^5 c) 3^8 d) 2^{10}

GRUNDLAGEN   DEZIMALZAHLEN

Dezimalzahlen

Lösungen ab S. 276

Zahlen in eine Stellenwerttafel eintragen
→ S. 117, Nr. 1

Beginne immer ganz rechts mit den **Einern E**.

Schreibe auch die **Nullen** auf.

a) 72 803
b) 400 050 100

	Millionen			Tausender					
	HM	ZM	M	HT	ZT	T	H	Z	E
a)					7	2	8	0	3
b)	4	0	0	0	5	0	1	0	0

Das bedeuten die Abkürzungen:

hundert Millionen	zehn Millionen	Millionen	Hundert- tausender	Zehn- tausender	Tausender	Hunderter	Zehner	Einer

47 Zeichne eine Stellenwerttafel ins Heft und trage die Zahl ein.
a) 403   b) 430 775   c) 12 088 579   d) 102 030 405

Zahlen runden
→ S. 117, Nr. 2

① Kreise die **Rundungsstelle** ein.

Tausender	Hunderter	Zehner	Einer
1	3	7	2
	5	6	8

Die Ziffer rechts davon entscheidet.
② Bei **0**; **1**; **2**; **3** oder **4 abrunden**.
Bei **5**; **6**; **7**; **8** oder **9 aufrunden**.   ≈ ist ungefähr

Runde 1372 auf **Zehner**.
① 13⑦2
   ↑
Die 2 entscheidet!

② Bei **2 abrunden**:
   13⑦2   Zehner bleibt gleich
   ≈ 13⑦0 ← Rest Nullen

Runde 568 auf **Hunderter**.
① ⑤68
   ↑
Die 6 entscheidet!

② Bei **6 aufrunden**:
   ⑤68   Hunderter + 1
   ≈ ⑥00 ← Rest Nullen

48 Runde auf Zehner.
a) 57   b) 83   c) 392   d) 2415

Welcher **Zehner** liegt näher?
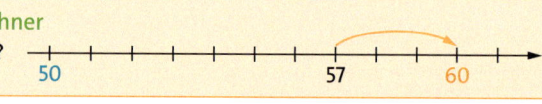

49 Runde auf Hunderter.
a) 247   b) 736   c) 1392   d) 2459

Welcher **Hunderter** liegt näher?
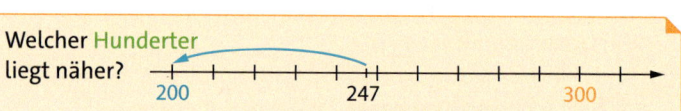

GRUNDLAGEN DEZIMALZAHLEN

Zahlen vergleichen und ordnen → S. 117, Nr. 3 → S. 193, Nr. 1

Vergleiche die Zahlen stellenweise.
Beginne links bei der **größten Stelle**.
Vergleiche dann die Stellen Schritt für Schritt.

Das Krokodil frisst immer die größere Zahl.

a) 5740 ■ 5701
① 5 = 5
② 7 = 7
③ 4 > 0
also ist 5740 > 5701

b) 134 ■ 1043
134 hat keinen Tausender.
Also ist
134 < 1043

50 Vergleiche die Zahlen.
a) 4826 ■ 4862
b) 1001 ■ 617
c) 10 589 ■ 15 098
d) 48 007 ■ 888

51 Ordne die Zahlen.
a) Beginne mit der kleinsten Zahl.

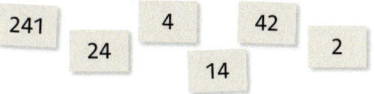

b) Beginne mit der größten Zahl.

> Ordne die Zahlen zuerst nach der Anzahl der Ziffern, vergleiche dann stellenweise.

Zahlen auf dem Zahlenstrahl ablesen → S. 117, Nr. 4 → S. 193, Nr. 2

① In **welchen Schritten** zählt der Zahlenstrahl?
In Einer-Schritten?
In Zweier-Schritten?
In Dreier-Schritten?
In Zehner-Schritten, …?
② **Zwischen welchen beiden Zahlen** liegt der Pfeil?
③ Zähle bis zur **gesuchten Zahl**.

Wie heißt die Zahl am roten Pfeil?

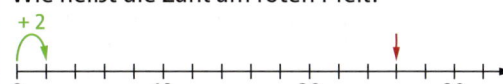

① in Zweier-Schritten
② Der Pfeil liegt zwischen 20 und 30.
③ 3 Striche nach der 20

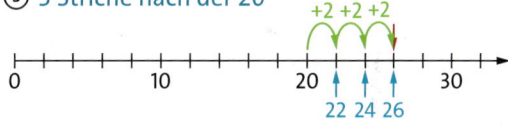

Die gesuchte Zahl ist 26.

52 Wie heißt die Zahl am roten Pfeil?
a)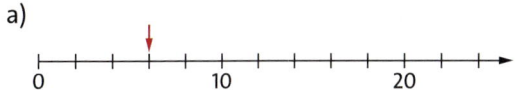
b)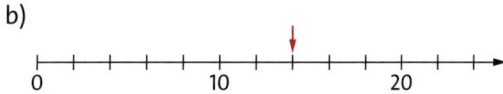

53 Wie heißt die Zahl am roten Pfeil?
a)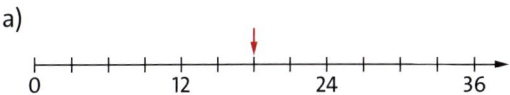

Hier siehst du nur einen **Ausschnitt** vom Zahlenstrahl.

b)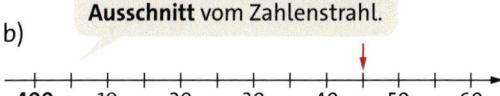

Schriftlich dividieren

→ S. 117, Nr. 6   → S. 165, Nr. 6

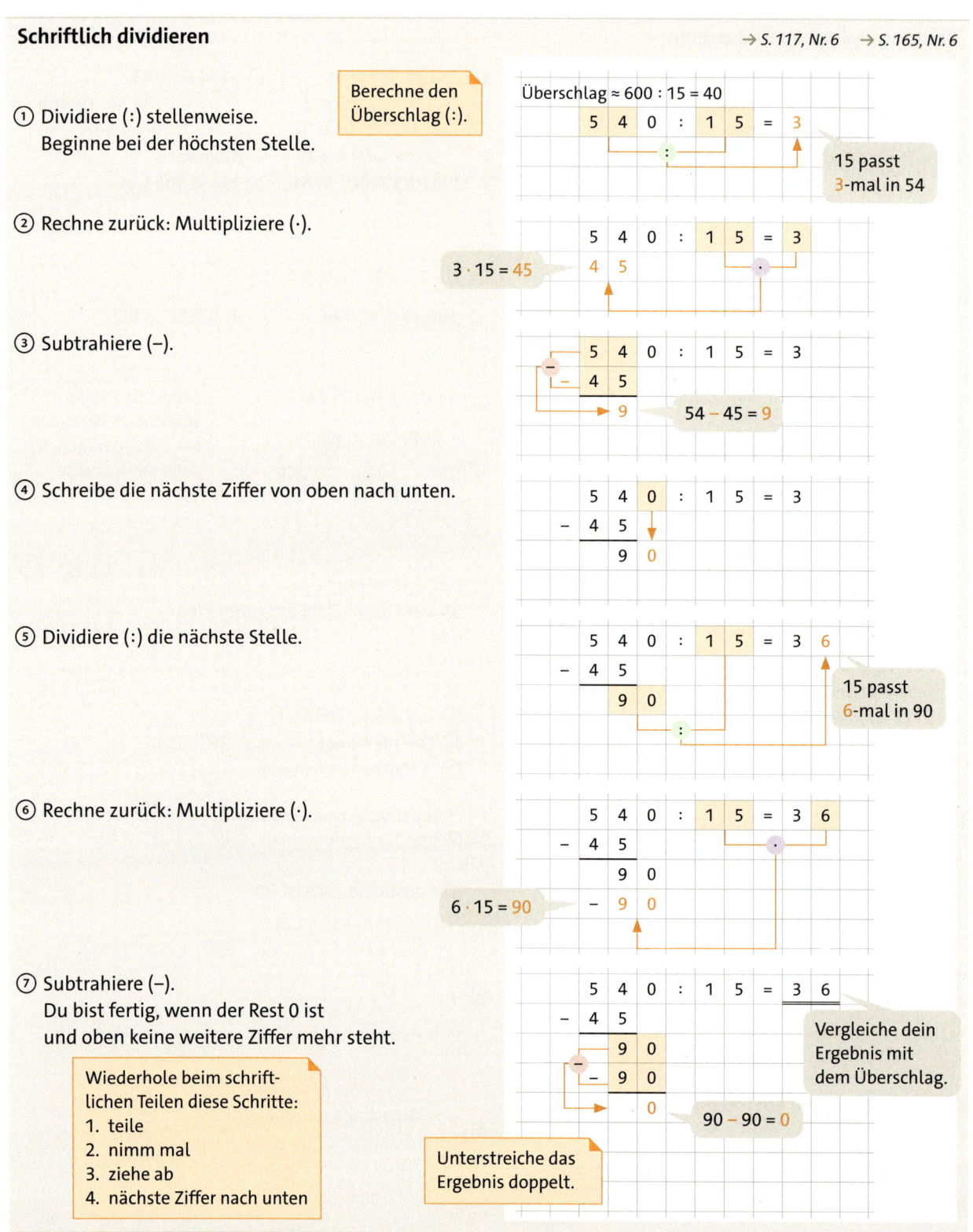

① Dividiere (:) stellenweise. Beginne bei der höchsten Stelle.

② Rechne zurück: Multipliziere (·).

③ Subtrahiere (–).

④ Schreibe die nächste Ziffer von oben nach unten.

⑤ Dividiere (:) die nächste Stelle.

⑥ Rechne zurück: Multipliziere (·).

⑦ Subtrahiere (–). Du bist fertig, wenn der Rest 0 ist und oben keine weitere Ziffer mehr steht.

Wiederhole beim schriftlichen Teilen diese Schritte:
1. teile
2. nimm mal
3. ziehe ab
4. nächste Ziffer nach unten

54 Dividiere schriftlich wie im Beispiel.
a) 876 : 6
b) 567 : 3
c) 1295 : 5

Daten

Lösungen ab S. 276

Strichlisten mit Häufigkeitstabelle erstellen

→ S. 143, Nr. 1

Wenn du einen Fragebogen auswertest, kannst du für jede Antwort einen Strich in einer Liste machen. Zum Schluss zählst du die Striche.

So erstellst du eine Strichliste mit Häufigkeitstabelle:

Wie viele Spalten brauchst du?
– Wonach wurde gefragt?
– Strichliste
– Häufigkeit

① Wie viele Zeilen brauchst du?
– 1. Zeile: Überschriften für die Spalten
– für jede mögliche Antwort eine Zeile

② Wie oft wurde eine Antwort gegeben?
Trage für jede Antwort einen Strich in die Strichliste ein.

③ Wie viele Striche hast du gemacht?
Schreibe als Zahl in die Häufigkeitstabelle.

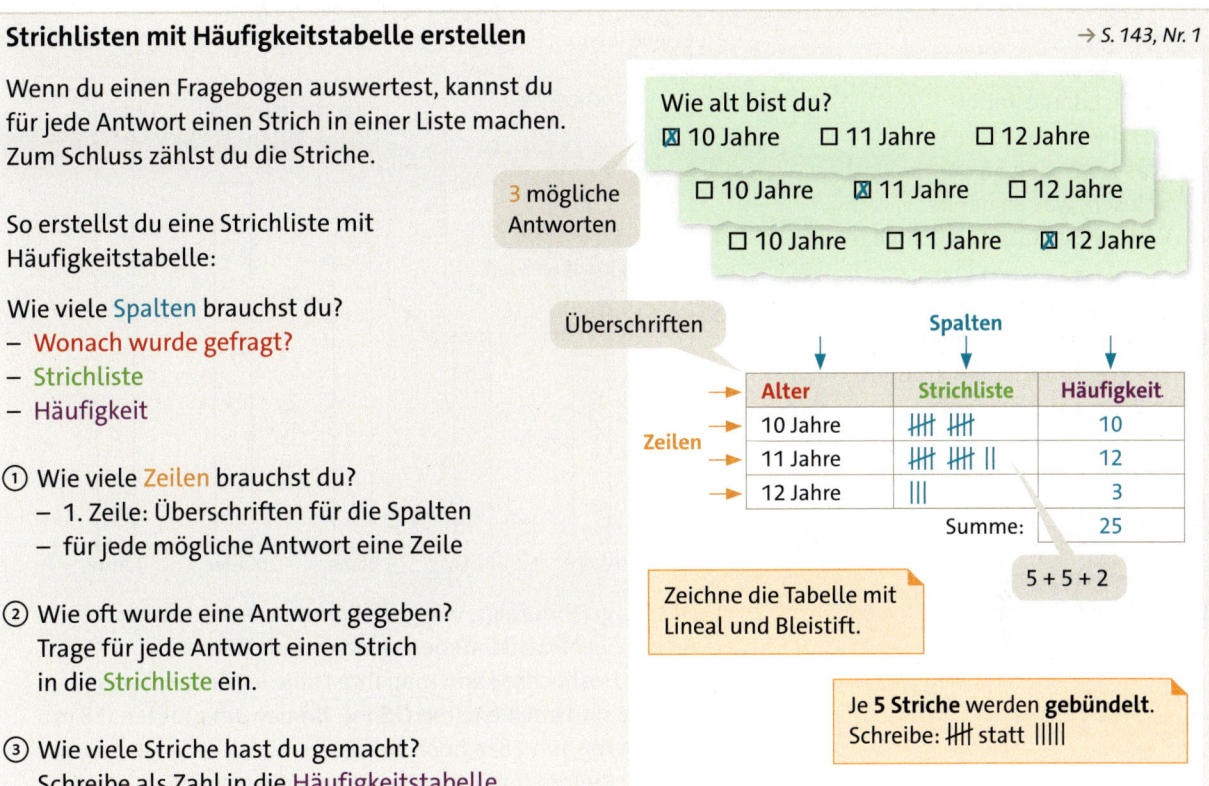

55 Welches Instrument spielen die Kinder der Klasse 5c?
Erstelle eine Strichliste mit Häufigkeitstabelle.

Gitarre,	Trompete,	Gitarre,	Schlagzeug,	Trompete,	Klavier,
Flöte,	Schlagzeug,	Klavier,	Gitarre,	Gitarre,	Klavier,
Gitarre,	Gitarre,	Klavier,	Gitarre,	Klavier,	Schlagzeug

GRUNDLAGEN DATEN

Säulendiagramm lesen → S. 143, Nr. 2

So liest du ein Säulendiagramm.

Orientiere dich:
① Was ist dargestellt?
Lies die Überschrift.
② Was kann man an der Hochachse ablesen, was an der Rechtsachse? Welche Einheiten sind angegeben?

Was fällt dir auf?
③ Gibt es besondere Werte? Welche Säule ist am größten, welche am kleinsten?

Beantworte Fragen:
④ Wie hoch wird eine Birke? Miss im Diagramm mit einem Lineal.
⑤ Welche Bäume werden größer als 30 m?

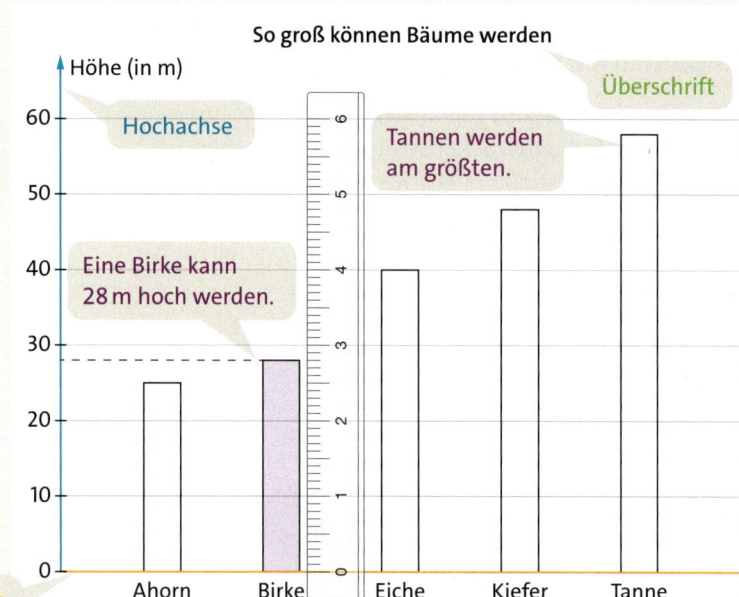

① Das Diagramm zeigt, wie groß Bäume werden können.
② An der Rechtsachse stehen verschiedene Bäume. An der Hochachse kann man ihre Höhe in Metern ablesen.
③ Ahorne sind am kleinsten (25 m), Tannen am größten (58 m).
④ Eine Birke kann 28 m hoch werden.
⑤ Eichen, Kiefern und Tannen werden größer als 30 m.

56 Ergänze im Heft die Tabelle zum Diagramm.

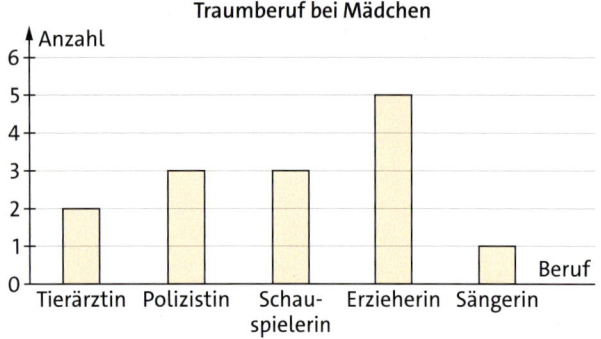

Beruf	Anzahl
Tierärztin	
Polizistin	

57 Beantworte die Fragen zum Diagramm.
a) Welcher Beruf wurde am häufigsten genannt? Wie oft war das?
b) Welcher Beruf wurde am seltensten genannt? Wie oft war das?
c) Welcher Beruf wurde 3-mal genannt?
d) Welche beiden Berufe wurden häufiger als Polizist genannt?
e) Wie viele Jungen wurden befragt?

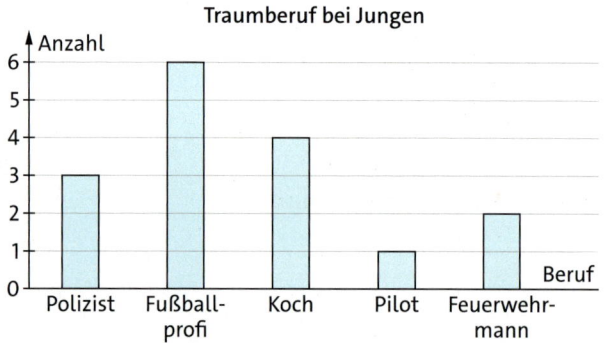

GRUNDLAGEN   DATEN

Vorrangregeln
→ S. 143, Nr. 3

Wenn mehrere Rechenarten (+/− und ·/:) in einer Aufgabe vorkommen, musst du die Reihenfolge der Rechenschritte beachten.

> Ein Rechenbaum kann dir helfen.

1. Regel: Klammern zuerst ausrechnen

a) $12 \cdot (4 − 2)$
   $= 12 \cdot\ \ 2$
   $=\ \ \ 24$

> Rechne zuerst in der Klammer.

2. Regel: Punktrechnung vor Strichrechnung
   · und :   vor   + und −

b) $15 − 2 \cdot 6$
   $= 15 −\ 12$
   $=\ \ \ 3$

> Nimm zuerst mal.

Manchmal musst du beide Regeln in einer Aufgabe beachten.
1. Regel: Klammern zuerst ausrechnen
2. Regel: Punktrechnung vor Strichrechnung
   · und :   vor   + und −

c) $15 − 2 \cdot (6 + 4) : 4$
   $= 15 − (2 \cdot\ \ 10\ \ : 4)$
   $= 15 − 20 : 4$
   $= 15 − 5$
   $= \underline{10}$

58 Welches Ergebnis ist größer? Berechne.

a) $44 + 6 \cdot 5 =$
   $(44 + 6) \cdot 5 =$

b) $180 − 30 : 10 =$
   $(180 − 30) : 10 =$

c) $10 + 24 : (6 − 2) + 5 =$
   $10 + 24 : 6 − 2 + 5 =$

d) $(28 + 4) : (2 + 6) =$
   $28 + 4 : 2 + 6 =$

Zahl in der Mitte zwischen zwei Zahlen bestimmen
→ S. 143, Nr. 4

Am Zahlenstrahl kannst du ablesen, welche Zahl in der Mitte zwischen zwei Zahlen liegt.
Gehe von beiden Zahlen aus mit gleich großen Schritten in Richtung Mitte.

Wenn keine ganze Zahl in der Mitte liegt, musst du eine Dezimalzahl ablesen.

a) Welche Zahl liegt in der Mitte zwischen 5 und 13?

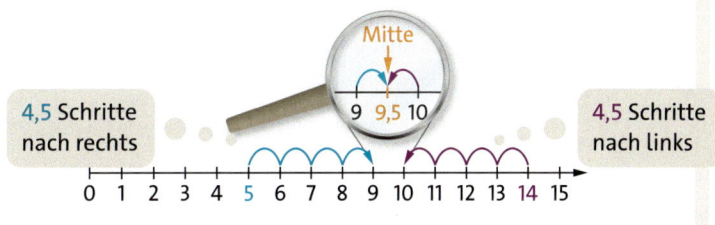

4 1er-Schritte nach rechts   Mitte   4 1er-Schritte nach links

Die Zahl in der Mitte ist 9.

b) Welche Zahl liegt zwischen 5 und 14?

4,5 Schritte nach rechts   Mitte   4,5 Schritte nach links

Die Zahl in der Mitte ist 9,5.

Du kannst die Mitte zwischen zwei Zahlen auch berechnen.
So gehst du vor:
① Addiere (+) beide Zahlen.

② Teile (:) das Ergebnis durch 2.

c) Welche Zahl liegt zwischen 60 und 142?

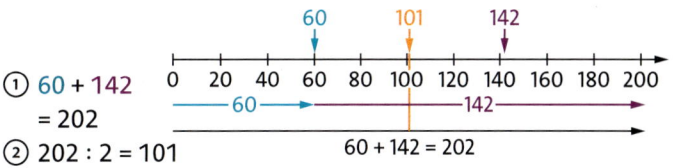

① $60 + 142$
   $= 202$

② $202 : 2 = 101$

Die Zahl in der Mitte ist 101.

GRUNDLAGEN DATEN

59 Wie heißt die Zahl in der Mitte?
a) 5 und 11
b) 21 und 28
c) 400 und 900

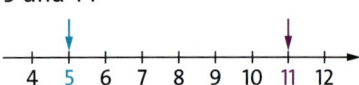
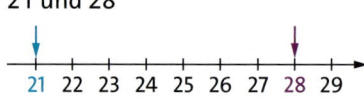
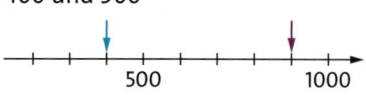

60 Welche Zahl liegt in der Mitte? Rechne wie im Beispiel.
a) 9 und 19
b) 27 und 45
c) 14 und 29
d) 400 und 688

Brüche in Dezimalzahlen und Prozente umwandeln

Brüche in Dezimalzahlen umwandeln

- **Bruch mit Stufenzahl im Nenner umwandeln**
  ① Erweitere oder kürze den Nenner auf 10; 100; 1000; …
  ② Schreibe um.
  Anzahl der Nullen im Nenner = Anzahl der Stellen hinter dem Komma

> Erweitere …
> – 2; 5 auf 10
> – 4; 20; 25; 50 auf 100
> – 8; 125; 250; 500 auf 1000

→ S. 143, Nr. 5

a) ① $\frac{1}{25} \overset{\cdot 4}{\underset{\cdot 4}{=}} \frac{4}{100}$ b) ① $\frac{8}{500} \overset{\cdot 2}{\underset{\cdot 2}{=}} \frac{16}{1000}$ c) ① $\frac{12}{30} \overset{:3}{\underset{:3}{=}} \frac{4}{10}$

② $\frac{4}{100} = 0{,}04$ ② $\frac{16}{1000} = 0{,}016$ ② $\frac{4}{10} = 0{,}4$

> 2 Nullen im Nenner, also
> 2 Stellen hinter dem Komma

- **Bruch schriftlich dividieren**
  Du kannst jeden Bruch als Divisionsaufgabe schreiben. Der Bruchstrich bedeutet „geteilt durch".

> Schreibe hinter die Zahl aus dem Zähler ein Komma und Nullen.

Schreibe $\frac{28}{80}$ als Divisionsaufgabe und berechne.

```
  2  8 , 0  0  0  :  8  0  =  0 , 3  5
-    0
     2  8  0
  -  2  4  0
        4  0  0
     -  4  0  0
              0
```

> Komma überschritten, also
> Komma im Ergebnis setzen

Bruch in Prozent umwandeln
Brüche mit dem Nenner 100, kannst du ganz einfach in Prozent schreiben:
$\frac{1}{100} = 1\,\%$

a) $\frac{17}{100} = 17\,\%$

b) $\frac{3}{20} \overset{\cdot 5}{\underset{\cdot 5}{=}} \frac{15}{100} = 15\,\%$

c) $\frac{126}{600} \overset{:6}{\underset{:6}{=}} \frac{21}{100} = 21\,\%$

> % bedeutet „von 100"

> Erweitere oder kürze den Nenner auf 100 falls nötig.

---

61 Wandle den Bruch in eine Dezimalzahl um.
a) $\frac{3}{10}$ b) $\frac{99}{100}$ c) $\frac{7}{100}$ d) $\frac{8}{1000}$
e) $\frac{47}{1000}$ f) $\frac{1}{4}$ g) $\frac{13}{20}$ h) $\frac{50}{125}$

62 Wandle den Bruch in eine Divisionsaufgabe um und berechne.
a) $\frac{130}{50}$ b) $\frac{748}{680}$ c) $\frac{5368}{440}$ d) $\frac{7120}{200}$

63 Wandle den Bruch in Prozent um.
a) $\frac{27}{100}$ b) $\frac{14}{100}$ c) $\frac{48}{400}$ d) $\frac{8}{25}$

GRUNDLAGEN — MIT DEZIMALZAHLEN RECHNEN

Dezimalzahlen und Prozente ineinander umwandeln → S. 143, Nr. 5

Dezimalzahlen in Prozente umwandeln

① Multipliziere (·) mit 100.
② Schreibe % hinter das Ergebnis.

Verschiebe das Komma um 2 Stellen nach rechts →.

a) 0,36 · 100 = 36
   also 36 %

b) 0,01 · 100 = 1
   also 1 %

c) 0,215 · 100 = 21,5
   also 21,5 %

Prozente in Dezimalzahlen umwandeln

① Schreibe ohne %.
② Dividiere (:) durch 100.

Verschiebe das Komma um 2 Stellen nach links ←.

a) 38 %, also 38
   38 : 100 = 0,38

b) 7 %, also 7
   7 : 100 = 0,07

c) 22,2 %, also 22,2
   22,2 : 100 = 0,222

Achte auf die Nullen!

64 Rechne um in Prozent.
a) 0,78
b) 0,65
c) 0,047
d) 0,125
e) $\frac{3}{10}$
f) $\frac{1}{4}$
g) $\frac{13}{20}$
h) $\frac{51}{125}$

65 Rechne um in eine Dezimalzahl.
a) 70 %
b) 95 %
c) 2 %
d) 74,1 %

Mit Dezimalzahlen rechnen
Lösungen ab S. 277

Überschlag bei + und – → S. 165, Nr. 1

① Runde alle Zahlen an der gleichen Stelle.

*Bei 0; 1; 2; 3; 4 abrunden.
Bei 5; 6; 7; 8; 9 aufrunden.*

② Rechne mit den gerundeten Zahlen.

≈ ist ungefähr

626 + 83
gerundet auf **Zehner**
≈ 630 + 80 = 710

4521 – 1093
gerundet auf **Hunderter**
≈ 4500 – 1100 = 3400

66 Rechne den Überschlag.
a) 684 + 959
b) 456 + 89
c) 1232 + 3565
d) 948 – 315
e) 621 – 94
f) 1756 – 809

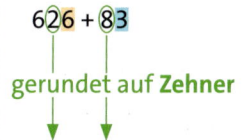

Runde die Zahlen am besten an der zweitgrößten Stelle der Aufgabe: 374 + 1239

67 Welches Ergebnis stimmt? Prüfe mit dem Überschlag.
a) 948 + 315 = 1463
b) 621 – 48 = 673
c) 2204 – 993 = 1211

GRUNDLAGEN MIT DEZIMALZAHLEN RECHNEN

Umkehraufgaben mit + und − → S. 165, Nr. 2

Addition und Subtraktion sind Umkehraufgaben.

Das bedeutet:
Du kannst jede Plusaufgabe (+) mit einer Minusaufgabe (−) rückgängig machen.

$3 + 2 = 5$
$5 − 2 = 3$

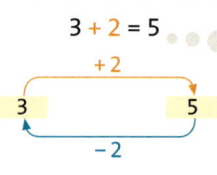

Erst kommen 2 Äpfel dazu.

Dann werden 2 Äpfel gegessen.

68 Berechne.

a) 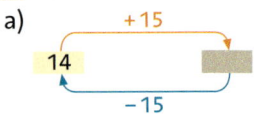 b) 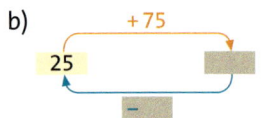 c)  d)

69 Prüfe das Ergebnis mit der Umkehraufgabe.
a) $17 − 9 = 8$ b) $48 + 18 = 56$ c) $280 − 160 = 110$ d) $356 + 156 = 512$

Fehler finden bei schriftlicher Addition und Subtraktion → S. 165, Nr. 3

So prüfst du einen Rechenweg:
① Stehen alle Zahlen **stellengerecht** untereinander?
Schreibe von oben nach unten, beginne **rechts**:
Einer unter **Einer**, **Zehner** unter **Zehner**, **Hunderter** unter **Hunderter**, …

a) 234 + 52

H	Z	E
2	3	4
+	5	2
2	8	6	✓

234 + 52

H	Z	E
2	3	4
+	5	2
7	5	4	FALSCH

② Gibt es einen **Übertrag**?
Wurde die Merkziffer in der nächsten Stelle aufgeschrieben?

b) 476 + 135

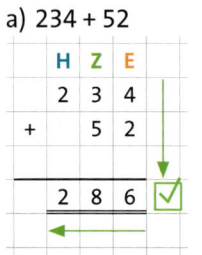
Übertrag

476 + 135

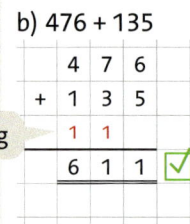
Übertrag an falscher Stelle
Übertrag fehlt
FALSCH

70 Benenne den Fehler und rechne die Aufgabe richtig im Heft.

a)
```
    2 4 9
  +   3 5
        1
    2 7 4
```

b)
```
    4 6 3
  +   5 1
    9 7 3
```

c)
```
    5 2 6
  +   8 7
    5 0 3
```

d)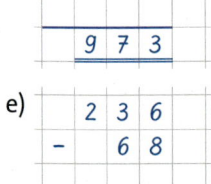

e)
```
    2 3 6
  −   6 8
    2 7 8
```

f)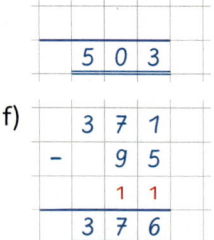

Tipp Diese Fehler wurden gemacht.

① Die Zahlen stehen nicht stellengerecht untereinander.

② Die Merkziffer steht an der falschen Stelle.

③ Die Merkziffer wurde nicht aufgeschrieben.

GRUNDLAGEN MIT DEZIMALZAHLEN RECHNEN

Schriftlich addieren mit Übertrag

→ S. 165, Nr. 3

Schreibe **stellengerecht** untereinander:
– von oben nach unten
– beginne rechts:
  Einer unter **Einer**,
  Zehner unter **Zehner**,
  Hunderter unter **Hunderter**, …

Lass eine Zeile für den **Übertrag** frei.

> Rechne immer von rechts nach links ←.

① Addiere die **Einer**.

H	Z	E
1	5	3
+	7	2
		5

② Addiere die **Zehner**.

H	Z	E
1	5	3
+	7	2
	1	
	2	5

7 + 5 = 12

③ Addiere die **Hunderter**.

H	Z	E
1	5	3
+	7	2
	1	
2	2	5

71 Schreibe untereinander und berechne. Achte auf den **Übertrag**.
a) 148 + 171
b) 4145 + 2519
c) 3579 + 852

Schriftlich subtrahieren mit Übertrag

→ S. 165, Nr. 3

Schreibe **stellengerecht** untereinander:
– von oben nach unten
– beginne rechts:
  Einer unter **Einer**,
  Zehner unter **Zehner**,
  Hunderter unter **Hunderter**, …

Lass eine Zeile für den **Übertrag** frei.

> Rechne immer von rechts nach links ←.

① Ergänze die **Einer**.

H	Z	E
2	5	7
−	1	9	3
		4

von 3 bis 7 sind 4

② Ergänze die **Zehner**.

H	Z	E
2	5	7
−	1	9	3
	1	
	6	4

von 9 bis 15 sind 6

③ Ergänze die **Hunderter**.

H	Z	E
2	5	7
−	1	9	3
	1	
	6	4

von 2 bis 2 ist 0

72 Schreibe untereinander und berechne. Achte auf den **Übertrag**.
a) 564 − 246
b) 456 − 372
c) 7847 − 568

Mit 10, 100, 1000, … multiplizieren und dividieren

→ S. 165, Nr. 4

Mit 10; 100; 1000 multiplizieren:
① Multipliziere erst ohne Nullen.
② Ergänze die Nullen wieder.

a) 3 · 6000
① 3 · 6 = 18
② 3 · 6000 = 18 000

b) 40 · 800
① 4 · 8 = 32
② 40 · 800 = 32 000

Durch 10; 100; 1000 dividieren:
① Streiche auf beiden Seiten gleich viele Nullen.
② Dividiere.

c) 45 000 : 5000
① 45 0̶0̶0̶ : 5 0̶0̶0̶
② 45 : 5 = 9

d) 560 000 : 700
① 560 0̶0̶0̶ : 7 0̶0̶
② 5600 : 7 = 800

73 Berechne.
a) 4 · 300 000
b) 5 · 6000
c) 700 · 20
d) 10 100 · 500
e) 16 000 : 80
f) 200 000 : 500
g) 8000 : 20
h) 50 500 : 500

> Man darf keine Nullen in der Mitte ergänzen oder streichen.

GRUNDLAGEN — MIT DEZIMALZAHLEN RECHNEN

Schriftlich multiplizieren

→ S. 159, Nr. 5

① Schreibe die Aufgabe ins Heft und unterstreiche sie.

> Schreibe je Kästchen nur eine Ziffer oder ein Rechenzeichen.

$42 \cdot 39 = \underline{\qquad}$

> Das kleine 1 × 1 solltest du auswendig können.

② Multipliziere (·) mit dem **Zehner** des 2. Faktors. Schreibe eine **0** unter die **Einer** im Ergebnis. Multipliziere stellenweise von rechts nach links: Zuerst mit dem **Einer**,

	Z	E				
4	2	·	3	9		
		T	H	Z	E	
				6	0	

$3 \cdot 2 = 6$

dann mit dem **Zehner**.

	Z	E			
4	2	·	3	9	
		T	H	Z	E
		1	2	6	0

$3 \cdot 4 = 12$

③ Multipliziere (·) mit dem **Einer** des 2. Faktors. Multipliziere stellenweise von rechts nach links: Zuerst mit dem **Einer**,

	Z	E			
4	2	·	3	9	
		T	H	Z	E
		1	2	6	0
					8

$9 \cdot 2 = 18$, schreibe 8 und merke dir 1.

dann mit dem **Zehner**.

	Z	E			
4	2	·	3	9	
		T	H	Z	E
		1	2	6	0
			3	7	8

$9 \cdot 4 + 1 = 37$

④ Addiere (+) die beiden Teilergebnisse. Sie stehen schon stellengerecht untereinander.

> Achte auf die **Überträge**.

> Unterstreiche das Ergebnis doppelt.

	Z	E			
4	2	·	3	9	
		T	H	Z	E
		1	2	6	0
+			3	7	8
				1	
		1	6	3	8

74 Rechne wie im Beispiel.

a) $15 \cdot 19$　　　b) $105 \cdot 35$　　　c) $333 \cdot 50$　　　d) $29 \cdot 148$

GRUNDLAGEN GANZE ZAHLEN

Sachaufgaben lösen
→ S. 165, Nr. 7

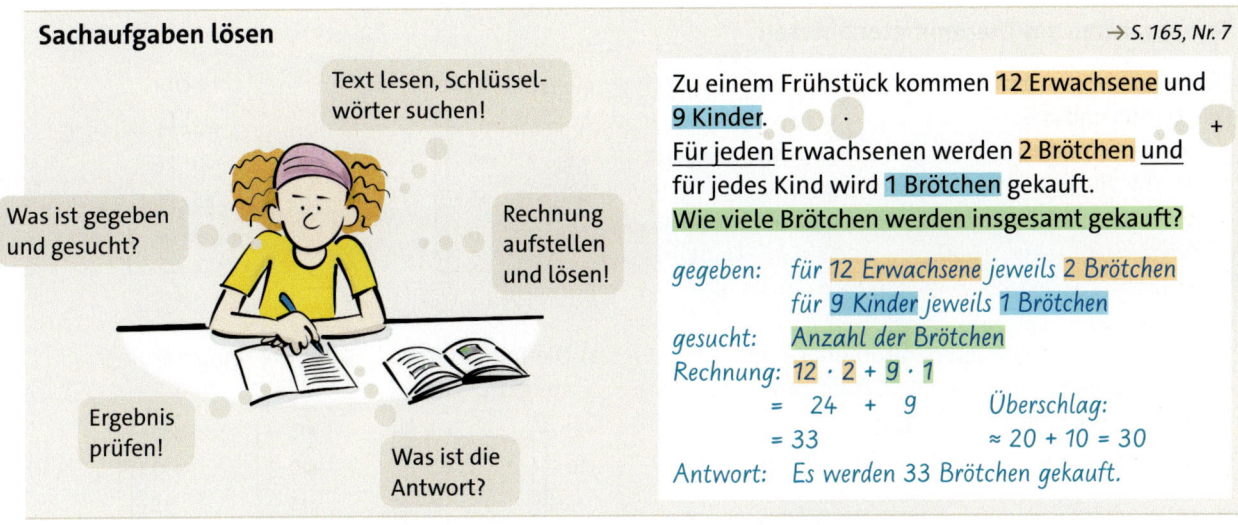

Text lesen, Schlüsselwörter suchen!
Was ist gegeben und gesucht?
Rechnung aufstellen und lösen!
Ergebnis prüfen!
Was ist die Antwort?

Zu einem Frühstück kommen 12 Erwachsene und 9 Kinder.
Für jeden Erwachsenen werden 2 Brötchen und für jedes Kind wird 1 Brötchen gekauft.
Wie viele Brötchen werden insgesamt gekauft?

gegeben: für 12 Erwachsene jeweils 2 Brötchen
für 9 Kinder jeweils 1 Brötchen
gesucht: Anzahl der Brötchen
Rechnung: $12 \cdot 2 + 9 \cdot 1$
$= 24 + 9$ Überschlag:
$= 33$ $\approx 20 + 10 = 30$
Antwort: Es werden 33 Brötchen gekauft.

75 Familie Drini macht eine 30 km lange Radtour. Gerade haben sie 14 km geschafft. Wie weit müssen sie noch fahren? **Tipp** Zeichne die Strecke.

76 Für einen Kuchenverkauf werden 9 runde Kuchen in je 12 Stücke geteilt und 8 Blechkuchen werden in je 20 Stücke geteilt. Wie viele Kuchenstücke sind das insgesamt? **Tipp** Zeichne einen Rechenbaum.

77 Saskias neues Buch hat 288 Seiten. Montag hat sie 40 Seiten gelesen, am Dienstag nur 25 Seiten. Mittwoch hat sie 55 Seiten gelesen und am Donnerstag 10 Seiten *mehr* als am Mittwoch. Hat Saskia schon die Hälfte des Buchs gelesen? **Tipp** Zeichne eine Tabelle. Das halbe Buch hat ■ Seiten.

Ganze Zahlen
Lösungen ab S. 278

In Schritten rechnen
→ S. 193, Nr. 3

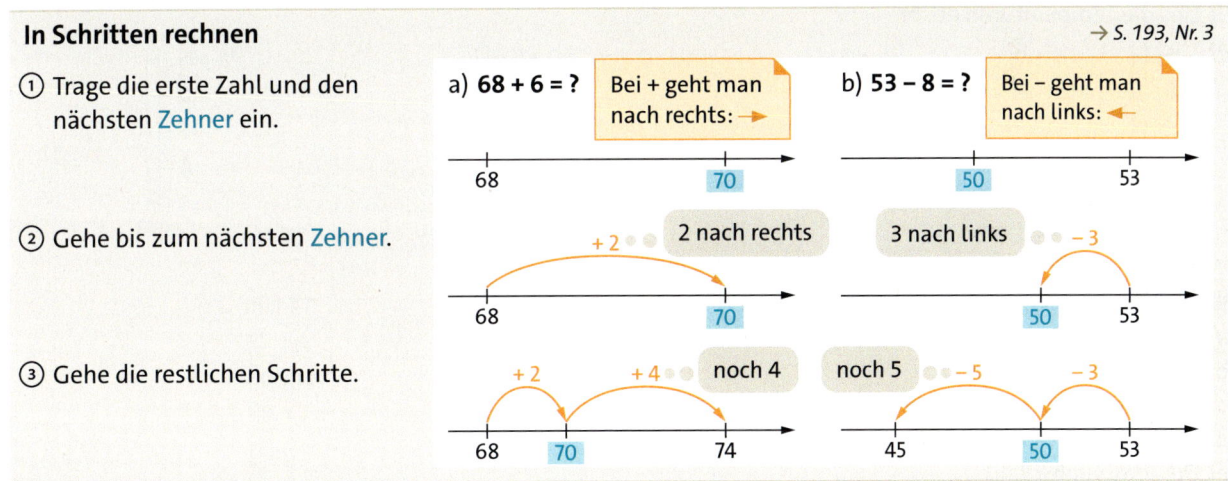

① Trage die erste Zahl und den nächsten Zehner ein.
② Gehe bis zum nächsten Zehner.
③ Gehe die restlichen Schritte.

a) 68 + 6 = ?   Bei + geht man nach rechts: →
b) 53 − 8 = ?   Bei − geht man nach links: ←

78 Addiere und subtrahiere in Schritten.
a) 35 + 8   b) 46 + 5   c) 43 − 9   d) 24 − 6

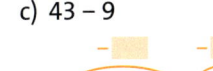
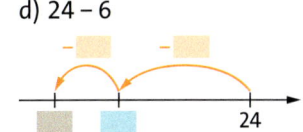

GRUNDLAGEN   GANZE ZAHLEN

Temperaturen am Thermometer ablesen
→ S. 193, Nr. 4

Für Temperaturen gibt es die Einheit Grad Celsius.
Das Symbol dafür ist °C.
- Um 9 Uhr sind es 8 Grad Celsius. *sprich: „Zelsius"*
- Um 14 Uhr sind es 15 °C.

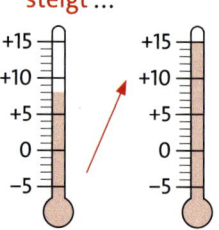
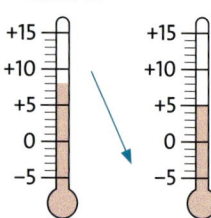

So beschreibst du eine Temperaturänderung:
- Die Temperatur steigt um ... °C/fällt um ... °C.
- Es wird ... °C wärmer/... °C kälter.
- Die Temperatur nimmt um ... °C zu/nimmt um ... °C ab.

a) Die Temperatur steigt ...

b) Die Temperatur fällt ...

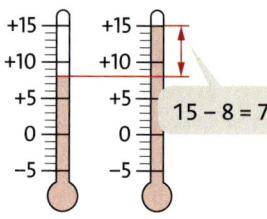
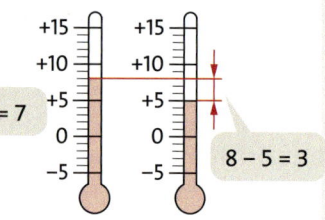

So berechnest du den Unterschied:
„hohe Temperatur" minus (−) „niedrige Temperatur"

Rechne ohne Einheit. Ergänze die Einheit im Antwortsatz.

$15 - 8 = 7$

$8 - 5 = 3$

... um 7 °C.   ... um 3 °C.

79 Lies die Temperaturen ab.

a) 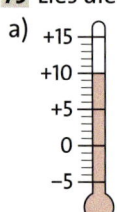   b) 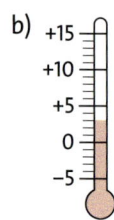   c) 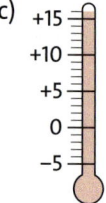   d)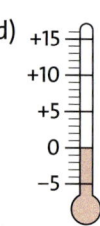

80 Welche Aussagen sind richtig?
a) Um 9 Uhr sind es 5 °C.
b) Um 14 Uhr sind es 13 °C.
c) Der Temperaturunterschied beträgt 10 °C.
d) Um 9 Uhr ist es wärmer als um 14 Uhr.
e) Die Temperatur fällt.

9 Uhr   14 Uhr

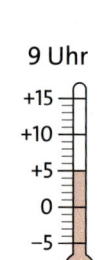
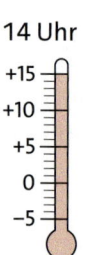

GRUNDLAGEN — GANZE ZAHLEN

Punkte im Koordinatensystem ablesen
→ S. 193, Nr. 5

Lies die Koordinaten des Punkts P ab.

P(x|y) Wie im Alphabet: erst x, dann y.

① Zuerst den x-Wert ablesen, … von 0 bis 6 nach rechts

② … dann den y-Wert. von 0 bis 4 nach oben

P(6|4)

Nimm ein Lineal, damit du nicht verrutschst.

81 Lies die Koordinaten der Punkte ab.

a) A(▢|▢) B(▢|▢)

b) C, D, E

c) F, G, H

Koordinatensystem zeichnen und Punkte eintragen
→ S. 193, Nr. 5

Zeichne ein Koordinatensystem. Trage die Punkte A(8|1) und B(2|3) im Koordinatensystem ein.

① Wie viel Platz brauchst du? Was ist der größte x-Wert? Was ist der größte y-Wert?

① Der größte x-Wert ist 8, also x-Achse mindestens 8 cm lang. Der größte y-Wert ist 3, also y-Achse mindestens 3 cm lang.

② Achsen mit dem Lineal zeichnen

Die x-Achse nach rechts, die y-Achse nach oben.

Achsen gleichmäßig einteilen

Achsen beschriften
– Zahlen an den Achsen
– Pfeilspitzen
– Achsenbeschriftung x und y

③ Punkte eintragen und beschriften

② und ③

2 Kästchen sind 1 Schritt.

vom Nullpunkt 2 Schritte nach rechts

von dort 3 Schritte nach oben

B(2|3), A(8|1)

82 Zeichne ein Koordinatensystem. Die x-Achse geht bis 12 und die y-Achse bis 7.
Trage die Punkte A (5|6), B (3|1), C (11|4), D (9|3), E (4|7) und F (1|3) im Koordinatensystem ein.

Lösungen der Grundlagen

Teilbarkeit und Brüche — S. 245

1

·	1	2	3	4	5	6	7	8	9	10
1	1	2	3	4	5	6	7	8	9	10
2	2	4	6	8	10	12	14	16	18	20
5	5	10	15	20	25	30	35	40	45	50
10	10	20	30	40	50	60	70	80	90	100

2 a) 7 · 6 = 30 + 12 = 42   b) 4 · 7 = 35 − 7 = 28
   c) 9 · 4 = 40 − 4 = 36

3 a) 64   b) 18   c) 21   d) 24

4 a) 7   b) 3   c) 8   d) 7
   e) 8   f) 9   g) 4   h) 7

5 a) 3er-Reihe   b) 6er-Reihe
   c) 100er-Reihe   d) 50er-Reihe

6 a) 12, 15, 18   b) 24, 30, 36
   c) 400, 500, 600   d) 200, 250, 300

7 12: 1 · 12; 12 · 1;   15: 1 · 15; 15 · 1;
    2 · 6; 6 · 2;   3 · 5; 5 · 3
    3 · 4; 4 · 3

8 a) 1 · 9 = 9; 9 · 1 = 9; 3 · 3 = 9
   b) 1 · 11 = 11; 11 · 1 = 11
   c) 1 · 20 = 20; 20 · 1 = 20;
     2 · 10 = 20; 10 · 2 = 20;
     4 · 5 = 20; 5 · 4 = 20
   d) 1 · 64 = 64; 64 · 1 = 64;
     2 · 32 = 64; 32 · 2 = 64;
     4 · 16 = 64; 16 · 4 = 64;
     8 · 8 = 64

9 a) nicht gerecht geteilt,
     Es sind unterschiedlich viele Stücke: 3, 5 und 2
   b) nicht gerecht geteilt,
     Die Stücke sind unterschiedlich groß.
   c) nicht gerecht geteilt,
     Die Stücke sind unterschiedlich groß.
   d) gerecht geteilt,
     Die Hälften sind gleich groß.

10 a) Jeder bekommt 4 Birnen.
   b) Jeder bekommt 2 Stücke.
   c) Jeder bekommt 2 und ein Halbes.
   d) Jeder bekommt ein Viertel Stück.

11 a) 143 Rest 2   b) 241 Rest 3
    c) 183 Rest 1   d) 133 Rest 3

12 a) von A nach B: 5 Schritte nach links und 4 Schritte nach unten
    von A nach C: 4 Schritte nach rechts und 2 Schritte nach unten
   b) von A nach B: 2 Schritte nach links und 2 Schritte nach unten
    von B nach C: 2 Schritte nach unten und 11 Schritte nach rechts
    von C nach D: 3 Schritte nach oben und 2 Schritte nach links

13 a) b) c)

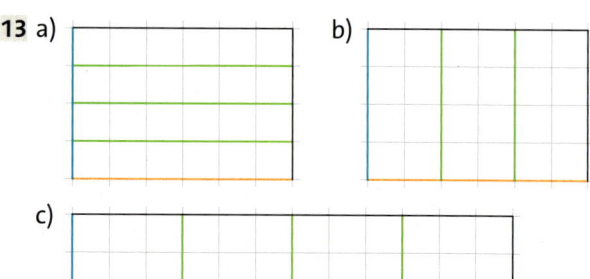

Kreise und Winkel — S. 249

14 grün: 3 cm   blau: 10 cm   schwarz: 8 cm
    rot: 4,5 cm   lila: 5,5 cm   gelb: 7,5 cm

15 gelb: 14 cm   blau: 6,6 cm   grün = 13,5 cm
    lila: 7,8 cm   rot = 2,5 cm

16 a)

b) c) d)

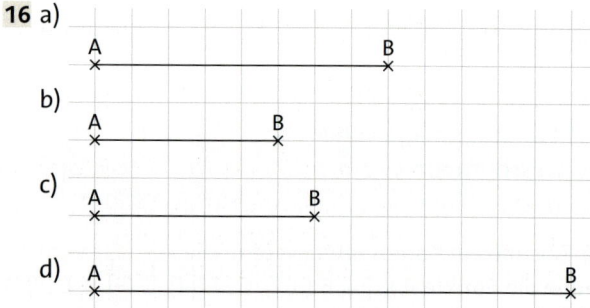

17 b) und d) sind rechte Winkel.

18 Das ist eine verkleinerte Abbildung:

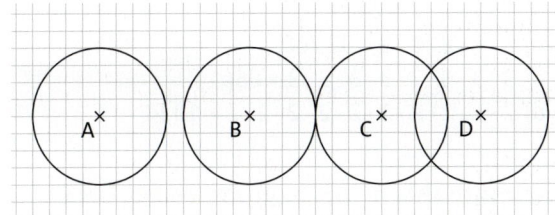

Tipp Überprüfe deine Zeichnung so:
– Sind alle Kreise rund?
– Haben der 1. und der 2. Kreis ein Kästchen Abstand?
– Berühren sich der 2. und der 3. Kreis?
– Liegen der 3. und der 4. Kreis übereinander?

19 a) 80° b) 35° c) 110° d) 125°

20 Dann legt man das Geodreieck mit der großen Spitze nach oben und dreht mit den Uhrzeigersinn. Wieder liest man an der Skala ab, bei der die Zahlen beim Drehen größer werden. Dann zeichnet man den zweiten Schenkel. Der Winkel ist jetzt nach unten geöffnet.

Mit Brüchen rechnen S. 252

21 Es gibt ■ Teile, ■ sind gemeint.
a) 5; 3   b) 8; 6   c) 3; 1   d) 6; 2

22 a) $\frac{3}{5}$ b) $\frac{4}{6}$ c) $\frac{5}{8}$ d) $\frac{5}{9}$

23 a) 7000 g   b) 1700 dm²   c) 3800 ct   d) 240 min

24 a) 8 cm   b) 490 kg   c) 6 cm²   d) 2 min

25 a) nächstkleinere Einheit ist gesucht; 27 000 cm²
b) nächstkleinere Einheit ist gesucht; 5000 ct
c) nächstgrößere Einheit ist gesucht; 10 h
d) nächstgrößere Einheit ist gesucht; 303 km

26 a) 2   b) 3

27 a) $\frac{1}{2} \stackrel{\cdot 3}{=} \frac{3}{6}$

b) $\frac{1}{4} \stackrel{\cdot 5}{=} \frac{5}{20}$

c) $\frac{3}{5} \stackrel{\cdot 4}{=} \frac{12}{20}$

d) $\frac{7}{10} \stackrel{\cdot 4}{=} \frac{28}{40}$

28 a) $\frac{4}{10}$ b) $\frac{54}{100}$ c) $\frac{55}{100}$ d) $\frac{880}{1000}$

29 a) 2   b) 3

30 a) $\frac{5}{10} \stackrel{:5}{=} \frac{1}{2}$

b) $\frac{8}{12} \stackrel{:4}{=} \frac{2}{3}$

c) $\frac{20}{30} \stackrel{:10}{=} \frac{2}{3}$

d) $\frac{6}{18} \stackrel{:6}{=} \frac{1}{3}$

31 a) $\frac{8}{10}$ b) $\frac{8}{100}$ c) $\frac{21}{100}$ d) $\frac{90}{1000}$

32 a) $\frac{2}{4}$ und $\frac{3}{4}$ b) $\frac{12}{15}$ und $\frac{2}{15}$
c) $\frac{3}{12}$ und $\frac{8}{12}$ d) $\frac{9}{24}$ und $\frac{20}{24}$

33 a) $\frac{3}{2} \rightarrow 1\frac{1}{2}$ b) $\frac{4}{3} \rightarrow 1\frac{1}{3}$ c) $\frac{7}{5} \rightarrow 1\frac{2}{5}$ d) $\frac{10}{6} \rightarrow 1\frac{4}{6}$

34 a) $1\frac{2}{4} = 1\frac{1}{2}$ b) $1\frac{5}{8}$ c) $2\frac{2}{6} = 2\frac{1}{3}$ d) $3\frac{5}{10} = 3\frac{1}{2}$

35 a) $\frac{8}{3}$ b) $\frac{15}{4}$ c) $\frac{25}{7}$ d) $\frac{53}{10}$

GRUNDLAGEN   LÖSUNGEN DER GRUNDLAGEN

Körper — S. 256

36 a) Rechteck b) kein Rechteck c) Rechteck d) Rechteck

37 a) Quadrat b) kein Quadrat c) kein Quadrat d) kein Quadrat

38 a)
b)

39 a) b)

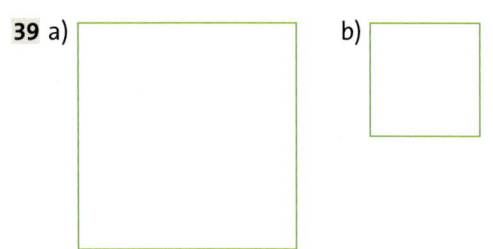

40 a) Ecken b) Kanten c) Flächen d) Kanten

41 a) 6 Flächen, 8 **Ecken**, 12 Kanten
b) 6 Flächen, 8 Ecken, 12 **Kanten**
c) 5 **Flächen**, 6 Ecken, 9 Kanten
d) 8 Flächen, 12 Ecken, 18 **Kanten**

42 $A = a \cdot a$
a) $A = 4\,cm^2$ b) $A = 36\,cm^2$
c) $A = 400\,cm^2$ d) $A = 144\,cm^2$

43 $A = a \cdot b$
a) $A = 16\,cm^2$ b) $A = 20\,cm^2$
c) $A = 39\,cm^2$ d) $A = 108\,cm^2$

44 a) $A = 900\,cm^2$ b) $A = 45\,cm^2$
c) $A = 72\,cm^2$ d) $A = 3570\,cm^2$

45 a) $4 \cdot 4 = 16$ b) $9 \cdot 9 = 81$
c) $3 \cdot 3 \cdot 3 = 27$ d) $10 \cdot 10 \cdot 10 = 1000$

46 a) $7 \cdot 7 \cdot 7 \cdot 7 = 2401$
b) $8 \cdot 8 \cdot 8 \cdot 8 \cdot 8 = 32\,768$
c) $3 \cdot 3 \cdot 3 \cdot 3 \cdot 3 \cdot 3 \cdot 3 \cdot 3 = 6561$
d) $2 \cdot 2 \cdot 2 \cdot 2 \cdot 2 \cdot 2 \cdot 2 \cdot 2 \cdot 2 \cdot 2 = 1024$

Dezimalzahlen — S. 260

47

	Millionen			Tausender					
	HM	ZM	M	HT	ZT	T	H	Z	E
a)							4	0	3
b)				4	3	0	7	7	5
c)		1	2	0	8	8	5	7	9
d)	1	0	2	0	3	0	4	0	5

48 a) 60 b) 80 c) 390 d) 2420

49 a) 200 b) 700 c) 1400 d) 2500

50 a) 4826 < 4862 b) 1001 > 617
c) 10 589 < 15 098 d) 48 007 > 888

51 a) 2; 4; 14; 24; 42; 241
b) 250; 120; 67; 48; 12; 8

52 a) 6 b) 14

53 a) 18 b) 445

54 a) 146 b) 189 c) 259

Daten — S. 263

55

Instrument	Strichliste	Häufigkeit
Gitarre	ⅢⅡ ‖	7
Trompete	‖	2
Schlagzeug	‖‖	3
Klavier	ⅢⅡ	5
Flöte	‖	1
Summe:		18

GRUNDLAGEN LÖSUNGEN DER GRUNDLAGEN

56

Beruf	Anzahl
Tierärztin	2
Polizistin	3
Schauspielerin	3
Erzieherin	5
Sängerin	1

57 a) Fußballprofi, 6-mal
b) Pilot, 1-mal
c) Polizist
d) Koch und Fußballprofi
e) Es wurden 16 Jungen befragt.

58 a) 44 + 6 · 5 = 44 + 30 = 74
(44 + 6) · 5 = 50 · 5 = 250
Das Ergebnis der zweiten Aufgabe ist größer.
b) 180 − 30 : 10 = 180 − 3 = 177
(180 − 30) : 10 = 150 : 10 = 15
Das Ergebnis der ersten Aufgabe ist größer.
c) 10 + 24 : (6 − 2) +5 = 10 + 24 : 4 + 5 = 10 + 6 + 5 = 21
10 + 24 : 6 − 2 + 5 = 10 + 4 − 2 + 5 = 17
Das Ergebnis der ersten Aufgabe ist größer.
d) (28 + 4) : (2 + 6) = 32 : 8 = 4
28 + 4 : 2 + 6 = 28 + 2 + 6 = 36
Das Ergebnis der zweiten Aufgabe ist größer.

59 a) 8 b) 24,5 c) 650

60 a) 14 b) 36 c) 21,5 d) 544

61 a) 0,3 b) 0,99 c) 0,07 d) 0,008
e) 0,047 f) 0,25 g) 0,65 h) 0,4

62 a) 130 : 50 = 2,6 b) 748 : 680 = 1,1
c) 5368 : 440 = 12,2 d) 7120 : 200 = 35,6

63 a) 27 % b) 14 % c) 12 % d) 32 %

64 a) 78 % b) 65 % c) 4,7 % d) 12,5 %
e) 30 % f) 25 % g) 65 % h) 40,8 %

65 a) 0,7 b) 0,95 c) 0,02 d) 0,741

Mit Dezimalzahlen rechnen   S. 267

66 a) ≈ 680 + 960 = 1640   b) ≈ 460 + 90 = 550
c) ≈ 1200 + 3600 = 4800   d) ≈ 950 − 320 = 630
e) ≈ 620 − 90 = 530   f) ≈ 1800 − 800 = 1000

67 a) 948 + 315 ≈ 950 + 320 = 1270
Das Ergebnis kann nicht stimmen.
b) 621 − 48 ≈ 620 − 50 = 570
Das Ergebnis kann nicht stimmen.
c) 2204 − 993 ≈ 2200 − 1000 = 1200
Das Ergebnis kann stimmen.

68 a) 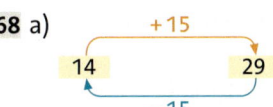   b)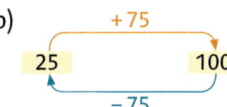

c) 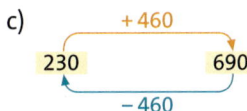   d)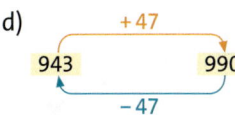

69 a) 17 − 9 = 8 ist richtig, da 8 + 9 = 17
b) 48 + 18 = 56 ist falsch, da 56 − 18 = 38
c) 280 − 160 = 110 ist falsch, da 110 + 160 = 270
d) 356 + 156 = 512 ist richtig, da 512 − 156 = 356

70 a) Fehler ②   b) Fehler ①

	2	4	9
+		3	5
		1	
	2	8	4

	4	6	3
+		5	1
		1	
	5	1	4

c) Fehler ③   d) Fehler ①

	5	2	6
+		8	7
	1	1	
	6	1	3

	6	4	1
−		5	2
	1	1	
	5	8	9

e) Fehler ③   f) Fehler ②

	2	3	6
−		6	8
	1	1	
	1	6	8

	3	7	1
−		9	5
	1	1	
	2	7	6

71 a) 319 b) 6664 c) 4431

72 a) 318 b) 84 c) 7279

73 a) 1 200 000 b) 30 000
c) 14 000 d) 5 050 000
e) 200 f) 400
g) 400 h) 101

74 a) 285 b) 3675 c) 16 650 d) 4292

75 gegeben: 30 km Gesamtlänge; 14 km 1. Teilstück
gesucht: Länge der Reststrecke

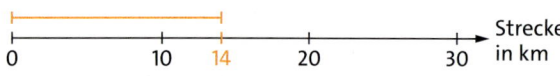

Rechnung: 30 − 14 = 16
Antwort: Sie müssen noch 16 km fahren.

76 gegeben: 9 Kuchen mit je 12 Stücken; 8 Kuchen mit je 20 Stücken
gesucht: Anzahl der Kuchenstücke
Rechnung:

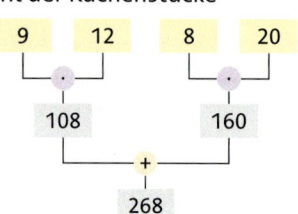

Antwort: Es sind insgesamt 268 Kuchenstücke.

77 gegeben: 288 Seiten insgesamt; gelesene Seiten pro Tag (s. Tabelle)
gesucht: Anzahl der gelesenen Seiten
Rechnung:

Mo	Di	Mi	Do	Summe
40	25	55	65	185

40 + 25 + 55 + 65 = 185;
Hälfte des Buches: 288 : 2 = 144
185 > 144

Antwort: Saskia hat schon mehr als die Hälfte des Buches gelesen.

Ganze Zahlen   S. 271

78 a) 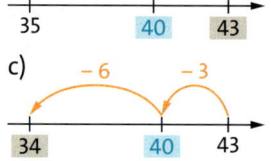 b)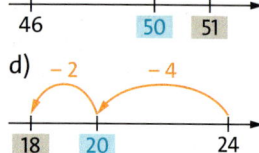

c)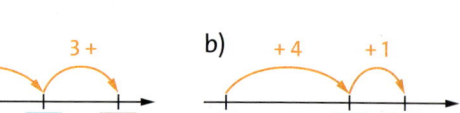

79 a) 10 °C b) 3 °C c) 16 °C d) 0 °C

80 a) richtig
b) falsch: Um 14 Uhr sind es 15 °C.
c) richtig
d) falsch: Um 9 Uhr ist es kälter als um 14 Uhr.
e) falsch: Die Temperatur steigt.

81 a) A(2|3); B(8|4)
b) C(3|2); D(4|3); E(7|5)
c) F(3|4); G(4|1); H(8|3)

82 verkleinerte Abbildung

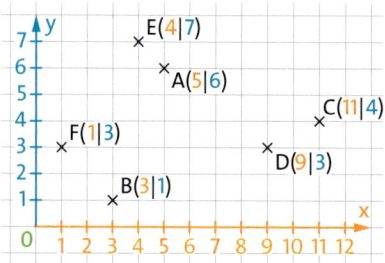

Sachregister

A
die Ab|nahme **198**, 210
ab|runden **124**, 140
die absolute Häufigkeit **153**, 162
die Addition
— Dezimalzahlen **166**, 190
— gemischte Zahlen **63**, 67, 80
— gleich|namige Brüche **62**, 80
— un|gleich|namige Brüche **64**, 80
der Anteil von Größen **68**, 80
das arithmetische Mittel (Ø) **149**, 162
das Assoziativgesetz
→ Verbindungs|gesetz
auf|runden **124**, 140

B
das Balken|diagramm **144**, 162
der Betrag 197
die Breite **86**, 98
der Bruch **14**, 34
— addieren **62**, **64**, 80
— echter Bruch 25
— gleich|namiger Bruch **20**, 34
— gleich|wertiger Bruch 19, **23**, 34
— mit natürlichen Zahlen multiplizieren **70**, 80
— subtrahieren **62**, **64**, 80
— un|echter Bruch 16, 25, 46
— un|gleich|namiger Bruch **20**, 34
der Bruch|strich 14

D
die Dezimal|zahl 118, 140
— addieren **166**, 190
— dividieren **169**, **175**, 190
— multiplizieren **169**, **171**, 190
— periodische Dezimal|zahl 129
— runden **124**, 140
— subtrahieren **166**, 190
— umrechnen **126**, 130, 140
— vergleichen **121**, 140
das Diagramm 144
— mit dem Computer zeichnen 148
die Division
— Dezimalzahlen **169**, **175**, 190
der Durch|messer **38**, 58
der Durchschnitt
→ arithmetisches Mittel

E
der echte Bruch 25
die Ecke 83
der Einheitswürfel 98
die Endziffern-Regel **11**, 34
erweitern **17**, 34

F
die Fläche 83

G
das Ganze 14
die ganze Zahl **194**, 210
— vergleichen **196**, 210
— addieren **198**, 210
— subtrahieren **198**, 210
die Gegen|zahl **196**, 210
das Gegen|beispiel 101
die gemischte Zahl 16, 46
gerade 12
der gestreckte Winkel **42**, 58
der gleich|namige Bruch **20**, 34
der gleich|wertige Bruch 19, **23**, 34
der Grad 42

H
die Häufigkeit
— absolute Häufigkeit **153**, 162
— relative Häufigkeit **153**, 162
der Haupt|nenner 22
die Höhe **86**, 98

I
der Innen|winkel 48

K
die Kante 83
der Kegel 105
der Kennwert 144, 155
die Klammer **179**, 190
das kleinste gemeinsame Vielfache (kgV) 9, 33
das Kommutativ|gesetz →
Vertauschungs|gesetz
das Koordinaten|system **201**, 210
der Kreis **38**, 58
das Kreis|diagramm **144**, 162
— zeichnen 147
— Werte berechnen 146
der Kubik|dezi|meter (dm³) **96**, 114
der Kubik|meter (m³) **96**, 114
der Kubik|milli|meter (mm³) **96**, 114
der Kubik|zenti|meter (cm³) **96**, 114
die Kugel 105
kürzen **17**, 34

L
die Länge **86**, 98
der Liter (ℓ) 97
die Lösungs|hilfe 181

M
der Maßstab 111
das Maximumm **144**, 162
der Median **151**, 162
der Milli|liter (ml) 97
das Minimum **144**, 162
der Mittelpunkt **38**, 58
die Multiplikation
– Brüche mit natürlichen Zahlen **70**, 80
– Dezimalzahlen **169**, **171**, 190
– gemischte Zahlen 71

N
die Nach|komma|stelle 118
die natürliche Zahl **194**
der Neben|winkel 51
die negative Zahl **194**, 210
der Nenner **14**, 34, 68
das Netz **88**, 114

O
der Ober|flächeninhalt
– vom Quader **91**, 114
– vom Würfel **91**, 114
– von zusammengesetzten Figuren 111

P
periodisch 129
die positive Zahl **194**, 210
die Potenz|schreibweise 83
die Primzahl 33
das Prisma 105
das Prozent (%) **130**, 140
die Prozent|angabe **130**, 140
die Punkt-vor-Strich-Regel **179**, 190
die Pyramide 105

Q
der Quader **84**, 114
die Quersumme **11**, 34
die Quersummen-Regel **11**, 34

R
der Radius **38**, 58
die Rang|liste 151
der Raum|inhalt → Volumen
das Rechen|zeichen **198**, 199, 210
der rechte Winkel **42**, 58
die relative Häufigkeit **153**, 162
die Rundungs|stelle **124**, 140

S
das Säulen|diagramm **144**, 162
der Scheitel|punkt **40**, 58
der Scheitel|winkel 51
der Schenkel **40**, 58
das Schräg|bild 86
die Spann|weite **144**, 162
der spitze Winkel **42**, 58
die Stellen|wert|tafel 118
der Stufen|winkel 51
die Stufen|zahl 117
– multiplizieren **169**, 190
– dividieren **169**, 190
der stumpfe Winkel 42, 58
die Subtraktion
– Dezimalzahlen **166**, 190
– gemischte Zahlen 63, 67, 80
– gleich|namige Brüche **62**, 80
– un|gleich|namige Brüche **64**, 80

T
teilbar **8**
die Teilbarkeits|regel **11**, 34
der Teiler **8**, 34
die Teiler-Menge **8**

U
der Überschlag **166**, **171**, 190
der un|echte Bruch 16, 25, 46
der un|gleich|namige Bruch **20**, 34
der über|stumpfe Winkel **42**, 47, 58
die Umkehr|aufgabe **160**, **175**, 190
die Ur|liste 151
der Ur|sprung 201

V
das Verbindungs|gesetz (Assoziativ|gesetz) 77
das Vertauschungs|gesetz (Kommutativ|gesetz) 77
das Vielfache **8**, 34
die Vielfachen-Menge **8**
der Voll|winkel **42**, 58
das Volumen (Raum|inhalt) **94**, 114
– vom Rechteck **94**, 114
– vom Quadrat **98**, 114
– von zusammengesetzten Körpern 103
die Volumen|einheit **96**, 114
das Vor|zeichen **194**, 195
die Vorrang|regel
– bei Brüchen 77
– bei Dezimalzahlen **179**, 190

W
der Wechsel|winkel 51
der Winkel **40**, 58
– an Geraden|kreuzungen 51
– messen **45**, 58
– zeichnen **49**, 58
die Winkel|art **42**, 58
der Winkel|bogen 40
der Würfel **84**, 114

X
die x-Achse 201

Y
die y-Achse 201

Z
die Zahlen|gerade **196**, 210
der Zahlen|strahl
– mit Brüchen **23**, 34
– mit Dezimalzahlen **121**, 140
der Zähler **14**, 34, 68
der Zentral|wert → Median
die Zu|nahme **198**, 210
der Zylinder 105

Bildverzeichnis

Cover: Studio Syberg, Shutterstock.com/nikkytok

technische Zeichnungen: Cornelsen/Christian Böhning

Illustrationen: Cornelsen/Raimo Bergt; Cornelsen/Tobias Dahmen (8, 9, 11, 13, 32, 71, 73, 118, 120, 121, 123–126, 152, 153, 158, 175, 179, 181, 187, 188, 194, 204, 209)

Fotos:
6 stock.adobe.com/Erich Muecke/emuck (Gummibärchen)
6 stock.adobe.com/Erich Mücke/emuck (Schokolade)
32/mi. stock.adobe.com/David Freigner/TeamDaf
32/mi. li. stock.adobe.com/pixelliebe
32/un. re. Panther Media GmbH/Chris DeSilver
36 Shutterstock GmbH/imnoom
38/ob. li. Panther Media GmbH/Marius Graf
38/ob. 2 v. li. Adobe Stock/interpas
38/ob. 2 v. re. Shutterstock GmbH/captureandcompose
38/ob. re. StockFood GmbH/MACROVECTOR
40/mi. li. Adobe Stock/sonne07
41/ob. li. Shutterstock GmbH/Civdis
41/ob. 2 v. li. ClipDealer GmbH/Markus Mainka
41/ob. mi. Shutterstock GmbH/Slava_Kovtun
41/ob. 2 v. re. Adobe Stock/André Bonn
41/ob. re. Panther Media GmbH/Andreas Sonne
43/un. re. Cornelsen/Alina Maas
57/ob. re. Imago Stock & People GmbH/Shotshop
60 sciencephotolibrary/Ā/SCIENCE PHO/MIKKEL JUUL JENSEN
62/ob. li. stock.adobe.com/Drobot Dean
75/li. mauritius images/Alamy/Zoonar GmbH
75/2 v. li. stock.adobe.com/ExQuisine
75/2 v. re. stock.adobe.com/Wolfgang Mücke/womue
75/re. stock.adobe.com/Andrea Mücke/Andrea
76/un. re. Imago Stock & People GmbH/YAY Images
79/ob. Shutterstock/Larina Marina
79/Mi. Shutterstock.com/Inside Creative House
79/un. dpa Picture-Alliance/dpa-Zentralbild
82 mauritius images/alamy stock photo/E. Westmacott
88/ob. re. mauritius images/alamy stock photo/Steve Skjold
112/li. Shutterstock.com/Petr Malyshev
112/mi. Shutterstock.com/Ian 2010
112/re. Shutterstock.com/Oleksandr Kostiuchenko
113/ob. Shutterstock.com/Makstorm
113/2 v. ob. Shutterstock.com/Makstorm
113/2 v. un. Shutterstock.com/Binkski
113/li. dpa Picture-Alliance/Zoonar/Zoonar.com/Robert Kneschke
113/un. Shutterstock.com/egd
116 Shutterstock.com/Anna Berdnik
118/li. mauritius images/V. Kilian
118/2 v. li. mauritius images/Maskot
118/2 v. re. mauritius images/Westend61
118/re. Shutterstock.com/Air Images
119/li. StockFood/FC/Cultura
119/Mi. sciencephotolibrary/Giphotostock
119/re. mauritius images/alamy stock photo/EyeEm
128/li. ClipDealer GmbH/Marén Wischnewski
128/re. Imago Stock & People GmbH/imago images/Shotshop
130 stock.adobe.com/Birgit Puck
135/li. stock.adobe.com
135/mi. mauritius images/Mito Images
135/re. mauritius images/Westend61
137/li. Shutterstock.com/HeinzTeh
137/re. stock.adobe.com/Erich Muecke/emuck
138/li. stock.adobe.com/Creative Nature/creativenature.nl
138/re. stock.adobe.com/Attila Barsan/brszattila
141/un. re. Imago Stock & People GmbH/YAY Images/xx 37516674
142 stock.adobe.com/Veta
145/li. stock.adobe.com/Creative Nature/creativenature.nl
145/2 v. li. stock.adobe.com/Alekss
145/2 v. re. Panther Media GmbH/Luis Louro
145/re. Shutterstock.com/Krakenimages.com
149/ob. mauritius images/STOCK4B
149/mi. li. stock.adobe.com/orinocoArt
149/mi. re. Shutterstock.com/Eric Isselee
154/re. Shutterstock.com/Nataliya Zinovyeva
157 stock.adobe.com/Africa Studio
161/ob. li. Shutterstock.com/r.classen
161/ob. re. Shutterstock.com/Roobcio
161/mi. stock.adobe.com/innafoto2017
164 mauritius images/alamy stock photo/YAY Media AS
166 mauritius images/uwe umstätter
167/li. Shutterstock.com/Foto-Ruhrgebiet
167/2 v. li. mauritius images/Jochen Tack
167/2 v. re. mauritius images/alamy stock photo/Digifoto Sapphire
167/re. mauritius images/alamy stock photo/Micha Klootwijk
168 Imago Stock & People GmbH/Westend61
169 StockFood/FC/People Pictures
172 dpa Picture-Alliance/Westend61
178/li. Imago Stock & People GmbH/YAY Images/xindigolotosx 12662784
178/mi. mauritius images/alamy stock photo/Iaroslava Iaroslava
178/re. Shutterstock.com/DenisNata
188/li. Shutterstock.com/Anton Starikov
188/re. stock.adobe.com/Pineapple studio
192 Shutterstock.com/Dmitry Naumov
194/li. Shutterstock.com/LeniKovaleva
194/re. Shutterstock.com/LeniKovaleva

Strategie Sachaufgaben lösen

Viele Fragen und Aufgaben aus dem Alltag können mithilfe der Mathematik gelöst werden. Dafür übersetzt man die Sprache in eine mathematische Sprache und wieder zurück.

> **Beispiel** Familie Becker möchte zwei Wochen Urlaub an der Nordsee machen.
> Sie findet dieses Angebot:
> Das Ferienhaus kostet pro Woche 610 €.
> Die Endreinigung kostet zusätzlich 52,50 €.
> Wie viel Euro kostet das Ferienhaus?

Diese fünf Schritte helfen dir beim Lösen der Aufgabe.

Das kann dir helfen

① **Text genau lesen** — Was ist wichtig? Unterstreiche Wichtiges oder schreibe es ins Heft. Gib die Aufgabe mit eigenen Worten wieder.

Schlüsselwörter

An Schlüsselwörtern kannst du erkennen, ob du **addieren** +, **subtrahieren** −, **multiplizieren** · oder **dividieren** : musst.

Andere Schlüsselwörter zeigen dir, ob es **positive** oder **negative** Zahlen sind.

Oder ob die Zahlen **gerundet** sind.

② **sich einen Überblick verschaffen** — Was ist gegeben? Was ist gesucht?

③ **Rechnung aufstellen und lösen** — Achte auf Hinweise und Schlüsselwörter im Text.

Zeichnungen oder Skizzen können dir auch helfen:
− Tabelle
− Rechenbaum
− Grundriss
− …

Ergebnisse prüfen

Ich rechne die **Umkehraufgabe**.

Ich mache einen **Überschlag**.

④ **Ergebnis überprüfen** — Hierfür gibt es verschiedene Möglichkeiten:
− Ergebnis überschlagen
− Umkehraufgabe rechnen
− …

Ich mache eine **Zeichnung**.

Kann das **Ergebnis** richtig sein?

⑤ **Antwortsatz schreiben** — Überprüfe, ob deine Antwort zur Frage passt. Denke an die Einheit, wenn nach einer Größe gefragt wird.